年表でわかる

現代の社会と宗教

責任編集
渡邊直樹

特別座談会
上田紀行・池上 彰・弓山達也・中島岳志

平凡社

特別座談会

1990年以降の激動する社会と宗教を振り返る

上田紀行×池上 彰×弓山達也×中島岳志

司会・構成 渡邊直樹

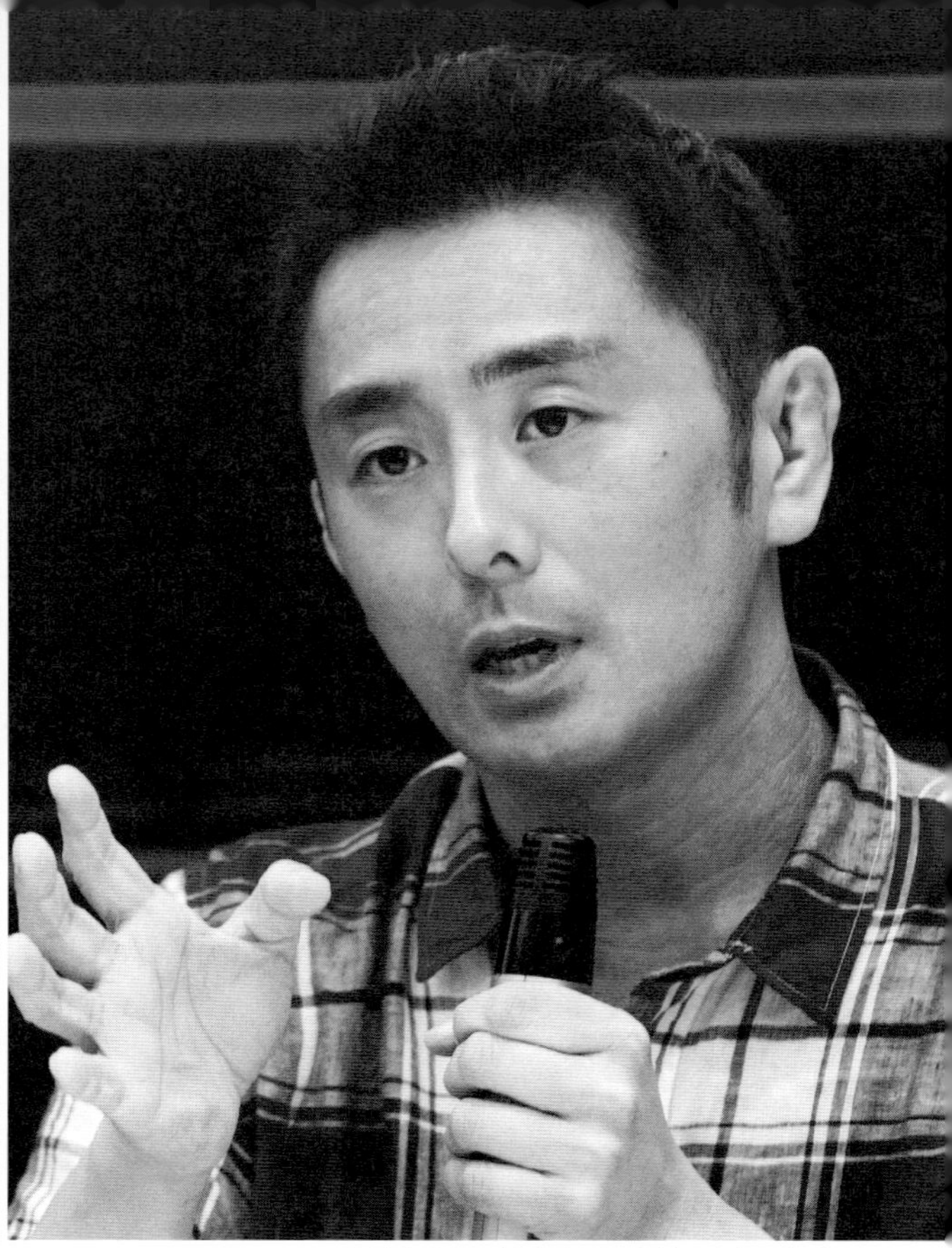

写真左より、上田、池上、弓山、中島の各氏

特別
座談会

1990年代以降の激動する社会と宗教を振り返る

上田紀行
×
池上 彰
×
弓山達也
×
中島岳志

写真・河野利彦

世界的にグローバリズムが進行するなかで、
貧困と格差社会が広がっています。それとともに、宗教の力、
影響力が大きなものとなってきました。
1990年代以降に起きた宗教とかかわる事件、ニュース、
現象を振り返るなかから、
現代の社会がかかえる問題点を明らかにし、
その解決策を考えていきます。

パネリスト

上田紀行(うえだ・のりゆき)
文化人類学者。「癒し」の観点を早くから提示し、生きる意味を見失った現代社会への提言を続け、日本仏教の再生に向けての運動にも取り組む。2016年より東京工業大学リベラルアーツ研究教育院院長。著書に『生きる意味』、『がんばれ仏教!』、『ダライ・ラマとの対話』など。

弓山達也(ゆみやま・たつや)
現代社会における宗教性・霊性をテーマに研究。対象は新宗教やカルト問題、スピリチュアリティにかかわる諸分野に及ぶ。2015年、東京工業大学リベラルアーツ研究教育院教授。著書に『天啓のゆくえ——宗教が分派するとき』、『いのち・教育・スピリチュアリティ』(共編著)など。

池上 彰(いけがみ・あきら)
NHK記者を経て、フリーランスのジャーナリストとしてニュース解説番組ほかテレビ出演多数。2012年、東京工業大学リベラルアーツセンター専任教授。2016年4月より、同研究教育院特命教授。宗教に関する著書も多数。『池上彰の宗教がわかれば世界が見える』など。

中島岳志(なかじま・たけし)
南アジア研究を背景に、日本の近代政治思想史を読み替え再構築するとともに、現代の社会状況についても積極的に発言。2016年より東京工業大学リベラルアーツ研究教育院教授(政治学)。著書に『中村屋のボース』(大佛次郎賞受賞)、『ナショナリズムと宗教』、『秋葉原事件』、『アジア主義』など。

司会・構成

渡邊直樹(わたなべ・なおき)

編集者、大正大学客員教授。東大文学部宗教学科卒業後、平凡社で「太陽」を編集。「SPA!」、「週刊アスキー」などを創刊、編集長を務める。その後、大正大学表現学部教授。現在は「地域人」編集長。2007年から2016年まで年鑑『宗教と現代がわかる本』(平凡社)の責任編集者。

渡邊　１９９０年代から、今日にかけて、世界は大きく揺れ動いています。その要因の一つとして、宗教が浮かび上がってきました。そこで、１９９５年から２０１７年に起こった宗教にかかわる事件、ニュースについて、まずは四人の方々に順番にお話をしていただきます。
　１９９５年という年には、1月に阪神淡路大震災、3月にオウム真理教の地下鉄サリン事件という、大きな出来事がありました。阪神淡路大震災を、ちょうど20歳の学生時代に体験された中島さんは、その後、いろいろな物事を考えるうえで、この年の出来事は非常に大きかったということですので、まず中島さんからお願いいたします。

地下鉄サリン事件、戦後50年……１９９５年とはいったい何だったのか？

中島　１９９５年という年、あるいは90年代というのは、いったいどういう時代で、そしてどう現代につながっているのか？　こういう話題になると、なぜ95年が1つの基点になるのか、というのが非常に大きな問題になってくると思います。

　今日、3冊の本を持ってきました。普通、この3冊をつなげて、しかも「宗教」という文脈で語られることはないだろうと思われる3冊です。

　1つは漫画で、岡崎京子が描いた『リバーズ・エッジ』です。私たちの年代の当時若者だった人には熱烈に読まれた岡崎京子さんの代表作、90年代の漫画の代表作だと思います。2冊目は、鶴見済という人が書いた『完全自殺マニュアル』。94年に出た本ですね。それから、小林よしのりの『新・ゴーマニズム宣言SPECIAL　戦争論』（以下『戦争論』）です。

　普通はつながっているとは思われない、この3冊の本をたどりながら、90年代とはどういう時代だったのか、95年とはいったい何だったのかということを考えたいと思います。

　その前に少しだけ補助線を引いておきたいと思います。社会学者の見田宗介さんが、非常に重要なものの見方を提示しています。ある時代をうまくとらえるためには、その時代に「現実」という言葉の反対語としてどういう言葉が想起されたのかを考えることによって、その時代の相みたいなものが見えてくる、と。こういう視点を見田宗介さんが提示されていて、それを大澤真幸さんという社会学者が引用して、ある議論をしています。

　１９４５年に戦争が終わり、それから約25年間、高度経済成長と言われた時代に突入して、日本がどんどん右肩上がりになった時代、この時代に「現実」の反対語として想定されたのは「理想」という言葉でした。みなが今よりもっと良くなる、現実はまだまだだめだ、もっと良くなるんだ、そういう思いをもっていた「理想」の時代でした。

　そして、その後、１９７０年代の終わりから95年あたりまでの次の20年間は、この「現実」の反対語が「理想」ではなくなったと見田さんは言います。80年代を中核としたその時代には、現実の反対語は何になったのかというと、「虚構」という言葉になっていった。

　たとえば、東京ディズニーランドのオープンは80年代前半です。ディズニーランドというのは、中から一切、外のものが見えない設計になっている。ディズニーランドの中に入ってしまうと、ディズニーランドの構造物しか見えない。つまり「現実」から隔絶されて「虚構」の世界に紛れ込む。これが「現実」の反対語になっている、ある種、たわむれの時代ですね。そういうような「虚構」の時代がオウムを生み出した。あるいはノストラダムスの予言などの80年代的な終末論なども流行りました。そういう時代には、「現実」の反対語は「虚構」である。

しかし、この「虚構」すら描けない時代が95年にやってきた、不可能性の時代がやってきた、と大澤さんは言います。不可能性とはどういうことかというと、「現実」という言葉の反対語を想定することができなくなった時代、これが95年以降の時代なのではないのかと。通常は、「現実からの逃避」と言われるけれども、95年以降は「現実への逃避」ということが起きてきた。虚構も描けない、理想も描けない、将来は良くなるというイメージやファンタジーすら描けない「不可能性の時代」がやってきた。それが大澤真幸さんの時代区分ということになるのですが、この「不可能性の時代」が始まったのが95年前後であるというふうに社会学者は見ているわけです。

さて、この前後に出版され、若者に非常に多く読まれた本の1つが、岡崎京子の漫画『リバーズ・エッジ』ということになります。漫画の冒頭、若い男女が夜、河原で見つけた死体を見ることで、勇気が出る、というシーンが出てきます。『リバーズ・エッジ』の非常に重要なテーマは、いま生きているということの実感がわかない。現実感がない。そういう世界観です。重要なキーワードは、「平坦な戦場で僕らが生き延びること」、こんな言葉が随所に出てきます。

その前年に、大変大きな話題になったのが鶴見済の『完全自殺マニュアル』です。この本には、自殺のいろいろな方法が延々と書いてあります。ですから当時は、立ち読みできないようにビニールがかけられるとか、図書館での貸し出しに制限が加えられるとか、あるいは若者に読ませてはいけないという反対運動が起きるなど、世間的に大きな話題になった本でした。実際に、この本を読み、かたわらに置いて自殺していった人もいます。そういうマニュアル本なのですが、鶴見済という人は単に、「みなさん、自殺しましょう」というマニュアル本を書いたのかというと、実はそうじゃない、というところが非常に重要です。

鶴見済は、何で『完全自殺マニュアル』という本を書いたのか。「まえがき」で彼は「平坦な人生への絶望というのが現代の大きな問題である」と言っています。

しかし、彼は、「じゃ、死んでしまおう」と言っているのではないんです。さまざまな死ぬ方法を知ることで、ようやく自分が生きられるというのが今の時代。いつでもこの私の生をリセットできる、死というものを自分の手に入れた瞬間に、ようやく生の実感というものを手にできる。そんな薄い薄い生の時代というのがやってきたんじゃないのか。

彼は、こういうふうに言っています。「『強く生きろ、自殺は弱いもののすることだ』などということが平然といわれて生きる息苦しい世の中に風穴をあけて、ちょっとは生きやすくしたかったんだ」と。そのためには、いつでも死ねるという死をポケットの中に入れなければ、私たちは「生」というもののリアリティを獲得することができないのではないのか、という問いかけが、この本だったんですね。もちろん、それに賛同するかどうかはいろいろな議論があって、私もそのとおりだと思いません。

しかし、こういう時代の空気や背景や精神性というものを見ておかないと、95年に何にぶつかったのかが見えない。死の手段を手に入れることによって、かろうじて生きることができる生のリアリティ。その背景には九四年に非常に大きな問題となったイジメ、自殺の連鎖であるとか、そういったものの社会化という問題がありました。

もう1つ非常に重要なのは、この年は戦後50年だったことです。村山富市内閣でした。8月15日に「村山談話」が出たときに、右派や自民党の議員たちから出た、これは自虐史観である、東京裁判史観に日本の歴史観が乗っ取られている、といったある種のナショナリズム的な言説に沸騰した年でもありました。

私は、この年、20歳でした。オウム真理教による地下鉄サリン事件、そして戦後50年、ここで沸騰してきた宗教とナショナリズムという問題に関心をもち、研究者になる道を歩み始めたわけです。まだまだ、私自身、これは解決できていない問題です。

さらに、この年の10月に『新世紀エヴァンゲリオン』の放送が始まったことも非常に重要なのですが、今日は触れません。

　さらにこの年は、新自由主義の入口の年でもありました。日経連（現在の経団連につながっていく経済団体）が「新時代の日本的経営」というレポートを出しました。ここで、これまでの日本型経営ではもう無理であるということで、3つの労働形態が提示されています。1つは長期備蓄能力活用型、これはエリート幹部候補生です。そして高度専門能力活用型、これは理工系のエリートの技術者です。そして3つ目は、雇用柔軟型とあります。現在の非正規雇用、あるいは派遣労働です。つまり、不況が来て会社が苦しくなったらいつでもクビを切れる柔軟な雇用ということです。つまり、後々、貧困格差の原点になる発想が出されたのもこの95年でした。

　さらに、この年に自由主義史観研究会が発足します。当時、東大の先生だった藤岡信勝さんがつくった研究会は、その後97年に「新しい歴史教科書をつくる会」に発展していく土台になりました。

　これが95年ですけれども、もう1冊、小林よしのりの『戦争論』が98年にベストセラーになります。この本は右派的な歴史観に立って、先の戦争は悪くなかった、あの戦争はアジア解放のための戦争であった、そのために我々のおじいさんたちは戦ったんだ、そのことを公的に検証しようというのが大きな趣旨です。私は当時、若者としてこの本に出会ったとき、そして周りの人間が読んでいるのを見たときには、その歴史観だけにひかれているというふうには見えませんでした。

　それよりも、この本の導入部には、もっと違うメッセージがあります。小林よしのりという人は、非常に才能があるからこそ、時代の空気をつかんだうえで漫画の構成を組み立てられたんだと思います。

『戦争論』は、「平和である」という言葉から始まるんです。郊外のマンションのようなところから周りを見渡すと、日常の団欒風景が町の中にあふれている。そういう「平和」が描かれています。かいつまんで論旨を追ってみましょう。

「平和だ。あちこちがただれてくるような平和さだ。それに対して戦場の生は常に死にさらされている。さらに、国のため、公のために命をかけるという使命感があった。そこには『生きている』ことの意味や実感があったんだ。今の人々には、死ぬことに生きがいを感ずるなんていうことは絶対にわかるまい。それどころか、君たちは生きることにすら生きがいを感じられないんじゃないのか。この国を思って死をかけるものに、かつての人々は、国は物語を用意した。アジア解放大東亜共栄圏の物語を信じて戦った兵士たちも確実にいたのである。彼らは英雄であり、神になる。ゴーマンかましてよかですか。戦後のあらゆる物語を相対化させ、少女は売春、少年は殺人が流行の国になった。本当にこの国には物語が要らぬのか」

　小林よしのりさんが言っていることは、前の2つの本と直結しています。今の時代、私たちには生のリアリティ、生きている実感がない。それに対して、あの戦争の時代は、死が突きつけられていたから、生きている意味という物語をみんなが獲得することができた。それを思い起こそうじゃないか、ということです。この生の浮遊、生のリアリティの欠如、そういうものに対して自殺とは違う物語を与えようとしたのが『戦争論』です。だからこそ当時浮遊していた若者たちに多く読まれた。

　そして小林さんは、こう言うわけです。左翼のマスコミ、学者に、日本は洗脳されている。本当のことは隠されている。協議会やメディアが建前の戦争論、歴史観を語りながら事実を隠蔽しているではないか。だからレジスタンスが必要である。抵抗が必要である。反逆が必要である。戦後の空気に対するレジスタンスが必要。「レジスタンス」って、かつて左翼が使った言葉ですね。左の人たちが権力に対してレジスタンスをやる。

　しかし、違うんです。今のネット右翼や右派の人たちは、主観としては自分たちこそがレジスタンスをやっているんです。抵抗しているんです。左翼的になっている学者やメディアに対するレジスタンス、それが浮遊する生を支える物語であるというのが、この本の非常に強い中心的な問いになっています。そして、そういう左翼の空気に逆らうワシこそが、本当に個のあるものである。だから、建前じゃない本音を語ろうではないか、というわけです。

　これは現在に至る、大阪で起きた橋下ブーム、あるいは今、日本の中核で起きている右派的な現象にもつながってくる問題なのではないのかと思います。

つまり95年を境にして、日本はどういう問題に直面したかというと、極めて宗教的な問いですね。生きているという実感がわかない。そのために、どういうふうにこの生を支えたらいいのか。その課題に出会ったとき、私たちはオウムを突きつけられ、言葉を失った。そして、その物語に代替する物語として、現在の右派的な現象に至る政治問題が出てくることになった。それがこの22年間を考える基点の95年論として、押さえておかなければいけないポイントであるというのが、私のお話ししたかった趣旨であります。

グローバリズムのなかでの「生きづらさ」と自爆テロ

渡邊　今、中島さんには日本での出来事、時代の風潮を中心に話していただきました。次に、ちょうど21世紀がスタートした2001年に9・11アメリカ同時多発テロがありました。これはその後の世界の政治と宗教にとても大きな影響を与え、現在に至るまでの原点となる事件だと思いますので、そのあたりのことを中心に、池上さんにお話しいただきたいと思います。

池上　私は学者ではないのであまり理論的な構築はできませんが、いろいろな現場を見てきたジャーナリストとしてお話しします。今の中島さんの話を聞いていて、「生きづらさ」であるとか「現実感がない」とかいうこと、考えてみれば、世界中から若者がISに集まってくるのも、それなんだと気づきました。

自称イスラム国が、イラクからシリアの国境を打ち破るかたちで新たな領土をつくっていったわけです。最盛期にはイギリスと同じぐらいの面積を支配し、多数の住民がいた。つまり、イスラム国と名乗っているように、国家としての3要素のうちの2つ、領土と国民は実在していたんです。ただし、他国から国家として承認されるという、もう1つの要素だけが欠如していた。イスラム国を国家として承認したところはなかったわけですが、実際にはさまざまなインフラ整備をしたり、徴税の仕組みも機能していたというのがイスラム国なんです。そして、戦闘要員として若者が続々と集まってくるようになっている。世界中から何でそんなに若者がやってくるんだろうか、聖戦（ジハード）という魅力で来るんだろうか、ということなんです。

最近、どういう若者たちがイスラム国にやってきているかというと、ジハードに参加してイスラムの巨大国家をつくるという理想に向けて集まってきているのではないんです。「自爆テロをさせてください」と言って来るんです。自爆テロの要員を昔はイスラム国が選んでいたんですが、今は「自爆テロをさせてくれ」という連中の中からいくらでも送り出すことができる状態になったということです。つまり、若者たちは世界の各地で、さまざまな「生きづらさ」というのを感じているわけです。

たとえば欧米のキリスト教社会に暮らすイスラム圏からの移民の二世、三世たちは、自分の居場所がない、差別される、あるいは就職先がないという若者たちがいて、彼らなりの「生きづらさ」を感じている。そういう若者たちは、自爆テロをすれば天国に行けるんだ、こういう考えをもつわけですね。もちろん、イスラム教でも自殺はいけないんですけど、コーランの中に、ムハンマドが神の声として、まわりに集まった者たちに伝えている一節があります。「戦争で聖なる戦いのために死んだ者のことを嘆き悲しむ必要はない。彼らは今アッラーのもとにいて、十分な施しを受けている」という趣旨の一節です。そうか、自殺はいけないけれども、ジハードで死ねば、すぐに天国に行けるんだというわけです。

一神教はどこもそうなんですけれど、死んだらとりあえず地下に土葬されて、この世の終わりが来るのを待ちます。世界の終わりが来たときに、土葬された者たちは、自らの肉体をもってよみがえり、神の前に引き出されて、生前の行いが良いか悪いか、はかりにかけられて、良い行いが多ければ天国に、悪い行いが多ければ地獄に落ちるという。つまり通常は、死んでから天国に行くまでに大変時間がかかるわけです。何年か何百年か何千年かわからないですが、ジハードで死ねば、ただちに天国に行ける。そうか、これだ！　というわけですね。

地上にいてもおもしろいことがない。生きているという実感がない。しかしジハードに身を投じ自爆テロをするまさにそのとき、彼らは、「今生きている」ことを実感するんじゃないか。中島さんのお話を聞いて、「生きづらさ」というのは今、欧米の若者たちの間にも広がっているんじゃないかなと思いました。

そういうものがいつから始まっているのか。２００１年のアメリカ同時多発テロでは、アルカイダを組織したオサマ・ビン・ラディンが部下たちをテロ要員としてアメリカに送り出すわけですけれど、そのアルカイダはいつできたんだろうか、と考えると、１９７９年という年が一つのターニングポイントになるんじゃないかと思っています。

１９７９年といいますと、旧ソ連の末期ですが、ソ連軍がアフガニスタンに侵攻するわけです。無宗教、無神論の共産主義者が攻め込んできた。これと戦ってイスラムの土地を守ることはジハードであると言って中東各地からムジャーヒディーン、イスラム聖戦士たちが集まってくるわけです。そしてそれをアメリカが支援する。ソ連軍は結局撤退するわけですけれども、その後アフガニスタンは内戦状態になる。ビン・ラディンは一度サウジアラビアに戻りますが、今度は東西冷戦崩壊にともなって湾岸戦争が始まる。そうして、イラクがクウェートに攻め込むと、隣のサウジアラビアは、イラクがクウェートからサウジアラビアに攻めてくるんじゃないかという危機感を抱き、アメリカ軍に援軍を依頼します。こうしてアメリカ軍がサウジアラビアに駐留することにオサマ・ビン・ラディンが猛反発し、サウジの国王を批判したことによって国外退去処分になり、アフガニスタンに行き、かつての仲間たちとアルカイダという組織をつくったという流れで、１９７９年が一つのターニングポイントとなるわけです。このときまたイラン・イスラム革命も起きています。

イラン・イスラム革命とは何か。イランがアメリカの支援のもとに近代化しようと、資本主義経済を急激に導入したことによって、古き良きイスラムの伝統が失われてしまうという反発がイラン・イスラム革命につながっていきます。そう考えてみると、世界のグローバリズム化と、それに対する反発というのが連綿とつながっているのかなと思います。

またイスラムの過激派というのはいろいろあるわけですが、自分はイスラム教徒なんだという自覚は、イスラム世界の中で暮らしている限りでは生まれないんですね。たとえばアメリカに留学し、キリスト教社会の中で暮らして初めて、自分はイスラム教徒なんだという自覚が生まれます。そこから非常に原理主義的な思想をもち、やがて過激な思想につながっていくことがある。

また、今イスラム過激派が世界でさまざまなテロをやっていますけど、もともと、日本赤軍など共産主義の大義に殉じようと思った若者たちはもっと前からテロ行為をしていた、と考えれば、イスラムが過激化したのではなくて、過激派がイスラム化したのではないかという考え方もできるかもしれません。

実は今、日本国内でも自殺願望のある者をＩＳに送るという動きが出ているそうです。それで今日はイスラム過激派の話をしようと思っていたんですが、今の中島さんの話を聞いて、いろいろ重なるところがあるんじゃないかなと。世界のグローバリズムの中での「生きづらさ」ゆえに、自爆テロによって生を生きる若者たちがいるのではないか。それをどう考えればいいのかということを、まずは問題提起させていただきます。

スピリチュアルブームの盛衰と、宗教のもつ力への関心

渡邊　「生きづらさ」ということが、1つの大きなテーマになりそうですね。続いてお話しいただく弓山さん、上田さんのお話の内容にもおそらく関わってくるように思います。

弓山さんは、若者を中心として既成の教団とか教義を信じるのではなく、どこかの教団に属するわけではないけれども、いわゆるスピリチュアルなものに関心を抱く人が非常に増えて、メディアでもそういうものを取り上げる番組が増えた。そういうスピリチュアルブームに関して非常にお詳しいので、そのあたりからお話しいただければと思います。

弓山　この数十年の、日本だけではなくて世界的な宗教動向の1つは、個人化した宗教意識、つまり、どこかの教団に属して教義を学び、儀礼を行って一体感を得るというのではなくて、組織をともなわない宗教意識や宗教のかたちが広く台頭してきた、そこに特徴があると考えています。こういう一連の動きは2000年代に入って、「スピリチュアリティ」と呼ばれるようになりましたが、このことについてお話しさせていただこうと思います。

まず、「スピリチュアリティ」という語で多くの方が連想するのは江原啓之さんだろうと思います。確かに日本においてスピリチュアルブームを牽引したのは江原さんにほかならないわけですが、もともと世界的にスピリチュアリティが話題になったのは、江原さんとはかなり違った文脈です。

1998年、WHO（世界保健機関）で「健康」の定義を改訂しようという案が出されました。従来は、心の健康、体の健康、そして私たちを取り巻く社会環境が健康、この3つがそろって健康だという定義があったのですが、それにもう1つ、スピリチュアルに健康であるということがあるのではないか。そうして初めて人間は十全に健康と言える。こういう健康定義の改訂案が出されようとしたわけです。「スピリチュアリティ」という宗教用語が、医師などの科学者によって、国連の機関で議論されたということで話題になって、「スピリチュアリティ」という言葉が、世界的に注目を集めるようになりました。

日本ではこの「スピリチュアリティ」という言葉を、窪寺俊之さんという病院チャプレンを経て、現在は聖学院大学の教授が、「生きる拠り所」「生きる力や希望」「生きる意味や目的」というキーワードで定義しています。今、中島さんや池上さんがお話しされた「生きづらさ」も関わってきますね。つまり「生きづらさ」を抱えたときに、どうやって生きる力や希望を見出すのか。自分の外の大きなものに見出す場合もあるでしょう。また自分の内に見出すということもあるでしょう。つまり、自分の外や内側に生きる力や生きる意味を見出そうとすること、もともとはこれを「スピリチュアリティ」と言っていたわけなんです。

ところが、日本では生きる意味とはやや違ったかたちでブームが展開します。たとえば、江原さんがホストを務めたテレビ番組『オーラの泉』が2005年に始まって、2007年にゴールデンタイムに放送されるようになって、12〜15%の高い視聴率を上げることになります。同じ頃、女性誌にスピリチュアルの関連記事が載り、『読売新聞』や『朝日新聞』が2006年末から2007年にかけてスピリチュアルに関する大きな特集を組むようになる。これらは、先ほどの生きる意味とか生きる力とは違って、オーラや守護霊という江原さん的なものが社会的にブームになって、それにマスコミが飛びついたわけです。

ちなみに、『朝日新聞』のスピリチュアリティに関する新聞記事がどんなふうに推移しているかとい

うことをデータベースで検索してみると、2006年をピークに、2007年から下がっている。こんな特徴があります。

このスピリチュアルがブームになったときに、スピリチュアルコンベンション（略して「すぴこん」）というものが多くの人を集めました。一時は、年間50カ所、つまり毎週どこかでやっていた時期があります。今は、かなり減って年間10数カ所となりましたが、最盛期の2008年には年間10万人以上の人が集まりました。大学の学園祭、フリーマーケットのような雰囲気で、机にクリスタルや生体エネルギーをアップするジェルなど、スピリチュアルな力をアップさせるグッズが置かれ、安いものは2000～3000円ぐらいで手軽に体験できるというイベントが展開されていました。

クリスタルを中心とする鉱石は、スピリチュアルシーンには定番です。オーラソーマという、100本を超える2色に分かれたボトルから4つ選んで自分の人生をカウンセリングしてもらうもの、それからチャネリングという宇宙意識にチャンネルを合わせて、そこから自分の行く末などを占ってもらうようなこと、「レイキ」（霊気）という手かざしの病気治しなども「すぴこん」ではよく見られました。

スピリチュアルブームの日本的な特徴は簡単にいうと、一見宗教的で、宗教的な言葉や宗教的な実践が繰り出されるけれど、基本的に宗教教団とは無関係であることです。

かつてスピリチュアリティは、宗教教団の中にありました。たとえば生きづらさを抱えた若者は、聖書を繙《ひもと》いたり、禅寺の門をたたいたりと、宗教教団に行ったわけです。ところが、あるときから、このスピリチュアリティが宗教組織の外にあふれ出てしまう。たとえばジブリ映画を見て癒されるというように、非宗教的なカルチャーが宗教の代替物になりました。

こんなふうにスピリチュアリティをとらえて、つまり宗教教団に束縛されることなく、見たいときに消費者がお金を払って映画を見て癒されたり、自然の中でリフレッシュして救われたりする、そういう個人的な宗教意識を、現代的かつ日本的なスピリチュアリティと呼んでいいのではないかと思っています。

こういうスピリチュアリティにはどのような背景があるのか。実は90年前後に、いくつかのブームがありました。

1つは、オウム真理教をはじめとする新宗教、当時は新新宗教という言葉がマスコミでは使われていましたが、この時期に台頭してきた新宗教のブーム。それから癒しブーム。次にお話しになる上田紀行さんが88年にフォト＋トーク「悪魔祓い——癒しのコスモロジー」という企画を開いて、それを報道した『読売新聞』の記事が、日本において「癒し」という言葉が3大新聞に使われた最も早い事例の1つです。「癒し」という言葉は80年代末～90年代前半に上田先生の活動や著書などもあって広まっていきました。また、80年代後半に臨床心理士資格が整えられ、心理学や心への関心というのも80～90年代にかけて高まってきます。『羊たちの沈黙』『24人のビリー・ミリガン』『それいけ!! ココロジー』といった心理・多重人格ものの映画や出版物やテレビ番組が人気を博していきます。

こういう、目に見えないものへの関心がグーッと高まってきたところで、95年に地下鉄サリン事件が起きて、いったんは、こうした目に見えないものへの関心の高まりは頓挫するわけなんですが、90年代終わりになると、オウムショック後、自粛していた、心霊写真の鑑定だとか、霊能者が迷宮入りの事件を解決するといったオカルト番組などが徐々に解禁になって2000年を迎えて、江原さんが登場してくる。

そして2006年に、スピリチュアルブームはピークを迎えるわけなんですけれども、関心の高まりをさぐってみると、実は90年前後にその発端があったと見ていいのではないかと思っています。

では、この後どうなっていくのか。私は、3つぐらいの方向性があると考えています。

1つ目はパワースポット。スピリチュアルブームが下降するのに対してパワースポットが注目を集めるようになります。2010年3月号の『CREA』で大きく特集されて、都道府県のパワースポットが紹介されたことはきっかけの1つになっていると思います。

２つ目は、瞑想やマインドフルネス。グーグルやインテルの社員が瞑想やマインドフルネスを社内で行っているということが話題となって広がりを見せています。

３つ目は、本来の意味に立ち返る。つまりスピリチュアルというのは、もともと医療や看護で使われていた言葉で、本来の意味に立ち返って２０１２年からは、日本スピリチュアルケア学会によってスピリチュアルケア師という資格が認定されるようになった。同じ年に東北大学実践宗教学寄附講座が開設され、臨床宗教師研修が始まりました。翌年には臨床仏教研究所が主催する臨床仏教師養成プログラムが開始されます。臨床宗教師は研修を修了しただけでは資格ではありませんが、スピリチュアルケア師、臨床宗教師、臨床仏教師というスピリチュアルなケアにあたる人材が輩出するようになったわけです。

こうした動向は、２０１１年に起きた東日本大震災後に焦点化した「心のケア」をだれが担当するのかというところに端を発しています。そして、それと同時に大きく注目されたのは、宗教者の慰霊や追悼する力。多くの方が亡くなって、お寺もお墓も流されてしまった。だれがその魂を慰めるのかといった問題が、多くのマスコミで報道されたことは記憶に新しいと思います。

震災の前年になりますが、２０１０年にはＮＨＫ主導で「無縁社会」という言葉がブームになっています。「無縁社会から結縁社会へ」というスローガンや、お寺を再び地域コミュニティーの核にとか、無縁社会といわれるが、共同墓はそれに抗する一つの表れではないかという主張がマスコミに登場することとなります。

２０１１年以降は、もう一度、宗教のもっている力、特に死にかかわる慰霊や追悼の力に人々の関心が集まった。つまり個人的な宗教のあり方ではなくて、地域に根差したお寺や組織をもった宗教の力に人々の関心が移ってきている。これは、この10年、20年を考えるうえで重要で、個人的な宗教意識、スピリチュアリティへの興味が一度は高まったけれど、次第にスピリチュアルブームが下降線をたどるなかで、もう１回、もしかすると宗教そのものに人々が関心をもち始めた兆しなのかなと考えています。

「支え」「自由」「救い」が、現在どのようになっているのか

渡邊　それでは、「癒し」ブームの父である上田さん。『がんばれ仏教！』というご著書で新しい仏教のあり方、社会との関わり方を提唱されてきていますので、ぜひそのあたりのお話もしていただければ。

上田　私は、癒し、そして人間の生きがいといったテーマをずっと研究してきました。今日のテーマとして３つのワードが挙げられると思います。「支え」「自由」「救い」、この３つが現在どのようになっているのかということです。

かつての、あの破竹の勢いの経済成長を体験した世代には、実は支えがあったんですよね。この会社に入れば絶対裏切られない、終身雇用がある。企業はどんどん右肩上がりになっていく。しかし、そのときのマインドのまま生きていても、今の若者には何も話が通じない。彼らにはそんな支えはないからです。という意味では今、二種類の人間が生きている。この認識がものすごく重要で、この世代間のギャップというのがとても重要になります。

私は、東工大に20年おりますが、そのちょうど半分ぐらいのときに、日本には第３の敗戦があったと本に書きました。第１の敗戦は１９４５年の軍事的敗戦。しかしながらその後、経済的には勝ちました。第２の敗戦は１９９０年代初頭にバブル崩壊というかたちで経済的な敗戦を経験する。その後、もう一度、日本の経済的指標をあげていこうということに

すべてを特化した結果、信頼とか安心が喪失したという第3の敗戦が2000年代中盤に起きているのではないかと本に書いたことがあります。

2006年に象徴的なことがありました。2005年、私は1年間、スタンフォード大学に教えに行っていましたが、その年の10月に小泉首相が郵政選挙で大勝利をして構造改革が始まっています。私は2006年に帰国したのですが、その頃、小泉さんは、「国会議員は使い捨てだ」と小泉チルドレンに言いました。「ちまたで『使い捨て』という言葉が流行っているけれども、おまえたちだって使い捨てなんだぞ」という訓示を行ったんです。

私はそのときものすごく腹が立った。物だって使い捨てはもったいない。それを人間に対して「使い捨て」と平然と言うことだけでも腹が立ったし、そもそも、使い捨てられている人が大量に出ているのは、この社会にセーフティネットがないからなのに、一国の宰相がこういうことを言うのはどうなんだと怒りを感じました。

そのとき東工大で200人くらい入る教室で2年生を教えていたので、文化人類学の授業で、「みなさん、人間は使い捨てだと小泉さんは言っているけれど、使い捨てだと思う人、手を挙げて」と言ったら半数の100人が手を挙げました。もう、びっくりしてしまった。若者200人のうち100人が「使い捨て」というふうに言ってしまう国というのは、もう敗戦を迎えているんじゃないか。高校の先生が卒業式に、「みなさんはこれから社会人となって世の中に出てゆくわけだから、使い捨ての気概をもって頑張ってください」と言ったらおしまいでしょう。そういう文明は絶対、長くは続かないわけです。にもかかわらず、そういう言葉が流行っている。そのとき私は、退官するときまでには「使い捨て」もゼロ、何もしない人もゼロにすることを、深く心に誓ったものです。

つまり、「支え」と「自由」というのは実はコインの表と裏のようなものなのに、新自由主義の中で言われる「自由」は、人の「支え」をはずして経済的な利得の追求だけは自由にやりましょうという、「支え」がないところでの「自由」なんです。

でもそこで社会に支えられていなくても、阿弥陀様が見ておられるから、キリストが見ているから、アッラーの神様が見ているから、といった支えがあれば、生きていけるかもしれない。我々の前の前の世代などでは、お天道様が見ているからとか言いました。あなたのその善行は必ずだれかが見ているからという、より大きな支えがあればよいけれども、そうした「大いなるもの」の世界が縮減してしまい、目に見える人間関係だけが生きる世界になってしまった。たとえば小学校のクラスでは、いじめっ子からいじめられないためには、イジメはだめだと言ったら次にいじめられるのは自分だから、息をひそめながらみんなに気に入られるようなことだけを言って暮らしている。そういうメンタリティが、社会全体に横溢していく。これは自由社会でも何でもない。あるいは正義の社会でも何でもない。つまり、そういった支えがはずされた社会の中では、人間はいかに弱いかということをよくよく考えていかなければいけないということです。

これは2010年度の高校生への調査なんですけれども、韓国、中国、アメリカ、日本の高校生1000人ずつからデータを取ったものです。

「私は先生に優秀だと認められている」という設問に、「まったくそうだ」「まあそうだ」と答えた人は、韓国40%、中国は65%、アメリカは91%、日本は17%です。「親は私のことを優秀だと思っている」は、韓国が75%、中国は80%、アメリカは90%超、日本は33%です。

「自分は優秀だと思う」に、「まったくそうだ」「まあ、そうだ」と答えたのは、韓国は47%、中国は65%、アメリカは90%で、日本は15%です。37・9%が「あまりそうではない」、「全然そうではない」は45・3%です。

「私は価値のある人間だと思う」は、韓国が75%超で、中国が90%、アメリカは90%超あって、日本は35%。日本では「あまりそうではない」が46%、「全然そうではない」が15・7%です。「あまりそうではない」「全然そうではない」に○をつける高校生の姿を思い浮かべるだけで、何か泣きそうになってしまいますよね。

東工大のスコアは韓国と日本のあいだぐらいです。

みんな、東工大ならちょっと優秀かもと思っているけれども、でもアメリカみたいなスコアにはならないわけです。「価値ある人間だと、なぜ思わないの?」と聞くと、「いや、ノーベル賞の山中伸弥先生とか価値のある人っているじゃないですか。浅田真央ちゃんとか。でもおれって普通の人ですから」と。つまり浅田真央ちゃんには価値があるけど、普通の人には価値がないというわけです。

「自分は優秀だと思う」がアメリカは何で90%もあるのか不思議でしょ? だってみんながハーバードに行ってるわけじゃないのに、と思うじゃないですか。でもアメリカへホームステイとかに行くと、大人は子どもを多面的にほめています。「この前の学芸会でおまえが詩を読んで、お母さん泣いちゃったわ。天才ね」とか。「おまえはギターがうまいな。おれみたいなオンチからこんな天才が生まれるのは奇跡的だなあ」とか、ボランティアでおばあちゃんの話をしていて、「このスミス家からこんな優しい子ができたと思うと、お母さん、うれしいわ」と、とにかく多面的にほめるわけです。一方、日本の場合は、優秀かどうかと言われたら、まず偏差値を気にするということがあるんですよね。

　続けてちょっと見てみますと、「私は人柄がいいと思う」「人に協力できる」「私は努力すればたいていのことができる」は、日本44%、アメリカ89%、中国88%、韓国84%。「私はつらいことがあっても乗り越えられる」、日本60%、アメリカ89%、中国83%、韓国68%。「自分の希望はいつかかなう」、日本56%、アメリカ77%、中国80%、韓国68・9%。

　ということで、我々日本人の自己肯定感というのは、むちゃくちゃ低いんです。なんでそれでも暮らせているのかというと、私たちの属している集団がそこそこうまくいっているという安心感がかつてはあったからですね。つまり個人的にどうなのかということは、ほとんど問われなくて、集団に属していると安心なんです。

　丸山眞男の『日本の思想』の中に、「『である』ことと『する』こと」という有名な章があります。日本人の場合は、「する」ことよりも「である」ことのほうが決定的に重要である。東工大で何をするかよりも、東工大に入った、東工大生「である」ことという集団の帰属のほうが重要。士農工商のどのランクにいるか、所属している集団がとにかく重要なんですね。

　だけど、そうなってくると、その中で個人的にはどうなの? という疑問が生じてくるわけです。たとえば大企業である三菱に入ったことが重要というけれど、三菱の中であなたはどんなことをしているのか? その問いを封印しながらも経済成長が続いてきたからそれでもよかった。安定した集団に属していればそれでOK、その間に日本人は個というものを突きつめてこなかった。私自身とは何なのか、私の生きる意味は何なのか、そういうことを突きつめてこなかった結果、今、いろいろな問題が引き起こされています。

　たとえばそこでの個は、私の『生きる意味』という本の中の主眼点ですが、徹底的に交換可能になります。「こんな私じゃなくたっていいじゃん」と。たとえばオウム真理教の人たちは、慶応、早稲田といった偏差値の高い大学に通っていましたよね。だけど彼らは、「私はだれか別の人の人生を生きさせられている」と感じていた。優秀な集団に属しているにもかかわらず、何か別の人の絵に描いたような人生を生きさせられているという感覚。

　宗教もそうです。教団に入っていればいいというところから変化していかなければいけない。そのことに最初に異議申し立てを行ったのがオウム真理教なんですが、オウム真理教に入信した人たち一人一人は、最初のきっかけはそうだったけれども、その後は教団の中での集団性というようなものにからめ取られていく。常に日本の社会というのは、個の次元が出てきても、それを集団の中にからめ取っていって、いつのまにか同調圧力であるとか、あるいは、権力者に好かれなければいけないというような集団性の中に入っていきます。その中で、いかにもう一度、個の救いというものを取り戻していくのかということが重要になっていきます。

　私は、『がんばれ仏教!』という本で、お寺仏教であっても、ただ檀家だからとか、みんな同じ救いの往生をしておしまいだというのではなくて、一人一人の苦悩の声を聞きながらオーダーメイドの救いをつくっていく和尚さんや僧侶、寺のあり方を評価しました。今までの仏教は、ひたすら個人の顔も見ずに説く仏教、浄土真宗だったら浄土真宗の教えは最初から決まっていて、はい、皆さん、これを選びなさいねと。

だけど、お釈迦様が言ったのは、そこに苦しんでいる人がいてその苦しんでいる人の苦しみにこの声を届ける、ということであったはずです。だから、現在の仏教は、「説く仏教」から「聞く仏教」に変わっていくべきではないか。つまり、そこで一人一人の苦しみに耳を傾けて個として救っていくということが必要なのではないかと思うわけです。

ところが日本では、あの集団に属していれば自分は救われるんだという発想が私たちの中にはしみついていて、それはナショナリズムにつながっていきます。とにかく大きな集団の中に属していれば安心という、私たちが常に落ち込んでしまうところに牽引していくのは非常に容易なことです。それは宗教の中でも次々に起こっていくことになります。

そのなかにあって、東日本大震災では宗教者は大変大きな役割を果たしました。我々は、本当の苦しみに直面している者に対してどうしたらいいのか。単に言葉で救うとか言っているだけではなく、一人一人その苦しみにどうやって直面するのかということを宗教者も問われました。

それとともにもう1つ、日本の仏教は葬式仏教でだめなんだと言われていましたけれど、遺体があがらなくてお葬式すらできないということがどれだけ人の心を痛めつけるのか。遺体を見つけてほしい、そしてお葬式をあげたい、死者への弔いをしたい、そのことがどれだけ救いになるかと。非業の死に対してはいいお葬式、本当にいい弔いが、我々日本人には必要なんだということをあらためて突きつけた。そして、ご遺体は尊いものだという伝統的な観念がまだこれだけ生きているんだと痛感させられました。苦悩の中で個人個人の真に求めるもの、そして日本社会の基底をなすものが再び見えてきたのだと思います。

「生きづらさ」のなかでの生きがい、人生の意味をつくりだすこと

渡邊　みなさんにひと通りお話しいただいたところで、ここまでの話を受けて、これからは、宗教というものがもっている「救い」であるとか、死についてどのように考えるかということの現代的な意味について、若い人、若くない方、そろそろ終活をお考えの方、どなたにも通用するような、これから生きていくうえでいかに救いを求めていくか、といったテーマでお話しいただこうと思います。

池上　たとえば、イラクやシリアの内戦で戦っている人、あるいは国内を逃げまどっている国内避難民は自殺しないんですね。非常にパラドキシカルなんですけど、戦争をしている最中の人たちは自殺しないんです。生きることに必死だから、生に対する渇望があるんですね。

平和になって、目標を失った人たちが大勢生まれるところから自殺が生まれてくるという現実があります。だからこそ、「生きづらい」という者たちは、戦場に行けばアドレナリンがどっと出て、それで自分が「生きている」という思いをするのではないか。たしかに私も紛争地帯に行くとアドレナリン中毒（？）になって、ああ、これが一番危険なんだなと思うんですけど、ある意味、そういうものにあこがれるということがあるんじゃないかなと。

「生きづらさ」ということで言いますと、今、実はアメリカの中西部の白人男性の平均寿命が下がっているんです。トランプを支持したような人たちが、仕事がない、生きる目標がないというなかで薬に手を出したり、あるいは今、特に問題になっているのは鎮静剤ですね。さすがにコカインになりますと犯罪にかかわってくるので、鎮静剤を大量に服用する。それによって大勢の人たちが死んでいるという現実があります。

『ヒルビリー・エレジー――アメリカの繁栄から取り残された白人たち』という、アメリカでベストセラーになった本があるのですが、ヒルビリーとは田舎者のこと。トランプを支持したような白人たちがどんな状態になっているのかを見ると、自殺はしないんですが、鎮静剤を服用することによって病死に至るという、緩慢な自殺ですね。そういう問題もあ

るのかなと思っています。

とすると、「生きづらさ」の中でどうすればいいのかということですが、若い人たちと、昔若かった人たちに一律の処方箋はないんです。でも、たとえば、私はこれまでダライ・ラマ14世とは5回会って話を聞いていますが、チベットや、ダライ・ラマが亡命しているダラムサラに行ったときに見た、チベット仏教の信者たちの、あの心の平静ぶりですね。輪廻転生があるんだ、自分の命は永遠なんだ、という思いがあると、今はかりそめの人生でこの後があるんだということになると簡単なことでは絶望しないのかなと思うわけです。輪廻転生や永遠の命というのがあるという思いがあれば、心の平安が得られるのではないか。宗教というのは、たとえばキリスト教もそうですけど、そういうかたちで心の平安をもたらす。

とりわけ、日本では団塊の世代が今68～70歳になるわけですが、そういう人たちが、これからどのように心の平穏を保ちながら死を迎えることができるだろうかと考えたときに、自分はどのような人生を生きてきたのか、そして、どのような死を迎えるのかと、これまでを振り返るというかたちで何かできることがあるのではないか。

私は、海外では、「宗教は何を信じているか」と聞かれれば、仏教と答えるんですが、輪廻転生も科学的に考えるとなかなか信じがたいので、永遠の命って何だろうかと考えると、私が死んでしまったら原子のレベルに還元されて、それがまた集まってまた別の形の生命体になるのではないか、そういうかたちで、とりあえずこの宇宙が存在する限りは存在し得るのかな、と、何とか自分を納得させようとしています。本当に納得できるかということは別にして、永遠の命というなかで自分の存在を考えていくということが一つあり得るのかと。

弓山　「生きづらさ」は新宗教や反社会的な宗教教団の研究をするうえで大切なキーワードです。我々、新宗教の研究をしている者の多くは、こう考えるんです。なぜ新宗教に行くのか。「貧・病・争」、貧しさ、病気、争いは人間関係です。つまり、人間関係や病やお金の問題が引き金になって新宗教に入るというのが、新宗教研究のそれまでの定番の考え方だったんですね。

ところが90年代以降出てきた、いわゆる反社会的な宗教は「生きづらさ」や「むなしさ」が前面に出てきます。たとえばオウム真理教は、貧はほとんど関係ないですね。病はオウムの場合はあるんですけれども、人間関係の苦しみも伝統的な嫁姑問題は影をひそめ、「むなしい」という新しい語られ方で登場してきています。

あるとき、オウム真理教に入信した人にインタビューをしたら、貧・病・争が私の頭にあるので、「病気でオウム真理教に入ったのですか？」「親子関係に悩みをもっていたのですか？」などと聞いたのですが、どちらでもない。彼女が言うには、むなしさだというんです。むなしいからオウム真理教に入った、と。

たとえばオウム真理教幹部だった上祐（史浩）さん、彼の夢は宇宙飛行士になることだったんです。彼は早稲田大学の理工学部を出た後に宇宙開発事業団に入る、つまり夢に王手がかかるわけです。ところが彼はあっという間に退職して、オウム真理教に出家するんです。その理由は、研修とかに意味がないから。オウムの入信理由の多くは、むなしいとか、生きる意味がない。この解決は非常に難しいですね。

たとえば、単位を落しそうな学生は勉強すればいい、お金がないならバイトすればいい、と言える。でも人生に意味がないという悩みに対しては学校の先生も家庭も、社会全体も、十分な処方箋がないまま、世紀をまたいで今に至っているんだろうなと思います。

でも今の若者がみんなオウムのような反社会的な宗教教団に行くかというと、行かないですね。宗教自体がかつてほど魅力的な受け皿になっていないということもありますが、やっぱりオウムショックを経た後、むなしいからといってそう簡単に宗教に行く人は少ないと思います。

近年は、ボランティアにそれを見ることができます。ボランティア研究が明らかにしたことの1つはボランティアに従事するきっかけが政治的使命感でもなければ、宗教的動機でもなく、自らが抱える「生きづらさ」だということです。東日本大震災の被災地にボランティアに入った人たちの中には、自分の生活とか人生を他人のために投げ出して、そこにある種の生きがいを感じているという若者たちがいます。一見これは宗教じゃないのかなと思うことがあるんです。

　反社会的な宗教団体に行くより被災地ボランティアの方が、いいわけですが、私は、諸手を挙げて、ボランティアに生きがいを見出していることに賛同する者ではありません。ボランティアは一時的で、やがてどこかに腰を落ち着けることになります。もちろん、それが被災地という場合もあるでしょう。ボランティアといった社会参加に、「生きづらさ」をかかえた若者が多く参入している。こんなに豊かな社会でなぜ生きづらく、むなしい若者が一定数生まれ、彼ら、彼女らが非日常的な活動に生きがいを見出すことになるのか。若者の問題というより、我々教育者や学校現場にいる者、家庭をあずかっている者が考えなければいけない問題かなと思っています。

上田　宗教の核心をなすものとして必ず論じなければいけないのは、「超越性」の問題です。宗教の定義って、超越的なものへの信仰であるというのが一番昔からの定義です。我々は日常の意味世界の中で毎日を生きています。今日は何を食べようとか、この1時間でお金がいくら儲かるか、テストでいい点とらなきゃ、どうしたら女の子にもてるかなとか。でもそんなふうに生きていてどんな価値があるのかな、とふと思うと、どんな人間でも超越的な意味が欲しくなる。

　日常の壁をぶち抜いて、おれはこうやって生きてるんだ、あるいは、この一瞬のために僕は生きていたんだというような、平凡な日常の意味を超えるような光が天から差してくる瞬間を得たいという渇望を常にもっているわけです。

　池上さんが言うように、ジハードのためにISに行って自爆したら、ある種の超越的な意味はきますけど、そういうものしか残されてないような、超越性のない社会にしていいのか、ということを私は考えるんです。

　そのときに思うのは、その意味は徹底的に外から来る、何かにすがる、だれかすごい教祖さんにすがればいいんだという、主体性のないあり方ではなく、毎日の暮らしの中で超越性に触れ合っていきながら、自分がそれを深めていけるような超越的な意味をどうしたらつくりあげていけるのかということですね。そのことを一人一人が考えていくことが、これからの成熟した社会の中心になっていくと思います。

　だから私は志ということを強く言いたい。それは単に社会に貢献しましょうと言っているのではなくて、意味を徹底的につくりだしていく人になる。ニーチェは、結局、我々羊は、外の人が意味をつくりだしてくれて、そっちのほうがいい、あっちのほうがいいというふうに言っているだけの群れている羊だけど、そのなかで、自分で意味をつくりだしていく存在こそがツァラトゥストラであると言うわけですが。

　たとえば、「僕、技術開発をして世界の貧困を本当になくしたいと思って、そのために今むちゃくちゃ数学を勉強してるんです」と志のある友人がいたら、「おまえ、数学がんばっておれの2倍の点数とってくれよ。そうして世界の貧困をなくすために、むちゃくちゃ勉強して、もっと優秀になってくれ」って言えるはずなのに、現実には、小さい閉じた村的集団の中で、こいつが一番であいつが二番、あいつは東大だ、東工大だとか、そんなつまんないことばっかり言っているから、自分が優秀だとか言うといじめられるという狭い社会になってしまっている。

　若い人たちには、東大に行くとか、東工大に行くとか、偏差値がいくつとか、年収がいくらとか、そういう日常会話の中でいいねというのではなくて、自分の中で、そこを突き抜けていくような意味というのを、果たして一人一人がつくっていけるかということが問われていると言いたいですね。そのことをまさに今改革が進められている東工大の教育の中でもやりたいと思っています。

ダライ・ラマの言葉。「良き種をまいていけば、必ずや花を咲かせる」

上田　ダライ・ラマとの対話で、私が「仏教とは怒りを鎮めるものだというけれど、私は社会の差別とかを見るとむちゃくちゃ腹が立っちゃいます。日本の坊さんからは、『修行が足りませんな、どんなことがあってもニコニコ達観しているのが仏教の悟りですよ』と言われたりするけれど、それって仏教なんですか?」と聞いたら、ダライ・ラマは、「いや、それは違います」と。「仏教は、慈悲の宗教なんだから、苦しんでいる人がいたら憤って当然でしょ。怒りには2種類、悪意からの怒りと慈悲からの怒りがあって、慈悲からの怒りをもつのは仏教徒として当然ですよ。あの不動明王がなぜあんなに怒っているかというと、そんなばかなことやっていたら、おまえ、幸せにならないぞと、むちゃくちゃ怒っているんですよ」と言われました。

　怒り、憤りは仏教において重要で、だけど、それはほかの人にぶつけるものではない。決定的に縁起の法則に則って、何がそれをもたらしているのかを考える。テロリストを殲滅するのが仏教ではなくて、何でテロリストが生まれたのかという因果法則を見ていく。

　もしあなたが貧しい国に生まれ、教育もなく、でも向こう側の先進国では一人一台車を持っている富んだ人がいて、その格差はどんどん広がっていく。そんなときに、宗教的指導者から自爆テロをすることこそが愛国だと言われて、だれが自爆テロリストにならない自信があるか?　もしないとしたら、そのテロリストを責めるというのは仏教的な考え方ではない。社会構造がテロリストを生み出しているのだという縁起の考え方ですね。

　アメリカの大学でダライ・ラマが講演したときに、それに感動した人が「ダライ・ラマ、あなたはとてもハッピーそうで、生きる元気があって、僕たちに元気をくれる。でもあなたの国は50年前に中国の植民地になり、その後、計１２０万人ものチベット人が人権問題で殺されていて、あなたは世界の中で一番絶望している人であるはずなのに、そんなに元気でハッピーそうなのはなぜなのか?」という質問をした。そのときにダライ・ラマが言ったのは、「私たちの仏教の教えでは因果応報、つまりすべてのものが縁起の法則でつながっている。あのときのチベットは、本当にすばらしい国でした。けれども政治は鎖国政策をしていて、世界の不幸など考えず、宗教者も自分の檀家さんであるチベット人だけが幸せになればいいと思って、世界でどんなに苦しんでいる人がいてもそれに目を向けなかった。そこで慢心していて中国に攻められて植民地になったんだけれども、だれも助けてくれなかった。だけど、今や我々は世界の苦しみに対して開かれています。そして、世界の人たちに、私たちのチベット仏教を広めていきながら、何とか平和をもたらしていきたい。そのことでノーベル平和賞をいただいたりしました。人間、悪い種をまくと、どこかで悪いことがある。しかし良き種をまいていけば、必ずやどこかで良きことが起こる。それを仏教徒は信じている。ただ、それはすぐには起こらない。今こうやっているからといって私の目の黒いうちにチベットが解放されるかどうかはわからない。しかしながら、あなたがそうやって勇気をもって質問してくれて、これだけの人が、今日、私たちと一緒の時間をもって世界の平和のことを考えた。その良き種は必ずや、いつかどこかで芽をふいて花を咲かせるんです。だから私たちはそのことを確信して、絶望のど真ん中にあっても、良き種を日々まいていく。その幸せに対しては１００%、幸福になれるんですよ、ワハハ」と笑ったんです。私は、もうそのときに号泣しそうになりました。

　なぜ日本では短期的な評価というものに振り回され、そして、良き種をまくという、その幸せに気がつけないんだろうか。やはり、ある意味で宗教というものは、世代を超えた良き種をまいていく連鎖というものを確信していくということでもあるわけで、そこに超越性がある。自分の人生の中で、これをしたらこういうふうに刈り取れるということは全然超越的ではなくて、普通の人生計画です。そこを超えて、本当にこの世の中を良くしていこうとか、自分の人生を超えての超越性を我々が獲得していけるのかということが、大きな意味で問われています。それを教育の中でもやりたいし、年長世代の方々には、ぜひ、良き種をまいていただきたいと願う次第です。

池上　ダライ・ラマのことで私も一言だけ。チベットから彼は亡命をするわけです。今はダラムサラにいて、チベットの高度な自治を求めている。彼は今やチベットの独立ではなくて、中国の中でいい、ただし高度な自治を認めてほしいと言っているわけですが、中国はそれも認めようとしない。「中国共産党がチベットの自治を認めないという状態についてどう思いますか？」と聞いたら、彼はやっぱりすごいですね。慈悲なんです。そういうことを認めない中国共産党の幹部に慈悲をかけるんです。そして、「そういうことがいつまでも続くわけではありません。そういう短期的な自分たちの権利だけしか考えない、かわいそうな人への慈悲の心をもっている」と聞いて、もう圧倒されるわけですけど、なぜかその後、心が落ち着くんですね。

すべてに慈悲をかけるというのは、そういうことなのか。人に慈悲をかけることによって自分の心の安定というのが得られるのかな。ダライ・ラマという人が本当に常に落ち着いていらっしゃるというのはそのためなのかなということを、ちょっと補足でつけ加えておきます。

1980年代後半、オウム真理教の誕生とニューエイジの一般化

中島　今、「超越」という問題が出てきましたが、弓山さんのボランティアの話とも、ちょっとつなげてお話ししたいと思います。

「超越」とのつながりと言われると、超越を「信じる」という1つのステップが必要なのではないか。

東工大での公開シンポジウムには約800名の方が来場、第4会場まで満員という盛況だった。

それが多くの人にとっては戸惑いになるわけです。しかし、私はこの「超越」という問題は、信じるということとは違う、構造的な問題だとずっと思っています。

どういうことかといいますと、おそらく人間以外の動物に宗教は存在しないだろうと。これはいろいろな議論がありますけれども、私は、そう思っています。なぜなら、人間は、あらゆる万物は有限な存在である、ということを知ってしまった唯一の動物だからです。そこに仏教の考えるむなしさとか、いろいろな問題が生じるわけです。

この万物の有限性という認識をもった瞬間、私たちは対の概念として無限という観念を同時に手に入れています。有限の存在に気づいている以上、構造的に無限というものを設定しなければ、有限という観念は成立しない。つまり極めて合理的な構造の問題として私たちは、有限に気づいた瞬間に無限というものを同時に手にしている。それをどう呼ぶのかは宗教によって違うという、そういう問題だろうと思うんですね。

私が非常に尊敬している福田恆存《ふくだつねあり》という保守主義者がいます。福田恆存という人は、無限と有限という二元的構造を踏まえて世界を見なければいけないと考えています。人間がパーフェクトな世界をつくれるというような理性に対する過信をもってはならないというのが保守思想というものの非常に重要な中核なんですけれど、そのためには絶対者という観

念を捨ててはならない。絶対者に対して私たちは有限な存在であり、神ではないのだから、パーフェクトな世界はつくれない。

　だからどれだけ頭のいい人間がいたとしても、その人間がつくった設計図どおりに世の中をつくるよりも、多くの無類の死者たちの声を聞きながら、歴史のふるいにかけられて残されてきた常識や良識を大切にしながら、少しずつ変えていくことが大切なのだ。それこそが本来の良質な保守思想なんです。だから安倍（晋三）さんは保守思想から最も遠い人です。

　この思想は、「超越」を考えるうえで非常に重要になってくる。超越的な存在を持つことによって人間は有限なものであるということを、常に自分に突き刺す存在である、ということです。

『人間、この劇的なるもの』という名著があります。そこで福田恆存は、人間は演劇的な動物であると言っています。人間はどういうときに自分の意味を獲得するのか。それは何からも自由になった瞬間ではない。そうではなくて拘束されているということである。自分がいなければ、この場が回らない。自分がいなければ停滞する。私がいるから、この家族は安定している。何らかの、そういう私というものを、ある種の「役割」によって認識する。

　そして人間は、その役割を演じて生きている。役割を演じ切れたときに、その役割を味わう自己というのがいる。父親としてあるいは母親として子どもに果たすべき役割を果たしたら、この役割を自分でうまく演じたなあと思った瞬間、それを味わう自己というものがある。人間というのは、永遠にそうやって自分というものを獲得していく演劇的な動物であるというのが、福田恆存が演劇論の中から人間というものを構成している論理です。

　ボランティアの論理も同じだと思うんです。つまり、私がそこにいる意味、ここにいる意味というものを失ってしまったら、生の流動化が起こる。意味というものを失ってしまった人たちがボランティアに行くと、他者のためになる、何かのためになる。自分がいることの意味や場所を獲得する。哲学では「トポス」という概念でとらえますけれども、自分がそこに価値ある者として意味づけられることの意義ですよね。

　こういうものが、おそらく日本においては底抜けになっている。いろいろな共同体がボロボロになり、私がここで生きている意味を感じられない。雇用形態もそうですね。代替可能性というものが非正規雇用の非常に大きな問題ですね。派遣労働の問題もそうです。あなたたちじゃなくたって、だれだっていいんだよ。AさんでもBさんでもいいんだよ。現場に行くと、「そこの派遣さん」というふうに呼ばれる。そういう中で自分が仕事をしていることの意味、私がその場所にいることの意味を全く感じられないのが現在だと思うんです。

　そこで取り戻すべきなのが、この「トポス」という問題であり、おそらくこの「トポス」というのは非常に超越的なものというのを前提として成り立っているものである。そこをもう1回、組み立て直すことからやっていくのが重要じゃないかと思います。

弓山　意味や価値が見失われてしまったことが大衆レベルで露わになるのが80年代から90年代にかけてだろうと思います。その意味で、80年代の後半というのは、その後の90年代以降の宗教史を見るうえでとても重要で、2つの大きな流れがあります。

　1つは、オウム真理教が渋谷のマンションでヨガ道場として旗揚げするのですが、80年代後半に徐々に宗教団体としての性格を整え始めます。法の華三法行や霊感商法で摘発される本覚寺が宗教法人になるのも1987年です。後に宗教トラブルを引き起こす教団が産声をあげるわけです。もう1つ、同じ時期、1986年にシャーリー・マクレーンの『アウト・オン・ア・リム』が翻訳されて、ニューエイジ関連の本が、たとえば渋谷の大盛堂や神保町の書泉グランデの精神世界のコーナーに置かれるようになった。当時、私は大学院生だったんですけれども、すごく新しいものが出てきたなという感じがしました。それまでの古い、文字通り抹香くさい宗教とは違う魅力というものがありました。つまり80年代後半、反社会的な宗教団体の誕生とニューエイジの一般化が同時に進行したのです。

　当然、その時期は日本はバブル経済で、やがて崩壊。世界的にも東西冷戦が終結し、社会的・文化的な状況は、良いも悪いもなくなって「人に迷惑をかけなければ何をしてもいい」という価値相対主義が横行します。その中でオウムなどの反社会的な宗教団体は、価値をもう1回収斂させようと動きます。その一方で、いやいや、価値観はバラバラで個々人の内面が重要で、人それぞれ生き方を追求すればいいんだという動きを、ニューエイジや精神世界が主導します。価値観を巡って収斂させる方向と拡散化・個人化・相対化させる方向の一見すると異なる方向性を、反社会的な宗教団体とニューエイジや精神世界は担います。実際、かなり違う様相を呈しているんですが、しかし両者の根っこは80年代後半にあって、その後の価値相対主義の中から出てきたという点は興味深いです。

池上　今の話を聞いて、ちょうどその頃の社会状況、経済状況はどうだったかなと思い返しました。お金を儲けるために株を買うというのは、どこか恥ずかしいことだ、みたいな意識があったのが、NTT株が売りに出されて、あっという間に買った連中が大儲けするわけですよ。そこから一挙に、株を買うことは別に悪いことじゃないと言っているうちに、日本経済は投資をしないからだめになったと。貯蓄なんかしないで投資しなきゃいけないといってワーッとなってバブルになってきたときに、伝統的なたしなみのある人は、おかしいなと思いつつも抗えない。

あの頃、よく聞かれたのは、メーカーに勤めていた人が、娘が証券会社に勤めたら最初のボーナスがおれの年収ぐらいあった。おれの人生何だったんだ、と嘆いている。それを見ていると何か違うんじゃないか、でも、なかなか抗えないということがあって、やがてバブルがはじけた。

最初は、意識はしていない。ところが不良債権がだんだん積み重なってきたとか、どうも金融機関がおかしいらしいということになると、戦後の日本というのは、絶対、金融機関をつぶさないようにしてきたのに、その銀行がひょっとして危ないかもしれないという不安がだんだん忍び寄ってきて、これからどうなるんだろうかと。バブルになって人生の目標が失われる一方で、金融機関がこれから次々だめになったら、日本社会、日本経済はどうなるんだろうかと。奈落の底が次第に近づいてくるという予感がした。そしてまさに97年、そうなるわけです。

そういう中での不安、そこはかとない不安、芥川龍之介のぼんやりした不安の現代版みたいなことが、あの頃、そういえば世の中に充満していましたね。そのときにオウムなり何か新しいものには、人をひきつけるものがあったのではないか。

特に、若い人たちにとって、伝統的な日本のモラルというのが失われて、それを埋めるものがないときに、オウムなど、あるいは新宗教といわれるものが埋めてくれるんじゃないかといって飛びついたと。今から思えば、そう思うんですけどね。

アメリカ社会においては、東西冷戦が終わるまでは、敵としてソ連というものがあって、ソ連をどう封じ込めるかというところで、大統領選挙でも政治の世界でもいろいろな議論があったわけです。ソ連が崩壊して、それこそフランシス・フクヤマの言う「歴史の終わり」を迎えたら、突然アメリカの中で、今大切なのは、いかにキリスト教を大事にするかという話だ、となってきて、エヴァンジェリカルに取材に行ったんです。今から五年前ですね。

アイオワ州でエヴァンジェリカルの集会があって、そこに集まった、人のよさそうな中年の白人のおばちゃんに、「どういう観点で大統領を選びますか?」と聞いたら、「同性婚を認めない、妊娠中絶を認めない。この二点さえ守ってくれれば、それでいい」と。

いやあ、その観点だけで世界に影響を与える大統領を選ぼうとするんだという、これまたすごい衝撃なんですけど、アメリカの中西部では、それが当たり前になっているという現実ですよね。

この20年間の教団の停滞と、一人一人の宗教者の力の高まり

弓山　今回、年表を見ていて、まったく偶然なんですけれど、93年に分担執筆しました井上順孝編『現代日本の宗教社会学』という本を20数年ぶりに昨年改訂したんです。私が担当したのは「現代日本の宗教」という章で、「信者数の多い教団・神社・仏閣」の一覧表を作成しました。今回それを調べ直し

てみて、びっくりしたことがあります。教団が停滞しているということです。

たとえば文化庁編『宗教年鑑』によれば、天理教信者は、1994年版で189万人だったのが、20年後の2014年版では117万人です。立正佼成会は655万人いたのが半減して309万人です。それから伝統仏教も、たとえば高野山真言宗は549万人から384万人に減っています。ですから、この20年間における日本の宗教界の大きな特徴の1つは、教団が低迷している、停滞しているということだと思います。

もう1つ、教団はだめになっているんだけれども、宗教者は元気がいいということがあります。上田さんの『がんばれ仏教!』ってその意味でもすごい本だなと。特定の教団とか何とか宗ではなくて、たとえば神宮寺住職の高橋卓志さんなど、一人一人のお坊さんの活動に焦点を当てたというところがすごく画期的な見方ではないかと思っています。

95年の阪神淡路大震災のときに、やっぱりたくさんの宗教者がボランティアに行ったわけなんですね。そのときの多くのパターンは教団がバスやトラックで駆けつけて、炊き出しをする。教団として行っていたわけなんです。

ところが2011年の東日本大震災のときには、私がたまたまツイッターやフェイスブックで知ることになるからかもしれないんですけど、教団が動くのと同時に個々のお坊さんとか宗教者が個人で行っている。そういう宗教者の多くは、山谷や釜ヶ崎で炊き出しの活動をしていたような宗教者で、そのノウハウをもって被災地に行って支援活動をしているんですね。

ですから20年間で教団の力は低迷している。しかしながら一人一人の宗教者の力というのは高まっている。それは、教団から離れて自由に活動ができるようになったということ、そして教団を離れた宗教意識であるスピリチュアリティのブームが背景としてあるんだろうなと思います。

先ほど、スピリチュアルブームが来て、その後、下降線をたどる一方で、パワースポット人気が浮上してきたという話をしましたが、同じ『朝日新聞』のデータベースを調べてみたら、神主とか牧師とか神父が新聞の記事になる数は、2011年までの10年間でほとんど横ばいなんです。ところが唯一、僧侶は七倍ぐらい取り上げられる記事が増えているんですよ。

具体的に記事を見てみると、もちろん不祥事もありますが、それ以上に個々の僧侶が、たとえば「終末期患者に『心』のケアを」「路上の孤独、寄り添う僧侶」「僧侶らへ自死の相談　3年間に2570通」といった、遺族のケアをしているとか、路上で亡くなったホームレスの人の葬儀をやっているとか、そういうように何とか宗のお坊さんではなくて、お坊さん一人一人の活動に注目が集まっているというのが特徴です。この20年間の日本の宗教の推移を見るうえで、宗教教団の低迷と、宗教者の活動の活発化ということを取り上げたいと思います。

池上　東日本大震災のときに、特に家族を失ってしまったとか遺体があがらないというときに、宗派を超えて自主的にお坊さんたちが行って一緒に祈りを捧げていました。臨床宗教師としての役割ですね。臨床というと本来は医者なんだけど、遺族に寄り添うというかたちで彼らがバッと来ましたよね。

弓山　そうですね。震災後に臨床宗教師、臨床仏教師、スピリチュアルケア師が登場してきます。もちろんそれまでも医療や看護の現場で活動していた宗教者はいたわけですが、体系的なトレーニングを積んで、医師や看護師と伍する人材を育成しようということです。それもやっぱり教団ではなくて宗教者の活動を後押しするようなものとして理解できるんじゃないのかなと考えています。

池上　その一方で、教団の人数がどんどん減っているのはどうしてだと思います?

弓山　1つは、やっぱり組織に入りたくない、組織に対する嫌悪感というのが、より一層強くなってきたんだろうと思います。

池上　日教組の組織率が落ちているというのと、同じような傾向ですね。

上田　あと、新宗教教団が、やっぱり伝統教団と同じように信者さんが世襲化しているということもありますよね。だから本当に信仰をもって入信しているわけではない。創価学会とか立正佼成会にせよ、霊友会にせよ、一代目の人たちというのは、まさに自分自身の問題にぶち当たって、そこで入信されているんだけれども、二代目になると、お父さん、お母さんが入信しているからというふうになって、結局、檀家制度みたいな感じになって、その次の世代が続けていくということが、すごく難しくなっていますよね。

弓山　または、宗教だけではないけれど、両親の持っている価値観とかライフスタイルが子どもに伝えづらくなっている時代なんだろうと思うんです。

ＳＧＩ（創価学会インタナショナル）の海外での信者の増加

池上　テレビ東京の選挙特番で候補者のプロフィールを紹介するんです。衆議院、参議院だけではなくて、この前は、都議会議員選挙でプロフィールを紹介したんです。公明党のプロフィールは、もう典型的で、子どもの頃家が破産、あるいは父親の経営していた会社が倒産、そして苦学、というのが圧倒的に多いわけです。ああ、このときに入ったんだなというのが1つと、もう1つは、両親がずっと創価学会だったから。共産党もそうです。何で共産党に入っているかというと、両親が共産党だったから。昔だったら、いろんな思想に触れて、そのうえで共産党を選んだけれど、そうではなくて、両親が共産党員だったから自分も共産党員になりましたという、ここが世襲なんですよ。

だから今、創価学会は、年配の人は昔本当につらい思いをしたときに創価学会に救いを求めた。もう少し若い人だと、両親が創価学会だからというのが明確でしたね。

上田　やっぱり創価学会の場合は、都市における貧困というのが大きな要因ですよね。だから地方で、次男、三男で、都会に出てきて「金の卵」とか言われながら工場とかで働いていた人たちというのは、やっぱりそれなりに貧乏なわけだし、都会出のエリートに比べれば根が何もないところで、やっぱり池田大作さんみたいな人に、ついて行きたくなる。法華教を実践し、お題目唱えてみんなも豊かになるぞって。だから世俗的な価値に関しては、まったくネガティブじゃないですよね。お題目唱えて豊かになってマイカー持とうというのが直接に結びついていく。

だから、その時代にはそういう機能があったんだけど、今は破産はあっても、大量の人が都会に出てきてというような状況でもないわけだから。それで、その1代目の人たちがお父さん、お母さんになってやり続けてはいるけれども、その子どもたちは果たしてどうなのかと。

池上　それでいうと、創価学会芸能部というのがあって、芸能界ではやっぱり学会員が増えています。氷川きよしみたいにみんなで応援してあげるんだよということで、寂しいなかでやっていた人を、みんなで助け合って引き上げてくれる。テレビに出られるという、それで学会に入る人が結構いますよね。

中島　創価学会なんかも、日本の中でそういう既成の枠組みが変わってきて減らしているので、今はＳＧＩ（創価学会インタナショナル）ですね。世界にどんどん広げていってという教団の展開をしていて、海外では激しい折伏というよりは、もう少しスピリチュアリティみたいな話も出ていて……。

弓山　自己実現ですね。

中島　そうなんですね。たとえばインドでもＳＧＩは広がっているんですけれども、じゃ、仏教徒に改宗しているのかというと違うんです。自分はヒンドゥーだけどＳＧＩのメンバーだと言うんです。そういうような現在の世界の中で、もうちょっと緩やかなものへ修整しようとしている。教団は今、転換期にあるんじゃないかなと思います。

池上　ＳＧＩはイタリアで増えていましたよ。

弓山　創価学会はイタリアでは、２０１５年に同国と宗教協約を調印していますから、市民権を得ています。たとえばグッチがフィレンツェで開催した２０１７年プレ・スプリング・コレクションの冒頭が南無妙法蓮華経というお題目で始まるんですね。もしかしてと思って調べてみると現地の創価学会の協力でした。会場は美術館で大変洗練されています。

これは一例ですが、イタリアで創価学会がどう見られているか、つまり世界的なファッションブランドのショーの冒頭に登場することできるような団体であることが推測されます。日本では考えられませんね。イタリアではかつての日本で創価学会が伸びた背景にある「貧・病・争」を抱える層とは異なる層、自らを表現する芸術家だったりアスリートだったりにアピールするのでしょう。イタリアでの活動を紹介する映像を見ると、会社社長やバイオリニストが登場し、会員の励まし合い、喜び合い、勇気を獲得する姿がお洒落に描かれています。やはり日本のイメージとは違いますね。

池上　それで今中国が一番恐れているのは、SGIが中国で布教活動を始めることです、法輪功みたいなことになりかねないので。だから実は、創価学会は中国大陸では布教活動をしませんという密約があるんです。

中島　見返りは何ですか？

池上　見返りは、公明党がいつも中国にものすごく歓待されるでしょ。要するに日中関係が悪化しても、そのときに間を取り持つのは創価学会であり、公明党だと。

渡邊　韓国でも増えていますよね。

池上　多いですよ。南米はもちろん多いですね。ブラジルなんかもね。

中島　創価学会が引き裂かれているのは、公明党という存在によってですね。つまり、世界に向けて平和の実現というものを看板にかかげているような布教活動をしながら、一方では安保法制を通しちゃう。

被災地で、本当の苦悩に触れた宗教者たちの目覚め

上田　さっきの弓山さんの問題提起で、教団は低迷しているけれども宗教者は元気だということについてなんですけどね。２００４年に私は『がんばれ仏教！』を出したわけなんですけど、この前もある僧侶から言われたのは、あの本が出てなかったら、日本の伝統仏教の状況は10年遅れてたんじゃないかって。

　つまり、ああいうふうに、僧侶というものは1人の顔をもった人間で、その人が独自の運動を繰り広げていいんだという発想は、少なくとも伝統教団においてはなかったんですね。伝統教団って50代でも若手なんですよ。中国共産党と同じで、何といっても死ぬまで住職で、平均寿命がどんどん延びている状態なわけで。だから50代で若手という中で、私はあの本では、30代、40代から50代ぐらいの人たちを取り上げました。

　たとえばチェルノブイリ原発被災者の支援をやってみたりとか、お年寄りのデイケアセンターみたいのをつくってみたりとか、タイのエイズホスピスの支援をしたり、寺を若者の演劇拠点にしちゃうとかいった、一人一人の宗教者の姿を描いたということなんです。

　その背景には、我々が伝統仏教教団に抱いているイメージの中には、お坊さんは本当に信心しているんですか？　と聞いてみたくなるということがある。本当にその人が仏教の教えに打たれて入信したわけではなく、世襲で家業としてやっているので、生きた言葉を語ってないわけなんですよ。儀式仏教ですから、その儀式をやってさえいればいい。

　ただ、日本のお坊さんの悪口をみんな言うんだけど、ちょっと弁護したいのは、特に都会においては、あの破竹の勢いの経済成長をしていたときに、お坊さんが法事に来て、マジに仏教を語りだして、熱っぽくみんなに、「そんなものは諸行無常でなくなりますよ」とか、「生老病死の苦しみは……」といったら、どうだったんだと。お布施あげるから早く読経してサッサと帰ってよ、と。マジに布教なんかしないでよ、と言っていたと思うんです。

　田舎のほうには、真摯に南無阿弥陀仏といってお寺に集まっているおばちゃんとか、そういう人はいましたよ。だけど、少なくとも都会においては、そういうような状況でしょ？　ユーザー側がそういう感じだったのに、経済成長も止まり、みんなが不安を感じる時代になって、生きる意味がわからなくなってきたところで急に坊さんのことを責めだして、あなたたちが全然ちゃんと宗教をやってないって言いだすわけだけど、そんなふうにしちゃったのは、やっぱりユーザー側にも問題があると思うんですよ。だけど、そのなかで目覚めた宗教者がいて、その目覚めた宗教者に共通しているのは、どこかで生《なま》の苦

しみに触れてしまったということなんです。

その人たちが阪神・淡路大震災のときにも被災地に入っていったりして、その後、中越の地震があって、東日本大震災があって。つまり、何か本当に苦悩にぶち当たってしまった人が目覚めて、何かやらなきゃいけないというときに、そのノウハウが蓄積していって、次のとき、次のときとつながっていっているんですよね。

そういう意味においては、1980年代までのある種の苦悩に触れてない日本のあり方というのが仏教をだめにしていたんだけれども、その後、教団としてはまったくそれに対応できていないにしても、そこに触れた一人一人の僧侶たち、あるいは宗教者たちがすごく目覚めて、その人たちの語る言葉というのは本気で語っているし、彼らは本気で共感しているので、ほかの人にも伝わっていく。

弓山　上田さんの『がんばれ仏教！』に出てくる人たちは、地域に根ざしているということなんですよね。神宮寺の高橋卓志さんだったら松本市のさびれた浅間温泉をケアタウンとして再生させようとしているとか、應典院の秋田光彦さんだと、大阪の寺町の一寺院を、気づき・学び・遊びをコンセプトとした地域ネットワーク型に作り替える。先ほど上田さんがおっしゃった、なまの苦しみに接して宗教的深まりをもっていると同時に、自分だけではなくて周囲の人たちを巻き込んでいくのも、『がんばれ仏教！』に出てくるお坊さんたちの魅力になっていますよね。

上田　そこで檀家制度を逆手にとるというところがあるんですね。檀家さんが、単に自分のシマというか、そんな感じじゃなくて、檀家さんの中でも共感する人をどんどん集めるし、共感する人が新たにどんどんそこのお寺の檀家になっていくみたいなこともある。そういう意味では、檀家制度はいいところも悪いところもそれぞれあって、僕の『がんばれ仏教！』でも、南直哉という曹洞宗で早稲田の仏文科を出て、永平寺でがんがん修行やっていた人ですけど、彼は、「江戸時代の商品を、何の目覚めもなく今そのまま売っていて、まだそれが売れると思っている、その精神こそがおかしい」と言っていますね。

一方で檀家制度って、目覚めたお坊さんの場合、ここにおばあちゃんがいて、ここにおじいちゃんがいて孤独死しそうなんてときに、特に関西のほうなんか月参りですから毎月そこに行ってお経を詠んでってなってくると、そこでじいちゃん、ばあちゃんの、まさに無縁化しようとしている人たちをつなぎとめたり、起きている異常を発見したりとか、そういうような大きな機能もあるわけです。

だからみんな、檀家制度が悪いと言っているけれど、ぼくが取り上げたお坊さんたちは何と言っているかというと、「檀家制度が悪いんじゃなくて、ちゃんと檀家をケアしてないのが悪いんだよ。本当に檀家をケアして、その人たちの苦しみに向かい合っていたら、みんな、檀家制度が悪いなんて少なくとも、その寺に関しては言わないですよ」って。だから「檀家という制度を形骸化させて、ただ法事のときだけ行って、法話するだけというのがよくない」という言い方をよくします。

弓山　都市部においては、やはり1990年代にもう1つ起こった変化は、葬送の自由を求める気運の醸成ですね。家の墓に縛られたくないという意識が墓の形を変えようとしています。一方、変えざるを得ない事情もあって、核家族化やお一人様だと、家

東京工業大学リベラルアーツ研究教育院主催公開シンポジウム「現代の社会と宗教」での４人のパネリスト。

族葬になって、やがては0葬になるやもしれない流れです。だから、こうした風潮に抗しようにも、檀家制度が残っているんだったらテコ入れすることができるのかもしれないけれども、それすら都市部の寺院ではできなくなってしまっている。「うちのお寺ってどこだっけ？」みたいなところで、その檀家制度をテコ入れするのは難しいかなと。また無理なことをお坊さんが言ってきたとか、金だけ取るんじゃないのかとか、そういう批判を受けかねないのかなと思いますね。

これからのお寺は檀家だけでは生きられない

上田　おっしゃるとおりだと思います。

中島　ちょっと違う視点から。よく現在の共同体とか社会性の問題を議論するときに、『孤独なボウリング』という本を書いたロバート・パットナムという人の名前が出てきます。彼は基本的にはソーシャルキャピタル、社会関係資本というものが民主制を鍛えるうえで重要だと言うんです。

アメリカでは、中間共同体が強くて、アメリカンデモクラシーというのが生き生きしていた時代があったのになぜこうなっちゃったのかというと、中間共同体がボロボロになっているからだ、というのがパットナムの見立てなんです。

昔は60年代のアメリカでは、ボウリング場に行くと、みんなが地域でボウリング大会をやっていた。でも今は地方のボウリング場に行くと、おじさんが一人でボウリングをやっている。こういう状況になったのはなぜなのか。アソシエーションというものが弱ってきたからだ、と。

こういったときに2つの答えの出し方があって、だから昔に戻ろうというのがトランプ現象ですよね。あの頃の輝けるアメリカを取り戻そう。けれども、パットナムは、それじゃだめだと言うんです。

彼はアソシエーションのあり方を、ボンディングとブリッジングという2つに分割します。ボンディングは強いつながりを持った「絆」の関係性です。これは確かに多くの人を社会的に包摂するのですが、どうしても排除の論理が含まれる。インクルージョンの中にエクスクルージョンが含まれている。村八分とかが起きてしまう。そういうようなボンディングの関係だけに戻るのではなくて、もちろんボンディングは重要だけれど、もう1つ、ブリッジングというのが新しい社会には必要であると。

つまり、町内会がだめなんじゃなくて、町内会しかない社会がだめなんだ。町内会の人間関係が終わると世界が終わってしまうように感じる。そうではなくて、町内会にも行っているし、別の日はNPOにも行っているし、別の日は習い事で友達がいるしというように、梯子がかかっている社会、そういうものをどう構築するかということなんです。お寺はボンディングに絞り過ぎてきたんですよね。ブリッジングというのを、ボンディングである檀家を否定せずに、どう外からの人を取り込みながらやっていくのか、なんですよね。

檀家制度があるがゆえに寺って入りにくいんですよ。居酒屋で常連ばっかりの店って入りにくいのと同じなんですね。「あそこ、行きにくいな」という感じというのが寺の行きにくさということであって、今はむしろ交わりながら、どういう相互関係を打ち立てるか。仏教というのは、むしろ伝統的にはそっちだったはずなんです。たとえば網野善彦が書いた「無縁」という空間としての寺。この「無縁」というのは、縁がないという意味じゃないんです。無限の縁ぐらいの意味であって、無縁と無限というのはセットなんです。

有縁というのは、がんじがらめのボンディングの関係ですね。これはどうしようもなくなっちゃったりするんですね。家族とかいろいろな地域のしがらみをもう負い切れないというふうになってしまったときに、駆け込み寺というのがあって、そこで無縁の世界から無限に広がっている縁の世界へと回路をつないでくれるというのが、網野善彦のアジール論ですよね。そこに逃走の自由というのがあるんだと。

今、復活させなければいけないのは、ある種の寺の無縁性。無限の人間関係、開かれたトポスとしての寺ですね。そういうものと檀家制度をどういうふうに組み合わせるかというのが、お寺の開き方。

NHKの朝の連続ドラマ『あまちゃん』にリアスという喫茶店が出てくるんです。この店は、昼間は喫茶店なんだけど、夜になるとスナックになるんです。放映中、学生たちに「リアスって入れる?」と聞くと、絶対入れないと言うんですね。何でかというと、いつも同じ人ばっかりいるからなんですよ。この地元はきつい。ボンディングだけの世界ですね。けれども、脚本を書いた宮藤官九郎はよくわかっていて、もう1つ、『あまちゃん』の中で「海女カフェ」というのをつくるんです。外からやってきた人たちと地元の人が触れ合うような空間というのがもう1つ設定されて、そのバランスでやっていくんです。

宮藤官九郎自身はまったく概念化していないと思うんですけど、ボンディングとブリッジングというものを両方1つの空間の中に取り込むという感覚ですね。たぶんお寺ってそういう両方の持ち味、そんな壮大な世界とか物語はないかもしれないけど、地元でやれる範囲の、持続可能な何か希望というのをどういうふうに見出していくのか。お寺もこれからは檀家だけじゃ生きられないですね、経済的に。やっぱりブリッジング、外から人が来てくれないと寺の経営というのはなかなか成り立たない。そんなことが今あるかなと思います。

「死者と共に生きる」ことと、被災地での天皇の祈り

弓山　仏教専門紙のある編集者が、震災以降、伝統仏教の青年会がものすごく活気づいていると言うんですよ。前は、青年会の集まりがあっても、終わったらお坊さんだけでお酒飲んでカラオケしてみたいな感じだったのが、今は被災地に物資を送らなきゃ、被災者のためにカフェをしなきゃと表に出ていくようになった。そのような役割が外部から期待されているというのもあるでしょう。震災でそんなに急に変わるわけではないだろうと思うんですけれども、95年とともに、２０１１年の震災の後、やっぱり特に若い宗教者の意識や関係のつくり方が大きく変わったんじゃないかなと思います。

上田　仏教というのは、生老病死の苦というものに直面して思い通りにならない悲惨な苦というものを体験して、それをご縁に変えていくという、ある種の装置だと思うんです。一人一人が苦に向かい合って、それはとてつもなく無常なんだけど、それが寺という場でご縁に出会っていって、そこでさっき言った中間社会とかそういった絆を苦悩を中心にして再編していくということじゃないかと思うんです。だけど、そのことはあんまり今まで気づかれていなかった。

かつて、山折哲雄さんと、「葬式仏教はこれからどうあるべきか」について『論座』で論争したことがあるんです。そのとき、「私は文化人類学者だから、葬式は必要だと思う。だけど、だめな葬式が今あまりに多過ぎることが問題なのであって、でもやっぱり人を弔って、その苦悩というものをみんなで引き受けるということは必要じゃないですか？」と言ったら山折さんが、「この頃グリーフケアとか言ってる僧侶がいるけど、くだらない。死は、グリーフでケアするべきものじゃなくて、仏教の中心は、無常なんだよ。無常に直面して、無常だということを味わうのが仏教なんだ。何が坊さんのケアだ。ケアするなんて仏教じゃないんだよ！」と言って。

つまり仏教って無常だとか、哲学的にものすごく深いものをもっているんだけれど、寺の仏教というものは、やっぱり人が死んだり苦しんだりというのを受け止めながら、そこをご縁というものの中で、それでも我々は無常の中を生きていくという。だからレジリエンスなんだよね、本当に。その機能というのが、初めて日本がこれだけボロボロになってきたときに生きてきていて、それに気づく宗教者が出てきている。

だけど、今までの宗教者は、それにほとんど気づいてない。だから檀家同士はあまり触れ合わないし、ただ、坊さんが仏さんの家に行って何かありがたい話をするだけで、ご縁は生んでいかないということだったと思うんですよね。だから、葬式というのも、いい葬式をする、あるいは亡くなる前からちゃんと檀家さんにかかわっていくことをすれば、まだ葬式仏教というのも可能性がある。今までの日本仏教に絶望するのはわかるんだけど、だからといって、ただ、家族葬にしちゃいましょうとか、ただ遺体を焼いちゃえばいいでしょというのは、だめな坊さんも多いのでわからないではないんだけど、やっぱりもう1回、より良い葬式仏教を求める方向からも関わり合いがつくれる、と思いますね。

中島　同じ震災のときに、私もある宗教家の方の発言に反発して文章を書いたことがあります。

何と言っていたかというと、被災地に向けて死の話をしていたんです。死の苦とか悲しみみたいな話をしていたんです。この人、本当にわかってないなと思ったわけです。被災地が今、呆然と立ち尽くして苦しんでいるのは、一人称の死の問題ではなくて、二人称の死の問題、あるいはミッシング、行方不明という問題ですよね。その現実をどういうふうに受けとめたらいいのかという問題でみんなが呆然としているときに、死の恐怖とか死の問題を語っているというのは、死の問題と死者の問題は全然違うということが理解できてないと思ったんです。

で、僕はやっぱりこの死者の問題を書かなきゃいけないと思って、「論考２０１１」という連載で書いたんです。これは共同通信の配信なので、書くことが被災地の新聞にも載るのかと思って、じゃ、全力で書かないとと思って、ボランティアをやめて、1人こもって被災地のことを考える者がいてもいいだろうと、その原稿を一生懸命書いたんです。それが「死者と共に生きる」という原稿です。

そのときに僕が考えたのは、死者、大切な人の死というのは、単なる喪失ではないということなんです。たしかに喪失があって、悲しくてつらくてぽっかり穴があいて、生きていく心地もしないみたいな呆然とした時間が過ぎるんだけれども、しかし、あるとき僕たちは、その死者ともう1回出会い直すという経験がある。

たぶん、仏教はそのことをちゃんと考えていて、それが四十九日、三回忌とかの仏教儀礼になったということですね。だから僕も、葬式仏教が悪いなんて全然思わないですね。お坊さんが葬式を一生懸命やっていないことが問題なんですよ。葬式をちゃんとやること、そして死者ともう1回出会い直す場をしっかりと設定していくことが必要だと思います。それが四十九日だったりするわけで、若松英輔さんはそれを「死者との待ち合わせの日」という言い方をしていますけれども、最後をていねいにやっていくということが、恐らく仏教で本当に求められているということ、それを忘れちゃいかんと思います。

弓山 先の山折哲雄さんは阪神・淡路大震災のボランティアをしている宗教者に対して、「被災地に宗教者は立っていない」「宗教者は活動の独自性を持てなかった」と言っています。カウンセラーや精神科医のような自分の独自性を押し出せず、ボランティアという世俗的な活動をしている、あるいはそれしか社会的に期待されていないし、宗教研究者もそこしか見ていないという批判です。宗教者であり研究者である方はよくこうした物言いをしますね。宗教者は宗教活動をしていればいいんで、それ以外のことをするのは宗教者としていかがなものかという考えです。しかし私はそうは思いません。宗教者だって社会的存在なのですから。

今回この年表を見ていても、非常に多くの政治、医療、社会風潮に対する声明とか決議が宗教教団から出されていることがわかります。２０１１年の原発事故に対するメッセージ、２０１５年には戦後70年を迎えての談話や安保法案の時の非戦決議。宗教活動と社会活動は車の両輪であって、宗教が宗教だけに純化していくことに宗教研究者としては一種の理想像みたいなものがあるのですが、同時に危険性も感じます。やがて先細りするのは明らかで、どういうふうに社会とつながりをもつか。その社会というのは、ローカルの部分では、商店街や地域の学校なんかとどういうふうにつながっていくのかとか、檀家さんとどういう関係を結ぶかということもあるし、今の政府に対してもの申すみたいな、もうちょっと巨視的なところもあるでしょうし、飢餓とか貧困とかっていうグローバルな視点から発言するというのも、宗教者だから持てる見方とか立場とかあるんだろうなと思うんです。

池上 今の話を聞いて、天皇の話を思い出しました。今の天皇が退位を決意したのは被災地に行っていろいろなことやっていたけれど、もう体力的に無理だと。だから、退位して新たな天皇にそれをやってほしいと言ったら、右翼が、「いや、天皇は祈ってればいいんだ。余計なことするな。祈ってればいいんだから退位する必要ない」と言ったことが思い浮かびました。

考えてみれば、日本の天皇って宗教者ですから。神道におけるトップですから。いろいろな被災地に行って、それこそ祈りということをしたことによって被災者を慰めたと。かたわらにいるということをまさにやってきたわけでしょ？ 普段、皇居の中で祈っているんですけど、そうじゃなくて可視化することによって人々の心に寄り添うということができたのかなと思います。

弓山 平成11年の即位10年のときの記者会見で陛下が、障害者や高齢者、災害を受けた人々、あるいは社会や人々のために尽くしている人々に心を寄せていくことが務めであるとおっしゃったのは、不遜な言い方ですけれども、本当にご自身の役割というものを端的に示されたお言葉じゃないのかなと私は思います。祭祀をつとめ、祈られ、そして現地に赴き膝をつかれて人々と語られているわけです。天皇制に対する距離感はいろいろあるけれども、そのお言葉は非常に心にしみいるものだなと受け止めさせていただきたいですね。

渡邊 平成31年の4月30日をもって、平成という元号も終わり、5月からは新元号になるわけですが、今の天皇皇后両陛下のお力も、とても大きなものでしたね。

（２０１７年8月16日 東工大での公開シンポジウム、同年9月13日に行った非公開の座談会をもとに再構成）

現代の社会と宗教の動きがわかる

年表
1995／2017

Foreign news 海外ニュース

1995

1月の出来事 January

1日　ミャンマーの少数民族カレン族の自治権拡充を目指す反政府武装組織「カレン民族同盟（ＫＮＵ）」のキリスト教徒を中心とする主流派が、仏教徒の分派500人を敵とみなすとの声明を出した。

4日　イタリア政府生命倫理委員会の名誉委員長でノーベル医学賞受賞者のリタ・レビ・モンタルチーニ医師が、「委員会の構成がカトリックに偏り過ぎている」として抗議のため名誉委員長を辞任した。

7日　ロシア・モスクワ市でスターリン時代に破壊された「救世主ハリストス大聖堂」の復元工事が始まり、アレクシー2世総主教が出席し、定礎式が行われた。

17日　イスラム諸国の協力と連帯を目指すイスラム諸国会議機構（ＯＩＣ）のエルサレム委員会が、イスラエルが併合した東エルサレムの「ユダヤ化」防止のための機関設置等を謳った声明を出した。

22日　イスラエルのネタニヤでイスラム原理主義過激派「イスラム聖戦」が自爆テロを行ない、兵士と市民の計21人を殺害した。

23日　ジャカルタにある三洋電機の現地合弁企業で、作業時にイスラム教の頭部を覆う布の着用を禁じられたとして女子工員がイスラム系政党に助けを求めた。

27日　第2次世界大戦中にナチス・ドイツによるユダヤ人やポーランド人大量虐殺のあったアウシュビッツ強制収容所の解放50年を記念し、ポーランド政府主催の式典が行われ、参加者らが平和の願いを新たにした。

2月の出来事 February

9日　南アフリカ共和国のヨハネスブルグにあるセントラル・メソジスト教会で、阪神・淡路大震災の犠牲者を追悼するため約200人がろうそくを灯して祈り、

Domestic news 国内ニュース

1月の出来事 January

4日　「オウム真理教被害者の会」会長の永岡弘行が東京都港区で猛毒のＶＸガスを噴霧され、病院に搬送された。オウム真理教（現アレフ）代表・麻原彰晃（本名松本智津夫）の指示で信者の山形明と高橋克也が犯行に及んだ。

11日　94年12月28日放送のフジテレビ「タモリのスーパーボキャブラ天国」の中でイスラム教を侮辱する映像があったとの「イスラミックセンター・ジャパン」からの抗議を受け、同番組ではお詫びのテロップを流し、12日にはフジテレビ社員が同センターとイラン大使館に出向き謝罪した。

12日　学習研究社が、学習漫画に描かれたムハンマドの顔がイスラム教で禁じる偶像崇拝にあたると宗教法人イスラミックセンタージャパンから抗議を受け、謝罪のうえ、書籍を回収し絶版を決めた。

15日　北海道・阿寒町でアイヌ文化継承団体「ヤイユーカラの森」の会員50人によって「鹿狩りキャンプ」が約120年ぶりに行なわれ、自然の恵みに感謝する「カムイノミ（神への祈り）」の儀式に続き、密猟者が捨てた鹿の皮や頭なども供養した。

17日　兵庫県南部を震源とするマグニチュード7・3の地震が発生し、建物倒壊や火災などで6400名余が犠牲となった。この阪神・淡路大震災で31万人以上が被災した。

20日　桃山から江戸時代までのキリシタン弾圧で処刑されマカオに移送されていた九州周辺の殉教者59人の遺骨が、日本のカトリック司教らの働きかけで約400年ぶりに帰国した。

31日　宗教法人・真如苑が阪神・淡路大震災救援のため、読売新聞大阪本社に3000万円を寄付した。同教団による義援金は計1億100万円に。

被災地の復興を願った。

12日　エジプトの与党・国民党が事実上支配する国民会議が、イスラム原理主義組織「ムスリム同胞団」をけん制し、同胞団の勢力基盤である職能組合の理事会選挙を司法当局の管理下におく法案を可決した。

14日　アフガニスタンで、イスラムの宗教学生を中心とした軍事組織「タリバン」が、反政府ゲリラのヘクマチアル派の拠点チャラシアブを制圧した。周辺に進駐する政府部隊には撤退を要求した。

15日　イランの護憲評議会で、西欧の情報番組の受信を禁じる「衛星放送受信禁止法案」が承認された。

22日　トルコ・イスタンブールのマルマラ大で、断食の期間に学生食堂で食事をしていた学生が30人の集団に襲われ、8人が負傷した。

27日　シンガポール警察が、結社法違反の疑いで「エホバの証人」の集会所を家宅捜索し、信者69人を逮捕、関連資料を押収した。

3月の出来事 March

8日　パキスタン・カラチ市東部のイスラム教シーア派のモスクで爆発があり、イスラム教徒15人が死亡、負傷者も出た。警察はスンニ派との宗教対立が原因とみて調べている。

13日　トルコのイスタンブールで、イスラム政党の勢力拡大に抗議するイスラム教アラウィ派のデモに対し治安警察が発砲し、少なくとも16人が死亡、約１５０人が負傷した。

15日　中国イスラム協会の主催で中国初の「コーラン」朗唱大会が行なわれ、ウイグル族や回族などの34人が参加。大会は民族間の友好・安定を目的に開かれた。

22日　オウム真理教がロシアのラジオ局「マヤク」で流していたロシア支部の番組が放送停止となった。

29日　エジプトのイスラム原理主義者の弁護士が、映画『移民（アル・ムハジール）』は預言者の映像化を禁じる教令に反するとして、作品の上映禁止も含めてユーセフ・シャヒーン監督（69）を提訴したが、カイロの高裁は請求を棄却し1審の上映禁止措置を解除した。

30日　ローマ教皇ヨハネ・パウロ2世が、中絶、避妊、人工授精などに反対する「生命の福音」と題する回勅（教義上の指針を示す公式文書）を出した。

4月の出来事 April

3日　3月31日に起きたブリュッセル行きのルーマニア国営エアバス機墜落事故で、ベルギー当局は、「アラー（神）の手」と名乗る組織が犯行声明を送付してきたと公表した。

2月の出来事 February

26日　阪神・淡路大震災の犠牲者を追悼する合同慰霊祭が兵庫県西宮市と芦屋市で開かれた。皇太子ご夫妻も出席し、祭壇に花を供えて犠牲者の霊を慰められた。

3月の出来事 March

5日　阪神・淡路大震災から四十九日となる6日を前に、犠牲者を悼む合同慰霊祭が神戸、宝塚、尼崎で行なわれ、遺族ら１万３０００人とともに皇太子ご夫妻も出席し、犠牲者の冥福を祈られた。

9日　１９９０年の「即位の礼」と「大嘗祭」への国費支出の違憲性を問う裁判の控訴審判決で、大阪高裁は「政教分離規定に違反するのではないかとの疑義は一概に否定できない」との判断を示した。

10日　東京大空襲の犠牲者を供養する戦後50周年の東京都「春季慰霊大法要」が東京都慰霊堂（墨田区）で営まれ、鈴木俊一知事や各国の駐日大使が参列し犠牲者を追悼した。同日午後、日比谷公会堂で約２０００人が参加し「東京都平和の日記念式典」が開かれ、東京都民の「平和アピール」が採択された。

14日　硫黄島で戦後50年を機に日米合同の戦没者追悼式が行なわれ、日米両国の旧軍人や遺族ら１３００人が参加した。

15日　ロシア・モスクワ市のオスタンキノ地区裁判所が「全体主義的宗教から青年を守る会」の訴えを受けて、市内の6カ所のオウム真理教施設の資産差し押さえと銀行口座の凍結を決定した。

20日　東京の地下鉄の電車内で猛毒のサリンがまかれ、乗客と駅員ら13人が死亡、６０００人余が被害を受けた。オウム真理教の幹部による犯行と判明し、犯人らは指名手配された。

22日　假谷清志・目黒公証役場事務長の監禁の容疑で、警視庁捜査本部は東京、山梨、静岡にあるオウム真理教の施設25カ所への一斉捜索を始めた。

29日　インド亡命中のチベット仏教の指導者ダライ・ラマ14世が公式に来日し、黒住教本部（岡山市）を訪問するなど、宗教間の協力を促進するための対話を日本の宗教者らと行なった。

4月の出来事 April

11日　大阪市立美術館（天王寺区）で、日本最古の千手観音、国宝葛井寺《ふじいでら》千手観音の特別公開が始まった。像の全身を間近で見られるのは約１２０年ぶり。

14日　全国のオウム真理教の拠点約１２０カ所で一斉捜索が始まる。山梨県上九一色村の教団施設には防護マスク、カナリアを手にした捜査員が入り、押収品が運び出された。

海外ニュース Foreign news

7日　インド・マハラシュトラ州で、公開予定だったヒンドゥー教徒の男性とイスラム教徒の女性との恋愛を描いた映画『ボンベイ』（マニ・ラトナム監督）の中に、93年に発生したボンベイの宗教暴動のシーンがあるという理由で、現地警察が8日間の上映延期の措置をとった。

10日　エルサレム・ヘブライ大の調査で、世界のユダヤ人の総数は約1300万人で、そのうちの1000万人が米国とイスラエル在住だと判明した。

10日　ポル・ポト政権時代に剝奪された文化の復興を目指し、カンボジアでのイスラム教育を考える初のセミナーが中部の都市コンポンチャムで開かれ、国内のイスラム指導者ら350人が集まった。

16日　韓国の検察当局が、韓国政府の許可を受けずに北朝鮮入りしていた韓国の宗教団体「大ソウ教」の指導者・安浩相（93）と宗務総長・金善積（69）を帰国後すぐに拘束し、南北交流協力法違反の疑いで事情聴取した。

18日　ロシアのオウム真理教の信者の父母らが教団の活動停止と損害賠償を求めていた裁判で、モスクワのオスタンキノ地区裁判所は教団の解散と3億6000万円の賠償を命じる判決を下した。

19日　米国オクラホマシティの米連邦政府ビルが爆破され、168人が死亡、数百人が負傷した。犯人の1人ティモシー・マクベイは、93年の宗教組織「ブランチ・ダビディアン」集団自殺事件への政府の対応に反感をもち犯行に及んだとのちに証言。

5月の出来事 May

14日　ダライ・ラマ14世がパンチェン・ラマ10世（89年死去）の後継（転生霊童）としてゲドゥン・チョエキ・ニマ少年（6）を公式に指名し、中国政府に理解を求めた。少年とその家族は直後に失踪（後に中国が「保護」したと発表）。

17日　中国政府は、ダライ・ラマ14世によるパンチェン・ラマ10世の後継者指名を「完全に非合法なものであり、効力はない」とする見解を発表した。

21日　ローマ教皇ヨハネ・パウロ2世が訪問先のチェコで開かれたミサの法話の中で、17世紀の宗教戦争中にカトリックが行なった不正行為を公式に謝罪した。

30日　28日にロシア・サハリン州北部で起きた地震の犠牲者約2000人のために、エリツィン大統領は31日を「追悼の日」とし被災者支援を行なうと発表した。

国内ニュース Domestic news

21日　千鳥ヶ淵戦没者墓苑で厚生省主催の拝礼式が行なわれ、皇太子ご夫妻、村山首相、遺族ら600人が参列し、身元不明の戦没犠牲者を追悼した。

23日　東京都港区のオウム真理教総本部前で教団「科学技術省」トップの村井秀夫がテレビ生中継のなか刺され死亡。犯人の徐裕行は現行犯逮捕された。

25日　文部大臣諮問機関の宗教法人審議会が開かれ、宗教法人の設立や認証の仕組みなどを協議した。まずは現行法内で運用改善をとの意見が大勢を占めた。

5月の出来事 May

16日　警視庁がオウム真理教代表の麻原彰晃以下約40人の逮捕に着手し、全国130カ所の施設を捜索。山梨・上九一色村の教団施設「第6サティアン」の「隠し部屋」にいた麻原代表を逮捕した。

16日　京都仏教会が、オウム真理教代表の麻原彰晃容疑者の逮捕について、犯罪性ある活動が厳しい法の適用を受けるのは当然としつつも、「宗教法人法の見直しは危険」との見解を文書で発表した。

17日　日本経営者連盟（日経連）が定期総会で、財界の21世紀に向けての提言「新時代の『日本的経営』──挑戦すべき方向とその具体策」を発表した。

6月の出来事 June

20日　イスラム教の聖典コーランがプリントされたカーペットは宗教を冒とくするものだとの抗議を受け、製造元とデザイン会社が名古屋イスラム協会（名古屋市）を訪れ謝罪した。

20日　ポル・ポト政権時代にほぼ喪失したカンボジア語訳『南伝大蔵経』が、曹洞宗国際ボランティア会が組織した復刻救援委員会によって復刻され、カンボジア政府に贈られた。

23日　敵味方問わず沖縄戦で犠牲となった23万（現在は24万）余の戦没者を刻んだ「平和の礎《いしじ》」が糸満市摩文仁の平和祈念公園に完成し、除幕式が行なわれた。続いて「沖縄全戦没者追悼式」が行なわれ、遺族7000人とともに大田昌秀沖縄県知事、村山富市首相らが参列し追悼の言葉を述べた。

25日　宗門の活性化を目的として、日本で初めて一般人男性から僧侶を募った選考試験が天台宗務庁（大津市）で行なわれ、25人が受験した。

6月の出来事
June

4日　中国の天安門事件6周年を記念する集会が香港で開かれ、2万人の参加者らがろうそくを灯し犠牲者を追悼し、民主国家建設を求める宣言を採択した。

20日　インドネシアの東ジャワ州で、同国のスカルノ初代大統領没後25周年の追悼式が開かれ、長女で野党「インドネシア民主党」のメガワティ総裁や宗教指導者らが参列した。

21日　イタリアのローマで政府も建設援助したヨーロッパ最大の高さ約40mのモスクが完成し、ローマ教皇ヨハネ・パウロ2世が歓迎の意を表した。

7月の出来事
July

8日　ドイツのコール首相が第2次世界大戦中にナチス・ドイツによってユダヤ人虐殺が行なわれたポーランドのアウシュビッツ、ビルケナウ両強制収容所跡を訪れ、約150万人の犠牲者を追悼した。

9日　世界最古の旧約聖書とされる「アレッポ古写本」がユダヤ教徒によりシリアからイスラエルに完全に戻され、イスラエル博物館・死海文書館に収蔵された。

29日　欧州連合（EU）加盟12カ国1万3000人を対象にした欧州委員会の世論調査で、「人生で神は重要」との答えが85年調査時の44%から36%に下がり、神の存在感が薄らいでいるとの結果に。

8月の出来事
August

3日　米国オレゴン州の「安楽死法」について、宗教団体と市民グループが州を相手どり違憲判断と執行停止を求めた裁判で、連邦裁判所は安楽死法を違憲とし同法の差し止めを命じた。

10日　ドイツ憲法裁判所は、州立学校の教室に十字架を掲げることは信教の自由を損なうおそれがあるとし、十字架の取り外しを命じる決定を下した。

13日　インドを旅行中に欧米人旅行者5人がイスラム教過激派組織「アルファラン」に誘拐され、ノルウェー人男性のハン・オストロ（27）が首を切断され遺体で発見された。

15日　ベトナム・ホーチミン市で反政府系の「統一仏教会」の高僧クアン・ド師ほか6人に対し、人民裁判所が有罪判決を言い渡した。ド師は仲間の僧侶7人が逮捕されたことへの抗議活動で1月に逮捕された。

23日　米国ミズーリ州で、キリスト教の「安息日」の日曜日に出勤を拒否して解雇されたのは宗教的差別だとして元社員がディスカウントストア最大手のウォルマートを訴えていた裁判で、元社員に賠償金を支払うことで和解が成立した。ウ

7月の出来事
July

5日　福島県警が家宅捜索していた福島県須賀川市の祈とう師江藤幸子容疑者宅から、一部ミイラ化した男女6人の遺体が見つかった。

26日　天皇皇后両陛下が戦争犠牲者を追悼する「慰霊の旅」で長崎・広島・沖縄を巡られ、26日は長崎・平和公園で、27日には広島・原爆慰霊碑で献花なさり、犠牲者の冥福を祈られた。

8月の出来事
August

1日　先祖の罪の清算をと不安をあおられ献金や絵の購入をさせられたとして、「世界基督教統一神霊協会（統一教会）」の元信者20人が、同会への損害賠償を求めて京都地裁に提訴した。

1日　真宗大谷派が、真宗の教義に反するとの声に応じ、お盆の万灯会《まんどうえ》に法名や「無病息災」などの先祖供養や現世利益を求める文字を書き入れるのをやめると発表した。

2日　天皇皇后両陛下が戦没者を追悼する「慰霊の旅」で沖縄を訪問され、糸満市摩文仁の平和祈念公園の国立沖縄戦没者墓苑で献花なさり犠牲者の冥福を祈られた。3日には東京都慰霊堂（墨田区）を訪れ献花され、東京大空襲などの犠牲者の霊を慰められ、7月26日からの「慰霊の旅」の日程を終えられた。

12日　日航機墜落事故から満10年に合わせ群馬県上野村の「慰霊の園」に供養塔が完成し、除幕式と追悼慰霊式が催され、犠牲者と同数の520本のろうそくを灯して遺族らが冥福を祈った。

15日　村山富市首相が戦後50年の首相談話の中で、先の大戦は「国策を誤り国民を存亡の危機に陥れ、植民地支配と侵略によりアジア諸国の人々に多大の損害と苦痛を与えた」と述べた（「村山談話」）。

15日　東京・九段の日本武道館で「全国戦没者追悼式」が開かれ、遺族約6600人が献花・黙とうし戦没者を悼むとともに平和の誓いを新たにした。同日早朝には近接する国立千鳥ヶ淵戦没者墓苑を多くの市民らが訪れ、正午前からは社会党などが主催する追悼集会が開かれた。阪神・淡路大震災の被災地では犠牲者の初盆を迎え、各地で精霊《しょうりょう》送りが営まれた。

9月の出来事
September

19日　京都仏教会は、宗教法人法改正の見直し論議が政党間の利害の中で行なわれることに反対する、島村宜伸文部相宛の要望書を文化庁に提出した。

25日　霊視商法で被害を受けた関東地方の主婦ら58人が、宗教法人「本覚寺」と

海外ニュース Foreign news

ォルマートは従業員に対する宗教的差別を防止するため全マネージャー向けに特別研修を始めた。

24日　パキスタンのイスラマバードでイギリスBBC放送の現地事務所がイスラム復興主義過激派に襲われ、放送機器などが破壊された。

9月の出来事 September

1日　中国内陸部・貴州省華節地区でキリスト教に入信する共産党員の数が91年当時の150人から大幅増で、現在は2000人を超え、党は事態把握のために調査を始めた。

4日　旧約聖書でダビデ王がエルサレムをユダヤ人の首都と定めてから約3000年経ったことを祝う「エルサレム3000年祭」が始まった。パレスチナ人は東エルサレム占領恒久化の試みだとして反発。

13日　ダライ・ラマ14世がクリントン米大統領とホワイトハウスで非公式に会談を行ない、チベット問題の平和的解決に向けて中国政府との対話が必要との点で一致した。

15日　北京で開催された第4回世界女性会議で、出産の自己決定権や同性愛者の権利保障を行動綱領に盛り込むとの提案に、カトリックやイスラム教圏からの参加者が宗教・制度上の理由で反対した。

15日　北京で国連主催による第4回世界女性会議が開かれ、189カ国から2万人が参加。女性問題だけでなく人権や核の問題についても討議を行なった。最終日には、男女平等の社会を目指すための「行動綱領」とその決意を誓う「北京宣言」を採択・発表した（9／4〜15日）。

15日　インドの治安維持担当相は、1993年に起きたムンバイ連続爆破事件に関与したとして宗教家のチャンドラ・スワミの逮捕を中央情報部に指示。

28日　マレーシアで、「10月に世界の終わりが来る」と信じていた宗教集団のメンバー192人が警官隊によって拘束された。団体内で教祖はキリストの生まれ変わりと称し、妻は「聖母」とされていた。

10月の出来事 October

9日　東ティモールの都市ディリでイスラム教徒とカトリック教徒の衝突事件が起き、2人が死亡、12人が負傷、逮捕者は120人に上った。

10日　アフガニスタンのイスラム原理主

国内ニュース Domestic news

「明覚寺」を相手に供養料の返還と慰謝料など総額2億円の支払いを求める裁判を東京地裁に起こした。

27日　新日本宗教団体連合会（新宗連）は、宗教法人審議会（文部相の諮問機関）での憲法改正論議に反対する意見書を文化庁に提出した。

10月の出来事 October

4日　庵野秀明監督・GAINAX原作のSFアニメ『新世紀エヴァンゲリオン』がテレビ東京系列で放送開始。のちに社会現象となるほど話題のヒットとなり97年には劇場版も公開された。

5日　宗教法人・立正佼成会が文部省での記者会見で、「信教の自由・政教分離の原則を侵犯するおそれがある」として宗教法人法改正に反対する見解書を発表した。

6日　日本弁護士連合会（日弁連）が、オウム真理教に対する破壊活動防止法（破防法）の適用は憲法が保障する基本的人権を侵害し、将来に禍根を残すとする反対声明を発表した。

7日　奈良・法隆寺の国宝特別公開が行なわれ、釈迦三尊像、聖徳太子像、四騎獅子狩文錦などが公開された。

9日　田沢智治法務大臣が、1991年に宗教法人・立正佼成会から受けた2億円の融資を資産公開で報告しなかった件で、野党から追及され辞任した。

17日　政府が宗教法人法改正案を閣議決定した。

17日　カトリック中央協議会は宗教法人法改正案について、信教の自由と政教分離の原則が犯されないよう時間をかけて冷静に審議すべきとの声明を発表した。

20日　創価学会の秋谷栄之助会長は日本外国特派員協会での講演で、オウム真理教への破壊活動防止法の安易な適用には反対であるとの意向を表明した。

30日　東京地検と東京都がオウム真理教の解散を求めた裁判で、東京地裁は教団の解散を命じる決定を下した。教団側は即時抗告を申し立て（11月2日）、解散命令の効力は停止された。

31日　「霊視商法」で起訴されていた真言宗明覚寺派総本山・明覚寺（和歌山）系列の「鑑定施法院・満願寺」の住職ら3人が、詐欺容疑で逮捕される。

31日　宗教法人「幸福の科学」の信者674人が写真週刊誌『フライデー』の記事で精神的に苦痛を受けたとして、講談社と筆者に損害賠償を求めた控訴審判決で、東京地裁は信者らの訴えを棄却し義勢力「タリバン」が首都カブールへの進撃を開始した。

12日　米国サンフランシスコ近郊の町ロスアルトスの教育委員会は、「宗教行為にあたる」との理由で学校でのハロウィン行事を禁止する通達を出したが、親と学生数百人の抗議を受け撤回した。

16日　米ワシントンで、イスラム教の黒人組織「ネーション・オブ・イスラム」のリーダー、ルイス・ファラカンが呼びかけた「ワシントン100万人大行進」に数十万人の黒人男性が参加した。米史上最大の黒人集会に。

26日　ネパールのネパールガンジでイスラム教徒とヒンドゥー教徒の衝突で市場への放火があり、15人が逮捕され外出禁止令が出された（〜30日）。

31日　米国議会が日本のオウム真理教によるテロ事件に関する専門家ら14名を招き、公聴会を開いた（〜11月1日）。

11月の出来事 November

4日　パレスチナとの和平を推進してきたイスラエルのラビン首相が、テルアビブでの中東和平支持集会に出席した直後、ユダヤ教過激主義のイスラエル人青年に撃たれ死亡した。

10日　インドネシア・ジャカルタで、インドネシア・ムスリム知識人協会（ICMI）など5つの宗教団体によるセミナーが開催された（〜12日）。

22日　16世紀ドイツの宗教改革者マルティン・ルターがドイツ語訳の底本に使ったラテン語の新約聖書が、シュトゥットガルトの州立図書館で発見された。

24日　カトリック信仰を基に離婚が法的に禁じられてきたアイルランドで、「離婚の自由化」を問う国民投票が行なわれ、僅差で賛成派が勝ち離婚が合法化された。

29日　ダライ・ラマ14世が選出した少年とは別に、中国政府は6歳のギェンツェン・ノルブ少年をパンチェン・ラマ11世として認定し、中国外務省が「信仰と愛国心は一つ」とのコメントを出した。

30日　中国・上海市議会が「市宗教条例」を改定し、おみくじ、占い、病気治癒の祈とうなどを「迷信」として禁じる措置を講じた。

12月の出来事 December

23日　スイスを本拠地とする宗教団体「太陽寺院教団」の信者とみられる16人の焼死体が、フランス南東部の山中で発見された。同団体は94年にも集団自殺事件を起こし、警察が監視を強めていた。

24日　イスラエル軍が21日に撤退し、暫定自治区となった都市ベツレヘムで開かれたクリスマスミサに、アラファト・パレスチナ解放機構（PLO）議長が出席し祝賀・交流した。

た。

11月の出来事 November

4日　教派神道連合会（金光教、黒住教、大本教など12教派が加盟）が結成100周年を迎え、「21世紀を担う神道—教派の使命と祈り」と題するシンポジウムを東京で開催した。

8日　北九州地区の神道、仏教、キリスト教、新宗教の21団体の代表者らが「北九州地区宗教者懇話会」を設立した。オウム事件を機に宗教の役割を再考し、勉強会や情報交換を行なうのが目的。

11日　オウム真理教信徒の脱会を支援する「日本脱カルト研究会（JDCC）」が発足した。理事長は高橋紳吾・東邦大医学部講師で、宗教家、弁護士、学者らも専門家として参加している。

14日　オウム真理教をめぐる発言の騒動で日本女子大の島田裕巳教授が退職願を提出し、臨時理事会で了承され大学を辞職した。退職理由は「一身上の都合」に。

23日　米マイクロソフト社のオペレーティングシステム（OS）「ウィンドウズ95日本語版」が発売され、以降パソコンが急激に普及した。

12月の出来事 December

6日　戦後50年を記念し、比叡山延暦寺（大津）で「世界大学生平和サミット」が開かれ、37の国と地域から約500人が参加し議論したのち、共同宣言「平和メッセージ」がまとめられた。

8日　参院本会議で宗教法人法改正案が賛成多数で可決され、改正法が成立した。宗教法人の所轄が都道府県知事から文部大臣へと移管され、収支決算書の提出も義務付けられることに。

8日　京都仏教会が改正宗教法人法成立について、十分な議論なしの改正は宗教界への攻撃であり「信教の自由への冒とくである」との声明を出した。同日、創価学会も同法案成立について「きわめて遺憾だ」とのコメントを発表した。

14日　松本サリン事件・地下鉄サリン事件など4つの事件の遺族ら45人の損害賠償の求めに応じ、東京地裁は全国11カ所のオウム真理教教団施設に立ち入り、土地・不動産を差し押さえ、現金や預貯金などの資産を凍結した。

20日　東京地検と東京都がオウム真理教への解散命令を請求した裁判で、東京高裁が教団側の抗告を棄却したため、東京地裁による解散命令が確定し、清算人による手続きが進められることとなった。

24日　宗教法人法の改正に伴い、文化庁宗務課内に「宗教法人室」が新設されることが決まった。

Foreign news
海外ニュース

1996

1月の出来事 January

7日　ロシア正教のクリスマスの日、モスクワで建設中の「救世主ハリストス大聖堂」で76年ぶりに鐘が鳴らされた。教会は共産党政権時代の弾圧で爆破され、94年に市議会で再建築が決まった。

11日　フランス大統領府は、ミッテラン大統領を追悼するため11日を国民服喪の日とし、ノートルダム寺院では追悼ミサが行われた。

18日　パキスタンのブット首相が東京都内で朝日新聞の記者と会見し、イスラムの女性問題で「女性を苦しめているのは宗教ではなく社会の因習だ」と述べた。

20日　パレスチナでパレスチナ人による初の指導者選出の直接投票選挙が行なわれ、パレスチナ解放機構（ＰＬＯ）のアラファト議長が自治政府議長に選ばれた。

31日　アジア医師連絡協議会（ＡＭＤＡ、本部・岡山市）が国際貢献のプロを育てる「ＡＭＤＡ国際大学設置構想」を国連に呼びかけ、ガリ事務総長は「国連の目的に沿う」と提案を支持した。

2月の出来事 February

9日　ＩＲＡ（アイルランド共和国軍）が英国政府との停戦を破棄するとの声明を出し、ロンドン東部で爆破事件を起こした。

15日　米国のイスラム組織「ネーション・オブ・イスラム」のリーダー、ファラカン師がバグダッドでイラクのフセイン大統領と会談し、国連による対イラク制裁を批判した。

3月の出来事 March

3日　トルコの中道右派の2党が連立政権をつくる合意書にサインした。イスラム宗教政党・福祉党は政権から排除され、脱イスラム・親ヨーロッパというトルコ

国内ニュース
Domestic news

1月の出来事 January

1日　95年12月の高速増殖炉原型炉「もんじゅ」事故を受け、危険な施設に釈迦の知恵を表す言葉を付すのは不適切だとして、仏教者らが改名を求める署名運動を展開し始めた。

11日　愛知県警が宗教法人・明覚寺グループ（和歌山）の霊視商法詐欺事件で、系列寺院の満願寺の初代住職と元副住職を詐欺容疑で逮捕した。

17日　阪神・淡路大震災の犠牲者を悼む兵庫県主催の追悼式が、皇太子ご夫妻や橋本龍太郎首相らも列席のうえ開催され、犠牲者の鎮魂と被災地の復興を願った。この日は各地で追悼式が開かれた。

31日　真宗大谷派（京都・東本願寺）で宗務担当の内局と本願寺維持財団が対立し、財団の大谷暢順《ちょうじゅん》理事長と門主・大谷業成らが宗派からの離脱を表明した。

31日　東京地検と東京都がオウム真理教への解散命令を請求した裁判で、最高裁が教団側の特別抗告を棄却し、初の「教団解散」の憲法判断が下された。

2月の出来事 February

24日　世界平和を目指して活動する「世界平和の鐘の会」静岡支部が、沖縄、埼玉、北海道に続いて発足し、浜松市で開かれた発会式には50カ国の駐日大使らが出席し世界平和を誓い合った。

3月の出来事 March

8日　宗教上の理由から剣道の授業を拒否し退学になったのは不当だと元生徒の小林邦人（「エホバの証人」信徒）が神戸市立高専を訴えた裁判で、最高裁が校長側の上告を棄却し原告勝訴が確定した。公教育における信教の自由をめぐる最高裁の判断は初めて。

20日　死者11人、重軽傷者６０００人余

の基本政策は維持されることになった。

6日　米サンフランシスコ高裁が、自殺ほう助を禁じているワシントン州法は患者個人の意思と尊厳を保障する米国憲法修正第14条に違反するとし、合法的安楽死に関する司法判断を示した。8日には、自殺ほう助罪で起訴されていたミシガン州の元医師、ジャック・ケボアキン博士(67)に無罪の評決が下った。

28日　「進化論は事実である」と教えた公立学校の教師を解雇できるとする法案が米テネシー州議会上院に出されたが、賛成票13、反対票20で否決された。

4月の出来事 April

14日　イスラム宗教学者ハジ・サミミがアザン（礼拝の呼びかけ）の時刻を知らせるソフトを開発した（朝日新聞伝える）。

26日　86年のチェルノブイリ原子力発電所の大爆発事故から10年を迎え、ウクライナやベラルーシでは数千人がろうそくを灯して行進し、被ばく犠牲者を悼む集会が開かれた。

5月の出来事 May

2日　イスラム教の宗教的見解をただすイランの護憲評議会は、4月に国会を通過した「禁煙法案」を、煙草の税収が減るのは憲法違反との理由で却下した。

2日　イランで、「女性が自転車に乗ることは宗教的に認められない」と訴える団体が、女性専用サイクリング場を襲撃する事件が起きた。

3日　中国の新疆ウイグル自治区で、少数民族ウイグル族の独立を目指す宗教活動を抑えるため、共産党中央の指示で自治区の党委員会が異例の取り締まり対策会議を開いた。

20日　台湾で台湾住民による初めての総統選挙が行われ、李登輝が当選し民選台湾総統に就任した。

21日　米ジョンズ・ホプキンズ大の研究者らが、95年にペルーで発見された約500年前のインカ帝国時代の少女のミイラは山の神への生贄として撲殺されたとみられると発表した。

27日　エリツィン・ロシア大統領とチェチェン独立派のヤンダルビエフ大統領代行がモスクワで会談し、6月1日からの停戦に合意した。

31日　イスラエル首相選挙でネタニヤフが当選。右派リクード陣営は、議席を伸ばしている宗教政党や小政党を取り込んで新内閣の組閣を進める方針。

6月の出来事 June

20日　ドイツ連邦議会が、チベット住民の人権を尊重し、亡命中のダライ・ラマ14世と対話するよう中国に求める決議を

を出した地下鉄サリン事件から1年を迎え、霞ヶ関駅や築地駅など地下鉄6駅では献花や黙とうを行ない、事件の犠牲者を追悼した。

27日　地下鉄サリン事件でサリンの製造を手伝ったとして殺人ほう助罪、殺人未遂罪などに問われた信者A被告の判決公判で、東京地裁は同被告に懲役7年の実刑判決を言い渡した。同事件についての刑事裁判として初の司法判断。

28日　東京地裁は地下鉄サリン・松本サリン事件などをオウム真理教（現アレフ）の教団ぐるみの不法行為であるとし、被害者らの申し立てどおり教団に破産宣告を申し渡した。負債額は約24億4000万円。

29日　宗教法人・幸福の科学（大川隆法代表）が雑誌記事で名誉を傷付けられたとして浅見定男・東北学院大教授に損害賠償を求めていた訴訟で、教団側が請求を棄却し和解が成立した。

4月の出来事 April

1日　長野県飯田市の飯田女子短大に仏教のビハーラ（サンスクリット語で「休息」の意）の思想をとり入れたケアの専門家を育成する看護学科が新設された。

4日　大本教（京都府亀岡市）が、オウム真理教への破壊活動防止法適用について慎重を期すことを求める文書を長尾立子法務大臣あてに提出したと発表した。

15日　和歌山県寒川町史編集委員会の調査で、江戸時代までは女人禁制だったはずの真言宗総本山・高野山に女性も参拝していたことが、寺の「登山帳」の記録からわかった。

24日　殺人と殺人未遂など計17事件で罪に問われたオウム真理教代表・麻原彰晃（本名松本智津夫）被告の初公判が東京地裁で開かれ、同被告は95年5月の逮捕後初めて公の場に姿を見せた。

25日　歌手・尾崎豊の死から4年の命日、尾崎が生前よく通った東京・渋谷の東邦生命ビル3階テラスをファンらが訪れ、壁に言葉を書き込み、一緒に歌うなどして故人を偲んだ。

5月の出来事 May

1日　滋賀県大津市の天台寺門宗総本山・園城寺（三井寺）が文化財修理技術者を養成する「園城寺伝統技法教習院」を設立した。学費無料で修業年数は3年。

1日　熊本県水俣市での医師による水俣病の「公式発見」から40年を迎え、第5回目となる「水俣病犠牲者慰霊式」が水俣市で催され、環境庁長官とチッソ社長が初めて出席し献花した。

1日　医学専門誌『ターミナルケア』（三輪書店）5月号で「スピリチュアルケアとは何か」という特集が組まれ、

海外ニュース Foreign news

採択した。中国側は内政干渉だと反発。

29日　米国のペリー国務長官はサウジアラビアを訪れ、米軍人19人が死亡した爆弾テロ事件の現場を視察し、犠牲者に哀悼の念を表明した。

7月の出来事 July

1日　オーストラリア北部特別地域（準州）で、世界初の安楽死法が施行された。

3日　米ロサンゼルス郊外で、韓国系のキリスト教関係者による「悪魔祓い」で、韓国系女性宣教師（53）が殴打などによる内臓損傷で死亡する事件が起きた。

11日　シンガポール放送監視局が、インターネットの国内業者と、サイトを開設している政党や宗教関連団体を免許制とし、政府にとり好ましくない情報へのアクセスを規制する政策を発表した。

15日　シンガポールで、政治や宗教に関する情報を提供するインターネットを免許制にし、ポルノ情報を禁止する法令が施行された。

24日　1日にオーストラリアの北部特別地域（準州）で施行された安楽死法の無効を地元医師会などが求めていた違憲訴訟で、準州最高裁は安楽死法を合法とし、訴えを棄却する判断を下した。

8月の出来事 August

31日　ロシアのレベジ・チェチェン担当大統領全権代表は、ロシア・チェチェン共和国の独立問題を5年間棚上げするチェチェン独立派との共同声明に調印した。この期間に合同委員会を組織し、民族・宗教的対立への対策を講じる。

9月の出来事 September

9日　シンガポールでＡＳＥＡＮ（東南アジア諸国連合）のインターネット関連の当局者らの会合が開かれ、宗教批判やポルノなどいわゆる有害情報へのアクセス防止の重要性を確認したが、統一規制の作成は見送られた。

22日　「末期患者の権利法」（安楽死法）が施行されたオーストラリアの北部特別地域（準州）で、末期がんの60代半ばの男性が妻と医師の立ち会いのもと致死量の薬剤を自ら投与して死亡した。

27日　アフガニスタンで、イスラム神学生を主とする反政府勢力「タリバン」が首都カブールを制圧し、暫定政権樹立を宣言した。

28日　パレスチナ住民とイスラエル軍・

国内ニュース Domestic news

「生の意味」の探求や「存在の肯定」が末期医療の課題だとの論考が掲載された。

8日　宗教法人・世界基督教統一神霊協会（統一教会）の合同結婚式に参加した女性が婚姻無効の確認を求め93年に提訴した裁判で、被告男性の上告を棄却し婚姻無効とする最高裁の判断が示された。

27日　身元不明の第2次大戦中の戦没者を慰霊する厚生省主催の礼拝式が東京・千鳥ヶ淵戦没者墓苑で開かれ、政府・遺族関係者約７００人が参列した。新たに１９５４柱が納骨された。

6月の出来事 June

3日　95年の宗教法人法改正を受け、ミロク情報サービスが宗教法人会計基準で書類を作成できる宗教法人向けの会計ソフトを発売。価格は大規模法人向けが約２００万円、小規模法人用が１４０万円。

3日　長崎県島原市で、91年の雲仙・普賢岳の大火砕流発生での犠牲者を慰霊する追悼式が開かれ、遺族ら約３００人が参列し献花・黙とうを行なった。

20日　（財）日本宗教連盟（日宗連）が、創立50周年の記念式典を開催した。亀谷荘司理事長が宗教の国家管理に懸念を表明し、自民党・亀井静香議員が祝辞で「政教分離は何よりも大切」と述べた。

7月の出来事 July

23日　ふみの日、名古屋市内の郵便局の回収箱に集まった「不幸の手紙」の供養式が市内の徳林寺で行われ、境内にある「葉書の塔」の前で約５００通が燃やされた。

8月の出来事 August

6日　広島市の平和記念公園で「原爆死没者慰霊式・平和祈念式」が開かれ、橋本龍太郎首相や被爆者・市民ら5万人が死没者の冥福と核兵器廃絶を祈った。

8日　群馬県上野村の御巣鷹山での日航機墜落事故（85年）の現場に犠牲者を慰霊する高さ３・８ｍの観音像「御巣鷹茜《あかね》観音」が建てられ、遺族ら30人が参加し開眼供養が行われた。12日には除幕式と慰霊登山も行われた。

9日　長崎市の平和公園で2万５０００人が出席し「原爆犠牲者慰霊平和祈念式典」が開かれ、伊藤一長市長は「平和宣言」で核兵器のない世界の実現を訴えた。

15日　東京千代田区の千鳥ヶ淵戦没者墓苑でキリスト教団体主催の「平和祈とう

警察とが衝突し、1000人以上の死傷者が出た。イスラエル側が一方的にエルサレムにトンネルを開通させ、パレスチナ側の激しい反発を招いたものとみられる。

10月の出来事 October

11日　96年度のノーベル平和賞受賞者が、東ティモールのカルロス・ベロ司教とティモール闘争の代弁者ジョゼ・ラモス・ホルタ氏に決定した。ふたりはインドネシア軍と対峙しながら東ティモールの自治獲得のため運動をしてきた。

15日　タイ・アユタヤで「アジア宗教者平和会議（ACRP）」が開かれ、25の国・地域から約230人の宗教者らが集い「平和と安全」「宗教と文化」などを論議した。

15日　インドネシアのスハルト大統領が東ティモールを8年ぶりに訪問し、ノーベル平和賞受賞者でカトリックのベロ司教と握手を交わし「和解」を演出した。

24日　イスラエルのラビン元首相暗殺から1年を迎え、テルアビブ市庁舎前広場で追悼集会が行われ、数千人が集い黙とうを捧げ、「平和の歌」を合唱した。

11月の出来事 November

6日　マレーシアで、宗教上利子を禁止しているイスラム教徒を対象とした、金利免除のクレジットカードが利用者数を伸ばしている。95年9月には米大手のVISAがイスラム教徒向けカードを発行した。

19日　キューバのカストロ国家評議会議長がバチカンでローマ教皇ヨハネ・パウロ2世と初めて会談した。革命以来、92年の憲法改正まで宗教活動を禁じたキューバはバチカンと反目状態にあった。

29日　アルジェリアで行われた国民投票で、賛成85・8％の圧倒的多数で憲法の改正案が承認された。改正案は宗教政党の禁止や大統領の権限強化を定めたもの。

12月の出来事 December

4日　フランス・パリ中心部の地下鉄駅で爆弾テロがあり、フランス政府は国内全土にテロ警戒態勢を敷いた。当局は、アルジェリア過激派の犯行の疑いがあるとみて捜査している。

26日　インドネシア・西ジャワ州タシクマラヤで、警官によるイスラム学校教師への暴力に怒ったイスラム教徒ら5000人がキリスト教会や華人が経営する商店などを襲撃。華人女性を含む2人が死亡。

会」が開かれ、約150人の参加者が墓苑に眠る無名の戦没者に祈りを捧げた。

15日　東京・九段の日本武道館で政府主催の全国戦没者追悼式が天皇皇后両陛下もご臨席の上開かれ、参列者約6800人は戦没者の冥福と平和を祈った。

27日　京都市で神道、仏教、キリスト教などの宗教者約150人が集まり「日本宗教代表者会議」の設立会議が開かれ、97年に比叡山や京都市内で「世界宗教者平和の祈りの集い」を開くことを決定した。

9月の出来事 September

15日　（財）禅文化研究所（京都）が改正宗教法人法で義務づけられる帳簿作成のための会計用ソフト「巻簾《けんれん》」を作った。価格は3万8000円。

15日　改正宗教法人法が施行され、544の宗教法人が都道府県知事から文部大臣へ所轄が移管した。

30日　「ハンドパワー」の病気治しを謳い会員を勧誘していた団体「健康を守る会・泰道」に対し、元会員75人が支払い金の返還・賠償を求め福岡・佐賀・長崎のそれぞれの地裁に提訴した。

10月の出来事 October

28日　公益法人に対する95事務年度の国税庁税務調査で、全宗教法人約18万のうち税務報告したのは1万974法人だったと判明した。また484法人を調べたところ85・3％の413法人で総額29億3900万円の申告漏れが見つかった。

11月の出来事 November

1日　オウム真理教の山梨・上九一色村の最大拠点「第2上九」（第6サティアン）が管財人に引き渡され、残っていた信徒らが退去し施設が封印された。

5日　京都・龍谷大を会場に日本仏教団体協議会などの主催で「アジア宗教者連帯会議」が開かれ、インドのヒンドゥー教、日本の仏教、神道の宗教家ら約200人が相互理解を深めた。

24日　国内外22のNGOの代表らが集まった「96おかやま国際貢献NGOサミット」（岡山市）で、宗教・宗派の違いを超えて人道援助で協力し合う「宗教NGOネットワーク」が設立された。

12月の出来事 December

5日　広島市の「原爆ドーム」が「人類共通の平和記念碑」として評価され、ユネスコの世界遺産に登録された。

Foreign news 海外ニュース

1997

1月の出来事 January

2日　オーストラリア北部特別地域（準州）で、安楽死法施行後2人目となる安楽死を52歳の末期がんの女性が遂行した。4日後にインターネットで女性の遺書も公開された。

17日　ヨルダン川西岸のヘブロンから約30年ぶりにイスラエル軍が撤退した。しかし同地区は引き続き軍の管理下におかれたままの状態に。

24日　中国の海の神「媽祖《まそ》」の御神体が、台湾の信者組織の働きかけで初めて台湾に運ばれ各地を回った。空港では台湾独立派の人々が「共産媽祖は本尊ではない」と抗議した。

2月の出来事 February

5日　中国・新疆ウイグル自治区のカザフスタン国境付近でイスラム系のウイグル族による暴動が起き、10人が死亡、100人以上が負傷した。

8日　ミャンマーのヤンゴンで、第2次世界大戦中にミャンマーで戦った日英の元軍人らがそれぞれの墓地で初の合同慰霊祭を開いた。

19日　中国で70年代後半から開放政策を進めてきた元最高責任者・鄧小平が92歳で死去。中国政府は20～25日を服喪期間とし25日には追悼大会を開いた。

23日　英国のロスリン研究所が、98年7月に体細胞を使ったクローン羊「ドリー」を作ることに成功していたと発表した。

3月の出来事 March

19日　東ティモール東部に新設されたバウカウ教区の司教就任式にローマ教皇ヨハネ・パウロ2世がメッセージを寄せ、東ティモール問題について「一刻も早い公正な解決を」と呼びかけた。

国内ニュース Domestic news

1月の出来事 January

7日　日本キリスト教団中部教区が運営する終身利用の施設「愛知老人コミュニティーセンターシルバーホーム　まきば」が開所式を行なった。入居者の宗教は特に問わない方針。

17日　阪神・淡路大震災から2年目を迎え、被災地の各所で慰霊祭や追悼式が営まれた。兵庫県主催の追悼式には秋篠宮ご夫妻も参列し、黙とうのあとお言葉を述べられた。

27日　長崎市の爆心地公園内の原爆落下中心碑を撤去し母子像を建てる計画について市民から監査請求が出ていた件で、市監査委員は母子像制作への公金支出に問題はないとの監査結果を出した。

31日　オウム真理教（現アレフ）への破壊活動防止法（破防法）適用を審議していた公安審査委員会は、法人格の剝奪と破産手続きで教団の「将来の危険性」が減少したとし、公安調査庁による破防法の適用請求を棄却した。

2月の出来事 February

1日　長崎市の原爆落下中心碑撤去・移設計画問題で、伊藤一長・長崎市長が計画の白紙撤回を表明した。設置予定だった母子像は別の場所に置くとのこと。

4日　京王百貨店がリクルートスーツ専用の売り場で、スーツなどを購入した学生が書いた絵馬を高幡不動尊に奉納する就職祈願代行サービスを始めた。

5日　オウム真理教施設内に元信徒を閉じ込めけがをさせたとして監禁致傷罪に問われていた被告2人の控訴について、東京高裁は棄却の判決を言い渡した。

17日　「君が代」斉唱時の起立命令に従わず北九州市教育委員会から訓告処分を受けた2人の教諭が不服を申し立てたが、同市人事委員会は「起立を命じた校長の職務命令は妥当」とする裁決を出した。

22日　カナダ・ケベック州で新興宗教「太陽寺院教団」のメンバー5人が焼死体で発見された。地元警察は集団自殺の可能性が高いと発表。

22日　ミャンマーの首都ヤンゴンで仏教僧侶らによるイスラム教のモスク襲撃事件が起き、イスラム教徒らも仏教の僧院への投石などで対抗した。

26日　米カリフォルニア州サンディエゴ市で宗教教団「ヘブンズ・ゲイト」の信者ら39人が毒物を飲み集団自殺する事件が起きた。

27日　ダライ・ラマ14世は台湾を訪問して李登輝総統と会談し、宗教・文化交流を深めるための事務所を台湾に設置することで合意した。

4月の出来事 April

13日　中国の全国人民代表大会（全人代）の喬石・常務委員長が新疆ウイグル自治区を訪問し、自治区の幹部に民族の団結を強く促し、団結を破壊する行動には厳しく対処すると強調した。

20日　テヘランで観光と文化の新しい交流を目指す「シルクロード会議」が開かれ日本、イラン、イタリアなど約20カ国が参加した。世界観光機関（WTO）も新しい国際連携の試みとしてこれを評価（24日まで）。

23日　米ワシントンのホワイトハウスでクリントン米大統領がダライ・ラマ14世と会談し、チベットと中国との対話を促したいとの意向を表明した。中国外務省は両者の会談を強く批判した。

26日　ミャンマーの軍事政権は、3月に起きた仏教とイスラム教との対立抗争の際に拘束した仏教僧２１６人全員を解放した。

5月の出来事 May

21日　トルコ最高検察庁は、エルバカン首相を党首とする親イスラム政党「福祉党」の活動が政教分離の原則を逸脱しているとして解散を求める訴えを憲法裁判所に起こした。

24日　イランの大統領選挙で、穏健・現実派が推すハタミ元イスラム指導大臣が圧勝した。

29日　北京で開かれた韓国と北朝鮮の宗教人会議に、韓国から韓国宗教人平和会議のメンバーら4人が参加した。

6月の出来事 June

2日　１９９５年の米オクラホマシティ連邦政府ビル爆破事件の実行犯ティモシー・マクベイ被告の裁判で、コロラド州裁判所は「有罪」の判決を下した。

4日　香港のビクトリア公園で89年の北京・天安門事件の犠牲者を追悼する集会

3月の出来事 March

12日　無断で輸血され精神的苦痛を受けたとして「エホバの証人」の女性信者が東大医科研附属病院の医師と国に慰謝料の支払いを求めた裁判で、東京地裁は原告の請求を棄却した。

15日　95年にテレビ放映で人気となったアニメ『新世紀エヴァンゲリオン劇場版シト新生』が公開された。

4月の出来事 April

2日　靖国神社への公費支出は「政教分離」に違反するとして住民が愛媛県知事を訴えた「愛媛玉ぐし料訴訟」で、最高裁は支出を違憲とする判決を下した。

8日　京都の妙心寺派寺院・大雄院がインターネット上に仮想寺院「情網寺」を開設し、ボツ原稿や廃棄されるフロッピーディスクなどの「情報供養」を始めた。

16日　臓器移植法案審議中の国会議員に対し、日本移植者協議会は脳死を死とする法案への理解、新日本宗教団体連盟（新宗連）所属の31宗教団体は脳死を人の死としない形での検討を、それぞれ求める要望書を提出した。

24日　脳死からの臓器移植をめぐる2法案の国会審議で、「脳死を人の死とする」法案（中山案）が衆院で可決された。

27日　大阪市天王寺区に宗教・宗派にこだわらず賛同会員で運営する新しい寺院「應典院」（秋田光彦住職）ができ、落慶法要が行なわれた。

5月の出来事 May

8日　アイヌ文化振興法が衆院本会議で可決・成立し、差別的呼称を含むとして批判されてきた「北海道旧土人法」が廃止された。

23日　日本宗教連盟（日宗連）が国会審議中の臓器移植法案について「各人の人生観、死生観が最も尊重されるべき」で、慎重な審議を求める意見書を参院各会派に提出した。

26日　東京都千代田区の千鳥ヶ淵戦没者墓苑で太平洋戦争当時、海外で戦死した身元不明の戦没者を慰霊する厚生省主催の拝礼式が行なわれ、常陸宮ご夫妻、橋本龍太郎首相ら約７００人が参列した。

30日　新憲法制定の推進などを訴える「日本会議」（会長・塚本幸一ワコール会長）の設立大会が都内のホテルで開かれ国会議員ら約１０００人が出席した。

6月の出来事 June

3日　長崎県雲仙・普賢岳の大火砕流惨事から丸6年、島原市は追悼式は行なわず追悼碑前に慰霊所を設け、遺族・市民

海外ニュース Foreign news

が開かれ、前年の2倍以上の5万人を超す参加者が集まり、献花し追悼の歌を合唱した。

7日 「クローン動物」技術の人間への応用研究の是非を検討していた米大統領の諮問委員会が、同研究を法律で禁止するものの、人間の細胞を利用した研究は認めるとの答申をまとめた。

9日 北京で中国国務院宗教事務局の葉小文局長が会見を開き、香港の中国返還後も、「香港基本法」に基づく「信教の自由」を保障する姿勢を示した。

20日 米デンバーで開かれたG8先進主要国首脳会議にロシアが初めて参加し、グローバルな課題に取り組むための共同宣言を発表した。

7月の出来事 July

1日 中国の江沢民国家主席が「1国2制度」の「香港特別行政区」成立を宣言し、155年にわたる英国の香港統治が終わった。同日、香港のカトリックとプロテスタント双方の団体が合同ミサを開催し、60人が参加した。

22日 エリツィン・ロシア大統領は、オウム真理教（現アレフ）の国内での活動を制限・監視する目的で作成され上下両院が可決した宗教関連法案に拒否権を発動し、議会に差し戻した。

22日 米国務省が世界78カ国での宗教弾圧に関する報告をまとめ、その中で中国や北朝鮮を批判した。宗教弾圧に関する国務省報告は初めて。

8月の出来事 August

14日 インド・ニューデリーでインドの独立50周年を祝う式典が開かれ、グジュラル首相や独立運動の闘士ら1万5000人がパレードを行なった。

16日 トルコ国会が義務教育期間を5年から8年へ延長する教育改革法案を可決した。同法案はイスラム過激派の温床と目されるイスラム教の宗教学校の衰退を狙ったもの。

9月の出来事 September

6日 英ロンドンのウエストミンスター寺院でダイアナ元英皇太子妃の葬儀が行なわれ、内外から約2000人が参列し、歌手のエルトン・ジョンが追悼の歌を捧げた。この模様は世界180カ国以上にテレビ中継された。

13日 インド・コルカタで、5日に死去

国内ニュース Domestic news

らが献花に訪れた。午後には7回忌法要が行なわれた。

17日 参院の特別委員会の審議で「脳死を人の死」とする臓器移植法案が賛成多数で可決され、10月16日から施行されることが決まった。

26日 大分県の平松守彦知事が11月に宗教色のない戦没者追悼式を開くことを明らかにした。

28日 2月から発生していた神戸市須磨区を中心とする連続児童殺傷事件で、兵庫県警は殺人容疑などで中学3年生の少年を逮捕した。少年は犯行声明文で「酒鬼薔薇聖斗」と名乗っていた。

7月の出来事 July

5日 「がん患者・家族の語らいの集い」が10周年を迎え、記念集会を開いた。集いの主催は「東京仏教ホスピスの会」で会員は約260人。

12日 宮崎駿監督のアニメ映画『もののけ姫』が公開され大ヒット。動員1200万人、興行収入193億円は当時の新記録となった。

26日 95年春の卒業式・入学式で国旗掲揚・国歌斉唱を実施した私立小・中・高校の割合は40～70％台で、国公立校に比べ大幅に低いことが文部省の調査でわかった。

8月の出来事 August

2日 「比叡山宗教サミット」から10年を記念し「世界宗教者平和の祈りの集い」が国立京都国際会館で行なわれ、海外から18カ国34人、国内から約2000人が参加した（～4日）。

6日 広島市の平和記念公園で「原爆死没者慰霊式・平和祈念式」が開かれ、橋本龍太郎首相や被爆者・市民ら5万人が死没者の冥福と核兵器廃絶を祈った。

9日 長崎市の平和公園で2万5000人が出席し「原爆犠牲者慰霊平和祈念式典」が開かれ、伊藤一長市長は「平和宣言」で核兵器のない世界の実現を訴えた。

12日 日航機墜落事故の犠牲者を悼む13回忌が群馬県上野村で営まれ、村内の神流川で灯籠流しが行なわれた。

15日 東京・九段の日本武道館で政府主催の「全国戦没者追悼式」が天皇皇后両陛下もご臨席の上開かれ、参列者約6900人が戦没者の冥福と平和を祈った。

24日 ロシア・サハリン州ポロナイスク市に第2次世界大戦で戦死した北方少数

したカトリック修道女のマザー・テレサを追悼する国葬が行なわれ、約１００万人が沿道でインド国旗に包まれた棺の葬列を見送った。

19日　ロシア下院が宗教法案の修正案を採択した。修正案は新興宗教の15年間布教禁止と年次更新報告の義務などが盛り込まれている。

10月の出来事 October

16日　中国政府が「中国の信仰と宗教の自由」と題する初めての宗教白書を発表し、１億人以上が何らかの信仰を持ち約３０００の宗教団体があると報告。新疆ウイグル自治区の騒乱を「宗教の名を使った分離主義、民族分裂主義」と批判。

27日　米ニューヨーク株式市場で香港市場の急落を契機に「世界同時株安」が起こり、87年10月のブラックマンデーの記録を抜き過去最大の株価暴落となった。

11月の出来事 November

5日　米オレゴン州で、末期患者への医師の自殺ほう助を認める「安楽死法」の是非を問う住民投票が行なわれ、ほう助賛成派過半数で法律発効が決まった。

21日　エジプト・ルクソールで起きた銃撃テロで犠牲となった邦人旅行者の仮慰霊法要が、カイロの陸軍病院内で行なわれ、遺族とエジプトと日本の大使館関係者約80人が参列し犠牲者の冥福を祈った。

24日　イランで最高指導者ハメネイ師の指導体制をめぐる批判・論議が起こり、危機感を持った体制支持派が複数の都市でデモを行なった。26日にはテヘランでハメネイ師が演説し、イスラム体制の堅持を訴えた。

12月の出来事 December

10日　エジプト・ルクソールでの観光客襲撃事件の犠牲者を悼み、エジプト政府主催の慰霊祭が事件現場に近いハトシェプスト女王葬祭殿前で営まれ、約５０００人が参列した。

11日　イランのテヘランで第8回イスラム諸国会議機構（ＯＩＣ）首脳会議が開かれ、イスラム社会の平和と安全の確保および連帯を謳う「テヘラン宣言」が採択された。

13日　中国・南京市で日中戦争当時に多数の兵士・市民が殺害された「南京大虐殺」の追悼式が催され、約３０００人が参列した。中国政府の指導者らは出席を見送った。

29日　英国郵政公社がダイアナ元皇太子妃の追悼記念切手を１９９９年2月に発売すると発表した。収益金はすべて慈善事業のためのダイアナ基金に寄付される。

民族のための慰霊碑が建立され、主催の「ウィルタ協会」（本部・北海道網走市、ウィルタは北方先住民のひとつ）がサハリンで初めての「先住民戦没者慰霊祭」を行なった。

9月の出来事 September

8日　故マザー・テレサの追悼ミサが東京都文京区の東京カテドラル・聖マリア大聖堂で開かれ、インドとバチカンの大使や信徒ら約１４００人が参列した。

11日　京都・伏見区の醍醐寺で、１４７０年に応仁の乱で焼失した「法華三昧堂」の代わりとなる「真如三昧耶《さんまや》堂」が完成し落慶法要が行なわれた。同堂は、同寺で得度し寄進した宗教法人「真如苑」・故伊藤真乗教主を顕彰して建立された。

18日　霊感商法で金銭的被害を受けたとして世界基督教統一神霊協会（統一教会）を相手どり福岡の女性らが損害賠償を求めた上告審で、最高裁は協会側の上告を棄却する判決を下した。

10月の出来事 October

30日　北海道余市町の入舟遺跡でアイヌの墓や人骨14体が出土したことをうけ、アイヌと発掘関係者ら80人が参列し先祖供養祭「シンヌラッパ」が営まれた。

16日　脳死の人の生前書面と家族の承諾により臓器提供が可能となる「臓器移植法」が施行され、臓器提供の意思の有無を示す意思表示カードが全国の自治体や公共施設の窓口に置かれた。

11月の出来事 November

9日　沖縄県渡嘉敷島で「アリラン慰霊のモニュメント」が完成し、太平洋戦争中に朝鮮半島から強制連行された従軍慰安婦の慰霊祭と完工式が行なわれた。敷地は島民が無償で提供した。

17日　北海道拓殖銀行が都銀として初の経営破綻となり解体された。バブル経済時代の担保融資１兆円が焦げつき、他金融機関の信用を失ったことが主要因。

24日　山一證券が巨額の帳簿外債務がもとで経営破綻し、野澤正平会長（当時）が記者会見で号泣しながら「社員は悪くありませんから」と発言した。

12月の出来事 December

4日　京都市内のホテルで、全日本仏教会が戒名問題について初の研究会を開き、各宗派の約50人が参加した。

13日　文化庁は休眠宗教法人が脱税や資産隠しの温床になっている問題を受けて、「不活動状態」の宗教団体については解散請求を行なっていく方針を固めた。

1998

Foreign news 海外ニュース

1月の出来事 January

1日　タイ南部でバイクの2人組が警察派出所に手榴弾を投げ、警官1人が死亡する事件が起き、3日にも同様の事件発生。97年から頻発するテロ事件ではイスラム独立国家建設を目指す「パタニ統一解放機構」が犯行声明を出した。

1日　アルジェリア北部の4つの村でイスラム教のラマダン（断食月）が始まった12月31日未明から武装集団による襲撃事件があり、４１２人が殺害された。

7日　米国の不妊治療研究者リチャード・シード博士が「年間５００人のクローン人間を誕生させたい」とCBSラジオで語り、法的規制前の早期実施を熱弁。ホワイトハウスの報道官は「クローン人間反対」の意向を改めて表明した。

11日　イスラエル放送が、イスラエルとイランの宗教家らが秘密裏に接触を続け、イスラエルの代表団がイランの最高指導者ハメネイ師にメッセージを伝えるためにイランを訪問すると伝えた。

13日　イランのイスファハンにある宗教研究センターが、米クリントン大統領の長女チェルシーさんにイスラム教の聖典コーランの英文解説書を贈ることになった（「テヘラン・タイムズ」報じる）。

21日　ローマ教皇ヨハネ・パウロ2世が初めてキューバを訪問しカストロ国家評議会議長と会談し、25日には首都ハバナの革命広場でミサを行なった。

30日　米国務省の97年度「世界人権報告書」が発表され、中国については政治的・宗教的な表現の自由は制限されているものの、「反体制派に対する中国政府の対応は近年寛容になっている」と報告された。

2月の出来事 February

3日　米テキサス州の刑務所で、殺人罪で死刑判決を受け服役していたカーラ・

国内ニュース Domestic news

1月の出来事 January

5日　財務会計用パソコン・ソフト会社ピー・シー・エー（PCA）が、改正宗教法人法に対応した収支計算ができる会計ソフト「PCA宗教法人会計」を価格58万円で発売した。

17日　95年の阪神・淡路大震災から3年を迎え、神戸市の兵庫県公館で「阪神・淡路大震災犠牲者追悼式」が開かれ、遺族、秋篠宮ご夫妻、橋本龍太郎首相らが参列した。

31日　滋賀県大津市で、京都市、広島市、奈良県斑鳩町などユネスコ世界文化遺産を持つ全国10市町村の首長が集い「全国世界遺産都市会議大津会議」が開かれた。

2月の出来事 February

12日　京都市埋蔵文化財研究所は、京都市醍醐寺境内で15世紀後半の応仁の乱で焼失したとみられた同寺の子院「妙法院」の建物跡が見つかったと発表した。

21日　音楽スクールでゴスペルソングの講座が人気を集める。大勢でハーモニーを奏でる時の快感が魅力（日経流通新聞報じる）。

26日　97年6月に開設した比叡山延暦寺のホームページが、大阪府などの主催する「マルチメディアコンテンツＯＳＡＫＡグランプリ'98」（3月3日開催）のコンペに入賞することが決まった。

3月の出来事 March

2日　地下鉄サリン事件で逮捕・起訴されたオウム真理教（現アレフ）元幹部・林郁夫被告に検察側が無期懲役を求刑した。同事件実行犯に対する初の求刑。

7日　44年に米軍潜水艦の攻撃を受け沈没した学童疎開船「対馬丸」の犠牲者約１５００人を悼む政府主催の洋上慰霊式が、トカラ列島海域で行なわれた。

タッカー死刑囚（38）の死刑が執行された。女性への執行は１３５年ぶり。

8日　米国のユダヤ教指導者シュニールが中国の宗教事情を視察するために北京を訪問した。中国が米国の有力宗教指導者の訪問を受け入れるのは初。

24日　トルコ航空国内線でハイジャック事件が起き、犯人がイランの首都テヘランへ向かうよう指示を出したが、給油のために着陸したディヤルバルク空港で特殊部隊が犯人の身柄を拘束した。

3月の出来事 March

9日　ヒンドゥー至上主義のインド人民党が、国民の幅広い支持を得るため宗教色を薄めた新綱領を打ち出した。

26日　米国のロス中東和平担当特使が中東入りし、イスラエル軍のヨルダン川西岸地区からの追加撤退を促したが、イスラエルが難色を示した。

4月の出来事 April

10日　北アイルランドのベルファストで、英国とアイルランドの間と、プロテスタントとカトリック系住民との間で続いた武力紛争の和平交渉が合意に達し、北アイルランド自治政府の設置が決まった。

20日　中東和平実現のため、英ブレア首相がパレスチナ自治区のガザでパレスチナ自治政府アラファト議長と会談した。

23日　イスラエルのネタニヤフ首相がポーランドのアウシュビッツ強制収容所跡を訪れ、約１５００人のユダヤ人とともにナチス・ドイツによる犠牲者を追悼する「生者の行進」に参加した。

5月の出来事 May

11日　インドが同国西部ポカランで24年ぶりに地下核実験を実施した。隣国パキスタンは激しく反発。

21日　インドネシアでスハルト大統領が国民による退陣要求の声を抑え切れず辞任を表明し、ハビビ副大統領が大統領に就任した。32年間の独裁政治に終止符。

23日　イランのテヘラン大で、ハタミ大統領の選挙勝利1周年を記念する集会が開かれ数万人の学生が集まった。

6月の出来事 June

4日　香港のビクトリア公園で、香港市民支援愛国民主運動連合会の主催による89年の北京・天安門事件の犠牲者を悼む追悼集会が開かれた。参加者は主催者発表で4万人。

16日　アフガニスタンのタリバン政権が、イスラム法（シャリア）に違反して女生徒らを教育していたとして、カブール市内の１０７の私塾を閉鎖するよう命じた。

10日　オウム真理教元幹部・岡崎一明被告の東京地裁での公判で、「マインドコントロールの影響があった」との心理鑑定結果が公表された。一連のオウム裁判で心理鑑定が証拠採用されるのは初。

13日　米国の詩人ゲーリー・スナイダー（67）が第32回仏教伝道文化賞（公益財団法人仏教伝道協会）の贈呈式のため来日し、東京・芝で講演を行なった。

19日　民間の非営利団体（ＮＰＯ）のボランティア活動などを支援する特定非営利活動促進法（ＮＰＯ法）が衆院本会議において全会一致で可決・成立した。

20日　地下鉄サリン事件から3年を迎え、犠牲者の出た霞ヶ関駅や地下鉄の6駅に献花台が設けられ、事件発生の午前8時に黙とうが捧げられ慰霊式が行なわれた。

24日　情報処理システムの（株）ＰＦＵが同朋舎出版と共同で「超高精細『国宝仏像』画像ブラウジングシステム」を開発した。価格は１７００万円から。

4月の出来事 April

1日　東大寺や春日大社のある奈良市が文化財防災の専門職「文化防災官」を設け、文化遺産の防災対策と環境整備に力を入れる姿勢を強調。

4日　ダライ・ラマ14世が来日し、国立京都国際会館で開催された「第一回仏教興隆会議」（～8日）に出席した。

18日　女人禁制をめぐり論争が起きた奈良県大峰山で、禁制撤廃に反対する信徒らが「大峰山は今までどおり女人禁制でございます」と観光客らに呼びかける看板を設置した。

5月の出来事 May

1日　水俣市で市などが主催する「水俣病犠牲者慰霊式」が、患者やその家族約４００人と大木浩環境庁長官、原因となった企業チッソの社員も参列して行なわれた。

20日　ＪＴＢと日本旅行が、6月から7月にかけて英国の故ダイアナ元英国皇太子妃が埋葬されているゆかりの地を訪ねる追悼ツアーを発売した。費用は7日間で約30万円。

6月の出来事 June

3日　長崎県の雲仙・普賢岳の大火砕流災害から7年を迎え、島原市ではこの日を「いのりの日」と定め、吉岡庭二郎市長や市民らが追悼碑の前で犠牲者追悼と復興の祈りを捧げた。

23日　沖縄「慰霊の日」、沖縄県糸満市摩文仁の平和祈念公園にある戦没者刻銘碑「平和の礎《いしじ》」への追加刻銘式典に初めて韓国人遺族ら15人が参加した。

海外ニュース　Foreign news

21日　イスラエル政府は閣議でエルサレム市の範囲拡張の計画を立てた。

27日　北アイルランドの新設議会選挙で、「北アイルランド行政府」の初代首相に、プロテスタント系で議会最大勢力のアルスター統一党のトリンプル党首が就任することが決まった。

7月の出来事 July

16日　中国社会科学院考古学研究所と奈良国立文化財研究所が、共同調査中の中国・前漢時代の長安城「桂宮」宮殿遺跡が前漢初代皇帝の劉邦によって建てられた皇后宮をモデルとしている可能性があると発表した。

8月の出来事 August

7日　ケニアとタンザニアで米国大使館同時爆破事件が起こった。米国人12人が犠牲となり、13日にはワシントンのアンドリュー空軍基地で追悼式が開かれた。

12日　米ABCテレビが、米国大使館同時爆破事件の黒幕とみられているオサマ・ビン・ラディンが無差別対米テロを呼びかける宗教令《ファトワ》を出していたと報じた。

18日　米オレゴン州で97年11月に「安楽死法」が施行されて以来、10人の患者が法に基づく安楽死を選んでいたことが州政府の発表で明らかになった。

31日　事故死したダイアナ元英国皇太子妃の1周忌で、パリの「自由の炎像」に観光客や市民ら100人以上が花やメッセージを供え故人を追悼した。

9月の出来事 September

5日　インド・コルカタ市内の「神の愛宣教者会」で故マザー・テレサの1周忌の追悼ミサが開かれた。

14日　10日にイラン人外交官を殺害したアフガニスタンのタリバン勢力は、殺害した9人のうち7人の遺体をイランに返還した。殺害に関与したタリバン兵士については独自に処分を検討すると発表。

22日　マレーシアのマハティール首相が2日にアンワル前副首相を解任した理由について、「同性愛行為にふけっていた」ことをあげた。

10月の出来事 October

5日　ニューヨークの国連本部で中国政府が、思想・良心・宗教の自由等を認める「市民的・政治的権利に関する国際規

国内ニュース　Domestic news

7月の出来事 July

4日　北海道南西沖地震で198人の犠牲者が出た奥尻島で約200人が参列して慰霊碑の除幕式が行なわれた。秋篠宮ご夫妻も島を訪れ慰霊碑に献花された。

10日　京都の臨済・黄檗《おうばく》宗の禅文化研究所は、宗教法人法改正に伴い収支決算書類を簡単に作成できる寺院向けPCソフトを開発した。1本98000円。

17日　高知県十和村の2神社社殿の修復に補助金を出したことが違憲だとして村民が前村長を訴えていた裁判で、高知地裁は「違憲」の判決を下し前村長に600万円の返還を命じた。

24日　名古屋市にイスラム教の礼拝堂「名古屋モスク」が完成し、サウジアラビアからの宗教指導者や駐日サウジアラビア大使らも出席し開所式が行なわれた。

8月の出来事 August

8日　音楽家・喜納昌吉や宗教学者・鎌田東二らの呼びかけで、神戸市で阪神・淡路大震災の犠牲者を追悼し世界平和を祈る「神戸からの祈り　神戸満月祭」が開かれた。

12日　群馬県上野村「慰霊の園」で日航機墜落事故犠牲者のための慰霊式典が行なわれ、184人の参列者らが黙とうし犠牲者の冥福を祈った。

15日　東京都千代田区の千鳥ヶ淵戦没者墓苑の納骨堂の周りに遺族らが献花し戦没者を悼んだ。小渕恵三首相も納骨堂に花を供えた。

15日　東京・九段の日本武道館で政府主催の「全国戦没者追悼式」が行なわれ、天皇皇后両陛下、全国の遺族代表者、小渕恵三首相ら7000人が参列し戦没者の冥福を祈った。

16日　カトリック鹿児島教区・糸永真一司教がフランシスコ・ザビエル（1506—52）の鹿児島来訪とキリスト教伝来450年を記念し99年12月までを「ザビエル年」とすることを宣言した。

23日　神戸の連続児童殺傷事件で遺体が遺棄された「タンク山」（神戸市須磨区）に地元自治会が慰霊の像を建立し、除幕式が行なわれた。

9月の出来事 September

16日　山梨県上九一色村のオウム真理教施設「第7サティアン」の解体が始まり、破産管財人の弁護士によって施設内部が

約（国際人権B規約）」に署名した。

9日　パキスタン下院がイスラム教の法体系に基づく憲法改正案を、3分の2以上の賛成多数で可決。

16日　バチカンのサン・ピエトロ大聖堂前広場でローマ教皇ヨハネ・パウロ2世の在位20年の祝賀式典が開かれ、約2万人が集まった。

23日　イスラエルとパレスチナ自治政府による中東和平首脳会談で、イスラエル軍がヨルダン川西岸から撤退することなどに合意した。和平に反対するイスラム原理主義組織ハマスは闘争継続を表明。

30日　イスラエルのテルアビブで、ラビン元首相殺害事件から3周年の追悼集会が開かれ20万人以上の人々が参加した。

11月の出来事 November

16日　非暴力と寛容の精神をたたえるマダンジート・シン賞が、インドの活動家ナラヤン・ダサイとパキスタンの人権活動グループ「人権のための共同行動委員会」に授与された。

19日　イスラエル政府が閣議でヨルダン川西岸地区からの軍の追加撤退を承認した。

22日　インドネシアの首都ジャカルタで、数千人のイスラム教徒が少なくとも6つのキリスト教会を焼き討ちにした。6人死亡、20人以上が負傷。

30日　クウェートの国会内イスラム護憲運動（ICM）に所属するムバラク議員が、年明けに予定の同国初のショッピング・フェスティバルで予定されているダンスショーやコンサートはイスラムの戒律に反するとして、フェスティバルの中止を訴えた。

30日　インドネシア東ヌサトゥンガ州の州都クパンで、数千人のキリスト教徒によって6カ所以上のモスクが焼き討ちされた。

12月の出来事 December

2日　インドネシアで第2党の開発統一党の党大会で、党勢維持のために多宗教を認める党綱領を改正し、イスラム教を党の行動指針とする新綱領を採択した。

7日　米ハワイ州ホノルルの戦艦アリゾナ記念館で、45年の真珠湾奇襲攻撃で犠牲となった戦没者の追悼式典が開かれた。

17日　米英軍がイラクに対しミサイルや爆撃機による攻撃を開始した。19日にラマダン（断食月）入りする前の攻撃開始。

25日　キューバでは30年ぶりにクリスマスが正式に国民の休日となり、キリスト教会ハバナ教区のオルテガ枢機卿が政府の許可を得てラジオで祝賀のメッセージを伝えた。

初めて報道陣に公開された。

19日　横浜駅東口振興協議会が駅東口地下街に、首位を走るプロ野球・横浜ベイスターズの佐々木主浩投手の腕のレプリカをご神体とした神社を設けた。

23日　北海道静内町真歌公園でアイヌの英雄シャクシャインを偲ぶ供養祭が開かれ、台湾先住民も参加し、参列者とともに「カムイノミ《神への祈り》」の儀式を行なった。

10月の出来事 October

10日　鎌倉大仏で知られる大異山高徳院で「神戸からの祈り　東京おひらき祭」が開かれた。呼びかけ人は音楽家・喜納昌吉と宗教学者・鎌田東二。

23日　坂本堤弁護士一家殺害事件の実行犯として起訴されていた岡崎一明被告に、東京地裁が死刑の判決を下した。一連のオウム事件で初の死刑判決。

29日　改正宗教法人法で義務づけられた財務書類の提出をしなかったとして、文化庁はパーフェクト・リバティー（PL）教団に過料処分を科すよう大阪地裁に通知した。法改正後の宗教法人に対する行政罰適用は初。

11月の出来事 November

1日　国内外の宗教情報を収集・公開する財団法人・国際宗教研究所「宗教情報リサーチセンター（RIRC）」が、東京都文京区の伝通院で発足した。

13日　奈良市で日本宗教者平和協議会が「98 日本宗教者平和会議・国際シンポジウム」を開き、「世界の宗教者・市民へのアピール」を採択し世界平和を目指す行動を呼びかけた。

19日　佐賀県教育委員会が、同県の吉野ヶ里遺跡から弥生時代後期（2〜3世紀）の銅鐸が出土したと発表した。九州で銅鐸が出土するのは初。

12月の出来事 December

1日　90年に催された大嘗祭への鹿児島県知事の出席は違憲として、知事に旅費などの返還を求めた訴訟の控訴審で、福岡地裁は知事の出席を「社会的儀礼の範囲内」として、原告・肥後源市の訴えを棄却した。

2日　京都で開催の世界遺産委員会で、東大寺、興福寺を含む「古都奈良の文化財」の世界遺産登録が決まった。

12日　京都仏教会が、宗教法人法の改正で提出が義務づけられた財務書類の提出拒否を今後も続けていくことを決めた。

16日　滋賀県近江八幡市が85年に新嘗祭に公費を支出したのは違憲だとして住民8人が武村正義元県知事を訴えていた裁判で、大阪高裁は市の公費支出は違憲との判断を示した。費用の返還請求は棄却。

1999

Foreign news 海外ニュース

1月の出来事 January

1日　EU（欧州連合）の単一通貨「ユーロ」が導入され、米国に並ぶ巨大市場が誕生した。

4日　パキスタン・パンジャブ州のカラムダドクレシのモスクで、礼拝中のイスラム教シーア派教徒が銃の乱射を受け16人が死亡、少なくとも25人が負傷する事件が起こった。

4日　米「タイム」誌のインタビューでサウジアラビア出身の富豪オサマ・ビン・ラディンが、米英によるイラク攻撃を非難し「米国への敵対は宗教的な義務だ」と語った。

8日　中国国務院宗教事務局の葉小文局長が、98年に米議会の採択した「国際宗教自由法」について「宗教問題を使った他国への内政干渉だ」とし、断固反対すると述べた。

19日　インドネシア東部のアンボン島やスラベシ島でイスラム教徒とキリスト教徒の衝突があり、25日まで続いた焼き討ちなどで55人が死亡した。

2月の出来事 February

7日　ヨルダンのフセイン国王が死去、享年63歳。アブドラ新国王が即位した。

11日　イラン・テヘランでイラン革命20周年の記念行事が開催され、ハタミ大統領ら政府要人らが出席した。

14日　イスラエル・エルサレムで、各自治体の宗教評議委員にユダヤ教の「正統派」が認めない宗派の人間を入れないのは違法とした最高裁判決に対し、判決賛成派が5万人、反対派が25万人規模の集会を開いた。

25日　米上院が「人権に関する対中国非難決議」を全会一致で採択した。26日に米国務省が公表した「１９９８年世界人権報告」の中でも、チベットや新疆ウイグル自治区への中国の強い弾圧を非難。

Domestic news 国内ニュース

1月の出来事 January

6日　東京都港区の聖公会聖アンデレ主教座聖堂で女性司祭3人の叙任式が行なわれ、４００人以上が参列した。

9日　山梨県大月市にある縄文時代後期の「塩瀬下原遺跡」にある祭祀用とみられる住居跡から、十字形構造の敷石がみつかった。発掘で十字形の敷石が見つかったのは全国初。

14日　第１２０回芥川賞に平野啓一郎の「日蝕」が選ばれた。15世紀フランスを舞台とした学僧の手記の形をとった作品。

22日　三重県の作成したポスターに鳥居の絵が描かれていることが憲法20条（政教分離の原則）に反するとして津市民が制作費の返還を求めて監査請求していた問題で、県監査委員は請求を棄却した。鳥居は歴史的素材で宗教的意味は認められないと判断。

2月の出来事 February

18日　大阪地裁が改正宗教法人法で定められた法人役員名簿や財産目録の書類提出に応じない大阪・富田林市のパーフェクト・リバティー（ＰＬ）教団に対し、1万円の罰金を科すと通知した。罰則規定適用の第1号。

28日　臓器移植法施行後初となる脳死判定の患者からの臓器移植が高知赤十字病院で行なわれ、6人の患者らに心臓、肝臓などが提供された。

3月の出来事 March

9日　和歌山県高野町の宗教法人・明覚寺グループの霊感商法で詐欺罪に問われている元門主・西川義俊被告に、名古屋地裁が懲役7年を求刑。認証を受けた宗教法人の活動が詐欺行為とされ最高幹部の責任が問われる初のケースとなった。

3月の出来事
March

10日　ダライ・ラマ14世がインド北部ダラムサラで出した声明の中で、チベットの独立は求めず、完全自治と文化・宗教・言語の維持を認めるよう交渉を希望すると主張した。

11日　対外融和政策を進めるイランのハタミ大統領が、大統領として初めてヨーロッパ入りしバチカンでローマ教皇ヨハネ・パウロ2世と会談を行なった。

4月の出来事
April

10日　中国のチベット自治区ラサ郊外で、民政省が投資しチベット史上初の５０００平米余の近代的葬儀場の建設が始まった（中国新華社電報じる）。

13日　中国国務院が白書「１９９８年の中国人権事業の進展」を発表し、国内の人権状況の改善を報告した。

17日　世界教会協議会（ＷＣＣ、本部ジュネーブ）のコンラッド・ライザー事務局長ら代表団が北朝鮮を訪問し金正日総書記と会見し、人道援助の継続と朝鮮半島の和平促進を話し合った。

19日　インドネシア・ジャカルタにある東南アジア最大のイスティクテル・モスクで爆破事件があり、6人が負傷した。

20日　米コロラド州の高校で、男子生徒2人が銃を乱射し生徒13人を殺害したあと自殺する事件が起こった。

23日　国連人権委員会に米国が提出していた「中国の人権状況に関する決議案」が、中国が出した不採択動議によって審議・採択中止となった。

25日　中国・北京で気功集団「法輪功」の信徒ら2万人余が、天津で信徒が逮捕されたことに抗議し、活動の自由を求めて座り込みを行なった。大規模な集団示威行動としては89年天安門広場での民主化運動以来初。

5月の出来事
May

2日　トルコの国会で、政教分離が原則となっている中、親イスラム政党の美徳党のメルベ・カバクチュ議員がイスラム教のスカーフを着用し議場が大混乱となった。検察当局は「国民扇動」の疑いで捜査を開始した。

17日　イスラエルの首相選挙で、中東和平を推進してきた労働党のエフド・バラク党首が当選した。パレスチナ自治政府のアラファト議長と米クリントン大統領は祝意を表明した。

26日　インドとパキスタン両国間の帰属問題で揺れるカシミール地方で、インド軍がパキスタン系民兵を爆撃。パキスタン軍も27日にインド空軍機を撃墜したと発表し両国の軍事衝突が再燃した。

12日　京都府亀岡市の宗教法人・大本教は国内初の脳死移植に関し情報開示が不十分だとして、脳死判定や医療措置などのすべての情報を公開するよう求める文書を厚生省と高知赤十字病院に郵送した。

24日　東京都民らが、90年の即位の礼と大嘗祭に都の公金約５５００万円が支出されたのは憲法に違反するとして鈴木俊一元都知事ら4人を相手に公金の返還を求めた裁判で、東京地裁は原告の請求を棄却した。

25日　宗教法人・幸福の科学に関する講談社刊の雑誌掲載記事で信仰心が傷つけられたとして、教団信者らが講談社や執筆者らに損害賠償を求めた裁判で、最高裁は信者らの請求を棄却した。

26日　日本弁護士連合会が、宗教教団の資金集めや人権侵害に歯止めをかける対処マニュアルとして「反社会的な宗教活動にかかわる消費者被害等の救済の指針」と題する意見書を発表した。

31日　天台宗が「死刑制度に関する特別委員会」において「死刑制度は廃止すべきだ」との最終答申をまとめた。伝統仏教教団として死刑廃止の公式表明は、天台宗が初。

4月の出来事
April

18日　三重と和歌山で、伊勢神宮、熊野三山を結ぶ熊野古道を中心とした「東紀州体験フェスタ」が開幕（～11月6日）。

20日　京都仏教会が府内の寺院や全国の主要宗教法人合わせて４０００カ所に対し、95年の宗教法人法の改正で義務づけられた書類の提出拒否を呼びかける文書を郵送した。

5月の出来事
May

11日　広島市の秋葉忠利市長が国内の１２６カ所の大使館へ「平和メッセージ」を要請する文書を送った。メッセージは８月６日の原爆の日にまとめられ公開された。

24日　ガイドライン関連法成立。

6月の出来事
June

11日　厚生省の「１９９８人口動態統計（概数）」で98年1年間の自殺者が3万１７３４人と報告され、初めて3万人を超え過去最多を記録。中年男性の自殺増加が目立つとの記述も（自殺者の3万人超えは２０１１年まで続いた）。

23日　京都宗教者平和協議会が、国旗・国歌法案について「国民主権や民主主義の精神に反する」と抗議し、国民的議論の場を求める声明を発表した。

29日　長崎市で11教団が加盟する「部落解放に取り組む長崎県宗教教団連帯会議」の結成大会が開かれ、宗教者ら約

海外ニュース Foreign news

6月の出来事 June

4日　イラン革命指導者のホメイニ師没後10年の追悼式典がテヘランのホメイニ廟で開かれ、ハメネイ師、ハタミ大統領、イスラム諸国からの招待客らが出席した。数万人の群衆も廟につめかけた。

17日　中国政府がチベット仏教第2の指導者パンチェン・ラマ11世として認定しているギェンツェン・ノルブが、初めてチベット自治区ラサに入った。18日には大昭寺で盛大な歓迎式があり政府代表も出席した。

7月の出来事 July

16日　世界的な指揮者H・フォン・カラヤンの死後10年目に、オーストリアのザルツブルク大聖堂でベルリン・フィルハーモニー管弦楽団による「レクイエム」が奉納された。

22日　中国当局が気功集団「法輪功」を非合法集団として摘発し、公安省は創立者・李洪志《リー・ホンジー》に関する調査報告も発表した。法輪功のメンバーらは抗議活動を一時停止した。23日には民政省が法輪功の活動と一般の気功の修練とを「厳密に区別する」との方針を示した。

8月の出来事 August

1日　中国・新疆ウイグル自治区のアブドゥラ・アブドゥリシト主席が、宗教を利用した民族分裂活動、ウイグル族などの独立活動などに強い立場で臨むと記者会見で述べた。

3日　フランス・リヨンに本部を置く国際刑事警察機構（ICPO）が、気功集団「法輪功」の創設者・李洪志《リー・ホンジー》に関する中国当局からの国際手配要請を拒否することを明らかにした。ICPO憲章では「政治、宗教活動への介入」が禁じられている。

23日　キルギス南部でイスラム武装勢力が日本人技師や通訳らを拉致する事件が起きた。人質がイスラム教に強制改宗されたとの情報も流れたが、10月25日に日本人技師らは無事解放された。

28日　オーストリアのザルツブルク音楽祭で、音楽で平和を表現することを目指し米国の作曲家フィリップ・グラスの「交響曲第5番（ピース・シンフォニー）」が演奏された（世界初演）。

国内ニュース Domestic news

100人が参加した。

7月の出来事 July

21日　東京都内のホテルで新日本宗教団体連合会（新宗連）の新井三知夫政治委員長ら幹部と自民党・森喜朗幹事長との会談が行なわれ、新宗連側は「自民党と公明党との連立は遺憾」との見解を文書で森幹事長に表明した。

30日　6月の完全失業率が過去最悪の4・9％となった（総務庁発表）。

8月の出来事 August

9日　真宗教団連合が、首相や閣僚の靖国神社公式参拝の中止を求める要請文を小渕恵三首相宛に提出した。

9日　日の丸・君が代を国旗・国歌とする法案が参院本会議で可決・成立した。

10日　新日本宗教団体連合会（新宗連）が、自民党・野中幹事長の靖国神社の特殊法人化やA級戦犯の分祀を示唆する発言に対し「政教分離に反する」とする首相宛の意見書を提出した。

11日　大阪・高槻市埋蔵文化財調査センターが、安土桃山時代の日本最古のキリシタン墓地で木製のロザリオを発見したと発表した。

9月の出来事 September

8日　民主党の議員らが公明党の政権入りに反発し、衆参両院から約60人の議員が参加して宗教団体や専門家らと「政教分離」などをめぐり意見を交わし合う「宗教と政治を考える会」を発足させた。

8日　福岡地裁久留米支部が筑紫野市の宗教法人・善隣教に対し、宗教法人法で義務づけられた書類を提出しなかったとして過料1万円を科したことを不服として、善隣教は福岡高裁に抗告した。

24日　真宗教団連合の福井支部が、「友引」に葬儀を避けたり葬式帰りに「清め塩」をするのは「仏教本来の教えに反する」習俗であり、これを廃止するよう門徒へ呼びかける方針を発表した。

27日　90年の即位の礼・大嘗祭に神奈川県知事らに拠出された出張費約2万8000円の返還を求め、横浜市の牧師が起こしていた訴訟で、横浜地裁は原告の請求を棄却した。「参列は社会的儀礼の範囲で宗教活動にはあたらない」との判断。

29日　オウム真理教（現アレフ）が東京都内で記者会見を行ない、対外活動を休止し教団名の使用も一時的に停止すると

9月の出来事 September

11日　ドイツ・ケルンの東洋美術館で、ケルン市、日本の文化庁、国際交流基金の主催で「大仏の光のなかで―奈良・東大寺の宝物展」が開かれ国宝や重要文化財など78点が展示された（～11月10日）。

23日　インドネシア国会が、現行の非常事態法よりさらに強い権限を国軍に与える「国家治安法案」を全会一致で可決した。

26日　タジキスタンで国民投票が行なわれ、イスラム反政府勢力の復権を含む「宗教政党の公認」や「2院制議会の創設」などを盛り込んだ憲法修正案が可決された。

10月の出来事 October

12日　パキスタンで軍によるクーデターが起こり、ムシャラフ参謀総長が「非常事態宣言」を出しシャリフ首相に代わって国家最高責任者に就任。シャリフ首相は2000年に国外追放。

11月の出来事 November

20日　台湾の台南県の廟「仁寿宮」がホームページ「網路（インターネット）祭壇」を開設し、ネット上での参拝や占いができるサービスを始めた。

12月の出来事 December

3日　米シアトルで11月30日から第3回世界貿易機関（WTO）閣僚会議が開かれ、期間中に「反グローバリズム」を掲げた5万人規模のデモが起こり、会議は多角的貿易交渉（ラウンド）の合意に至らずに決裂。

15日　レバノンで、聖典コーランの一部を自作の歌に引用したことが宗教の侮辱にあたるとして宗教指導者らから告発されていた歌手、マルセル・ハリフェに対しレバノン裁判所は無罪を言い渡した。

20日　ポルトガル領マカオが中国に返還され450年間の植民地統治が終わり、西欧諸国によるアジアの植民地はすべて無くなった。

22日　インドネシア南マルク州でイスラム教徒とキリスト教徒による大規模な衝突が発生、住民43人が死亡し39人が負傷した。26日にも抗争が起き38人が死亡、30日までに250人以上が死亡する過去最大の抗争に。

24日　武装集団によってハイジャックされたインディアン航空機がアフガニスタンのカンダハルの空港に着陸する事件が起きた。犯人らはインドで服役中のパキスタン人宗教指導者の釈放や乗客の身代金を要求。人質は31日無事解放された。

発表した。

30日　東京地裁が地下鉄サリン事件で殺人罪に問われたオウム真理教元幹部・横山真人被告に死刑を言い渡した。

10月の出来事 October

2日　茨城県旭村で、オウム真理教の信徒ら18人が住民登録し居住していることに対し、村のオウム真理教対策協議会が初の総決起大会を開き、約2200人が村からのオウムの早期撤退を訴えた。

8日　京都府が、宗教法人法で義務づけられた書類の提出を拒否した府内約200の宗教法人に対し行政罰（過料1万円）を科すよう京都地裁へ通知した。

21日　大阪府箕面市の慰霊祭で同市遺族会に補助金が交付されたことが政教分離の原則に違反するとして、同市民の神坂玲子らが当時の市長を訴えていた裁判で、最高裁は補助金支出を合憲として原告の上告を棄却し、箕面市の一連の政教分離訴訟が終結した。

28日　日本にキリスト教を伝えた宣教師フランシスコ・ザビエル（1506―52）の来日450年を記念し、ザビエルの「聖腕」が大分県中津市の中津カトリック教会に到着しミサが行なわれた。聖腕の来日は3度目。

11月の出来事 November

18日　8月1日に奈良教職員組合の「男女共生教育研究推進委員会」のメンバーとその家族ら13人が女人禁制の大峰山系山上ヶ岳に登った問題で、奈良教組が大峰山寺側に公式に謝罪した。

12月の出来事 December

1日　警視庁と静岡県警は静岡県富士市の宗教法人・法の華三法行の教団本部および全国74カ所の教団施設を詐欺容疑で一斉の強制捜査を実施した。

1日　第23回世界遺産委員会が、栃木県にある徳川家康の霊廟・東照宮（1617年創建）などを含む「日光の社寺」を世界遺産として登録することを決めた。国内で11件目の世界遺産。

16日　文化庁が霊視商法事件を起こした宗教法人・明覚寺に対する解散命令を、和歌山地裁に請求した。国が宗教法人に解散請求したのは初。

24日　霊感商法で資産をだまし取られたとして関東の女性が宗教法人・世界基督教統一神霊協会（統一教会）に約13億円の損害賠償を求めていた東京地裁での訴訟で、統一教会が女性に11億円を支払うことで和解が成立した。

Foreign news 海外ニュース

2000

1月の出来事 January

5日　チベット仏教カギュ派の活仏・カルマパ17世がビザを持たず中国からヒマラヤ越えをしてインドに入り、チベット亡命政府のあるダラムサラでダライ・ラマ14世と会見した。

16日　中国チベット自治区で、チベット仏教ゲルグ派の活仏・故レティン6世の後継者として選ばれた男児の7世即位式が行なわれ、式には北京から国家宗教事務局代表も出席した。ダライ・ラマ14世は報道取材に対し「これを認めない」と述べた。

18日　インドネシアのワヒド大統領が華人の生活慣習を禁止・制限する1967年の大統領令を破棄し、公的な場における中国語の使用や文化慣習を認める初めての措置をとった。

20日　ウェブ上で告解ができるサイトが開設されたが、カトリック教会は「告解は電話やEメールでなされるものではない」と批判した（http://theconfessor.co.uk）。

2月の出来事 February

19日　インド・ダラムサラ滞在中のカルマパ17世は説法の中で、チベットが「消滅の危機にさらされている」と語り、暗に中国政府のチベット政策を批判した。

21日　ナイジェリア北部カドゥナ州でキリスト教徒とイスラム教徒が衝突し、州政府が夜間外出禁止令を出した。22日には騒乱で住民20人以上が死亡した。州によるシャリア（イスラム法）導入への反発が背景に。

24日　ローマ教皇ヨハネ・パウロ2世が初の中東聖地の巡礼に出発し、エジプトを訪れてムバラク大統領やコプト教の総主教シェヌーダ3世と会談を行なった。

25日　エジプト・カイロの競技場でローマ教皇ヨハネ・パウロ2世がミサを行な

国内ニュース Domestic news

1月の出来事 January

13日　京都で開かれた公明党京都府本部の新年会で、自民党・野中広務幹事長代理が公明党の連立政権参加に大きく寄与したとして創価学会に謝意を表明した。

20日　東京・霞ヶ関の法務省で公安審査委員会によるオウム真理教（現アレフ）の聴取が行なわれ、教団側代理人が教団には破壊活動防止法が命じる解散の条件「将来の危険性」はないと述べた。

29日　奈良県吉野町の吉野山観光協会などが、修験道開祖の役行者《えんのぎょうじゃ》没後1300年（大遠忌）にあたり「役行者ルネッサンス1300in吉野」というキャンペーンを通年で開催（〜12月10日）。

31日　公安審査委員会がオウム真理教の将来の危険性を調べ、最長3年間の「観察処分」を決定した。

2月の出来事 February

17日　自民党の衆参両院議員32人が「政教分離を貫く会」を結成し、創価学会を支持母体とする公明党との連立に反対していく方針を表明した。

29日　「エホバの証人」の信者だった女性（故人）が信仰上の理由で輸血を拒否したにもかかわらず医師が無断で輸血し精神的苦痛を受けたとして、女性の遺族が医師と国を相手に損害賠償を求めた裁判で、最高裁が医師・国の上告を棄却し、医師・国側の敗訴が確定した。

3月の出来事 March

27日　小渕恵三首相の私的諮問機関「教育改革国民会議」（座長は江崎玲於奈・元筑波大学学長）の初会合が開かれ、少人数学級制やIT教育などの課題について意見交換していくことを確認した。

い、2万人が参加した。

3月の出来事 March

3日　フランス生命科学・医学倫理委員会が、治療をやめることによる「消極的安楽死」は広く存在するとした、安楽死を一部容認する報告書を発表した。

17日　ウガンダで終末論を信じる「神の十戒復古運動」のメンバーによる集団自殺事件が起き、600人以上が死亡した。教団指導者キブウェテレの遺体は確認されず、25日には殺害事件に切り替えての捜査が行なわれた。

21日　ローマ教皇ヨハネ・パウロ2世がイスラエル入りし、テルアビブで行なわれた歓迎式典で宗教間対話と平和の実現を強く望むと訴えた。

4月の出来事 April

23日　イランの報道特別裁判所が、保守派に批判的なハタミ大統領支持の改革派系日刊・週刊紙計12紙に発行停止命令を出した。

5月の出来事 May

15日　イスラエル政府が、パレスチナ自治政府から撤退を求められていたエルサレム郊外の村から撤退することを閣議決定。

28日　インドネシア・北スマトラ州の都市メダンで、プロテスタント教会の爆発事件が起き、32人が負傷した。

6月の出来事 June

1日　アジア・キリスト教協議会がインドネシアで総会を開き、東北アジアの安全保障、日本軍の「慰安婦」問題等に関する決議を採択した。ワヒド大統領は宗教間の対話と理解を要請した。

8日　フランス国営放送で「創価学会―21世紀のセクト」と題するドキュメンタリーが放映された。

12日　世界宗教者平和会議（WCRP）がニューヨークの国連本部で、軍縮シンポジウム「世界の安全保障と原則、価値―NPT条約のこれからの運用の枠組み」を開催した。

26日　人間の遺伝情報（ゲノム）の解読を進めてきた国際チームが、90％の解読を終えデータの概要版を発表した。

28日　米ジョージア州アトランタで救世軍が「第7回万国大会」を開き、107ヵ国から約2万2000人が集まった。英国以外での開催は初で、規模は過去最大となった（〜7月2日）。

7月の出来事 July

3日　第20回カトリック医師会が開かれ、

31日　福岡県が95年に主催した県戦没者追悼式に県費を支出したのは政教分離の原則に反するとして、住民らが麻生渡県知事に費用返還を求めた訴訟で、福岡地裁は知事の行為は宗教的活動にはあたらないとし原告の請求を棄却した。

4月の出来事 April

1日　大阪市・三井アーバンホテル大阪ベイタワーは、同ホテルでの新しい葬儀サービスを始めた。司会が故人の生前を物語調で紹介、式を音楽で演出するなど個性的な葬儀を提供。

5月の出来事 May

12日　ロシア正教会のアレクシー2世総主教が初来日で函館を訪れ、ハリストス正教会で祈りを捧げた。

15日　森喜朗首相が神道政治連盟国会議員懇談会の席で、日本は天皇を中心とする「神の国である」と発言し問題に。首相は、「お詫びはするが、発言は取り消さない」と強弁。

18日　日本キリスト教協議会が、森喜朗首相の「神の国」発言に対する抗議文書を首相宛に提出した。

29日　金沢市尾山神社が「金沢百万石まつり」期間中の6月10日に、境内をビアガーデンとして開放すると決定した。同神社の祭神は加賀藩主・前田利家。

6月の出来事 June

6日　地下鉄サリン事件などオウム真理教の多くの事件に実行犯としてかかわったとされる井上嘉浩被告に、東京地裁が「無期懲役」の判決を下した。

12日　生命倫理委員会ヒト胚小委員会によるES細胞（ヒト胚性幹細胞）の研究利用容認に対し、大本教は「生命の尊厳を冒す行為」であるとの教団見解を発表した。

23日　沖縄・糸満市摩文仁の平和祈念公園で「沖縄全戦没者追悼式」が行なわれ約5300人が参列し、在沖米軍の首脳も初めて出席した。

26日　東京渋谷区にイスラム寺院「東京ジャーミイ」が完成し報道関係者らに公開された。礼拝は一般にも公開される。総工費約12億円。

27日　オウム真理教（現アレフ）が松本サリン事件の被害者と遺族宛に謝罪の手紙を送った。

7月の出来事 July

19日　自殺率全国1位の秋田県が同県医師会と共催で「命の尊さを考えるシンポジウム」を開催し、予算を計上し中長期的に自殺問題に取り組む県の姿勢を表明

海外ニュース　Foreign news

「医と人権」をテーマに44カ国から集まった1000人のカトリック医師らが討議を行なった（～7日）。

29日　オランダでビリー・グラハム伝道協会（BGEA）主催の「アムステルダム2000世界伝道者会議」が「新千年紀に平和と希望を宣べ伝える」をテーマに開催され、209カ国から1万人が参加した（～8月6日）。

8月の出来事　August

17日　エジプト・アシュート市にあるコプト教の聖マルコ教会の屋根ごしに、聖母マリアの雲が目撃されたと話題となり、大勢の観光客が教会に詰めかけた。

24日　バチカンの教皇庁生命アカデミーが、幹細胞研究に人間の受精卵を利用することは非人道的だが、大人の幹細胞研究は奨励できるとする文書を発表した。

28日　ニューヨークの国連本部で国連の呼びかけによる初の「宗教・精神（霊）的指導者によるミレニアム世界平和サミット」が開かれ90カ国から約1000名が集まった。ダライ・ラマ14世のメッセージが読み上げられる際、中国からの参加者が退場する場面も。31日には「世界平和宣言」を採択して閉幕した。

9月の出来事　September

3日　イスラエル政府は国内多数派の「世俗派」に配慮し、宗教省の廃止、身分証の宗教・民族欄廃止の方針をまとめ、議会で承認された。

3日　スーダン政府が、ホテルやレストランほか男性と接触する可能性のある公的な場所での女性の仕事を禁止する「女性に対する法令」を発布した。

21日　カナダ・モントリオールで、スイスの宗教組織ラエリアンとバイオ企業クロネイドが記者会見を開き、米国内の施設でクローン人間づくりを始めると発表。10月7日にはスイス・ジュネーブで同様の会見を開いた。

23日　イラクのフセイン大統領の血で書かれたコーランの写本が完成し、イラク指導部の幹部らに公開された。

26日　中国・国家宗教事務局が「中華人民共和国域内外国人宗教活動管理規定実施細則」を公布した。外国人の宗教活動を尊重すると同時に国内の宗教への干渉を禁じる内容。同時に「ネット情報サービス管理規則」も公表され、政府が情報管理・統制を強めることに。

28日　エルサレム旧市街の「神殿の丘」

国内ニュース　Domestic news

した。

19日　沖縄県那覇市で最貧国の債務帳消しを求めるNGO「ジュビリー2000」の国際会議が開かれ（～21日）、21日から始まった「九州・沖縄サミット」に要請書を提出した。

25日　香淳皇后（故皇太后陛下）の本葬儀「斂葬《れんそう》の儀」が東京・豊島岡墓地と武蔵野陵墓地で行なわれた。

8月の出来事　August

1日　広島で「第12回アジア・太平洋修道の集い」（3年に1度開催）が開かれ、24カ国122人の修道女が参加した。

4日　比叡山で「世界平和　祈りの集い」が開かれ、渡辺恵進天台座主が紛争や環境破壊への憂慮を含めた「平和祈願文」を表明した。

14日　東京都千代田区の千鳥ヶ淵戦没者墓苑で新日本宗教団体連合会（新宗連）と新日本宗教青年会連盟（新宗連青年会）が「第35回戦争犠牲者慰霊並びに平和祈願式典」を開催し、34教団3200人が参加した。

15日　東京・九段の靖国神社に石原慎太郎東京都知事が参拝した。「みんなで靖国神社に参拝する国会議員の会」のメンバー199人も参拝した。

18日　熊本市仏教連合会が葬儀社との会議において、葬儀では「清めの塩」を用いないよう協力の要請を行なった。

21日　神戸市須磨区周辺の8教会が地域の教育相談の深刻さに危機感を持ち、教会で中高生を対象のフリースクールを開校した。

27日　奈良県の大峰山寺で役行者《えんのぎょうじゃ》1300年遠忌慶讃の合同法要が行なわれ、金峯山修験本宗、本山修験宗、真言宗醍醐派の修験3本山と大峰山寺とが初めて一堂に会した。

29日　千葉県市原市が「ペット霊園」の設置を許可制にする条例を制定した。ペット霊園の需要が高まる一方で、霊園と周辺住民との間のトラブルが問題に。

9月の出来事　September

5日　埼玉県新座市がオウム真理教（現アレフ）信者や子供たちの転入措置について、活動拠点づくりや集団居住を目的としていなければ、転入や就学を認める方針に転換していたことがわかった。自治体が信者らの受け入れへと方向転換したのは初。

でパレスチナ人とイスラエル治安部隊が衝突し100人以上の死者が出た。93年のパレスチナ暫定自治合意以降で最悪の事態に。

29日　インド・ダラムサラのチベット亡命政府は報告書「チベットに関する中国の現行政策」を発表し、和平のための対話を中国に呼びかけた。

10月の出来事 October

17日　バチカン市国で英国のエリザベス女王がローマ教皇ヨハネ・パウロ2世と会談した。女王のバチカン訪問は20年ぶり。

11月の出来事 November

4日　バチカンの教皇庁はイタリアで解禁された避妊薬について「妊娠初期段階での中絶にあたる」と非難。イタリア政府は「受精卵の活動開始前は妊娠ではない」とした。

13日　中国・北京で、宗教団体、司法、医学、報道の各界から代表者らが集い反法輪功の団体「中国反邪教協会」を立ち上げた。

13日　エジプトの総選挙で国民民主党が圧勝し、イスラム原理主義の「ムスリム同胞団」系議員も17人となる大躍進を果たした。

16日　ノルウェー・ルーテル教会総会は、国内に住むロマ族（かつてはジプシーと呼ばれた）への過去の人権侵害を認めて謝罪し、「許しを請う」決議を行なった。

18日　ベトナム戦争後、米大統領として初めてベトナムを訪問したクリントン大統領は、ハノイ郊外にある米兵の遺骨・遺品の発掘現場に足を運んだ。

12月の出来事 December

5日　タイ・バンコクで「第21回世界仏教徒会議」と「仏教青年会会議」が開かれ、19カ国から約500名が参加した。

13日　中国山東省でイスラム教徒の少数民族「回族」の民衆200人と人民武装警察隊が衝突し、5人が死亡、40人が負傷した。

16日　インドネシアの「インドネシア・ウラマー評議会」が宗教上の理由から調味料の「味の素」をハラム（摂取不可）と結論づけた。

19日　国連安全保障理事会がアフガニスタンのタリバンに対する武器輸出を禁止する決議を賛成13、棄権2で可決。中国、マレーシアは棄権した。

23日　ロシア・モスクワの「赤の広場」に、帝政ロシア期には冬のモスクワの風物詩だったクリスマスツリーとスケートリンクが復活。プーチン大統領の計らいで。

10月の出来事 October

12日　「法の華三法行」の元信者が教団と教祖・福永法源らを相手に損害賠償請求した裁判の初公判が東京地裁で開かれ、福永被告は起訴事実を全面否定し、無罪を主張した。

16日　大本教は脳死・臓器移植に反対する署名45万6900人分と法改正を行なわないことを求める要望書を厚生省へ提出した。

20日　自殺の名所・富士山麓青木ヶ原の樹海で、日蓮宗総本山身延山の役員らによって初めて「青木ヶ原樹海自殺者慰霊および自殺抑止祈願法要」が営まれた。

28日　宗教教団「幸福の科学」総裁の大川隆法が制作総指揮を務めた映画『大陽の法』が全国東映系で上映された。

28日　京都で世界宗教者平和会議（WCRP）創設30周年式典が開かれ15カ国の海外代表ら1900人が参加した。シュミット元西独首相が記念講演を行なった。

31日　明治神宮鎮座80年大祭が行なわれ、奉祝行事が催された（～11月3日）。

11月の出来事 November

20日　茨城県龍ヶ崎市に転入を拒否されているオウム真理教の元教祖・麻原彰晃（本名松本智津夫）被告の子供ら7人が同市に行なった異議申し立てが棄却されたことを不服とし、県に審査請求を申請した。

21日　衆議院議員会館で「教会と国家」学会の創立学会が開かれ、戸枝義明・日本宣教会議議長が会長に選ばれた。

27日　世界宗教者平和会議（WCRP）創設30周年を記念して、世界各地から紛争解決の実践者を招いて「紛争和解と宗教者」と題するシンポジウムが開かれた。

12月の出来事 December

8日　埼玉・さいたま新都心の「ジョン・レノン　ミュージアム」で、ジョンの命日にあたる8日に献花台が設置され追悼イベントが行なわれた。土屋義彦埼玉県知事も献花に訪れた。

10日　茨城県龍ヶ崎市のオウム真理教信者の転入問題に取り組んできた「オウム対策連絡協議会」の実行委員長が「オウム反対決起集会」で問題解決に向けて関係者と話し合う用意があると、初めて公式に表明した。

23日　神奈川県の相模原市営斎場が「友引」の営業を再開した。斎場の混雑緩和とサービス向上のためで、営業日は年間約47日増加する見込みに。

Foreign news 海外ニュース

2001

1月の出来事 January

3日　インドネシアのウラマー評議会によってハラム（摂取不可）認定された「味の素」に回収命令が出て、インドネシア・味の素社が商品（約3410トン）の回収を行なった。24日終了。

23日　中国・北京の天安門広場で法輪功のメンバー7人が焼身自殺を図り5人が死亡した。24日の春節（旧正月）には、広場周辺で公安当局が厳重に市民をチェックした。

27日　ホロコースト記念日（アウシュビッツ収容所の解放日）を、英国が記念日に指定し初の「ホロコースト追悼式」を行なった。

2月の出来事 February

5日　米フロリダ州オーランドでキリスト教テーマパーク「聖地体験」が開園。

6日　イスラエル首相公選でアラブに強硬姿勢をとる野党リクードのシャロン党首が当選し首相に。

3月の出来事 March

2日　アフガニスタンのタリバン政権がバーミヤンにある大仏の頭部と脚部を破壊した。

16日　ベトナム宗教局が共産党政権発足後初めて、国内でのベトナム福音教会（ECVN）の活動を認めるとの文書を公布した。

4月の出来事 April

10日　オランダの上院で、本人による要請や代替治療のない場合など一定の条件を満たせば医師による安楽死の執行を認める安楽死法案が可決・成立した。国による安楽死の合法化は世界初。

11日　中国政府が法輪功や民主化組織の

国内ニュース Domestic news

1月の出来事 January

1日　大分県別府市の八幡朝見神社が、ペット専用のお守りを売り出した。

17日　阪神・淡路大震災から7回忌を迎え犠牲者を悼む法要、ミサ、集会などが各所で営まれた。

2月の出来事 February

1日　NPO「日本生前契約等決済機構」が、葬儀などの電話相談を受け付ける「NPO葬送支援・110番」を本格的にスタートした。

4日　長野で死後の財産管理や葬儀についての生前契約を支援する「ライフデザインセンター」が設立された。僧侶、医師、弁護士、公認会計士など専門家らが活動を支援する。

11日　東京・明治神宮で「日本の建国を祝う会」主催の式典が開かれ、15カ国の外交団も出席した。また全国各地では、国旗・国歌問題を考える有志による「2・11集会」が開かれた。

28日　オウム真理教（現アレフ）の荒木浩広報部長が記者会見で、全国で信者の転入拒否が続いている件について38の自治体と1組合宛に「不安と混乱をもたらした」との謝罪文を送付したことを明らかにした。

28日　「オウム真理教対策関係市町村連絡会」が法務省に対し教団を解散させるための新しい法律の制定を要請した。

3月の出来事 March

13日　林野庁の後援で「巨樹・巨木国際シンポジウム」が開かれ、国際的視野から現代における巨木の意義が議論された。ニュージーランド、韓国など5カ国の代表らが報告を行なった。

16日　東京都23区の特別区長会と特別区議会議長会がオウム真理教に対する抜本

インターネット上での活動を制限するためにネットカフェ規制強化に関する法令を主要紙上で発布した。

5月の出来事 May

3日　米ワシントン州のヒンドゥー教徒ら3人がマクドナルド社を相手どり、製品に牛脂を使っていることに精神的・肉体的苦痛を受けたとして損害賠償を求める訴訟を起こした。

6日　ローマ教皇ヨハネ・パウロ2世が、シリア・ダマスカスのウマイヤド・モスクを訪問した。教皇のイスラム教礼拝施設訪問は史上初。

8日　イスラエル国会が、アドルフ・ヒトラーが好んだワーグナーの楽劇は「ナチズムを想起させる」として、上演の中止を決議。

23日　中国のチベット自治区ラサでの「チベット平和解放50周年」記念行事開催で、中国共産党中央が自治区に対し大規模な祝賀行事にならぬよう指示を出した。

30日　フランス国民議会で、裁判所がカルト教団に解散請求もできるようになる「セクト法案」が採択された。

31日　国連総会は、暴力から守り教育を通じて尊重と寛容の文化を育てるべく、信仰の地を保護する決議案を全会一致で採択した。

6月の出来事 June

7日　エジプト・シナイ半島のラーヤ遺跡のモスク跡で日本の中近東文化センターの調査隊が発見した構造物に、キリスト教・コプト教徒の文様があることがわかった。

8日　ベルギーの重罪裁判所が「ルワンダ大虐殺」への関与で起訴されているフツ族出身のベネディクト会修道女2人と大学教授2人に12〜20年の懲役刑を言い渡した。

15日　コンゴで大規模な「魔術団」の摘発が起こり、暴徒らによる800人を超える虐殺事件へと発展した。

21日　フランス・ストラスブールで、市民団体が地球規模で死刑制度の廃止を求める初の世界会議を開いた。

22日　フィリピン政府が国内のイスラム過激派、モロ・イスラム解放戦線（MILF）と停戦合意に達したと発表した。

23日　ローマ教皇ヨハネ・パウロ2世がウクライナを初めて訪問し、24日にはキエフで野外ミサを開催。東方正教会の信者が多いスラブ圏への訪問は初（〜27日）。

7月の出来事 July

13日　アフガニスタン・タリバン政権が反イスラムの宣伝を懸念して国内のイン

的対策を求める森喜朗首相宛の要請文を提出した。

19日　東京国立市のすべての市立小中学校で国旗掲揚・国歌斉唱が実施された。完全実施されたのは戦後初。

21日　日本カトリック司教協議会の内部委員会が全国のカトリック系幼稚園・学校へ卒業式・入学式で国旗掲揚・国歌斉唱しないよう求める文書を送付したことがわかった。

22日　石川県七尾市の青柏祭で山車《だし》を出す魚町では、山車の曳き手を女性にも開放することを決めた。99年に同市の府中町で女性だけの山車が出たことで女人禁制解除の流れに。

29日　東京地裁が「法の華三法行」（福永法源代表）の破産を宣告し、宗教法人組織としては解散されることとなった。

4月の出来事 April

3日　「新しい歴史教科書をつくる会」が提案し扶桑社が編集・制作した『中学校歴史・公民教科書』が文部科学省の検定に合格した。

12日　帝国ホテル大阪が大阪府内の企業約120社の関係者を招き模擬社葬を開いた。社葬の会場としても利用してもらうのが目的。

5月の出来事 May

11日　ハンセン病元患者らが国の隔離政策の違憲性を訴えた国家賠償請求訴訟で、熊本地裁は国に18億円の支払いを命じた。23日に国が控訴を断念、賠償が確定。

11日　浄土真宗本願寺派と真宗大谷派は、ハンセン病の隔離政策に協力した過去について反省を述べる声明を出した。西本願寺派は「すべてのハンセン病にかかわった人に謝罪したい」と表明した。

20日　沖縄県那覇市の本庁舎で、1972年の本土復帰後初めて日の丸が掲揚された。

6月の出来事 June

9日　新日本宗教団体連合会（新宗連）と立正佼成会は小泉純一郎首相の靖国参拝中止を求める意見書を福田康夫官房長官に手渡した。

11日　全日本仏教会（全日仏）は「首相及び閣僚の靖国神社公式参拝中止の要請」書を小泉純一郎首相に送った。

12日　日蓮宗有志が「日蓮宗ビハーラ・ネットワーク（NVN）」を立ち上げた。ビハーラ（仏教ホスピス）活動の普及・推進と会員の情報交換および連携協力が主な目的。

14日　厚労省の「戦没者遺骨のDNA鑑

海外ニュース　Foreign news

ターネット使用を禁止、また行楽地への女性の訪問を禁ずる指令を出した。

17日　チベット仏教の活仏カルマパ17世が亡命先のインド・ダラムサラで会見を開き、宗教の自由を抑圧する中国の人権状況を非難した。

27日　ロシア政府が、クローン人間作りを5年間禁ずる法案を閣議で承認した。

31日　米連邦下院がクローン人間の作製を禁止する法案を賛成２６５、反対１６２で可決した。

8月の出来事　August

1日　イスラエル工科大がヒトのES細胞から心筋細胞を作ることに世界で初めて成功したと発表した。

9日　国連の人種差別撤廃委員会が、チベット自治区や新疆ウイグル自治区などで少数派住民が信教の自由を享受できているかを懸念する審査報告書をまとめた。

13日　「ベルリンの壁」建設から40周年で旧東ドイツ政府に射殺された犠牲者の慰霊式典が開かれ、ベルリン市内の官庁に半旗が掲げられた。

16日　米シカゴ大のジョン・ウッズ教授らがモンゴルでチンギス・ハーンの陵墓とみられる遺跡を発見したと発表した。

27日　イスラエルがパレスチナ解放人民戦線（ＰＦＬＰ）のムスタファ議長を暗殺した。パレスチナ側も自爆テロで報復し対立が激化。

28日　ローマ教皇庁はクローン技術が「第三者の利便性のために人類の亜種を作り出すもので、新たな奴隷制度でもある」とし、その危険性を警告する文書を発表した。

9月の出来事　September

11日　米国で航空機4機がアラブ系グループにハイジャックされるテロ事件が起き、世界貿易センタービル、米国防総省本庁舎（ペンタゴン）などが攻撃され３０００人以上が犠牲となった。

12日　イスラエルは国内の空港で航空機の離着陸を停止しテロを警戒した。シャロン首相が12日未明の会見で同日を「服喪の日」と宣言した。

13日　ロシアで大統領令が出され、米同時多発テロ事件の犠牲者を悼む黙とうが行なわれた。

13日　米パウエル国務長官が米同時多発テロ事件にイスラム原理主義者オサマ・ビン・ラディンが関与していると初めて公式に見解表明した。

国内ニュース　Domestic news

定に関する検討会」の初会合が開かれた。

15日　２０００年6月に亡くなられた香淳皇后の墓陵・武蔵野東陵（八王子市）が完成した。16日には皇居内の権殿で「権殿1周年祭の儀」が行なわれ、天皇皇后両陛下、皇族方、小泉純一郎首相など40人が参列した。

29日　韓国の元軍人・軍属とその遺児２５２名が靖国神社に合祀されている遺骨の返還と24億円余の損害賠償を求め、東京地裁に訴えを起こした。合祀廃止を求める訴訟は初。

7月の出来事　July

1日　「女人禁制」だった京都の祇園祭の山鉾巡行に、女性の参加が認められることになった。

7日　香川県琴平町の金比羅宮で男性だけで行なわれていた「七夕蹴鞠《たなばたのけまり》」に、女性も参加できるようになった。

9日　新日本宗教団体連合会（新宗連）の深田充啓理事長らは、小泉純一郎首相の靖国神社参拝が「憲法の政教分離に反する」との意見書を福田康夫官房長官に提出した。

12日　鹿児島市で総合葬祭業セルモグループの3葬儀場が供花持ち込みを禁止するのは独占禁止法違反だとして市内の34の生花店が訴えていた訴訟で、鹿児島地裁は原告の請求を棄却した。

17日　福島県郡山市と全日本冠婚葬祭互助協会が、大規模災害時にスムーズな連携を行なう協定を東北で初めて結んだ。

26日　北海道教育委員会は、3月の卒業式などで国旗掲揚・国歌斉唱に抗議して日の丸を引き下ろし、反対集会のビラを配るなどした小中学校の教職員94人を訓戒処分とするよう、各教育委員会に指導する方針を固めた。

29日　参院選比例区で公明党が史上最高の８１７万票を獲得した。

8月の出来事　August

3日　真宗教団連合が小泉純一郎首相と閣僚らの靖国神社参拝中止を求める要請文を内閣官房副長官に提出した。

6日　広島市の平和記念公園で「原爆死没者慰霊式・平和祈念式」が行なわれ、原爆投下時刻の午前8時15分に参列者らが1分間の黙とうを捧げた。

9日　警視庁のまとめで、２０００年の自殺者が全国で3万１９５７人となり3年連続で3万人を超えたことがわかった。

9日　長崎市の平和祈念像の前で「長崎

13日　米同時多発テロ事件後に初めてアフガニスタン・タリバンの最高指導者オマル師がオサマ・ビン・ラディンの事件への関与を否定する声明を出し、米国への身柄引き渡しをせず、米政府が報復攻撃をするならば「復讐」も辞さない決意を表明した。

14日　欧州連合（EU）加盟国43カ国で、米同時多発テロ事件の犠牲者のための黙とうが捧げられた。

15日　エジプトのマーヘル外相がエジプトは「反テロ同盟」といった同盟には参加しない意向を発表した。

17日　サウジアラビアのファハド国王が米国を支持する方針を示した。25日にはタリバン政権と断交。

18日　アフガニスタン・タリバン政権が米国からの総攻撃を警戒し国家非常事態宣言を出した。

18日　イラクのフセイン大統領が米国にあてた公開書簡で、米同時多発テロ事件の報復攻撃を自制するよう訴えた。

18日　タジキスタンのナザロフ外相が要請があれば米軍のアフガン攻撃に協力する考えを初めて表明した。

20日　米ブッシュ大統領が米同時多発テロ事件はオサマ・ビン・ラディン率いるテロ組織「アルカイダ」によるものと断定し、タリバン政権に対し組織の指導者全員の身柄引き渡しを要求した。

21日　欧州連合（EU）の臨時首脳会議で、米国の軍事作戦を全面支持することと「反テロ国際連合」の形成を提案する文書が採択された。

22日　アラブ首長国連邦（UAE）がタリバン政権との外交断絶を発表した。

25日　タリバンの最高指導者オマル師が米国民に向けたメッセージの中で米同時多発テロは「米政府がイスラムの国々で行なった抑圧への復讐だ」と述べた。アフガニスタンの首都カブールでは、米国に対する聖戦を呼びかける反米デモがあり旧米国大使館が放火された。

28日　ヨルダンのアブドラ国王が、「反テロ」を呼びかける米国への支持を表明した。

10月の出来事 October

4日　英政府が米同時多発テロ事件の調査結果報告書を公表し、アルカイダがテロを起こしたと断定した。

4日　パキスタンのザイーフ大使がオサマ・ビン・ラディンの身柄引き渡しはせず、裁判の際にはイスラム法に基づいて行なうと述べた。

7日　米英両軍がアフガニスタンへの攻撃を開始し、首都カブールのタリバン政権やアルカイダの軍事拠点への空爆を行なった。

7日　ロシア外務省が「チェチェンを含めた国際テロリズムは処罰されるべき

原爆犠牲者慰霊平和祈念式典」が行なわれ、約2万人が参列した。

10日　カトリック、日本福音連盟、NCC（日本キリスト教協議会）など14団体が小泉純一郎首相の靖国神社参拝中止を求める共同の声明を発表した。

10日　東京都世田谷区がオウム信者30人から申請された転入届を99年からの方針通り不受理にしたと発表した。

11日　全日本仏教会（全日仏）が小泉純一郎首相と閣僚に対して靖国神社への公式参拝をやめるよう求める意見書を、自民党本部に提出した。

12日　群馬県上野村御巣鷹山に日航機事故の犠牲者を慰霊するために遺族らが登り、追悼慰霊式が行なわれた。

13日　小泉純一郎首相は内外の状況を考慮し、15日を避けて靖国神社に参拝した。玉ぐし料の代わりに事前に献花料を払い、個人的な参拝であることを強調。

15日　東京・九段の日本武道館で政府主催の「全国戦没者追悼式」が行なわれ、天皇皇后両陛下もご出席された。

15日　「みんなで靖国神社に参拝する国会議員の会」の193人（代理含む）の国会議員と石原慎太郎・東京都知事が靖国神社に参拝した。

15日　靖国神社広報課が終戦記念日の参拝客が過去最高の12万5000人となり、20代を中心に若者らの姿が目立ったと発表した。

17日　愛知・一宮町の砥鹿《とが》神社で6年ぶりに雨乞いの神事が行なわれ、農家の人々約30人が祈とうに参列した。

31日　横浜市で「第1回横浜市仏教連合会・葬祭業界協議会」が開かれ、葬儀の形骸化と菩提寺や宗派を考慮しない葬儀の増加などの歯止めについて話し合った。

9月の出来事 September

3日　大本教は、総合科学技術会議がヒト胚性幹細胞（ES細胞）の研究を了承したことに対し、同会議議長の小泉純一郎首相宛で抗議声明を送った。

3日　川崎市が全国の自治体では初めて、少子化に伴う無縁墓の増加に備え、使用期限を33回忌程度とする期限付き墓地の購入ができる条例案を議会に提出した。

11日　音楽家の佐野元春、坂本龍一らがホームページ上で米同時多発テロ事件の報復攻撃反対の表明を行なった。

15日　沖縄県議会本会議場に本土復帰後初めて国旗が掲揚された。野党議員は掲揚に反対し撤回を求める声明を発表した。

19日　天皇皇后両陛下が渡辺允侍従長を米国大使館へ派遣なさり、ベーカー駐日大使に米同時多発テロ事件の犠牲者に対する弔意をお伝えされた。人為的被害に対する両陛下による弔意表明は異例。

21日　東京・渋谷のモスク・東京ジャーミイで金曜礼拝が行なわれ、「イスラム

海外ニュース　Foreign news

だ」との公式声明を出した。
8日　イスラエルのシャロン首相が米国への協力は惜しまないが「軍事行動には加わらない」と述べた。
8日　アフガニスタンのタリバン政権が緊急閣僚会議で米英軍への徹底抗戦を決議した。
8日　イランの最高指導者ハメネイ師が米国のアフガニスタン空爆を激しく非難し、中東地域での米国の覇権拡大への懸念を表明した。9日にはハタミ大統領も「作戦の即時停止を求める」と訴えた。
9日　タリバンの最高指導者オマル師が米国と英国に対するジハード（聖戦）を宗教令《ファトワ》として宣言し、イスラム教徒の団結と対米抗戦を呼びかけた。
10日　トルコが北大西洋条約機構（NATO）の集団的自衛権発動に対応して、米国支援のためにトルコ軍のアフガニスタン派遣を決定した。
10日　イスラム諸国会議機構（OIC）がカタールで緊急外相会議を開き、テロ勢力掃討作戦を進める米・英に対しアフガニスタン国民の安全確保を求める声明を採択した。
11日　中国外務省の孫玉璽副報道局長が、新疆ウイグル自治区で独立を目指す「東トルキスタン運動」の諸団体を「国際テロ組織」とみなし、組織の根絶を目指す方針を明らかにした。
12日　イラン全土で政府系組織の呼びかけによる大規模な反米デモが行なわれた。
15日　ナイジェリアで、米軍のアフガン空爆に反対するイスラム教徒のデモがキリスト教徒と衝突し暴動となり多数の死傷者が出た。
24日　ローマ教皇ヨハネ・パウロ2世がローマで開かれた国際シンポジウムで声明を出し、19―20世紀の植民地時代の布教について謝罪し中国との和解と外交正常化の必要性を訴えた。ローマ教皇が声明で中国に積極的和解を求めたのは初。中国側はバチカンと台湾との断交が和解には不可欠だと応じた。
25日　ベルギー上院で安楽死を合法化する法案が賛成多数で可決された。下院も年内に通過の見通しに。
26日　国連事務総長特別代表ブラヒミがパキスタンやイランなどアフガニスタン周辺国を訪問しアフガニスタン各派代表とも協議に入った。
27日　ロシア政府がアフガニスタンの北部同盟に対し戦車など4500万ドル相当の武器を供与することを明らかにした。
31日　欧州連合（EU）の大使級会議で、EU加盟国によるアフガニスタンの北部

国内ニュース　Domestic news

はテロを拒否し強く非難する」との異例の書面が、集まった約200人の信者の前で読み上げられた。
22日　福島県会津若松市の鶴ヶ城で、戊辰戦争の犠牲者を悼む初の慰霊式が行なわれた。
23日　ハワイ沖での練習船・えひめ丸沈没事故で亡くなった犠牲者を追悼するため、遺族と米軍関係者が船上で慰霊を行なった。
25日　新日本宗教団体連合会（新宗連）の深田充啓理事長が米同時多発テロ事件に対し、自分たちの「力不足を悔やむ」との談話を発表した。
26日　臨済宗妙心寺派の第100次定期宗議会で細川景一宗務総長が、米同時多発テロ事件に触れながら第2次世界大戦時の戦争協力について初めて宗門として公式に懺悔した。
27日　東宝は宮崎駿監督のアニメ映画『千と千尋の神隠し』が観客動員数日本記録を樹立したと発表した。公開から10週で入場者総数は1687万8000人に。
28日　衆院運営委員会理事会で衆院本会議場における国旗掲揚について協議する中で、藤井孝男委員長が「議論は尽くされた」と打ち切り、職権により国旗掲揚を決定した。
30日　「日本会議」の女性組織「日本女性の会」が設立の会合を開いた。会長は安西愛子・日本会議副議長、副会長は高市早苗・衆院議員と長谷川三千子・埼玉大教授に。

10月の出来事　October

1日　東京・三鷹の井の頭恩賜公園に宮崎駿監督が館主を務める「三鷹の森ジブリ美術館」がオープンした。
3日　日本ムスリム協会の樋口美作会長が岡山での宗教者の集会で、イスラムは平和な宗教だと強調、米同時多発テロ事件については原因究明が重要だと語った。
12日　大阪府吹田市を相手にオウム真理教信者2人が起こした「転入届不受理処分取り消し訴訟」で、大阪地裁は市に処分取り消しと信者らへの慰謝料の支払いを命じる判決を下した。市は24日に控訴した。
17日　東京都内のホテルで新日本宗教団体連合会（新宗連）が「いのち輝く」をテーマに結成50周年式典・祝賀会を開催した。
29日　テロ対策特別措置法（2年の時限立法）が参院本会議で賛成多数で可決・

同盟への武器供与が合意された。

31日　米マサチューセッツ州セイラムで、300年以上前の魔女裁判で絞首刑となった5人の女性を無罪とする州法が成立した。

11月の出来事 November

3日　オサマ・ビン・ラディンがカタールの衛星テレビ局アルジャジーラの放送で、国連からの脱退をアラブ指導者に呼びかけた。

10日　ブッシュ米大統領が国連総会での演説の中で国名として初めて「パレスチナ」を明言し、パレスチナ国家の創設を支持する意向を示した。

10日　国連総会（～16日）で中国の唐家《とうか》璇《せん》外相が「中国もテロに脅かされている」と述べ、東トルキスタン独立運動グループをテロ集団だと批判した。

12日　国連での8カ国外相会合（アフガニスタン隣接6カ国と米露）で、タリバン追放と自由選挙による新政権樹立への支援が合意された。

13日　アフガニスタンの北部同盟が首都カブールを制圧し暫定的な統治機構を立ち上げた。

18日　ロシア政府代表団が主要国の中で最初にアフガニスタンの首都カブールに入った。

12月の出来事 December

8日　ベルギー・ブリュッセルで日・EU首脳協議が行なわれ、異文化間の寛容と理解を重視するなどの事項を盛り込んだ「テロに関する日・EU共同宣言」が採択された。

17日　米軍がタリバン政権下のアフガニスタンへの空爆を停止した。ビン・ラディンやオマル師など指導者らを見つけることはできなかった。

22日　アフガニスタン暫定政権議長として元国王派のハミド・カルザイが就任し、暫定政権が正式に発足した。

23日　ローマ教皇ヨハネ・パウロ2世の呼びかけで、世界から11宗教の指導者がバチカンに集まり平和実現を話し合うフォーラムが開かれ、24日にはアッシジで16年ぶりに平和への祈りを捧げた。日本からは天台宗、立正佼成会、人類愛会、日本宗教連盟などから30人が参加した。

25日　ローマ教皇ヨハネ・パウロ2世がクリスマスミサのメッセージでアフガニスタンやパレスチナ紛争についてふれ、「神の名において憎悪を正当化してはいけない」と述べた。

30日　米ニューメキシコ州のキリスト・コミュニティ教会が「ハリー・ポッター」シリーズ本を魔術的であり神への冒とくであるとして焚書処分にした。

成立し、初の戦闘時の自衛隊派遣が可能となった。

11月の出来事 November

5日　静岡県御殿場市のハンセン病患者施設駿河療養所で、全国13カ所のハンセン病施設では初めて行政側の関係者も参列して慰霊祭が行なわれた。

6日　国の総合科学技術会議の生命倫理専門調査会が移植用臓器を作る研究のみを認める指針案をまとめた。

9日　浄土真宗興正派が、浄土真宗系伝統10派で初めて女性も門主として認めるよう宗派の「条例」を改正した。

11日　8月に靖国神社に参拝した小泉純一郎首相と国とを相手取り、大阪、松山、福岡の住民・宗教者らが参拝の違憲性を主張し損害賠償などを求める訴えを各地裁に起こした。

11日　東京都内で日本在住のイスラム教徒らがシンポジウムを開き、テロ行為反対とアフガニスタンへの攻撃の即時停止を訴える声明を出し、日本政府に自衛隊派遣の中止を求めた。

29日　オウム真理教（現アレフ）の信者らが11日の名古屋大の学園祭で教団名を隠してフリーマーケットに参加し、占いコーナーなどで来場者の氏名・住所などを書かせていたことがわかった。

30日　参院運営委員会理事会で2001年の通常国会から参院本会議場で国旗を常時掲揚することが決まった（翌年1月21日からの通常国会で、戦後初めて国旗の常時掲揚に）。

12月の出来事 December

4日　皇太子妃雅子様の女児出産を祝う「賀詞」が衆院本会議で全会一致で決まった。5日に参院本会議でも同様の議決が行なわれた。東京都議会は自治体で初めて賀詞を決議した。

12日　2001年度版の警視庁「治安の回顧と展望」がまとまり、その中で日本もテロの標的となる可能性がありテロへの警戒の必要性が強調された。

14日　大正大（東京都豊島区）の総合仏教研究所が、チベットの調査でポタラ宮には現存しないとされていた「維摩経」のサンスクリット原典を発見したと発表した。

14日　第2次世界大戦で戦死した韓国・朝鮮の軍人・軍属の遺骨を厚生労働省から預託されている東京・目黒の祐天寺（浄土宗）で、初めて韓国僧侶が来日して法要が行なわれた。

19日　福田康夫官房長官の主催で14日に発足した「追悼・平和祈念のための記念碑等施設の在り方を考える懇談会」（追悼懇）の初会合が開かれた。座長は今井敬・経団連会長。

Foreign news

海外ニュース

1月の出来事 January

21日　東京でアフガニスタン復興支援会議が開かれ、約60カ国の閣僚と国際機関の代表らが集まり、復興支援として巨額の資金協力案を出すこととした（～22日）。

24日　イタリアのアッシジでローマ教皇ヨハネ・パウロ2世の呼びかけによる「平和と武力紛争の克服を祈るための会議」が開かれ、12宗教の代表者らが共同の祈りを捧げた。

27日　エルサレムで28歳の女性による自爆テロが起きた。これまでパレスチナでは女性の自爆者はいなかった。

30日　ブッシュ米大統領が一般教書演説でイランを「悪の枢軸」「テロ支援国家」と批判。イラン政府はこれを「内政干渉」と批判した。

2月の出来事 February

12日　アラブ首長国連邦（UAE）の教育省が『ハリー・ポッターと賢者の石』など26冊を「反イスラム的」として私立学校での教材としての使用を禁止した。

13日　インド・ニューデリーでヒンドゥー至上主義のシブ・セナ党のメンバーがバレンタインデー反対を唱えて行進し、バレンタインカードを焼くなどの抗議を行なった。

3月の出来事 March

3日　ウガンダで政府軍がキリスト教系反政府勢力「神の抵抗軍（LRA）」への掃討作戦を行ない、LRAの兵士80人以上が殺害された。

15日　インドネシア・アチェ特別自治州政府がアチェの独立の機運を封じ込めるために、住民に対しイスラム教の教えに基づく服装をするよう呼びかけた。これにより、女性が外出する際には顔以外を覆うことが求められることに。

2002

国内ニュース

Domestic news

1月の出来事 January

1日　東京都千代田区・神田明神で「ITお守り」（700円）が売り出され、隣接するITの街・秋葉原の利用者らも購入に訪れている。

13日　沖縄県那覇市の成人式で、酒樽を式典会場に持ち込もうとした新成人と警察官がもみ合いとなり7人が逮捕された。

21日　奈良県明日香村のキトラ古墳の石室から、被葬者の守護神とみられる東アジア最古の獣頭人身像が見つかった。

31日　霊視商法詐欺で起訴されている「明覚寺」グループの事件で、和歌山地裁は宗教法人明覚寺に解散命令を出した。解散命令はオウム真理教（現アレフ）に続き2例目。明覚寺は大阪高裁に抗告を申し立てた。

2月の出来事 February

11日　東京で「日本の建国を祝う会」がパレードを行ない、明治神宮会館で奉祝式典を開催した。式典には自民党代議士や海外19カ国26人の外交関係者も出席した。同日、政府後援の「『建国記念の日』を祝う国民式典」が文科省分館・虎ノ門ホールで開かれ小泉純一郎首相や各党代表も参加した。

17日　宮崎駿監督作品『千と千尋の神隠し』がベルリン国際映画祭で金熊賞を受賞した。

18日　来日したブッシュ米大統領が明治神宮を表敬参拝した。

3月の出来事 March

5日　広島市の平和記念公園内にある原爆慰霊碑にペンキのような塗料がかけられているのがわかった。

20日　奈良県の「未来なら市民ネット」が福井県と核燃料サイクル開発機構に高速増殖炉「もんじゅ」の名称変更を求め、

21日　アフガニスタンの首都カブールで5年ぶりに新年の祝賀式典が開かれ、競技場に集った約2万5000人がタリバン政権下では禁じられていた歌や踊りで新年を祝った。

29日　イスラエル軍がパレスチナ自治区の議長府を包囲し自治政府のアラファト議長が監禁状態となった。

4月の出来事 April

1日　オランダで安楽死を合法化する法律が施行され、安楽死を国が認めた初のケースとなった。

2日　イスラエル軍がパレスチナ自治区ベツレヘムにあるキリスト教の「聖誕教会」を包囲。

5月の出来事 May

16日　ベルギー下院で安楽死を合法化する法案が可決された。カトリックのベルギー司教団は決定を強く非難した。

20日　東ティモール民主共和国がインドネシアから独立し、独立記念式典に90カ国の代表らが出席した。79万人の国民のうち9割がカトリック教徒。

25日　9・11米同時多発テロ事件で崩壊した世界貿易センタービルの鉄骨の一部が、ニューメキシコ州アルバカーキのカトリック教会の鐘楼に再生利用されることになり、現地で式典が行なわれた。

6月の出来事 June

4日　英国のエリザベス女王の即位50年を記念するパレードが行なわれ、100万人以上の英国民が集まった。

9日　英国国教会が離婚経験者の再婚を認めることを決定した。チャールズ皇太子と愛人のカミラ夫人の再婚も可能に。

12日　カトリックと日本の在家仏教教団・真如苑が欧州4カ国5カ所で、東洋の古代楽器と声明《しょうみょう》を西洋音楽に融合させた演奏会を開き好評を博した（〜21日）。

16日　イスラエル国防省がテロ防止のためヨルダン川西岸の分離壁の建設を開始した。パレスチナ解放機構（PLO）のアラファト議長はこれを人種隔離政策だとして非難。

24日　インドネシア・ジョグジャカルタで第6回アジア宗教者平和会議（ACRP6）が開かれ、最終日にはテロに反対する宣言を採択した。

29日　インドのブッダガヤにあるマハーボーディ寺院地区が、ユネスコの世界文化遺産に登録された。

7月の出来事 July

1日　ローマ教皇庁が「禁煙法」を施行し、バチカンの政府庁舎や一般開放施設

仏教関係者ら約1000人の署名を集めて申し入れを行なった。

27日　文科省専門委員会が、ヒトの受精卵から胚性幹（ES）細胞を作る京都大の計画を承認した。

30日　世界宗教者平和会議（WCRP）日本委員会の新評議委員に日本ムスリム協会の樋口美作会長が選出され、同委員会初のイスラム関係者の役員となった。

4月の出来事 April

1日　「ゆとり教育」を掲げた新学習指導要領に基づき、公立の小・中・高校では学習内容や授業時間を削減した学校週5日制がスタートした。

2日　東京で有事法制に反対する170人・10団体が賛同し「平和をつくり出す宗教者ネット」が発足、デモ行進を行った。

21日　靖国神社春季例大祭（〜23日）で、小泉純一郎首相が85年の中曽根康弘首相以来となる首相参拝を行なった。

30日　日本ペンテコステ研究学会が設立された。カリスマ運動に関する研究と情報交換を行なう。

5月の出来事 May

2日　キリスト教・ルーテル教団の総会で初めて女性信徒の常議員が誕生した。

17日　オリンパス株式会社のデジタルカメラの広告コピー「他力本願を抜け出そう」に対して、浄土真宗本願寺派が抗議文を送付し、27日には真宗教団連合も抗議文を送付した。オリンパス側は謝罪した。

25日　東京・目黒の祐天寺で、第2次世界大戦に日本の軍人・軍属として死亡した朝鮮半島出身者の法要が営まれた。日韓仏教交流協議会と韓日仏教文化交流協議会の共催。

26日　鎮守の森を学際的に調査研究しその保存・活用を目指す「社叢学会」が発足した。

31日　真宗大谷派が宗政への女性参画を推進するため、宗議会での被選挙権を従来の住職から教師にまで拡大した。

6月の出来事 June

24日　京都・国際日本文化研究センターが、約1万3000件のデータを収録した「怪異・妖怪伝承データベース」の一般公開を始めた。

28日　東京都世田谷区がオウム真理教信者の転入を受理し、自治体による転入拒否訴訟で初の和解が成立した。

7月の出来事 July

13日　東京・九段の靖国神社で新・遊就

海外ニュース Foreign news

が全面禁煙となった。

9日　アフリカ統一機構（OAU）が欧州連合（EU）をモデルに発展的に解消し、53カ国加盟によるアフリカ連合（AU）を発足させた。貧困と紛争の解決がまず大きな課題に。

16日　アイルランド共和国軍（IRA）が30年余も続く紛争・テロで犠牲となった民間人の遺族に初めて謝罪し、英、アイルランド両政府はこれを歓迎した。

31日　ローマ教皇ヨハネ・パウロ2世はメキシコシティで16世紀にグアダルーペの聖母出現の奇跡を伝えた先住民ファン・ディエゴを聖人に加えるミサを行なった。先住民の列聖は初。

8月の出来事 August

15日　モンゴルのカトリック教会がウランバートルに2つ目の小教区を創立し、ミサを開いた。国内の信者100人のほとんどが参加した。

30日　ジュネーブで開かれた世界教会協議会（WCC）中央委員会で、米・英・カナダなどの教会指導者38人が、米国がイラクに対して一方的な攻撃をしないよう迫る緊急声明を出した。

9月の出来事 September

7日　ブリュッセルで開かれていた「死の権利国際連合」第14回会議は、安楽死を人権の一部とする「ブリュッセル宣言」を採択した。

9日　アフガニスタンのカブールで、北部同盟指導者・マスード将軍が暗殺されて1周忌の式典が開かれ2万人が参列した。政府はこの日を「殉教者の日」として国民の祝日に決定した。

11日　国連安全保障理事会が中国・新疆ウイグル自治区の分離独立派「東トルキスタン・イスラム運動（ETIM）」を国際テロ組織に指定した。

11日　イラクの政府系紙「アルイクティサーディ」が「テロは神の罰」との文言を添え、炎上するニューヨークの世界貿易センタービルの写真を掲載した。

12日　インド最高裁が、全国の学校カリキュラムに宗教の時間を義務づけることを支持する判決を下した。キリスト教の教育者らの「ヒンドゥー教に偏っている」との訴えを受けて。

25日　ベルギーで安楽死法が施行された。オランダに次いで2番目。

国内ニュース Domestic news

館が完成し、開館式典が行なわれた。

30日　東京・明治神宮にて明治天皇90年祭が行なわれ、午後の夕御饌《ゆうべのみけ》の儀では「東遊《あずまあそび》」が奉納された。それに先立ち26日には天皇皇后両陛下と皇太子・同妃殿下が神宮へ参拝された。

31日　文科省の発表で、春の卒業・入学式で国旗掲揚・国歌斉唱を実施した小・中・高校の数は全国平均でいずれも99～100%と過去最高の実施率だったとわかった。

8月の出来事 August

3日　京都市と比叡山で「比叡山宗教サミット」15周年を記念する「平和への祈りとイスラムとの対話集会」が開かれ、内外から参加した1200人余の宗教者らが対話し平和の祈りを捧げた（～4日）。

3日　滋賀県大津市石山寺の重要文化財「木造如意輪観音半跏像」の胎内から7～8世紀の銅製の仏像4体が見つかったと、奈良国立博物館が発表した。

6日　新日本宗教団体連合会（新宗連）・信教の自由委員会は、小泉首相宛に「『靖国神社参拝』に関する意見書」を提出した。

15日　東京・九段の日本武道館で行なわれた政府主催の「全国戦没者追悼式」への参列遺族が、高齢化を反映し過去最も少ない4975人となった。全参列者は約6000人。

15日　愛媛県教育委員会が「新しい歴史教科書をつくる会」による中学歴史教科書（扶桑社）を次年度新設予定の県立中学校3校で採択することを決めた。千葉県柏市の私立麗澤中学校でも同教科書の採択を決めた。これに対し中国外務省は「正確な歴史観で若い世代を教育すべきだ」とのコメントを発表した。

9月の出来事 September

17日　小泉純一郎首相が北朝鮮の平壌《ピョンヤン》を訪問し金正日・朝鮮労働党総書記と会談を行ない、食糧や医薬品の援助などを盛り込んだ「日朝平壌宣言」に署名した。

17日　世界基督教統一神霊協会（統一教会）の信者らによる霊感商法の被害者が損害賠償を求めていた裁判で、統一教会側が被害者男性（元信者）へ19億円支払うことで和解が成立した。

20日　全国護国神社会が福田康夫官房長官へ「国立戦没者追悼施設構想撤回要請文」を提出した。

25日　大阪市で、世界宗教者平和会議

10月の出来事 October

2日　ベラルーシで宗教活動の制限と宗教書の検閲などを含む新宗教法が上院を通過した。

12日　インドネシア・バリ島のディスコが爆破され、少なくとも１８７人が死亡、３００人以上が負傷した。

12日　イラクのイスラム教法学者およそ５００人が、もし米国がイラクを攻撃すれば「米国に対する聖戦がすべてのイスラム教徒の義務となる」との宗教令《ファトワ》を出した。

23日　モスクワでチェチェン共和国の武装組織が８００人を人質に取り劇場を占拠した。26日にロシアの特殊部隊によって制圧されたが、１２８人の観客が犠牲となった。

31日　ローマ市で教皇ヨハネ・パウロ２世に名誉市民の称号が贈られ、贈呈式が行なわれた。

11月の出来事 November

12日　中国共産党第16回大会で、監禁説が浮上していたニマ少年（ダライ・ラマ14世が認定したパンチェン・ラマ10世の転生霊童）についてチベット自治区ラチェ副主席が「元気に暮らしている」と報告した。

13日　全米カトリック司教会議は「戦争は単なる政治問題であるだけでなく、信仰上の問題でもある」として、戦争を正当化しないとの決議文を可決した。

12月の出来事 December

8日　パリで発行されているアラブ週刊誌「アル・ワタン・アル・アラビ」の最新号が、元タリバン政権治安当局者の話として、対米テロ作戦に女性が参加するのをテロ組織アルカイダが機関として認める決定をしたと報じた。

17日　ドバイのショッピングセンター前でアラビア語訳の新約聖書などキリスト教文書を配布して逮捕・投獄されたフィリピン人のフェルナンド牧師が仮釈放された。

20日　ローマ教皇庁は、マザー・テレサに祈ったおかげで胃がんが治ったとする女性の申し出を認め、マザー・テレサが「奇跡」を起こしたと認める発表を行なった。

21日　オーストラリアで、個人のプライバシーへの配慮から、教会で個人名を上げた祈りには本人の承諾を要するという法律が成立した。

25日　11月22日以降イスラエル軍の制圧下にある聖地ベツレヘムでは、95年の自治が始まって以来初の軍占領下でのクリスマスとなった。

（ＷＣＲＰ）青年部会や金光教青年信徒らが主催し野宿者支援者とともに宗教者の救済活動を考える「Ｓｏｕｌ・ｉｎ釜ヶ崎・魂の痛みを聞く」が開かれた。

29日　福井県の曹洞宗大本山・永平寺で道元禅師７５０回大遠忌の法要が営まれ８００人余が参列した。

10月の出来事 October

26日　明治神宮参集殿で「日本女性の会」が「真の男女共同参画社会をめざして」をテーマに講演会を開いた。講演の中でジェンダーフリーが批判された。

28日　「日本宗教者平和協議会」が結成40周年の会合を開いた。基調講演では「創価学会との戦いは民主主義を護る戦い」との報告も。

29日　東京大と慶應大が文科省に申請していたヒトのＥＳ細胞から人体組織を作る研究計画について、学内の委員会で認可を得るという条件付きで承認された。

11月の出来事 November

14日　中央教育審議会（中教審）が、国や郷土への愛や伝統文化尊重、公共意識の育成などの項目を加えることなどを提案する教育基本法の見直しに関する中間報告を出した。公明・共産・社民の各党は反対し、日本弁護士連合会（日弁連）、日本教職員組合（日教組）も反対集会を開いた。また創価学会・秋谷栄之助会長は愛国心を押しつけるべきではないと記者会見で述べた。

15日　東京都を中心にホテルで七五三を祝うプランが人気に。挙式用神殿を祈とう所に転用し、写真撮影と食事会もセットのサービスを提供。

22日　オウム信者38人が転入届を受理しなかった足立区を訴えた東京地裁・高裁の裁判で、区が届を受理し和解金各20万円を払うことで和解が成立した。

12月の出来事 December

10日　全日本仏教会が新しい国立追悼施設の建設構想に反対する意見書を首相官邸に提出した。「新たに想定される戦没者の受け皿」となる可能性があるため。

14日　東京・泉岳寺で赤穂浪士の討ち入りから３００年を記念し四十七士に扮して歩く「義士行列」が行なわれた。大石内蔵助がかつて滞在した京都・山科では、「山科義士まつり」が催された。

24日　「追悼・平和祈念のための記念碑等施設の在り方を考える懇談会」は、新たに無宗教の追悼施設が必要との報告書を福田康夫官房長官へ提出した。

Foreign news 海外ニュース

2003

1月の出来事 January

3日　ベトナム政府が南部のニャチャン神学校を閉鎖して以来27年ぶりに、南ベトナム福音教会の教会指導者を訓練する教室の開催を許可した。

14日　イラク・バグダッドで、イスラムやキリスト教徒ら３０００人が米国のイラク攻撃に反対する合同のデモを開催した。

22日　イラクのバグダッドのモスクに、国連査察団が初めて査察に入った。

28日　イスラエルで総選挙が行なわれ、シャロン首相が党首のリクード党が第１党となり、右派色の強い政権となった。

30日　マハトマ・ガンジー暗殺から55年のインド・ニューデリーで、ガンジーの墓を会場に追悼式が開かれカラム大統領やヒンドゥー、イスラム、キリスト教、仏教などの聖職者らを含む約２０００人が参列した。

2月の出来事 February

7日　インド新仏教の指導者・佐々井秀嶺が、インドの主要宗教の代表で構成される政府のマイノリティー委員会の委員に任命された。

15日　ローマ教皇ヨハネ・パウロ2世の特使としてイラク訪問中のエチェガレイ枢機卿と会談したイラクのフセイン大統領は、米国には「イスラム教とアラブ人への差別がある」と述べた。

19日　ラオスで第10回「アジア仏教徒平和会議（ＡＢＣＰ）」が開かれ、米国のイラク制裁に抗議した（〜20日）。

3月の出来事 March

1日　ソウルで開かれた日本統治下における「3・1独立運動」から84周年の記念行事に、宗教関係者らを含む北朝鮮の代表団１００人余が初めて参加した。

国内ニュース Domestic news

1月の出来事 January

6日　小泉純一郎首相が、伊勢神宮に参拝した。14日には3年連続3回目の靖国神社参拝を行なった。

17日　長野県諏訪湖で湖面が凍って亀裂が走る「御神渡《おみわた》り」が5年ぶりに出現し、諏訪・八剣神社の宮司らが亀裂の具合で吉凶を占う神事を行なった。

19日　スイスの宗教団体「ラエリアン・ムーブメント」の関連団体「日本ラエリアン・ムーブメント」は、20日に日本人の両親を持つ2歳男児のクローンが海外で誕生する予定だと発表した。

22日　東京で、約40団体が参加して仏教の国際協力を目指す「仏教ＮＧＯネットワーク（ＢＮＮ）」の設立総会が開かれた。

26日　東京で学者や財界人らがメンバーとなる「『日本の教育改革』有識者懇談会」の設立総会が開かれた。宗教教育についても議論が行なわれる。

2月の出来事 February

7日　新日本宗教団体連合会（新宗連）青年会が「第18次アジア青年平和使節団」を韓国に派遣し、戦争による犠牲者の慰霊を行ない、相互の交流を深め、イラク攻撃に反対する意見書を米国大使館へ提出した（〜10日）。

23日　長崎県生月島《いきつきしま》の辻地区で「オヤジ様」と呼ばれる神父役の信仰の引き継ぎ手が見つからず、カクレキリシタンの組織が解散となった。

3月の出来事 March

3日　訪日中のキューバのカストロ国家評議会議長が広島を訪れ、原爆死没者慰霊碑に献花し犠牲者を悼んだ。

17日　山口県の中国電力・上関原子力発電所建設予定地に神社の土地を売るのを拒んできた四代正八幡宮・林春彦宮司が、

18日　ローマ教皇庁が米ブッシュ大統領宛に、平和的手段を保持するよう警告を発した。

20日　米ブッシュ大統領が対イラク戦争開始を発表。4月9日のバグダッド陥落でフセイン政権は崩壊し、5月1日に米大統領が戦争終結を宣言。5月22日には国連安全保障理事会が1990年8月クウェート侵攻以来となる対イラク制裁の解除を採択した。

22日　英ノースヨークシャーの英国国教会リポン大聖堂でキリスト教徒とイスラム教徒の合同祈とう会が行なわれた。国教会の聖堂では初の共同の祈りに。

4月の出来事 April

18日　オーストラリア西部ロッキンガムの教会でガラス製の聖母マリア像が涙を流す現象が起き、科学者がX線などで像を調査したが原因解明には至らず。

18日　バグダッド最大のカディミヤ・モスクで、フセイン政権下で禁止されていたシーア派の大規模な礼拝が復活し約1万人が祈りを捧げた。

29日　パレスチナ自治評議会が穏健派のアッバスを首相とする新内閣を承認した。アラファト議長が権限を手放すのは1969年のPLO議長就任以来初。

5月の出来事 May

11日　国際労働機関（ILO）が宗教に基づく差別がこの10年間で増えているとの報告を発表した。

25日　インドのダラムサラにあるチベット亡命政府が、ダライ・ラマ14世の特使団を中国へ派遣した。中国との対話を継続するのが目的。

27日　ヨルダンのアンマンで世界宗教者平和会議（WCRP）国際委員会が「国際諸宗教サミット」を開き、イラク戦争後の人道支援に関する共同声明を採択した（〜28日）。

6月の出来事 June

4日　ヨルダン・アカバで、イスラエル、パレスチナ、米国の首脳らによる中東和平会談が行なわれ、イスラエルのシャロン首相はパレスチナ国家の容認と違法入植地の撤去、パレスチナ自治政府のアッバス首相は武装闘争の停止を宣言した。

10日　カナダのオンタリオ州高裁は結婚の定義を緩和し、同性間の結婚を合法化した。決定に対し同国の福音同盟は反対、合同教会は支持を表明。

10日　エジプトの映画検閲委員会は、暴力シーンや宗教上の理由から、米国映画『マトリックス・リローデッド』の上映

神社本庁から宮司職を解任された。

23日　宮崎駿監督作品『千と千尋の神隠し』が米アカデミー賞の長編アニメーション賞を受賞した。

4月の出来事 April

1日　宗教法人・明覚寺グループによる霊視商法事件の控訴審で、詐欺罪に問われた元管長・西川義俊と僧侶・宇崎晴翔の両被告の上告が棄却され、2人の懲役刑が確定した。

7日　横浜市の伊勢山皇大神宮（小野崇之代表）が85億6500万円の負債を抱え、横浜地裁に自己破産を申し立てて破産宣告を受けた。神社本庁所属の神社の破産は初。

10日　養老孟司『バカの壁』（新潮新書）が刊行され400万部を超える大ベストセラーとなり、永六輔『大往生』（1994年刊）を抜き、新書の最多部数記録を更新。『バカの壁』は2003年新語・流行語大賞も受賞。

23日　3月に破産宣告を受けた宗教法人・法の華三法行、福永法源元代表、関連会社の破産手続きが終了した。被害総額は146億円で被害者約1800人への配当率は27%に。

5月の出来事 May

23日　民間事業者、行政機関などを対象とした個人情報保護関連5法案が成立した。

24日　130年の歴史をもつ東京・上野の「上野彰義隊墓所」が閉鎖されることが決まり、資料館の最後の公開展示が行なわれた（〜25日）。

6月の出来事 June

1日　熊本県天草の「天草キリシタン復活130年祭」で聖体を船で運ぶ海上聖体行列が34年ぶりに復活し、漁船20隻が巡行した。

6日　武力攻撃事態法、改正自衛隊法、改正安全保障会議設置法の有事関連3法案が参院で可決・成立した。全国労働組合総連合、日本宗教者平和協議会、日本教職員組合など各団体は法案可決に抗議する声明を出した。

18日　港区南青山の梅窓院（浄土宗）の敷地に寺院再開発のモデルケースとなるオフィス、賃貸マンション、寺院棟が並立する複合施設が完成した。

26日　東京都杉並区と名古屋市中区での転入届を拒まれたオウム真理教（現アレフ）信者が処分取り消しを求めた裁判で、最高裁が自治体側の上告を棄却し、不受理処分の取り消しと信者への損害賠償が確定した。

海外ニュース Foreign news

禁止を決定した。

23日　北京で中国とインドの「全面的協力宣言」が調印され、チベット自治区の中国領有をインドが正式に認めた。

27日　フランスの真澄寺フランス別院・沙堂《シャトー》で、日本の在家仏教教団・真如苑が斉燈護摩（煩悩を火で焚き心を浄化する儀式）を行なった（～28日）。

27日　オーストラリア連邦議会が国家情報機関ASIOの権限を強化するテロ対策法を可決し、人権団体やイスラム系移民団体は猛反対した。

7月の出来事 July

1日　香港で「国家保安法」案に反対するデモがあり、カトリック香港教区の陳日君司教が参加したが、以降、中国本土から香港教区のサイトにはアクセス不可能に。

2日　ユネスコが、2001年に2体の大仏が破壊されたアフガニスタンのバーミヤン遺跡の世界遺産登録を決定した。

5日　モスクワ近郊でロシア・チェチェン共和国の女性2人による自爆テロがあり60名以上が死傷した。チェチェンでは女性ムスリムによる自爆テロが急増。

8月の出来事 August

5日　米ミネアポリスで開かれた米聖公会の聖職者総会で、ゲイの司祭がニューハンプシャー州の主教に着任することが賛成多数で承認された。

26日　トルクメニスタン西部のバルカナバート市で、礼拝のためにバプテスト教会へ信徒が集まることを警察が禁止した。同市はイスラム教が優勢な地域。

9月の出来事 September

4日　アフガニスタンのバーミヤンの石窟からサンスクリット語で書かれた7世紀頃の仏典の断片が見つかったと、東京文化財研究所の調査隊が発表した。

10日　インドネシア・バリ島の地裁は、02年10月のバリ島爆弾テロ事件の主犯格イマム・サムドラ容疑者に死刑の判決を下した。ほかの2人の容疑者にも死刑判決が下されている。

12日　浄土真宗本願寺派ハワイ開教区は、国際伝道に力を注ぐ宗派の助成を受け全米初の仏教系高校を設立した。

23日　カザフスタンのアスタナで世界伝統宗教指導者会議が開かれ、諸宗教の17

国内ニュース Domestic news

7月の出来事 July

5日　愛国心をもつ人の育成を目的のひとつとする遊就館で、「遊就館友の会」（事務局＝靖国神社崇敬奉賛会、会員約8000人）が初めてセミナーを開き約1000人が参加した。

8月の出来事 August

4日　古賀誠・日本遺族会会長が新たな国立戦没者追悼施設建設に反対する考えを示した。15日には中曽根康弘元首相も建設反対との考えを表明した。

15日　小泉内閣の閣僚ら5人と、「みんなで靖国神社に参拝する国会議員の会」のメンバー55人、石原慎太郎・東京都知事が靖国神社を参拝。小泉純一郎首相は千鳥ヶ淵戦没者墓苑に献花したが、靖国神社への参拝は見送った。

28日　大阪地裁が、01年6月に起きた大阪教育大附属池田小（大阪府池田市）での児童8人殺傷事件の実行犯・宅間守被告に死刑判決を下した。被告弁護人が控訴せず9月26日に刑が確定。04年9月14日、死刑執行。

9月の出来事 September

1日　震災発生から80年を迎え、関東大震災・都内戦災遭難者秋季慰霊大法要が東京都墨田区の東京都慰霊堂で行なわれた。また近くの朝鮮人犠牲者追悼碑の前でも追悼集会が開かれた。

2日　福島県須賀川市で男女6人を暴行して死亡させた「祈とう師宅連続殺人事件」で起訴された関根満雄被告に対し、仙台高裁が懲役18年の判決を言い渡した。被告は上告せず刑が確定した。

11日　世界宗教者平和会議（WCRP）日本委員会を含む実行委員会の主催で「9・11愛と希望のコンサート」が開かれた。日本山妙法寺は米国大使館前で不殺生戒の祈りを捧げ、米軍のイラクからの撤退を求める要望書を警備員に渡した。

10月の出来事 October

1日　厚労省が戦没者遺骨の身元確認のためDNA鑑定を導入した。身元判明の可能性のある610遺族に通知したが、9月末までに鑑定申請をしたのは927遺族。

6日　鹿児島県の与論島で公営の火葬場

の代表団が参加した。日本からは神社本庁代表団が参加（～24日）。

24日　ドイツ連邦憲法裁判所は、アフガニスタン出身の英語教師フェレスタ・ルディンさんの訴えをうけ、イスラムのスカーフを着用したまま授業することを認める判決を下した。

10月の出来事 October

2日　1973年に最高裁判決で中絶が合法化された米国で、下院が妊娠中絶の一部を禁止する法案を可決し論議に。

5日　インドのグジャラート州で世界仏教協会の主催で改宗式が行なわれ、被差別カースト（ダリット）約5000人がヒンドゥー教から仏教へ改宗した。

5日　ブラジル・サンパウロ近郊に南米最大規模の仏教寺院・佛光山如来寺が建立され、落成式が行なわれた。

10日　イランの人権活動家・弁護士のシリン・エバディへのノーベル平和賞授与が決まった。

10日　フランス・パリ郊外の高校で、イスラムのスカーフを着用して登校していた2人の姉妹が退学処分となった。

12日　インドネシア・バリ島で、島内のディスコでの爆弾テロから1年目に、オーストラリア首相や犠牲者遺族が集まり追悼と祈りの集会が開かれた。

21日　モンゴル政府が、1939年のノモンハン事件で死亡した日本兵の遺骨約3500柱の調査と引き渡しを許可した。

25日　英国マンチェスターの大聖堂で予定されていた「レズビアンとゲイのキリスト者運動（LGCM）」の礼拝が中止となった。

11月の出来事 November

2日　中国僧・鑑真の日本渡航1250年を記念し、中国仏教会と江蘇省揚州市の主催で法要が行なわれた。

2日　米ニューハンプシャー州で米聖公会が、ゲイを公言しているジーン・ロビンソンの主教着座式を行なった。同会保守派からは反発も。

12月の出来事 December

13日　イラク北部ティクリート近郊で、深さ2メートルの穴の中に潜んでいたフセイン元イラク大統領をイラク駐留米軍が発見し身柄を拘束した。

17日　仏シラク大統領が演説の中で、公立学校で生徒らがイスラムのスカーフなど宗教的なものを着用することを禁止する新法案への賛成を表明した。

24日　中国河南省でキリスト教牧師の自宅で80人が集まりクリスマス礼拝をしていたが、警察が不法集会を取り締まり解散を命じ、主催の李善松牧師を拘束した。

の運転が再開された。遺族の負担を減らすために旧来からの土葬と洗骨儀礼は減少傾向に。

11日　京都・同志社大学一神教学際研究センターが開設記念講演会「日本の精神性と一神教世界」を開催した。

14日　1995年の地下鉄サリン事件で殺人罪に問われた北村浩一被告の上告審で最高裁が上告を棄却し、1、2審の無期懲役判決が確定した。

23日　東京都教育委員会は全都立学校に対し「入学式、卒業式等における国旗掲揚及び国歌斉唱の実施について」と題する通達を出した。

25日　東京・市ヶ谷の防衛庁内に、自衛隊殉職慰霊碑を含む慰霊碑地区（メモリアルゾーン）が整備され追悼式典が行なわれた。11月15日、来日したラムズフェルド米国防長官が自衛隊殉職慰霊碑に献花した。

11月の出来事 November

1日　ダライ・ラマ14世が超党派国会議員による「チベット問題を考える議員連盟」の招きで来日した。4日には、伊勢神宮に初めて参拝した。

9日　財団法人・国際宗教研究所が國學院大で設立50周年記念の講演会「宗教者からの提言」を開き、ビハーラの会代表・田宮仁、ノートルダム清心学園理事長・渡辺和子、同研究所常務理事・井上順孝が講演した。

10日　横浜市で「横浜市仏教連合会『正しい仏教葬儀』普及ネットワーク」が発足し、参加108カ寺が葬儀社と連携しつつ葬儀運営を行なうことに。

15日　山梨県の町村合併で誕生した富士河口湖町が富士山麓の「青木ヶ原樹海」を観光拠点とし、案内ガイドの育成や風穴・樹海案内ツアーなどの企画を始めた。「自殺の名所」からの脱却が目的。

16日　鹿児島県名瀬市で県などの主催による「奄美群島日本復帰50周年記念式典」が、天皇皇后両陛下もご臨席の上行なわれた。両陛下の奄美訪問は35年ぶり。

26日　全日本仏教会が東京で専門家を招いて寺院税務のセミナーを開き、永代供養や墓地の管理、ペット霊園に関する税法面からの留意点を学んだ。

12月の出来事 December

3日　入学式で国歌斉唱のピアノ伴奏を拒否し、東京都教育委員会から戒告処分を受けた女性教諭が処分取り消しを求めた裁判で、東京地裁は教諭の請求を棄却。

22日　鳥取県境港市の「水木しげるロード」沿いにある妖怪神社で、初の結婚式が行なわれた。神主は「ねずみ男」の衣装を着て「一反木綿」を振り式を執り行なった。

2004

Foreign news 海外ニュース

1月の出来事 January

4日　アフガニスタンの国民大会議（ロヤ・ジルガ）で新憲法が採択された。新国名は「アフガニスタン・イスラム共和国」となり、イスラム教が国教に。

22日　ロシア正教会コンスタンティノープル総主教庁のバルトロメオス1世総主教が、キューバに建ったビザンチン教会の献堂式を行なうためキューバを正式訪問した。ロシア正教会総主教のラテンアメリカ訪問は初。

2月の出来事 February

6日　ロシア・モスクワの地下鉄でチェチェン武装勢力によるとみられる爆破テロがあり、41人が死亡した。

14日　鳥インフルエンザの予防のために鶏約260万羽が処分されたタイで、農業組合省の主催で108人の仏教僧が鳥供養を行なった。

20日　イランで国会選挙の投票が行なわれ保守派が圧勝した。改革路線のハタミ政権は苦しい状況に立たされることに。

25日　十字架にかけられるキリストを描いた映画『ザ・パッション・オブ・クライスト』が全米で公開され、残酷なシーンにショックを受ける観客も多く話題に。

3月の出来事 March

3日　フランス上院で、公立の小・中学校でイスラム教のスカーフなどの着用を禁止する法案が可決された。法の適用は9月から。

5日　英国国教会はインターネット上の教会で教会員の対応にあたる「ウェブ牧師」を募集する広告を出した。

11日　スペイン・マドリードの3つの駅で爆破テロがあり200人が死亡。国際テロ組織アルカイダが犯行声明を出した。

22日　パレスチナでイスラエル軍がイス

Domestic news 国内ニュース

1月の出来事 January

1日　東京・秋葉原の電気街でNTTコミュニケーションズが企画し、巫女姿のスタッフがITの守護となるオリジナル絵馬を配布した。また神田明神ではPCをウイルス感染から守る「IT祈とう」も人気を集めている。

1日　小泉純一郎首相が4年連続4回目の靖国神社参拝を行なった。真宗教団連合、宗教者平和ネットなどがこれに抗議を表明した。9日には全日本仏教会も「強い遺憾の意」を表わし、公式参拝をやめるよう自民党本部に要請した。

6日　政府は、当面のあいだ国立戦没者追悼施設を具体化しない方針を固めた。

2月の出来事 February

7日　浄土宗は念仏踊りを沖縄へ伝えたとされる袋中上人の沖縄開教400年を記念し那覇市で記念イベントを開いた。

14日　文科省が京都大再生医学研究所でのES細胞（ヒト胚性幹細胞）を使った研究を承認した。国内産ES細胞の研究が認められたのは初。

19日　鳥取県が独自の判断で宗教法人の財務情報を開示している案件で、文化庁は財務情報を原則非開示にするよう定めた事務処理基準を作成し各都道府県へ通知した。鳥取県は文化庁の対応を批判。

25日　「日本会議」国会議員懇談会を母体とした超党派議員による「教育基本法改正促進委員会」が発足した。

3月の出来事 March

27日　東京地裁はオウム真理教（現アレフ）が起こした13の事件の首謀者として殺人罪で死刑を求刑された松本智津夫被告に、求刑どおり死刑の判決を下した。

28日　「『大峰山女人禁制』の開放を求める会」が奈良県女性センターでシンポジ

ラム過激派ハマスの創設者ヤシン師を殺害した。

4月の出来事 April

8日　イラクで、日本人ボランティア活動家ら3人が武装勢力に拉致されるが、イスラム宗教者委員会の説得で15日に解放された。

9日　イラク・バグダッド陥落から1年目に、バグダッドのスンニ派礼拝所でスンニ派とシーア派合同の金曜礼拝が行なわれた。

28日　イラク・アブグレイブ刑務所で、拘置されたイラク人捕虜を米兵が虐待する事件が起きた。CBSのドキュメンタリー「60ミニッツ」で写真が放映され事実が明らかに。

28日　バチカンで、宮城県気仙沼地方の方言で翻訳した「ケセン語訳聖書」を訳者の山浦玄嗣がローマ教皇に献呈した。

5月の出来事 May

7日　世界最古の教区とされるクロアチアのカトリック・スプリト＝マカルス教区が、創設1700周年を祝うミサを行なった。

8日　バグダッドでイスラム教スンニ派とシーア派の協力機関として「統一イスラム宗教者協会」の結成が発表された。

13日　インド下院総選挙で国民会議派を中心とする野党連合が勝利。シク教徒のマンモハン・シン元財務相が新首相となり、インド初の非ヒンドゥー教徒の首相。

18日　ローマ教皇ヨハネ・パウロ2世が84歳の誕生日を迎え、回想録『立ち上がれ、行こうじゃないか』を出版した。

6月の出来事 June

4日　ローマ教皇ヨハネ・パウロ2世はイタリア来訪中のブッシュ米大統領と会談し、イラク情勢への懸念と事態の正常化を求めた。

10日　北アイルランドのベルファストで開かれたキリスト教・長老派教会の総会で、レイキ、ヨガ、超越瞑想（TM）などを使ったニューエイジ療法には危険があるとする報告書が採択された。

23日　中国で地下教会の司教らの逮捕・拘束が3件続いたことにローマ教皇庁が非難の声明を発表した。中国は、信教による処罰ではないと反論。

7月の出来事 July

7日　スペインのバルセロナで万国宗教会議が開かれ、諸宗教の代表者ら約8000人が参加した（～13日）。

22日　仏教徒として初となる米軍の従軍チャプレンに、浄土真宗本願寺派サンフ

ウムを開き、開放を求めるアピールを出した。また5月25日までに同会は京都の聖護院、醍醐寺など関係教団、施設、信徒らに署名を提出した。

28日　東京のホテルで「日本ムスリム協会」が創立50周年の祝賀記念会を開いた。来賓として白柳誠一・世界宗教者平和会議（WCRP）理事長、庭野日鑛・立正佼成会会長も招かれた。

31日　東京都教育委員会は、前年の「日の丸・君が代」に関する通達に従わなかったとして都立学校の教職員171人を懲戒処分とし、嘱託教員5人の新年度の契約更新を取り消した。

4月の出来事 April

2日　6年に1度の諏訪大社御柱《おんばしら》祭が行なわれ、5月10日の閉幕まで180万人の人出で賑わった。

7日　小泉首相靖国神社参拝訴訟で福岡地裁は、首相の参拝を違憲とする判断を示した。

10日　東京・上野の寛永寺弁天堂の鳥塚で、鳥インフルエンザ流行で処分された鶏の供養のための特別法要が営まれ、東京食鳥組合関係者らが参列した。

5月の出来事 May

8日　明治神宮は神社本庁との被包括関係を解消するとの公告を境内に掲示し、同本庁へもその旨を通知した。

13日　中国政府が非合法団体と認定している気功団体「法輪功」の日本国内グループ「日本法輪大法学会」が、東京都からNPO法人として認可を受けていたことがわかった。

29日　東京都港区の曹洞宗青松寺で若手僧侶らが宗派を超えて集まり「ボーズ・ビー・アンビシャス2nd」が開かれた。

29日　東京のアラブ・イスラーム学院でシンポジウム「日本とイスラーム（サウジアラビア）の文化対話プログラム」が開かれ、議論と交流が行なわれた。

6月の出来事 June

1日　真如苑は慈愛の実践と社会貢献を目的とした団体「ナ・レイ・アロハ財団」をハワイに設立し、州知事公邸で財団発足式を行なった。

6日　青森県新郷村で第41回キリスト祭が開かれ、イスラエルのエルサレムから贈られた「エルサレム・ストーン」の除幕式が行なわれた。

8日　真宗大谷派は宗議会本会議で「教育基本法『改正』に反対する決議案」を採択し、同日、本山修験宗も同様の決議を採択。全日本仏教会は改正推進の立場。

12日　立正佼成会大阪普門館で新日本宗教青年会連盟（新宗連青年会）が「ユー

海外ニュース Foreign news

ランシスコ仏教会のジャネット・シンが任命された。

30日　英国国教会がウェブ上に仮想の教会「iチャーチ」を正式発足させた。管理・運営はオックスフォード教区。

8月の出来事 August

1日　ローマ教皇庁が、イラクで起きているキリスト教会を狙ったテロを批判する声明を出した。

5日　ナイジェリア南部アナンブラ州で、「邪悪な森」と呼ばれる地域にある宗教教団施設への警察の強制捜査で、少なくとも50体の人間の死体が発見された。

17日　米国とペルーの合同探検隊が、ペルーのアマゾン密林地帯で１３００年前の古代都市の遺跡を発見した。

24日　ロシアで2機の国内線旅客機が墜落し、計90人が死亡した。イスラム過激派を名乗る団体が犯行声明を出した。

25日　バチカンでローマ教皇ヨハネ・パウロ2世がイコン「カザンの聖母」を１００年ぶりにロシア正教側へ返還する式典を行なった。

9月の出来事 September

1日　ロシアの北オセチア共和国ベスラン市でチェチェン独立派を中心とする武装集団が中学校を占拠した。3日、治安部隊が制圧したが死亡者３００人以上、負傷者７００人以上の犠牲を出した。

11日　サウジアラビアでカメラ付き携帯電話が偶像崇拝につながるとして禁止された。当局は密輸の摘発にも力を入れ、情報提供者に賞金を出すことを決めた。

13日　北京心理危機研究センターが、中国の自殺者は年間25万人以上、自殺未遂者は約２００万人で、15～34歳の若年層の死因の1位であると発表した。

15日　米国務省が世界各国の宗教の自由に関する年次報告書を発表。北朝鮮、中国、ミャンマー、イラク、スーダン、サウジアラビア、ベトナム、エリトリアが特に懸念すべき国のリストに。

20日　米国務省発表の「世界の宗教の自由に関する報告書」で「特に懸念される国」の一つに指定されたベトナムが、パウエル米国務長官あてに抗議文を送付した。

24日　この日公開の米国映画『ハリウッド・ブッダ』のポスターが仏教を冒とくするものだとする抗議がタイ、カンボジア、スリランカなどで起きた。

国内ニュース Domestic news

スフォーラム２００４」を開き、13教団２５５人が参加して、引きこもり問題、戦争と人道支援などについて議論した（～13日）。

7月の出来事 July

1日　ユネスコの世界遺産委員会で日本の「紀伊山地の霊場と参詣道」が登録されることが決まった。15日には和歌山県那智勝浦町で「熊野三山全国会議」が開かれ、熊野信仰ゆかりの関係者らが集まった。

10日　作家の大江健三郎らの呼びかけで「九条の会」が発足し、多数のキリスト教団体からの賛同も集まった。

22日　世界宗教者平和会議（ＷＣＲＰ）日本委員会は京都で、イスラム教シーア派、スンニ派、キリスト教のイラクの宗教指導者ら6人を招きシンポジウム「イラクにおける平和構築―諸宗教協力に課せられた課題」を開いた。

8月の出来事 August

2日　東京都教育委員会は、卒業式などで「君が代」斉唱時に起立しなかったとして戒告処分を受けた約２００人の教職員を対象に「服務事故再発防止研修」を行なった（9日にも）。

14日　東京の国立千鳥ヶ淵戦没者墓苑で、新日本宗教団体連合会（新宗連）と新日本宗教青年会連盟（新宗連青年会）主催の「第39回戦争犠牲者慰霊並びに平和祈願式典（8・14式典）」が開かれ加盟教団信徒ら約３８００人が参列した。

15日　東京・九段の日本武道館で政府主催の全国戦没者追悼式が開かれ、宗教界を代表し日本宗教連盟理事長の庭野日鑛が献花をした。

15日　終戦記念日で参拝者が集まる靖国神社の参道で、「英霊にこたえる会」と「日本会議」が「第18回戦没者追悼中央国民集会」を開き国立追悼施設建設阻止を訴えた。

9月の出来事 September

10日　厚労省の「労働経済白書」で、15～34歳の未婚者で仕事も就学も職業訓練もしていない無業者、「ニート」の数が全国で52万人（２００３年、推定値）と報告された。

11日　東京都内で、3年前の米同時多発テロ事件を教訓として平和を実現するために、「宗教者平和ネット」や「平和を

10月の出来事 October

6日　米政府のイラク調査団が「イラクに大量破壊兵器なし」とする最終報告を発表した。

12日　米軍がイラク中西部ラマディで7つのモスクを襲撃し、スンニ派のイスラム聖職者協会の州責任者を拘束した。武装勢力掃討が米軍の攻撃の理由。

12日　イラクのシーア派最高責任者シスタニ師が2005年1月の選挙に向け「有資格者は男女の別なく有権者登録をするように」との宗教令《ファトワ》を出した。

19日　公立学校でのスカーフ着用が法律で禁じられているフランスで、アルザス地方の中学校でスカーフを着用していた女生徒2人が退学処分となった。

26日　イスラエル国会がガザ地区からの撤退計画について採決を行ない、賛成多数で計画を承認した。これに反対する国家宗教党は11月8日に連立離脱を決めた。

29日　イスラム過激派組織アルカイダの指導者オサマ・ビン・ラディンからカタールの衛星テレビ局アルジャジーラに声明ビデオが届き、映像が公開された。

11月の出来事 November

2日　短編映画『服従』でイスラム教の女性差別を描いたオランダのテオ・ファン・ゴッホ監督が、イスラム教過激派によって暗殺された。

11日　パレスチナ自治政府のアラファト議長が死去。自治政府は当面、アッバスPLO（パレスチナ解放機構）事務局長や自治政府のクレイ首相らによる集団指導体制に。

12月の出来事 December

3日　バングラデシュで「ビシュワ・イズテマ」（世界イスラム教集会）が開かれ、世界各地から300万人以上のイスラム教徒が集まった（〜5日）。

6日　インドネシアのジョグジャカルタで「宗教間の協力に関する国際対話会議」が開かれ、暴力や紛争に共同で対処することを確認した（〜7日）。

7日　アフガニスタンで10月に行なわれた投票で選ばれたハミド・カルザイが新大統領に就任した。

9日　ミャンマーの軍事政権の主催で、ヤンゴンを会場に「世界仏教サミット」が開かれた（〜11日）。

19日　中国の「人民日報」に、チベットの「活仏」認定が当局の管理下にあることや外国宗教の影響を極力排除することなどを記した、宗教に関する法令「宗教事務条例」全文が発表された。

30日　イラクで暫定国民議会の選挙が行なわれ、多数派のシーア派が大勝した。

実現するキリスト者ネット」の諸団体が集会とパレードを行なった。

15日　大本教が、14日に死刑囚2人の刑が執行されたことに抗議し、死刑制度の廃止を求める声明を法相に提出した。16日には真宗大谷派も同様の声明を送付した。

10月の出来事 October

4日　「原子力行政を問い直す宗教者の会」が「今こそ、原子力政策を問い直す—国策と私たち」をテーマに東京で全国集会を開いた。

6日　「オウム事件の被害を考える10・6集会」が開かれ、事件の被害者や弁護士ら約100人が参加した。

18日　東京の築地本願寺で「てらネットEN（縁）」（全国不登校・ひきこもり対応寺院ネットワーク）の設立シンポジウムが開かれた。

19日　「みんなで靖国神社に参拝する国会議員の会」のメンバーら79人が、靖国神社の秋季例大祭に合わせて参拝した。

25日　23日に発生した新潟県中越地震で神社230余社も被災した。神社本庁と新潟県神社庁は災害対策本部を設置、本庁本殿で復興祈願祭が行なわれた。仏教寺院も被害を受けたため、曹洞宗、真宗大谷派など各宗派も災害対策本部を設置し、被害状況の把握と救援を行なった。

11月の出来事 November

12日　政府は「オウム真理教対策関係省庁連絡会議」を開き、オウム真理教（現アレフ）に適用されている団体規制法を存続させる方針を正式決定した。

15日　鳥取県の片山義博知事は、宗教法人が都道府県へ提出を義務づけられている財務関係の書類について、県が独自に提出の範囲を決められる構造改革特区を国に提案すると発表した。

19日　真如苑が台北市に精舎を建立し落慶入仏開眼が行なわれた（〜20日）。涅槃仏、十一面観音、不動明王の三輪身がそろった初の海外精舎となる。

12月の出来事 December

2日　京都・龍谷大のシンポジウム「いま、仏教徒に何ができるか」で、イラクで武装勢力に拘束され解放された高遠菜穂子（浄土真宗本願寺派門徒）が講演。

18日　「仏教看護・ビハーラ学会」が東京で設立会合を開き、医師、看護師、仏教者ら約100人が出席した。

24日　東京港区お台場のショッピングモールの7階屋上に芝大神宮の分社として「アクアシティお台場神社」が創建され、臨海地区で初の一般向けの神社に。

2005

Foreign news 海外ニュース

1月の出来事 January

20日　米国のブッシュ大統領が2期目の就任式演説で、世界を民主化することが米国の政策であり「最終目標は世界の圧政を止めることにある」と述べた。

21日　デンマークの最高裁は、スカーフを着用しているためにスーパーのレジの職を解雇されたと訴えたイスラム教徒の女性の裁判で、解雇は妥当とする判断を下した。女性は、「顧客の前では頭に何もかぶらない」という誓約書に事前にサインしていた。

2月の出来事 February

8日　エジプトのシャルムエルシェイクで、アッバス・パレスチナ自治政府議長、シャロン・イスラエル首相、ムバラク・エジプト大統領、アブドラ・ヨルダン国王らによる首脳会談が開かれ、イスラエル軍の攻撃とパレスチナの武装闘争を全面停止することで合意した。

3月の出来事 March

2日　韓国で民法改正案が可決され、父権的社会制度や男尊女卑の慣習の根拠といわれていた「戸主制」の廃止が決まった。1人1籍の戸籍制度が2008年から施行される。

4月の出来事 April

2日　ローマ教皇ヨハネ・パウロ2世が死去。8日にサンピエトロ広場で葬儀が行なわれ、要人、聖職者ら4500人が参列し、広場近隣には200万人の市民が詰めかけた。

7日　1947年のインドとパキスタンの分断以来途絶えていたカシミールのバスルートが復活した。

9日　中国・北京で約1万人が集まり反

国内ニュース Domestic news

1月の出来事 January

1日　13年に行なわれる三重県伊勢市の伊勢神宮の第62回神宮式年遷宮の準備のため、「神宮式年造営庁」が発足した。

17日　阪神・淡路大震災から10年となる被災地では、犠牲者を悼む法要や慰霊祭などが営まれた。16日にはカトリック神戸中央教会で追悼ミサが行なわれた。

2月の出来事 February

19日　04年12月に内閣府が実施した世論調査の結果が発表され、死刑制度を容認する人が81・4%となり、調査開始以来初めて8割を超えた。

3月の出来事 March

10日　東京大空襲から60年を迎え、東京都内各地で追悼法要や平和集会が開かれた。

16日　北海道長沼町で、散骨場の建設をすすめるNPO法人「22世紀北輝行研究会」に反対し、町議会で「長沼町さわやか環境づくり条例」が可決された。

19日　NPO法人「リカバリーサポートセンター」が主催し、地下鉄サリン事件から10年を振り返るメモリアル・ウォーキングが開かれた。被害者とその家族ら110人が被害に遭った地下鉄の駅をつなぐ地上を歩き、犠牲者の出た駅では献花を行なった。

24日　東京で「宗教—相克と平和」をテーマに国際宗教学・宗教史学会（IAHR）第19回大会が開かれ、国内外から合わせて約1600人の参加があった（〜30日）。

24日　愛知県の宗教法人「慈妙院」が税務当局を相手に、ペット供養が宗教行為にあたるか否かを争点に起こしていた裁判で、名古屋地裁はペット供養が「収益事業にあたる」として寺院側の訴えを退日デモが行なわれ、日本大使館では投石で窓ガラスが割れるなどの被害を受けた。反日デモは中国各地で展開された。

16日　ハンガリーのブダペストで、第2次世界大戦当時ホロコーストの犠牲となったハンガリー在住のユダヤ人約50万の追悼のため、ろうそくを灯し「生きる者の行進」が行なわれた。

19日　バチカンでコンクラーベ（教皇選挙会）が行なわれ、ドイツ生まれのヨゼフ・ラツィンガーが選出され、「ローマ教皇ベネディクト16世」が誕生した。

5月の出来事 May

7日　東ティモールで2004年に宗教科目を選択科目にする方針が政府から出されていたが、政府とカトリック教会が宗教科目を通常課程に含めることで改めて合意した。

16日　クウェートの国民議会が「イスラム教を順守する女性」という条件付きで女性参政権を認める選挙法改正案を可決した。

20日　パキスタンのムシャラフ大統領が従来イスラムの聖戦と位置づけてきたカシミール問題の解決は「宗教に基づかない」と述べ、新たな姿勢を示した。

22日　中国吉林省長春市で中国当局非公認のキリスト教会の大規模な摘発があり、約1000カ所の地下教会の捜索で約600人が拘束された。

6月の出来事 June

22日　米国議会と政府が組織する中国研究諮問機関による中国の強制労働に関する公聴会で、現在の約40万人の強制労働者のうち法輪功関係者は6万人に上るとの報告があった。

23日　オーストラリア北西部ブルームにある日本人墓地で40基以上の墓石が破壊されていることがわかった。日本の調査捕鯨への反対運動が影響しているとみられている。

24日　イランの大統領選挙で、非聖職者（非法学者）のアフマディネジャドが大統領に選出された。

7月の出来事 July

7日　ロンドンの地下鉄とバスが爆破され50人以上が死亡した。イスラム組織「欧州の聖戦アルカイダ組織」と「アブハフス・アルマスリ旅団」が犯行声明を出した。

10日　ローマ教皇ベネディクト16世がサンピエトロ広場で開かれた祈りの儀で、ロンドン同時多発テロの犯行グループにテロ行為をやめるよう呼びかけた。

19日　レバノンで反シリアのシニオラ元財務相が首相に指名され、新内閣が誕生

けた。寺院のペット供養への課税をめぐる司法判断が示されたのは初。

4月の出来事 April

1日　03年5月に成立した「個人情報の保護に関する法律」（通称「個人情報保護法」：5000人以上の個人情報を扱う企業・団体などに適正な情報の取り扱いを定めた法）が全面施行された。

4日　テレビ朝日のトーク番組「国分太一・美輪明宏・江原啓之のオーラの泉」の放送が始まり、スピリチュアル・カウンセラー江原啓之による「スピリチュアルチェック」などで話題となり2009年3月まで続く人気番組となった。

7日　坂本堤弁護士一家と田口修二殺害の罪で起訴されたオウム真理教（現アレフ）の元幹部・岡崎一明被告の上告審で、最高裁が被告の上告を棄却し、岡崎被告の死刑が確定した。一連のオウム裁判での死刑の確定は初。

8日　東京都の東京カテドラル聖マリア大聖堂でローマ教皇ヨハネ・パウロ2世の追悼ミサが行なわれ、天皇陛下のご名代として皇太子殿下が参列された。

15日　「宗教者九条の和」が京都市内で発足記者会見を開いた。呼びかけ人は村中祐生・大正大学元学長、松浦悟郎・カトリック大阪教区補佐司教ほか55人。

5月の出来事 May

13日　参院本会議で自民・民主・公明3党の賛成多数により改正祝日法が成立し、昭和天皇の誕生日である4月29日の「みどりの日」が「昭和の日」へ改まることになった。

6月の出来事 June

9日　神社本庁は「靖国神社をめぐる諸問題」についての基本見解を発表し、内外からの干渉を排し首相の参拝も継続すべきとする靖国神社の現勢支持を表明した。

9日　神道政治連盟が、結成35周年の記念式典を同連盟国会議員懇談会と共催で行なった。祝賀会には議員162人が参加した。

15日　全日本仏教会と葬祭ディレクター技能審査協会（JFDA）が初の全国レベルでの懇談会を開き、率直な意見交換を行なった。

18日　愛知万国博覧会会場のEXPOドームで、真如苑と日本国際博覧会協会の共催による「ユーラシアの響き」演奏会が開催され、日本の古楽器、西洋のバイオリン、声明《しょうみょう》の融合の調べが披露された（〜19日）。

27日　天皇皇后両陛下がサイパン島をご

海外ニュース Foreign news

した。

20日　カナダで同性同士の結婚を認める法律が発効した。カナダ福音同盟は、同法が家族と宗教に有害であるとし遺憾の意を表明した。

8月の出来事 August

1日　サウジアラビアのファハド国王が死去し、第1副首相も務めていたアブドラ皇太子が国王に即位した。

9日　ザンビアで「グローバル・キリスト教フォーラム＝イエス、アフリカのキリストとの旅」が開催され、アフリカ全土からキリスト教各派の指導者らが集まった（～13日）。

17日　色丹島の斜古丹神社跡地で60年ぶりに神社の祭礼が行なわれ、元島民約30人とロシア人約30人が参加した。

23日　イスラエルで、1967年の占領以来パレスチナ自治区ガザに入植していたユダヤ人の退去が完了した。

31日　イラク・バグダッドでモスク巡礼中のイスラム教シーア派信徒の列がパニックに陥り、1000人以上が死亡した。スンニ派による迫撃砲攻撃が混乱の引き金となった。

31日　ドイツ・カトリック司教会議はナチス時代にカトリック教会で強制労働させられた594人に対し、補償金として1人当たり2500ユーロ（約34万円）を支払ったと公表した。

9月の出来事 September

1日　チベット自治区ラサで自治区成立40周年の記念式典が行なわれ、大量の資金投入で経済成長を促してきた中国政府はその成果を強調し、ダライ・ラマ14世への批判は控えた。

2日　択捉島《えとろふ》に、ロシア正教の聖人でロシアの擁護者とされている聖アンドレイの銅像が建てられ式典が行なわれた。

6日　ルワンダの捜査当局は1994年のルワンダ大虐殺の際にツチ族虐殺をメディアを使って扇動した容疑で、カトリックのギー・ゼニウス神父を逮捕した。

9日　バングラデシュでヒンドゥー教最大の祭り「ドゥルガー・プージャー」が行なわれた（～13日）。

30日　デンマークの有力紙ユランズ・ポステン（部数15万）がメディアの「自己検閲」を批判し、イスラムを風刺する漫画12点を掲載し、西欧各地の新聞がそれを転載した。

国内ニュース Domestic news

訪問し、バンザイ・クリフ、おきなわの塔、韓国平和記念塔などを拝礼し、慰霊のお心を示された（～28日）。

7月の出来事 July

15日　東京地裁は、宗教法人「法の華三法行」の巨額詐欺事件の裁判で、元代表の福永法源被告に懲役12年、共犯として元役員の前沢あけみ被告に懲役4年の実刑判決を言い渡した。

19日　参院厚生労働委員会が「自殺予防総合対策センター」を設置する決議を行ない、国立精神・神経センター精神保健研究所内への設置が決まった。

26日　宗教法人法第88条（罰則規定）が改定され、公布された。これまで1万円以下だった過料が10万円以下に引き上げられた。

8月の出来事 August

2日　日本会議国会議員懇談会など5団体が小泉純一郎首相に8月15日の靖国神社参拝を求めるとともに、同日の20万人参拝を提言する声明を発表した。

15日　靖国神社へ閣僚2名、石原慎太郎・東京都知事、「みんなで靖国神社に参拝する国会議員の会」の会員136人らが参拝した。小泉首相のこの日の参拝はなかった。

9月の出来事 September

10日　高野山大は「現代人の病める魂のケア」にかかわる人材を育成するため日本初のスピリチュアルケア学科を06年度から開設すると発表した。

20日　三浦展『下流社会』（光文社新書）が80万部を超えるベストセラーとなり、若者を中心とする労働意欲や生活意識の変化で出現した新たな階層を指す語、「下流」が話題となった。

25日　兵庫県の尼崎で、JR福知山線脱線事故の犠牲者を悼んでJR西日本と関係自治体主催による初の合同慰霊祭「慰霊と安全の集い」が行なわれた。

30日　大阪高裁は小泉純一郎首相の靖国神社参拝について違憲との判断を下した。

10月の出来事 October

17日　小泉純一郎首相が秋季例大祭初日の靖国神社を参拝した（記帳・献花せず拝殿の前での参拝のみ）。真宗教団連合や本願寺派など仏教諸派、キリスト教諸

10月の出来事 October

15日　イラクで三権分立や地方分権を盛り込んだ新憲法が国民投票で承認された。新憲法はイラクを「議会制民主主義と連邦共和国」と定めている。

11月の出来事 November

8日　10月末からフランス・パリ郊外で起きた移民の若者らによる暴動が都市部へと拡大し、フランス政府が非常事態法を適用し、２００６年1月4日まで延長した。移民が抱える雇用や生活の不安・不満が暴動の原因とみられる。

9日　龍谷大の調査隊がアフガニスタンのバーミヤン遺跡の西方で、新たに8世紀頃の仏教石窟遺跡を発見した。イスラム地域における仏教遺跡として注目される。

13日　歯舞《はぼまい》群島の水晶島にロシア正教の教会とみられる建物が建設された。

17日　エジプトの議会選挙第1次投票で「ムスリム同胞団」が大躍進したが、20日の第2次投票の際に数百人の同胞団支持者らがムバラク政権側によって摘発・拘束された。

29日　ローマ教皇庁はベトナムで初めてミサの際に司祭を補助する助祭57人を正式に司祭に叙階し、ハノイの大聖堂で数千人の信徒が集い叙任式が行なわれた。

12月の出来事 December

1日　北朝鮮の金正日総書記の指示により、朝ロ交流の一環で平壌市内に建設中だった初のロシア正教会の教会がほぼ完成した。

6日　ロシアのイスラム指導者3人が、世俗国家をうたう憲法に反するという理由でロシア国家の紋章にある十字架の図像を除去するよう求めた。

9日　フランスで国家と教会の分離を定めた政教分離法が施行され１００周年を迎えた。

20日　米ペンシルバニア州の連邦地裁は、生物の多様性は知的存在による設計だとするインテリジェント・デザイン論を「科学ではない」として学校で教えることを禁ずる判断を下した。

24日　パレスチナ自治区ベツレヘムの生誕教会でのクリスマスミサに、イスラム教徒である自治政府のアッバス議長も参列しパレスチナの平和実現を訴えた。

24日　ローマ教皇ベネディクト16世はバチカンでクリスマスミサを行ない、平和の祈りを捧げた。25日にはサンピエトロ広場で中東の和平を訴えた。

団体などがこれに抗議した。

20日　ペット霊園業界の安定と発展を目指し「全国ペット葬祭業協会」が設立され、横浜で設立総会を行なった。加盟団体は企業と寺院合わせて36。

23日　新潟県小千谷市で、04年の中越地震の犠牲者を偲び県と8市町村主催の合同追悼式が行なわれ、約８００人が参列した。

24日　新日本宗教団体連合会（新宗連）が広島、長崎、沖縄を訪れる「平和の巡礼」を行ない、立正佼成会、パーフェクト・リバティー（ＰＬ）教団ほか各教団代表ら約30名が参加した（〜26日）。

25日　小泉首相の私的諮問機関「皇室典範に関する有識者会議」は第14回会合で、女性天皇や母方が天皇の血を引く女系天皇を認めることを全会一致で決定した。

25日　政府は、小泉首相の靖国神社参拝は「1人の国民として行なわれたもの」であり宗教的活動ではないとする答弁書を閣議決定した。

11月の出来事 November

9日　自民、公明、民主3党の国会議員約１３０名からなる「国立追悼施設を考える会」が発足した。会長は自民党の山崎拓。

23日　長崎市の浦上天主堂で、原爆を題材にした多田富雄原作の新作能「長崎の聖母」が上演された。同天主堂で能が上演されるのは初。

25日　政府は閣議懇談会で、「皇室典範に関する有識者会議」が24日に提出した女性・女系天皇を認める主旨の報告書をうけ、06年の通常国会に皇室典範改正案を提出する方針を確認した。

25日　伝統芸能の「歌舞伎」が、国連教育科学文化機関（ユネスコ）が認定する「世界無形文化遺産」に登録された。

27日　国立昭和記念公園（東京都立川市・昭島市）内に、昭和天皇の事績と遺徳を偲ぶ施設として昭和天皇記念館が開館した。

12月の出来事 December

2日　女性・女系天皇の容認を含む「皇室典範に関する有識者会議」の報告書（11／24提出）は「現代の表面的な価値観」にとらわれていると、神社本庁が批判的見解を出した。

8日　１９９０年に鈴木俊一・東京都知事（当時）が即位の礼・大嘗祭に参列し祝賀行事へ公費を支出したことは政教分離違反であるとの住民らの上告を、最高裁が棄却した。

8日　大本教は第2次大本事件の解決20周年を迎えるにあたり世界恒久平和実現を願うメッセージを発表し、拷問などで獄死した信徒らの慰霊祭を行なった。

Foreign news

海外ニュース

1月の出来事 January

3日　米ペンシルベニア州ドーバー地区は、2004年10月に全米で初めて公立高校の生物の授業に、進化は神のような知的存在が計画したとする「インテリジエント・デザイン（ID＝知的計画）」を取り入れたが、この指導要領を撤回することを決めた。

10日　中国チベット自治区政府は、チベットの伝統的な葬儀である鳥葬の見学や撮影、報道などを禁止する「天葬管理規定」を制定、公布した。

11日　韓国の黄禹錫《ファン・ウソク》ソウル大教授が2004年2月に世界で初めてES細胞をヒトのクローン胚から作成したと発表した研究成果について、同大調査委員会は捏造だったと明らかにした。

12日　サウジアラビアの聖地メッカ郊外のミナで、ハッジ（大巡礼）の最終日に石投げの儀式のため狭い橋の上に殺到した巡礼者が折り重なって倒れ、345人が圧死した。

17日　米連邦最高裁は、オレゴン州の、末期患者に対する医師の自殺幇助を認める「尊厳死（安楽死）法」は合法とした。

22日　ローマ教皇を守るスイス護衛兵が創設500年を迎え、ローマ教皇ベネディクト16世がサン・ピエトロ広場で110人の衛兵を前に感謝の意を表した。

28日　1月25日投票のパレスチナ評議会（定数132）議員選挙で、イスラム原理主義組織ハマスが単独過半数の74議席を獲得し、パレスチナ解放機構（PLO）主流派ファタハ（45議席）に圧勝した。

28日　中国の北京市中心部で春節（旧正月）を祝う爆竹が13年ぶりに解禁された。

30日　2005年9月にデンマーク紙『ユランズ・ポステン』に掲載されたイスラム教預言者ムハンマドの風刺画が10日にノルウェー誌に転載され、イスラム諸国からの抗議が拡大したため、同紙はイスラム教徒を傷付けたことに謝罪した

2006

Domestic news

国内ニュース

1月の出来事 January

5日　警察庁のまとめによると、正月三が日の全国の主な神社・仏閣への初詣での人出（主催者発表）は9373万人で、統計の残る1974年以降で初めて9000万人を超え、過去最多だった。1位は明治神宮（東京都渋谷区）305万人、2位は成田山新勝寺（千葉県成田市）275万人、3位は川崎大師（神奈川県川崎市）272万人だった。

10日　浄土宗は、1887年にその前身を開校した浄土宗尼僧道場（京都市）の入門生募集を停止することを決定した。入門する女性が減り、3月に在籍者が修了するため。

18日　真光元《まこも》神社の施設「次世紀ファーム研究所」（岐阜県恵那市）で2005年7月に小児糖尿病だった中学1年の少女が死亡した問題で、少女の両親が、健康食品「真光元《しんこうげん》」を服用すれば治るなどと「適切な治療を怠った」として同研究所の代表・堀洋八郎らに約1億600万円の損害賠償を求める訴訟を東京地裁に起こした。

23日　公安審は、オウム真理教（現アレフ）に対する団体規制法に基づく観察処分の期間更新を決定した。期間は2月1日から3年間で、更新は2回目。

25日　天台宗総本山比叡山延暦寺（大津市）で、天台宗開宗1200年を記念する祥当《しょうとう》法要が始まった（〜27日）。

26日　東京都東大和市で女性11人と〝一夫多妻〟同然の共同生活を続けていた自称・元占い師の57歳の男が、20代女性に同居を迫り、脅迫容疑で逮捕された。

2月の出来事 February

5日　「仏像を33体集めれば苦しみから救われるという夢のお告げがあった」として、法隆寺（奈良県斑鳩町）や浅草寺（東京都台東区）など15寺院から19体の

が掲載は「表現の自由」と主張した。

2月の出来事 February

3日　1～3日に欧州7カ国紙がイスラム教預言者ムハンマドの風刺画を掲載し、イスラム諸国の反発が激化した。デンマークのラスムセン首相はイスラム諸国の大使らと会談し、「掲載は不適切」との見解を示したが、謝罪は拒否した。一方、英国やインドネシアのデンマーク大使館前でイスラム教徒らによる抗議活動が行われ、4日にシリアでデンマーク、ノルウェー両大使館が、5日にレバノンでデンマーク領事館が放火されるなど、世界各地で抗議運動が起きた。

9日　エジプト考古庁は、南部ルクソールの「王家の谷」で米メンフィス大の考古学チームが、1922年のツタンカーメン王墓以来初めてとなる新たな墓を発見したと発表した。

14日　インド各地で、ヒンドゥー至上主義者らがバレンタインデーへの抗議デモを行い、カップルへの嫌がらせや、関連商品を扱う店への襲撃などをし、70人以上が警察当局に拘束された。

18日　ナイジェリアで、イスラム教預言者ムハンマドの風刺画への抗議デモをしていたイスラム教徒が暴徒化してキリスト教会を襲撃、18人が死亡した。これを機にイスラム教徒とキリスト教徒が衝突し、24日までに157人が死亡した。

22日　ローマ教皇ベネディクト16世は、中国や香港の民主化に対する発言で知られるカトリック香港教区の陳日君《ゼン・ゼーキウン》司教を含む新しい枢機卿15人を任命した。

22日　イラク中部サマラで、イスラム教シーア派の聖地「アスカリ聖廟」が爆破された。シーア派住民はスンニ派によるものとしてスンニ派住民を襲撃。宗派対立が激化し、死者約1300人に上った。

28日　中国共産党の懲戒委員会の統計によると、約6000万人の党員のうち、少なくとも3分の1が宗教団体に所属しており、6分の1が宗教儀式や集会に定期的に参加していることがわかった。

3月の出来事 March

1日　カトリックの英イエズス教会は、祈りと聖歌をウェブ上で日替わりで無料提供するサービスを四旬節の初日に開始した。3300件のダウンロードがあり、四旬節以降も続けることが決まった。

4日　ブレア英首相は、4日放映の民放番組で、2003年のイラク派兵の決断の是非は「神を信じていれば、神によっても審判が下される」と発言した。

6日　仏国内のシーク教徒のインド系住民らが、ターバンを巻いた運転免許証用写真を認めないとの通達に対し「宗教の自由の制限」と訴えていた裁判で、仏の

仏像を盗んでいた男が逮捕された。

9日　善光寺大勧進（長野市）の僧侶が人格権の侵害を受けたとして、長野地裁に仮処分を申請していた問題で、大勧進側と和解が成立した。この問題を機に、大勧進の僧侶ら9人が、1月に全労連系「長野県一般労働組合」の分会「善光寺大勧進分会」を発足させた。

20日　地下鉄サリン事件などで殺人罪などに問われ、1審で死刑判決を受けた元オウム真理教代表・松本智津夫（麻原彰晃）被告について、東京高裁から依頼を受けて精神鑑定を行った精神科医の西山詮《あきら》医師が、「訴訟能力あり」とする鑑定意見書を提出した。

20日　元オウム真理教代表・松本智津夫被告の三女が、和光大の入試に合格しながら入学を拒否されたのは不当として、学校法人和光学園（東京都町田市）に損害賠償を求めた訴訟で、東京地裁は大学側に30万円の支払いを命じた。

21日　聖神中央教会（京都府八幡市）内で信者の少女7人に性的暴行を繰り返したとして、婦女暴行罪などに問われた同教会の元主管牧師・金保（永田保）被告に、京都地裁は懲役20年を言い渡した。

3月の出来事 March

6日　葬儀業界準大手の「東京葬祭」（東京都江戸川区）が東京国税局の税務調査を受け、7年間に約8億円の所得隠しを指摘されたことがわかった。同国税局は、同社が数年前に買収した宗教法人を使った課税逃れと認定し、重加算税を含め約3億円の追徴課税を行った。

9日　石神遺跡（奈良県明日香村）で、679年の日付が入った「観世音《かんぜおん》経（観音経）」と記された木簡が出土したと、奈良文化財研究所が発表した。「観世音経」の存在を示す国内最古の資料。

15日　元オウム真理教代表・松本智津夫被告の弁護団は、同被告の訴訟能力を否定した精神科医6人の意見書に基づき、同被告の訴訟能力を認めた西山詮医師の精神鑑定は誤りとする反論書を東京高裁に提出した。

25日　射水《いみず》市民病院（富山県射水市）で、外科医に人工呼吸器を取り外された終末期医療の患者7人が死亡していたことがわかり、富山県警は「安楽死」殺人などの容疑で捜査を始めた。

25日　浄土真宗本願寺派の大谷光真《こうしん》門主の長男で後継者の大谷光淳《こうじゅん》新門と同派僧侶の流豆美《るずみ》の結婚式が、同派本山・西本願寺（京都市）で行われた。門主や新門が尼僧と結婚するのは初めて。

27日　元オウム真理教代表・松本智津夫被告の控訴審で東京高裁は、弁護側が期限までに控訴趣意書を出さなかったことなどを理由に、1審の死刑判決を不服とする同被告の控訴を棄却した。

海外ニュース Foreign news

最高裁に当たる国務院は、公共の安全のためとして訴えを退けた。

7日　インド北部にあるヒンドゥー教の聖地バラナシで、ヒンドゥー教寺院と鉄道駅で連続爆破テロがあり、少なくとも20人が死亡した。9日に「ラシュカレカーブ」と名乗るイスラム過激派が犯行声明を出した。

12日　ネパール南部バラで、水も食事も取らずに10カ月瞑想を続けたとされて「ブッダの化身」と話題になったラム・バムジャン少年が行方不明であることがわかり、警察当局は捜索を開始した。

30日　アフガニスタンで、イスラム教からキリスト教に改宗したとして収監され、イスラム法により死刑の危機に瀕していた同国人男性アブドゥル・ラフマンが、イタリアへの亡命を認められた。

4月の出来事 April

4日　新約聖書の中でイエス・キリストがガリラヤ湖上を歩いたという奇跡について、米フロリダ州立大の海洋学者ドロン・ノフ教授が、当時の気温の算出結果を基に、実は凍った湖面の上を歩いていたとする学説を発表した。発表後、毎日400通余りの抗議メールが殺到した。

6日　米国の科学教育団体、ナショナル・ジオグラフィック協会は、初期キリスト教の外典「ユダの福音書」の写本を解読し、イエス・キリストをユダが司祭長に引き渡したのは、裏切りではなく最後の救済を完成させるためイエスが望んだものと書かれていたと発表した。

7日　インドネシアで、米男性月刊誌『プレイボーイ』インドネシア語版が、イスラム圏では初めて創刊された。

11日　カザフスタンのカラサイ地裁は、クリシュナ意識国際協会（ＩＳＫＣＯＮ）が1999年に購入した、アルマアタにある信者50世帯が暮らす50haの農場を没収することを命じる判決を出した。

12日　ユネスコは、イスラム教預言者ムハンマドの風刺画問題に関連して、「表現の自由の尊重及び信仰、宗教的価値と宗教的文化的シンボルの尊重」に関する決議を採択した。

13日　中国浙江省で開催された中国初の「世界仏教フォーラム」（〜16日）で、中国政府がパンチェン・ラマ11世に認定したノルブ少年が演説した。

20日　米ホワイトハウスで行われた中国の胡錦濤国家主席の歓迎式典で、中国で非合法化されている法輪功メンバーの女性が「ブッシュ大統領、法輪功への迫害

国内ニュース Domestic news

4月の出来事 April

19日　2003年11月に死去した神慈《しんじ》秀明会《しゅうめいかい》（滋賀県甲賀市）の設立者の遺産をめぐり、同会と長女の小山弘子会長ら親族が大阪国税局の税務調査を受け、相続税など計約16億円の申告漏れを指摘されていたことがわかった。追徴課税額は約10億円。

19日　桑原《くわのはら》遺跡（大阪府茨木市）で7世紀ごろの群集墳24基が見つかり、うち1基が天皇陵に特徴的な八角墳だったと大阪府教委が発表した。

29日　空海が自らの生誕地に建立した善通寺（香川県善通寺市）で創建1200年祭が始まった（〜6月15日）。

30日　東大寺（奈良市）で、大仏造立を発願した聖武天皇の没後1250年をしのぶ「1250年御遠忌《ごおんき》法要」が始まった（〜5月3日）。

5月の出来事 May

9日　経済同友会は、小泉純一郎首相の靖国神社参拝の自粛などを求めた「今後の日中関係への提言」を発表した。

18日　天台宗総本山比叡山延暦寺で4月21日、前日に滋賀県警が中止を求めたにもかかわらず、指定暴力団山口組の最高幹部ら約90人が集まって歴代組長の法要が営まれた問題で、同寺代表役員の今出川行雲・執行《しぎょう》と副執行6人全員が引責辞任した。

23日　正倉院（奈良市）所蔵の「大方《だいほう》広仏《こうぶつ》華《け》厳経《ごんきょう》」は、740年代ころに朝鮮半島で写経されたものである可能性が高いと、宮内庁正倉院事務所が発表した。

25日　北朝鮮の開城市に2005年10月に復元された韓国天台宗の祖・義天ゆかりの霊通寺で、有馬頼底《らいてい》・臨済宗相国寺派管長らが落慶法要を営んだ。

25日　第2次世界大戦中に旧日本軍の軍人・軍属として徴用されて靖国神社に合《ごう》祀《し》された韓国人の遺族ら414人が、合祀取り消しや損害賠償を国などに求めた訴訟で、東京地裁は「国と神社が一体となって合祀したとはいえない」と靖国神社への合祀取り消しについて初の司法判断を示し、原告の請求を棄却した。

26日　山梨県立博物館は、善光寺（山梨県甲府市）が所蔵する重要文化財「木造阿弥陀如来及両脇侍像」3体のうち観音菩薩像と勢至《せいし》菩薩像の2体の胎内に、X線調査によって12世紀後半の銅鏡が見つかったと発表した。

をやめさせて」などと胡主席の演説中に叫んだ。女性は21日に「外国要人に対する脅し」の容疑で捜査当局に告発された。

5月の出来事 May

4日　中国天主教愛国会が独自に司教2人を任命したことに対して、ローマ教皇ベネディクト16世は、これら2人の司教と任命式に出席した司教2人を破門した。

8日　イランのアハマディネジャド大統領は、最高指導者ハメネイ師の反対を受け、サッカー場などでの女性のスポーツ観戦を認めた4月24日の指示を撤回した。

18日　ネパール議会は、ヒンドゥー教の国教を廃止し、政教分離を決定した。

18日　ダン・ブラウン原作の映画「ダ・ヴィンチ・コード」が、世界各地で順次公開された。イエス・キリストに子供がいたとする内容にアジア各地のキリスト教団体が反発し、6月8日にはすでに公開されていた中国で上映が禁止された。

24日　１９６１年にチリ中部にドイツ人信者と移住して共同体「コロニア・ディグニダ」を設立した教祖パウル・シェーファーに、20人以上の児童への性的虐待の罪で懲役20年の判決が下された。

28日　ローマ教皇ベネディクト16世はポーランド訪問（25日〜）の最終日にアウシュビッツ強制収容所を訪れ、訪問は「ドイツ人教皇としての責務」と語り、犠牲となったユダヤ人に祈りを捧げた。

6月の出来事 June

5日　アフリカ東部のソマリアで、イスラム法による国家支配を目指していたイスラム原理主義勢力「イスラム法廷」が首都モガディシオを制圧したと宣言した。

6日　英シンクタンク「センリス・カウンシル」は、アフガニスタン南部で旧支配勢力タリバンの支配力が復活し「戦争状態にある」と報告した。

6日　聖書では６６６は不吉な数字と考えられているため、２００６年6月6日、オランダ、カナダ、英、米でプロテスタント各派が共同で災いが起こらないように祈りの24時間「マラソン」を行った。

18日　米国聖公会は、総裁主教に女性のキャサリン・ショーリ主教を選出した。女性が組織のトップに選ばれたのは、世界の聖公会組織の中でも初めて。

24日　フィリピンのアロヨ大統領は死刑廃止法案に署名し、法案が成立した。

7月の出来事 July

3日　イエス・キリストが実在したと言って公衆を欺いたとしてイタリア人のエンリコ・リギ神父を訴えていた無神論者のルイジ・カショーリに、ローマの裁判所は「不正な訴訟を起こした」として罰

26日　公益法人制度改革関連3法が成立。事業の公益性が客観的な基準で認定された法人は、税制優遇される。「公益社団法人及び公益財団法人の認定等に関する法律」第2条4「公益目的事業」の「別表」第13号に「思想及び良心の自由、信教の自由又は表現の自由の尊重又は擁護を目的とする事業」が盛り込まれた。

29日　皇居の宮中三殿が耐震補強のため１９２４年以来、82年ぶりの大規模な改修工事に入ることになり、三殿のご神体を仮殿に移す「奉遷《ほうせん》の儀」が行われた。

31日　後継者がいない妙光寺（新潟市）の住職が、２００５年12月から公募していた後継住職候補への応募が締め切られた。応募者は4名だった。

6月の出来事 June

8日　「オウム真理教犯罪被害者支援機構」が発足した。理事長に地下鉄サリン事件被害対策弁護団長の宇都宮健児弁護士、理事に地下鉄サリン事件遺族の高橋シズヱらが就任した。

12日　世界遺産「紀伊山地の霊場と参詣道」に登録されている丹生都比売《にうつひめ》神社（和歌山県かつらぎ町）の境内で、樹齢約１００年の杉が除草剤により枯らされたのを宮司が見つけた。

15日　自殺対策を国や自治体の責務とする自殺対策基本法が成立した。

16日　浄土宗は、宗務庁の男性職員が教団の資金約7億円を１９９７年から9年間にわたって着服し、商品先物取引などに注ぎ込んでいた疑いがあると発表した。

19日　安倍晋三内閣官房長官が、5月に開かれた世界基督《キリスト》教統一神霊協会（統一教会）の関連団体の集会に祝電を送ったとして、全国霊感商法対策弁護士連絡会などが公開質問状を送付した。これに対し、安倍長官は祝電送付を認めた。

20日　第2次世界大戦中に日本企業に徴用されて死亡した朝鮮半島出身者の遺骨が返還されていない問題で、全日本仏教会は、加盟団体に調査を実施し、協力を呼び掛けることを決定した。

23日　２００１年8月の小泉純一郎首相の靖国参拝について、日韓の戦没者遺族ら２７８人が政教分離に反するとして国などに損害賠償を求めた訴訟で、歴代首相の靖国参拝をめぐる初の最高裁判決が下された。最高裁は憲法判断を示さず、「法的利益が損害されたとはいえない」として原告側の上告を棄却した。

27日　法隆寺（奈良県斑鳩《いかるが》町）から、６０７年創建当時の若草伽藍《がらん》のものとみられる国内最古の寺院壁画片が多数出土したと、斑鳩町教委が発表した。

7月の出来事 July

1日　アレフ（旧オウム真理教）の教団

海外ニュース Foreign news

金1万9000ドルの支払いを命じた。

5日　ケニアで、キリスト教福音派信者のモイ大統領の支援により、アフリカ人神学者による初の聖書注解が刊行された。

10日　第30回世界遺産委員会は、周辺の高層ビル建設計画により景観的価値が損なわれるとして2004年に危機遺産に指定したドイツの世界遺産「ケルン大聖堂」を、計画が変更されたとして、危機遺産リストから外すことを決定した。

11日　インド西部ムンバイで列車や駅など7カ所で爆発が相次ぎ、209人が死亡した。パキスタンのイスラム過激派組織の関与が疑われ、両国関係が悪化した。

12日　レバノンとイスラエルの国境付近で、レバノンのイスラム教シーア派組織ヒズボラがイスラエル軍を攻撃し兵士2人を拉致したことに対し、イスラエルは兵士救出のためレバノンに侵攻した。双方で1200人以上の死者を出した交戦後、8月14日に停戦が発効した。

19日　ブッシュ米大統領はES細胞研究促進法案に対し、生命倫理の観点から就任以来初の拒否権を行使した。

20日　英国の英国国教会系の小学校で、故ジョン・レノンの歌曲「イマジン」の「宗教がない世界を想像してごらん」という歌詞が不適切とされ、生徒が学期末のコンサートで歌うことを禁止していたことがわかった。

25日　ミャンマーからの分離独立を訴える少数民族カレン族の武装組織「神の軍隊」を率いるキリスト教徒の兄弟のうちジョニー・トゥー少年が、政府に投降したことがわかった。少年の双子の兄弟ルターは消息不明。

26日　アゼルバイジャンで、信仰上の理由から兵役拒否をした「エホバの証人」の信者ムシュフィグ・ママドブが執行猶予付き懲役6カ月の刑を命じられた。

8月の出来事 August

10日　英警察は、英国発米国行きの複数の旅客機を空中爆破させるテロを計画していたとして、パキスタン系英国人ら24人を逮捕した。複数の容疑者は「イスラム教徒の聖戦」として殉教の意思表明を録画したビデオを所持していた。

13日　北朝鮮の平壌で、初めてのロシア正教の教会「聖三位一体聖堂」が完成し、同正教会の代表や北朝鮮政府の高官らが参加して「清めの儀式」が営まれた。

14日　イランの首都テヘランの美術館で、地元新聞社などがイスラム教預言者ムハンマドの風刺画に対抗して主催した、ホ

国内ニュース Domestic news

本部（東京都世田谷区）で、麻原彰晃（本名・松本智津夫）元代表の影響力を排除しようと「脱・麻原」を掲げる上祐史浩代表を支持する上祐派が、「麻原回帰」を目指す反上祐派と別棟に居住、会計も分離し、教団が事実上分裂した。

3日　宗教法人「顕正会」（さいたま市）の会員が、入信勧誘を拒否した知人の男性を殴って軽傷を負わせ、群馬県警館林署に傷害容疑で逮捕された。

11日　英国人作家・サルマン・ラシュディの小説『悪魔の詩』を翻訳した五十嵐一《ひとし》・筑波大助教授が1991年7月に大学構内（茨城県つくば市）で殺害された事件の時効が成立した。

18日　神社本庁は、ウェブを利用した神社の広報活動は信仰面の尊厳を損なう可能性があるとして、バーチャル参拝の勧奨や通信祈願、お守りやお札のネット上での頒布について各都道府県神社庁長に注意を喚起した。

20日　昭和天皇が靖国神社にA級戦犯が合祀されたことを理由に参拝を中止したと、1988年に富田朝彦・宮内庁長官（故人）に語っていたとする同長官のメモ（「富田メモ」）の存在が日本経済新聞で報じられた。

30日　秋篠宮殿下と長女の眞子内親王殿下は伊勢神宮（三重県伊勢市）を訪れ、第62回式年遷宮（2013年）に向けて用材を運ぶ「お木曳《きひき》」行事を視察された。

31日　作家・吉村昭が膵臓《すいぞう》がんで79歳で亡くなった。妻で作家・津村節子によると、点滴の管などを自ら引き抜いて延命治療を拒否し、家族も本人の意思を尊重したため、その数時間後に死去した。

8月の出来事 August

10日　韓国の新興宗教「摂理」の信者の脱会支援をしている弁護士らが、日本人女性を鄭明析《チョン・ミョンソク》教祖の元に送り込む役割を担っていたとして韓国人女性幹部や東証2部上場企業の男性社長らを入管難民法違反（資格外活動）などの疑いで、千葉県警に告発した。

11日　第2次世界大戦中に戦死して靖国神社に合祀された日本人と台湾人の遺族ら9人が、「遺族に無断で合祀され、人格権を侵害された」として、合祀取り消しを求める訴えを、靖国神社を初めて相手取って大阪地裁に起こした。

15日　小泉純一郎首相が首相就任以来6回目、現職の首相としては1985年の中曽根康弘首相以来21年ぶりに、終戦記念日に靖国神社に参拝した。同神社への

ロコースト（ユダヤ人大量虐殺）風刺画コンテストが始まり、応募があった62カ国1193点のうち204点が展示された。11月1日に結果が発表され、モロッコの漫画家に賞金1万2000ドル（約140万円）の最優秀賞が授与された。

22日　米大手映画会社パラマウント・ピクチャーズが、サイエントロジーへの信仰に傾倒する俳優トム・クルーズの奇行が目に余るとして、14年間続いた契約を打ち切ることが明らかになった。

28日　米連邦捜査局（FBI）が最重要指名手配していた「末日聖徒イエス・キリスト教会原理派（FLDS）」のウォレン・ジェフス教祖が、未成年者を結婚させた罪や性犯罪容疑で、14カ月の逃亡の末、ラスベガスで逮捕された。

31日　ロシアのベルゴロド、ブリャンスク、カルーガ、スモレンスクと他の11地方で、ロシア正教の授業が必須科目になることが決まった。

9月の出来事
September

4日　ロシアの首都モスクワで、ロシア正教会の信者団体などは、米国の歌手マドンナがロシア初のコンサートで十字架に磔になる演出が宗教を冒瀆《ぼうとく》しているとし、中止を求める集会を開いた。

5日　イスタンブールに、1923年のトルコ共和国建国以来初めてキリスト教会（福音派系）が完成した。

12日　ローマ教皇ベネディクト16世は、独南部のレーゲンスブルク大で行った講義で、14世紀の東ローマ帝国皇帝の「（イスラム教預言者）ムハンマドが世界にもたらしたものは邪悪と残酷だ」という言葉を引用し、イスラム教の聖戦を批判した。イスラム諸国などの猛反発を受けて、16日に教皇は謝罪した。

15日　米国務省は、各国の宗教の自由に関する年次報告書を発表。「懸念国」として2005年と同じく中国など8カ国を指定したが、11月13日に2004年以来指定していたベトナムが除外され、ウズベキスタンが新たに指定された。

22日　インドネシアのスラウェシ島中部で2000年に起きた宗教抗争で、イスラム教徒の殺人罪に問われたが容疑を否認していたキリスト教徒死刑囚3人の銃殺刑が執行された。これに反発したキリスト教徒が国内各地で暴動を起こした。

26日　ザンビアのエマヌエル・ミリンゴ大司教は、24日に妻帯者4人を司教に任命したことで、バチカンに破門された。

26日　独ベルリンのオペラ劇場「ドイツオペラ」は、警察から警告を受けて、イスラム教預言者ムハンマドの生首が出てくる場面のある、モーツァルトのオペラ「イドメネオ」の公演中止を発表した。だが「芸術の自由」の自己規制に疑問の声が相次ぎ、一転して上演を決定した。

参拝者数は過去最高の約25万8000人（同神社調べ）となった。首相の靖国参拝を受け、浄土真宗本願寺派などは、抗議文を首相あてに送付した。

15日　元自民党幹事長・加藤紘一衆院議員の実家（山形県鶴岡市）と事務所（同）が、小泉首相の靖国参拝を批判する同議員の発言に不満をもった東京都内の右翼団体構成員に放火され、全焼した。

24日　唐招提寺（奈良市）の国宝・金堂の正面扉の外側から、奈良時代末期（8世紀後半）の創建当時に描かれたとみられる「宝相華文《ほうそうげもん》」と呼ばれる極彩色の花の文様が見つかったと、奈良県教委が発表した。

25日　26日から京都で開催される「世界宗教者平和会議（WCRP）」に参加予定だった北朝鮮代表団6人の入国を、法務省が拒否していたことがわかった。7月の北朝鮮のミサイル発射に対する制裁措置の一環で北朝鮮からの入国を厳格化しており、同省が当局関係者が含まれていると判断したため。

26日　「世界宗教者平和会議」の第8回世界大会が、約100の国・地域から宗教指導者など約2000人が参加して、国立京都国際会館（京都市）で開幕した（～29日）。日本での開催は、第1回以来、36年ぶり。

28日　元オウム真理教代表・松本智津夫被告の四女が、同被告の弁護人も兼ねる後見人を解任し、新たな後見人として、ジャーナリストの江川紹子を選任するよう、さいたま家裁越谷支部に申し立てた。

9月の出来事
September

4日　夫の死後、凍結保存していた精子で体外受精をした女性が、出産した男児を夫の子として認知するよう求めた訴訟で、最高裁は「立法がない以上、父子関係は認められない」と死後生殖で生まれた子の認知に初判断を示し、認知を認めた2審判決を破棄し、請求を棄却した。

6日　秋篠宮家に長男、悠仁《ひさひと》親王殿下が誕生した。親王の誕生は41年ぶり。

15日　元オウム真理教代表・松本智津夫被告について、最高裁は弁護側の特別抗告を棄却する決定をし、同被告の公判は、控訴審が開かれないまま死刑が確定した。一連の事件で死刑確定は2人目。

16日　オウム真理教に対する立ち入り検査としては過去最大規模の、調査官約250人による全国16都道府県の教団施設25カ所への一斉立ち入り検査を行った。

19日　天理大付属天理参考館（奈良県天理市）は、奈良時代に東大寺（奈良市）の仮面舞踏劇「伎楽《ぎがく》」で使われたとみられる「酔胡従《すいこじゅう》」を演じる面が収蔵品から見つかったと発表した。

22日　平等院鳳凰堂《ほうおう》（京都府宇治市）の本尊で国宝の阿弥陀如来坐像《あみだにょらいざぞう》の頭上を飾

海外ニュース　Foreign news

30日　インド中部のナグプールで、インドの仏教復興運動の先頭に立つ日本人僧侶、佐々井秀嶺《しゅうれい》師が改宗式を執行して、何百人ものヒンドゥー教の不可触民たちが仏教に集団改宗した。

10月の出来事　October

1日　独政府は学校と親に対し、米に本部を置くサイエントロジーが家庭教師センターを利用して子供や家族を勧誘しようとしているとして注意を呼び掛けた。

2日　米ペンシルベニア州にあるキリスト教プロテスタントの一派「アーミッシュ」の学校で、近所に住む運転手の男が女児5人を射殺し自殺した。動機は不明。死亡した13歳少女は「私から撃って」と自分を撃ち、他の少女らを解放するよう頼んでいた。

12日　イスラム過激派によるキリスト教徒の殺害が相次ぐイラクで、2006年に隣国シリアに避難したイラク人キリスト教徒は、全体の約4分の1に当たる3万5000人に上ると、シリアの「アッシリアン民主運動」が報告した。

25日　シュレーダー前独首相は回顧録を出版し、ブッシュ米大統領について「神との対話に基づいて政治的決断を下している印象が強い」と述べ、不信感をもったことを明らかにし、2003年のイラク戦争に反対した理由も述べた。

30日　中国チベット自治区とネパールの国境付近で、ネパールへ亡命しようとしていたチベット仏教徒約70人が中国国境警備隊に銃撃され、尼僧と少年僧の少なくとも2人が死亡した。

30日　アフガニスタン国境に近いパキスタン部族地域バジュール地区でパキスタン軍が、タリバンや国際テロ組織アルカイダが学校を軍事訓練キャンプに利用していたとしてイスラム神学校を攻撃し約80人が死亡した。

11月の出来事　November

1日　ネパールの最高裁は、少女を「生き神」として信仰するネワール族の伝統的な「クマリ信仰」が少女の人権侵害に当たらないか政府に調査を命じた。

2日　キリスト教右派の中心的団体「米国福音派協会」のテッド・ハガード会長が、ホテルで男娼と性的関係をもったとの疑惑が浮上し、辞任を表明した。

7日　米中間選挙で、ミネソタ州の下院選に立候補した黒人で民主党のキース・エリソンが、イスラム教徒として初めて

国内ニュース　Domestic news

る国宝の天蓋《てんがい》が約100年ぶりの修理を終えて、初めて一般公開された（～12月11日）。

24日　俳優で〝霊界の宣伝マン〟だった丹波哲郎が死去した。84歳。死後の世界を描いた『大霊界─死んだらどうなる』（1987年）はベストセラーとなった。

10月の出来事　October

3日　東京国立博物館（東京都台東区）で、特別展「仏像　一木《いちぼく》にこめられた祈り」が始まった（～12月3日）。会期後半の11月7日からは向源寺（滋賀県高月町）の国宝・十一面観音菩薩立像（渡岸《どうがん》寺観音堂所在）が寺外初公開された。

3日　統一教会の信者に脅されて多額の献金をさせられた女性が、統一教会と信者に約5億4600万円の損害賠償を求めた訴訟で、東京地裁は約2億8900万円の支払いを命じた。

7日　創価学会の池田大作名誉会長は、創価大（東京都八王子市）で中国の北京師範大から「名誉教授」の称号を受け、海外の大学などから受けた名誉学術称号が200となった。

8日　日中首脳会談で、中国側が靖国神社への参拝自粛を求めたのに対して、安倍晋三首相は同神社への参拝の有無については言及しない方針を改めて表明した。

15日　子宮を摘出して子供を産めなくなった30代の娘に代わり、50代後半の母親が娘夫婦の受精卵を使って代理出産したと、諏訪マタニティークリニック（長野県下諏訪町）が明らかにした。祖母が孫を産んだ代理出産は、国内では初めて。

17日　天台宗（大津市）は、宗教界では初の「仏像盗難共済制度」を制定した。2007年1月から運用開始。

21日　脳疾患がある新生児に必要な手術を「神様に借りた体にメスは入れられない」と宗教上の理由から拒否した両親に、大阪家裁が2005年2月に親権停止の保全処分を命じていたことがわかった。

25日　白装束の集団「パナウェーブ研究所」（福井市）を運営する宗教団体「千《ち》乃正法会《のしょうほうかい》」の増山英美（千乃裕子）会長が死去した。72歳。死因は不明。

11月の出来事　November

1日　靖国神社の運営方針を決める崇敬者総代に、全国約8万の神社を束ねる神社本庁の矢田部正巳総長が神社本庁のトップとして初めて就任した。

1日　チベット仏教最高指導者ダライ・

連邦議員に選出された。

9日　米小売り最大手ウォルマートは、クリスマス関連商品を販売する際の言葉を、「ハッピーホリデーズ」から「メリークリスマス」に改めると発表した。

11日　アフガニスタンの世界遺産、バーミヤン遺跡で旧タリバン政権が破壊した大仏のうち、東大仏の残骸の中から6〜7世紀の文字で書かれた「胎内経」の一部の経文が見つかった。

17日　オランダ政府は、イスラム教徒の女性に公共の場でのブルカなどの着用を事実上、禁じる法律、通称「ブルカ禁止法」を国会に提出することを決めた。

17日　タイで、「ギャンブルは仏教国にふさわしくない」という理由で宝くじの販売が中止になった。

22日　ノルウェー国教会の長老会で、勅令で1537年に国教に指定されたルーテル派キリスト教を国教から外す憲法改正への賛成が多数決で決まった。

24日　中国黒竜江省で、キリスト教地下教会「三班僕人」信者と別の教会信者との衝突で22人が死亡した事件で殺人罪に問われ死刑判決を受けた徐双富創始者らを含む指導者3人が、同省の高級人民法院（高裁）により死刑を執行された。

28日　ローマ教皇ベネディクト16世がトルコを訪問した（〜12月1日）。29日と30日に東方正教会コンスタンチノープル総主教バルトロメオ1世と会談し、東西教会の融和をアピールした。

12月の出来事 December

5日　インドのオリッサ高裁は、ケンドラパラ地区のジャガナス寺院に不可触民が入れるかどうかをめぐっての不可触民と上部カーストの間の激しい論争に端を発した裁判で、不可触民がヒンドゥー寺院に入る権利を認める判決を下した。

12日　マレーシアのマラヤ大生物医学工学部の研究チームは、イスラム教徒が1日に5回行う祈りのときにとる姿勢が心臓や背骨に良い影響を与え、記憶力と集中力を増加させると発表した。

21日　インドネシア最高裁は、2002年10月に起きたバリ島爆弾テロ（第1次バリ事件）の再審で、同事件の共謀罪により禁錮2年6カ月の刑で服役して6月に出所した、イスラム過激派「ジェマー・イスラミア（JI）」共同設立者でイスラム教団体「インドネシア・ムジャヒディン評議会（MMI）」議長を務めるアブ・バカル・バシール師に、一転して無罪判決を下した。

30日　イラク中部ドゥジャイルのイスラム教シーア派住民148人を殺害した「人道に対する罪」で11月5日に死刑判決を受け、12月26日に死刑が確定したサダム・フセイン元大統領に対する絞首刑が執行された。

ラマ14世、南アフリカのデズモンド・ツツ元大主教、北アイルランドの平和運動家ベティ・ウィリアムズらノーベル平和賞受賞者を招いた「広島国際平和会議2006」が広島市で開幕した（〜2日）。

9日　創価学会の秋谷栄之助会長が任期途中で退任し、第6代会長に原田稔副理事長が就任した。会長の交代は25年ぶり。

13日　奈良文化財研究所は、飛鳥寺跡（奈良県明日香村）で、講堂の土台となる礎石が4つ出土したと発表した。礎石は長径が最大約1・6mで、古代寺院では最大級だった。

14日　奈良県立橿原《かしはら》考古学研究所は、日笠フシンダ遺跡（奈良市）から8世紀半ばに作られた縦19・9cm、横27・8cmの絵馬などが出土したと発表した。国内で出土した古代の絵馬では最大。

15日　高野山真言宗総本山金剛峯寺（和歌山県高野町）の第412世座主《ざす》、高野山真言宗管長に補陀洛《ふだらく》院（同）住職の松長有慶大僧正が就任した。任期は4年。

20日　奈良文化財研究所は、西大寺食堂《じきどう》院跡（奈良市）で、10世紀末の木簡が見つかったと発表した。禁制であるはずの酒が僧侶に支給された記録もあった。

27日　飛鳥時代創建の高麗《こま》寺跡（京都府山城町）を発掘調査していた同町教委は、南門跡付近から8世紀末ごろの「鴟尾《しび》」が見つかったと発表した。

12月の出来事 December

1日　和歌山県教委は、特別史跡・岩《いわ》橋《せ》千塚古墳群の大日山35号墳（6世紀前半）から、前後に顔が付いた人物埴輪《はにわ》の頭部が見つかったと発表した。複数の顔をもつ人物埴輪が発見されたのは国内では初めて。

4日　天台宗総本山比叡山延暦寺は、同宗僧侶で作家の瀬戸内寂聴を2007年3月に延暦寺一山《いっさん》非法人寺院「禅光坊」の住職に迎えると発表した。名誉職である一山非法人寺院住職への女性就任は初。

15日　慈恵病院（熊本市）は、子育てができない親が新生児を匿名で託す「こうのとりのゆりかご（通称・赤ちゃんポスト）」の設置を熊本県に申請した。

15日　1947年施行以来、初めて教育基本法が改正された。「宗教に関する一般的な教養」が教育上尊重されなければならないこととして追加されたが、「宗教的情操の涵養《かんよう》」は盛り込まれなかった。

28日　神社本庁が8月29日付で気多《けた》大社（石川県羽咋《はくい》市）の宮司を懲戒免職した問題で、解任された元宮司が地位保全などを求めた仮処分申請について、金沢地裁は「お守りをネット販売し神社の尊厳を損なったことなどは事実と認められる」として申請を却下した。

Foreign news
海外ニュース

2007

1月の出来事 January

7日　2006年12月にポーランドのワルシャワ大司教に任命されたスタニスワフ・ウィールグスは、正式就任前のミサで、旧共産政権時代に秘密警察に協力していたことを認め、辞任した。

7日　米テキサス州の不妊治療サービス会社「アブラハム生命センター」は、世界初の「受精卵バンク」を始めた。

16日　アフガニスタンのバーミヤン遺跡で、2～3世紀に書写されたとみられる世界最古の大乗仏教経典の写本「賢劫《けんごう》経《きょう》」が発見されていたことがわかった。

18日　小説『ダ・ヴィンチ・コード』に登場する、英スコットランドのロスリン礼拝堂の2006年の入場者数が例年の5倍以上の17万人に上ることがわかった。

22日　ギリシャ、アテネのゼウス神殿前で、文化省の禁止を押し切って、古代ギリシャ文化の復活を望むグループ「エリナイス」が古代ギリシャの宗教儀式を行った。4世紀後半にローマ帝国によって禁止されて以来、約1600年ぶり。

25日　ベトナムのグエン・タン・ズン首相が、同国首相として初めてローマ教皇ベネディクト16世とバチカンで会談した。

27日　中国の国営中央電視台は、豚を不浄とするイスラム教徒の宗教感情に配慮して、春節（旧正月）を前に、2007年の干支である豚のイメージをテレビで放映しないよう広告会社に通達した。

2月の出来事 February

2日　仏国民教育省は、同国内の中・高・大学へ送付されている、トルコの反進化論者アドナン・オクタル（筆名ハルン・ヤハヤ）のイスラム教に基づく反進化論の著書『創造のアトラス』を生徒に配布しないよう全国の学校に通達した。

15日　バヌアツのタンナ島で、カーゴ・カルト（積荷信仰）の一種であるジョ

国内ニュース
Domestic news

1月の出来事 January

1日　飲酒運転による交通事故の増加が社会問題化したため、生田神社（神戸市）は振る舞い酒を中止し、下鴨神社（京都市）は境内での飲酒を禁止し、お神酒《みき》を持ち帰ってもらうなど配慮した。

5日　警察庁のまとめによると、正月三が日の全国の主な神社・仏閣への初詣での人出（主催者発表）は2006年より422万人多い9795万人で、統計の残る1974年以降で過去最多だった。

6日　安倍晋三首相が明治神宮（東京都渋谷区）に参拝した。首相参拝は慣例化しているが、小泉純一郎首相は参拝しなかったため、森喜朗首相以来6年ぶり。

6日　米キリスト教右派のアーサー・S・デモス財団が、キリスト教の無料書籍『パワー・フォー・リビング』を希望者に送付するテレビCMを開始した。各メディアでも宣伝し、推定費用10億円以上。

11日　顕正会（本部・さいたま市）の会員が強引な入会勧誘をしたとして、神奈川県警は強要の疑いで会員3人を逮捕し、同会本部などを家宅捜索した。

30日　浄土真宗本願寺派は、本願寺築地別院（東京都中央区）内に、宗教に関する調査研究や情報発信、季刊誌『ジッポウ』の発行（4月6日創刊）などを行う有限責任中間法人「仏教総合研究所」の設立登記を完了した。

2月の出来事 February

1日　天台宗の渡辺恵進《えしん》座主《ざす》が、96歳の高齢などを理由に座主を退き、半田孝《こう》淳《じゅん》が後任の第256世天台座主に就任した。座主は終身が通例で、死去によらない交代は33年ぶり。

1日　真宗大谷派の故・大谷光暢《こうちょう》前門首の四男で、大谷暢顯《ちょうけん》門首の弟で同派から離脱していた大谷光道《こうどう》が宗教法人「本願寺」（京都市）を設立した。

ン・フラム信仰の「タンナ陸軍」が設立50周年を迎え式典が行われた。

19日　ルーマニアの裁判所は、同国北部のルーマニア正教会の教会で、統合失調症の既往がある23歳の修道女見習いを悪魔祓いの儀式で殺害したとして、司祭に14年、修道院長に8年、修道女3人に5年の禁錮刑を命じた。

26日　上海の華東師範大の劉仲宇教授らのグループによる2005年実施の調査によると、16歳以上の中国人で宗教を信仰する人は31・4％で約4億人に上ることがわかった。カトリック、プロテスタント、イスラム教、仏教、道教の信者が宗教人口全体の7割近くを占める。

30日　ギリシャの聖キリコス・イオウリテス修道院の修道女55人が、編み物事業に失敗して約61万ユーロ（約9300万円）の負債を抱えて破産し、同国の別の修道院に逃げたことがわかった。

3月の出来事

March

5日　ネパールのカトマンズでヒンドゥー教の修行者や活動家ら約200人が、ヒンドゥー教の再国教化を求めて政府関連の建物の前で抗議活動を行った。

12日　カンボジアのポル・ポト政権に弾圧された仏教の復興に尽力し、「カンボジアのガンジー」とも呼ばれた同国の高僧、マハ・コーサナンダ師が米マサチューセッツ州の病院で死去した。年齢は80歳前後とみられる。

13日　ローマ教皇ベネディクト16世はバチカンでロシアのプーチン大統領と、中東情勢や、カトリック教会とロシア正教会との関係について意見を交わした。

22日　2006年2月にイスラム教預言者ムハンマドの風刺画を掲載した仏週刊紙『シャルリー・エブド』を、パリ大モスクと仏イスラム組織連合が侮辱罪で訴えていた裁判で、パリ軽罪裁判所は同紙を無罪とする判決を言い渡した。

22日　仏国立宇宙研究センター（CNES）は、国民から寄せられた未確認飛行物体（UFO）に関する情報をウェブ上で公開した。公的機関がUFOに関する情報を一般公開するのは世界初。

24日　英国で奴隷貿易廃止法成立200年を記念し、英国国教会の呼び掛けで数千人がロンドン市内で行進した。英国国教会がカリブのプランテーションで奴隷を所有していた過去について、カンタベリー大主教は「教会の名の下で犯した歴史的な過ち」と謝罪した。

26日　アフガニスタン政府は、旧支配勢力タリバンの無料寄宿学校に入る貧しい子供への過激思想教育を懸念して、国立のイスラム神学校の設立を発表した。

31日　米誌『ニューズウィーク』が行った世論調査で、米国人成人の91％が神を信じ、82％がキリスト教を信仰、48％が

15日　文化庁は、保存のため極彩色壁画のはぎ取りが行われているキトラ古墳（奈良県明日香村）の石室で、四神図のうち最後まで残っていた南壁の「朱雀《すざく》」のはぎ取りに成功した。

21日　日本カトリック司教団は、自民党新憲法草案が発表されたことに対して、「信教の自由を保障する政教分離の原則を堅持していくことを強く訴える」とのメッセージを発表した。

22日　日香寺（鳥取市）が鳥取県に対して財産目録などの開示決定の取り消しを求めた訴訟で、最高裁は「県の開示は違法」との2審判決を支持し、県の敗訴が確定した。

25日　奈良時代に聖武天皇が全国に建立した国分寺の1つで、鎌倉時代末期に隠岐に流罪となった後醍醐《ごだいご》天皇が滞在したといわれる隠岐国分寺（島根県隠岐の島町）の本堂が火災で全焼した。

26日　自己啓発セミナーに参加した女性が、マインドコントロールにより多額の出費をさせられたなどとして、セミナーを主催した「ホームオブハート」やロックバンド「X JAPAN」の元メンバーTOSHIの会社などに損害賠償を求めた訴訟の判決で、東京地裁は同社などに約1500万円の支払いを命じた。

3月の出来事

March

1日　全国霊感商法対策弁護士連絡会は、占いや霊能を取り上げたテレビ番組が霊感商法などの被害につながるとして、民放連とNHKなどに番組内容の見直しなどを求める要望書を提出した。

10日　島根県立古代出雲歴史博物館（出雲市）が出雲大社に隣接して開館した。常設展では、出雲大社の境内で発掘された宇豆柱《うづばしら》などが見られる。

17日　「ゲゲゲの鬼太郎」で有名な漫画家・水木しげるの出身地、鳥取県境港市の観光協会が第1回妖怪人気投票の結果を発表した。1位は空を飛び鬼太郎を助ける「一反木綿《いったんもめん》」だった。

19日　埼玉県立歴史と民俗の博物館（さいたま市）が、覚園寺（神奈川県鎌倉市）から借りて屋外展示していた五輪塔を1990年2月に紛失したことを明らかにし、公開捜索に踏み切った。

20日　神奈川県立金沢文庫（横浜市）は、称名寺光明院（同）で見つかり、同文庫が保管して解体修理中だった大威徳《だいいとく》明《みょう》王《おう》坐《ざ》像《ぞう》が、鎌倉時代初期の仏師運慶の作と確認されたと発表した。運慶の真作が確認されたのは48年ぶり。

22日　元オウム真理教代表・松本智津夫（麻原彰晃）死刑囚の四女が、新たな後見人にジャーナリストの江川紹子を選任するよう求めていた件で、さいたま家裁が申し立てを認める決定を出した。

23日　タレントの高田延彦・向井亜紀夫

海外ニュース　Foreign news

神が人類を創造したと考えていることがわかった。10%が信仰なし、6%が神を信じないと答えたが、無神論者と答えた人は3%にとどまった。

4月の出来事 April

1日　パラグアイで、世界基督《キリスト》教統一神霊協会（統一教会）の信者で、同教会の土地を管理する会社の日本人社長と秘書が武装集団に誘拐された。2人は同教会が15万ドル（約1800万円）を支払った後、無事解放され、犯人11人が逮捕された。

5日　欧州人権裁判所はロシア政府に対し、サイエントロジーのモスクワ支部が同政府に宗教法人として認めるよう11回も要請したにもかかわらず、法的根拠なしにこれを拒否したとして、1万ユーロ（約160万円）の損害賠償と1万5000ユーロ（約240万円）の諸費用を支払うよう命じた。

16日　ローマ教皇ベネディクト16世の就任後初めての著作『ナザレのイエス』が、80歳の誕生日を記念してイタリア、ドイツ、ポーランドで出版された。ベストセラー『ダ・ヴィンチ・コード』への反論ととれる内容も含んでいる。

17日　スイスのジュネーブで2005年に開館した宗教改革国際博物館が、07年度の欧州評議会博物館賞を受賞した。

25日　タイの首都バンコクで僧侶や仏教徒約1000人が、新憲法に仏教を国教と明記するよう求めるデモ行進を行った。だが6月の憲法起草委員会の投票の結果、明記されないことが決まった。

26日　インド西部ジャイプールの地裁は、米俳優リチャード・ギアとインド人女優シルパ・シェティに対し、ギアがニューデリーで4月15日に行われたエイズ撲滅のためのイベントでシェティを抱きかかえ頬にキスをした件について、公然わいせつ容疑で逮捕状を出した。

28日　米テレビ人気SFシリーズ「スター・トレック」で宇宙船の機関長役を演じた故ジェームズ・ドゥーアンら200人の遺灰入りカプセルを積んだロケットがニューメキシコ州から打ち上げられ、「宇宙葬」が行われた。

5月の出来事 May

3日　ネパール北部ムスタン郡の洞窟から、13世紀ごろのものとみられる55の仏教壁画を米国、イタリア、ネパールの国際調査団がこの日までに発見した。

国内ニュース　Domestic news

妻が米国の女性に代理出産を依頼して生まれた双子について、夫妻を両親とする出生届を受理するよう求めた訴訟で、最高裁は「現行の民法では、卵子を提供した女性でも出産していなければ法的な母子関係は認められない」との初判断を示し、出生届の不受理が確定した。

28日　国立国会図書館が「新編　靖国神社問題資料」を発表し、A級戦犯の靖国神社への合祀《ごうし》について、旧厚生省と靖国神社が1950年代後半から定期的に会合を開き、一体となって検討をしていたことが明らかになった。

4月の出来事 April

1日　浄土真宗本願寺派は、僧侶の普段着「布袍《ふほう》」に、黒色以外にセピア、松葉ねずみ、チャコールグレーの3色を正式に導入した。

1日　安倍文殊院（奈良県桜井市）が、拝観料などの電子マネー決済を開始した。同寺院によれば、電子マネー決済の導入は全国の社寺で初めて。

2日　北海道は、クマの霊魂を神の国へ送り返すアイヌ民族の伝統儀式「イヨマンテ」について公衆の面前で生きたクマを殺す野蛮な行為として事実上禁止した1955年の通達を52年ぶりに撤廃した。

5日　2001年と02年の小泉純一郎首相の靖国神社参拝をめぐり、沖縄県の戦争遺族らが政教分離に反するとして、国と小泉首相に損害賠償を求めた訴訟で、最高裁は憲法判断を示さず上告を退け、原告側の敗訴が確定した。

9日　厚労省は、延命治療の開始や中止は患者本人の意思を基本とし、医療チームで判断することを柱とする、終末期医療について初の指針をまとめた。

12日　来日中の中国の温家宝首相は、東京都内のホテルで創価学会の池田大作名誉会長と会談した。

12日　俳優の保阪尚希が、下ヨシ子が管長を務める真言六字密教総本山「六水院」（熊本県合志市）で得度を受け、仏門に入った。芸能活動は継続する。

15日　上賀茂神社（京都市）のフタバアオイを徳川家に献上した葵使《あおいつかい》が140年ぶりに復活し、徳川家康を祀る久能山東照宮（静岡市）に向かった。17日に奉納した。

21日　スピリチュアル・カウンセラーの江原啓之や歌手の美輪明宏が出演するテレビ朝日系のバラエティー番組「オーラの泉」の放送時間が毎週水曜深夜から毎週土曜ゴールデンタイムに変更となった。

9日　ネパール最高裁は、「チャウパディ慣習（月経中の女性を隔離するヒンドゥー教由来の慣習）根絶令」を出した。

15日　米キリスト教原理主義の伝道師で政治団体「モラル・マジョリティー」の創始者、ジェリー・ファルウェルが73歳で、バージニア州の病院で死去した。

16日　韓国法務省は、5月1日に北京で中国当局が拘束した男が、女性信者らに性的暴行を繰り返し、強姦容疑などで国際手配されていたキリスト教系宗教団体「摂理」の鄭明析《チョン・ミョンソク》教祖であると発表した。9月に韓国へ引き渡すことが決まった。

17日　ロシア正教会のアレクシー2世総主教と在外ロシア正教会のラブル府主教は、モスクワで両教会の再統一を承認する合意文書に署名し、１９２７年に国内外に分裂して以来80年ぶりに和解した。

21日　エジプトのイスラム教スンニ派最高権威機関アズハルは、未婚の男女が２人きりで部屋にいることを禁じる教義に関して、女性が男性に授乳して乳母と子の関係になれば同室で仕事できるとするファトワを出した講師を停職処分にした。

23日　ローマ教皇ベネディクト16世は、ブラジル訪問中（9～13日）の最終日に、南米が植民地だった時代の宣教を称賛して批判されたため、宣教には「影が伴っていた」と述べ、発言を事実上修正した。

26日　米ケンタッキー州に、進化論を否定し、旧約聖書の「創世記」に基づいた展示をする「天地創造博物館」が開館。

30日　マレーシアの最高裁は、イスラム教からキリスト教への改宗を求めていたマレー人女性リナ・ジョイの上告を、棄教手続きはイスラム法裁判所で行うべきとして退けた。

6月の出来事
June

4日　イラクのバグダッドで国内のイスラム教スンニ派とシーア派の聖職者１００人以上が集まり、社会の分裂の克服を呼び掛けるイスラム教聖職者の組織「イスラム教聖職者連合」を設立した。

7日　ケニア警察はナイロビのマザレのスラム街で、ギャング化して２００２年に非合法化されたカルト集団「ムンギキ」のメンバー12人以上を殺害、２００人以上を逮捕した。

10日　豪州で反社会的な発言を繰り返している同国のイスラム教指導者ヒラリ師が同国のイスラム教指導者会議の決定に従い、辞任した。

15日　英国国教会は、ソニーのゲームソフトで中部マンチェスターの大聖堂が銃撃戦シーンの舞台にされていたことに対し、同社に謝罪と販売中止を求めていた件で、同社が謝罪したと発表した。

16日　英政府は、小説『悪魔の詩』の著者で英国人作家のサルマン・ラシュディにナイトの爵位を授与した。これに対し、

25日　浄土真宗本願寺派は、本山西本願寺の国宝・飛雲閣などにある襖絵など約２４００点を撮影・保存するデジタルアーカイブ事業を開始し、記者発表した。

25日　浄土宗が、「世界平和念仏の日」と定めている毎月25日に念仏を唱えることを呼び掛ける電子メールの無料配信を開始した。

26日　昭和天皇の侍従を務めた故・卜部《うらべ》亮吾《りょうご》の日記が明らかになった。天皇が靖国神社参拝を取りやめた理由については、「A級戦犯合祀が御意に召さず」（２００１年7月31日）と記されていた。

5月の出来事
May

7日　安倍晋三首相が靖国神社の春季例大祭（4月21～23日）に、真榊《まさかき》を「内閣総理大臣」名義で私費で奉納していたことがわかった。首相の奉納は１９８５年の中曽根康弘首相以来22年ぶり。

7日　アーレフの上祐史浩前代表が、約1割の信者１６３人（出家信者57人を含む）とともに新教団「ひかりの輪」を設立した。

10日　親が育てられない新生児を匿名で受け入れる「こうのとりのゆりかご（通称・赤ちゃんポスト）」が4月5日に熊本市の認可を受け、カトリック系の慈恵病院で正午から運用が開始された。

10日　日本産科婦人科学会の会告に反し、着床前診断を無断で行い、除名処分になった諏訪マタニティークリニック（長野県下諏訪町）の根津八紘《ねつやひろ》院長らが、学会などに会告無効などを求めた訴訟で、東京地裁は原告側敗訴の判決を下した。

15日　正倉院（奈良市）所蔵の経典「唐経四分律」は鑑真が唐からもたらした可能性が高いとする説を、宮内庁正倉院事務所が発表した。

17日　衆院教育再生特別委で日本共産党の石井郁子議員が、文科省の「新教育システム開発プログラム」に採用されたアニメDVD「誇り」の上映中止を要請した。兵士の霊が現代に現れ、女子高生を靖国神社に誘って「日本の戦争は自衛のためだった」と訴える内容。

18日　全国霊感商法対策弁護士連絡会は、２００６年の統一教会による霊感商法の被害額は約40億円で、前年に比べて11億円増えたことを全国集会で報告した。

27日　フランスで開催された第60回カンヌ国際映画祭で、河瀬直美監督が生と死を描いた「殯《もがり》の森」が最高賞パルムドールに次ぐ、グランプリを受賞した。

6月の出来事
June

1日　江戸時代初期に殉教したペトロ岐部など日本人キリスト教徒１８８人が、ローマ教皇ベネディクト16世に「福者」として正式に承認された。

海外ニュース Foreign news

イラン外務省は17日、イスラム諸国に抗議を呼び掛け、18日にはパキスタン下院が授与撤回を求める決議を採択し、7月10日には国際テロ組織アルカイダの幹部ザワヒリがウェブ上に英国への報復テロを警告するビデオ声明を発表した。

18日　英国の物理学者ニュートンが、旧約聖書の「ダニエル書」を解読した結果、「早ければ2060年に世界の終末が来る」と予言した1704年に書かれた文書がエルサレムで一般公開された。

22日　インド東部ビハール州のブッダガヤにあるマハーボーディ寺院の住職らが、寺院内のブッダゆかりの菩提樹の枝を切り売りしていたとして、公共財損害などの容疑で刑事告発された。

30日　バチカンは、ローマ教皇ベネディクト16世が中国のカトリック教徒にあてて、中国との国交正常化と、バチカンによる司教任命権を求める内容の書簡を送ったと発表した。

7月の出来事 July

5日　フィリピンのベンゲット州トゥバ町のトゥバ高校で、女子生徒15人が授業中、「日本兵の霊を見た」と突然叫んで倒れ、病院に運ばれた。

10日　イラン北部のタケスタン近郊の村に住む男が妻以外の女性と関係をもったとして姦通罪に問われ、石打ちによる死刑が執行されたことがわかった。

10日　パキスタンの首都イスラマバードの「赤いモスク」やイスラム神学校などで武装した神学生数百人が3日から立てこもりを続けていた事件で、陸軍と警察の特殊部隊が早朝突入し、神学生約75人、治安部隊11人が死亡した。

17日　韓国文化財庁は、慶尚北道安東市内の寺にあった13世紀の木製観音菩薩像内部から、1007年に木版印刷で刊行された仏教経典が見つかったと発表した。

21日　アフガニスタン東部で、タリバンが韓国の長老派、セムムル教会の牧師と信徒らのボランティア23人を拉致した。タリバンは25日と30日に男性を1人ずつ殺害したが、8月30日に人質全員を解放した。

23日　英ウェールズのヒンドゥー教団体「スカンダ・ベール」で聖なる牛として崇拝されていた「シャンボ」の殺処分をウェールズ議会が牛結核感染を理由に決定したことに対し、ヒンドゥー教徒の全国団体「英国ヒンドゥーフォーラム」が決定取り消しを求めた裁判で、英控訴院は、殺処分を認める判決を言い渡した。

国内ニュース Domestic news

6日　縄文遺跡の吉胡《よしご》貝塚（愛知県田原市）で、乳児と子犬が一緒に埋葬されているのを同市教委が確認したと報道された。

22日　厚労省の国民意識調査で、代理出産を「社会的に認めてよい」とした人が過半数の54・0％だったことがわかった。

25日　『朝日新聞』朝刊の読者欄に「『信仰の場』で、選挙活動とは」という投書が掲載された。宗教法人である創価学会の会館で公明党の選挙活動が行われていることに疑問を投げ掛ける内容で、反論が掲載されるなど話題となった。

27日　山梨県富士河口湖町在住のタレント綾小路きみまろが七福神像の寄付を町に申し出たものの、政教分離を理由に町議会で実質拒否された件について、臨時町議会で設置予算案が全会一致で可決され、一転して受け入れが決まった。

7月の出来事 July

15日　特定商取引法の規制対象に「占いに伴う祈禱等のサービス」が追加され、一定期間内ならば違約金なしで解約できるクーリングオフの対象となった。

20日　地下鉄サリン事件の実行犯として殺人罪などに問われ、1、2審で死刑判決を受けた元オウム真理教幹部・横山真《まさ》人《と》被告の上告審で、最高裁は被告側の上告を棄却した。同事件の実行犯で死刑が確定するのは初めて。一連の事件での死刑確定は3人目（8月23日確定）。

22日　コプト正教会が日本で日本人司祭による宣教を開始し、カトリックさいたま司教区本部事務所（さいたま市）を借りて第1回目のミサが行われた。

24日　浅草神社（東京都台東区）と同神社奉賛会は、2007年の三社祭で神輿《みこし》乗り禁止を呼び掛けたが守られなかったため境内から本社神輿を担ぎ出す「宮出し」を2008年は中止すると決めた。

29日　第21回参院選の投票が行われた。浄土真宗本願寺派が宗門特別推薦を新設し、33年ぶりの宗門候補として支援した藤谷光信（民主党新人・比例区）と谷川秀善（自民党前職・大阪選挙区）の2人の僧侶が当選した。浄土宗僧侶の小泉顕雄（自民党前職・比例区）は落選した。

30日　故・江島恵教東京大教授を中心に発足した「大蔵経テキストデータベース研究会」（SAT、下田正弘代表）によって、仏教経典の集大成である『大正新脩大蔵経』（大蔵出版）のテキストデータベース化が13年がかりで完成し、記念式典が開催された。

24日　ノルウェーのマッタ・ルイーセ王女は、天使と会話する方法を教えて人助けしたいと、自ら設立にかかわった特殊教育センターのサイト上で表明した。

8月の出来事 August

4日　スウェーデンのルーテル教会は、ストックホルムで行われたゲイ・プライド・パレードに初めて参加した。

11日　ナイジェリアのベヌエ州オジュ地区の村で、呪術に体の一部を使用するため女性をおので殺し、両耳と両腕が切り取られるなどの殺人事件があった。

22日　エジプト考古最高評議会は、ルクソールの「王家の谷」から2004年に壁画の一部を削り取って盗んだドイツ人男性の遺族が「義父の病死はファラオののろいのせい」として、破片をベルリンのエジプト大使館に返還したと発表した。

27日　バチカンはカトリックの聖地への巡礼者専用機の運航を開始し、ローマのフィウミチーノ国際空港からフランスのルルド行きの便が出発した。

28日　トルコ与党の穏健イスラム政党、公正発展党（AKP）のアブドゥラ・ギュル外相が大統領選で当選し、近代トルコ史上初のイスラム系大統領に就任した。

29日　アルメニアのエレバンのシェンガビット地裁は、「エホバの証人」の信者が宗教上の理由により兵役を拒否したため、懲役2年の判決を言い渡した。

9月の出来事 September

1日　中国政府は、チベット仏教で活仏とされる高僧の転生を当局の許可制とする「チベット仏教活仏転生管理規則」を導入した。

4日　マザー・テレサ逝去10年目に、書簡集『マザー・テレサ　来てわたしの光になりなさい！』（英語版）が出版された。マザー自身の「内面の恐ろしい暗闇」について書かれていて話題を呼んだ。

4日　ロシア正教会は、モスクワにある総本山、救世主キリスト大聖堂で、旧ソ連軍による核兵器部隊創設60年を記念する式典を開催し、総主教アレクシー2世の祝辞の中で、「抑止と報復」の使途に限り、核兵器を容認する姿勢を示した。

15日　イラクで独自に樹立を目指す「イラク・イスラム国」の指導者バグダディを名乗る人物が、イスラム教預言者ムハンマドの風刺画を描いたスウェーデン人漫画家ラーシュ・ビルクスを殺害した者に10万ドル払うとウェブ上で表明した。

18日　ミャンマーのヤンゴンで2000人以上の僧侶が反軍政デモを行った。22日には自宅軟禁状態のスーチー女史と接触。「全ビルマ僧侶連盟」を中心とするデモは全土に拡大し、25日には僧侶4万人強を含む14万人のデモが行われた。26

31日　宇都宮市に、妖精に関する絵画や陶器などを展示する「うつのみや妖精ミュージアム」が開館した。

8月の出来事 August

3日　京都市で「比叡山宗教サミット20周年記念　世界宗教者平和の祈りの集い」（日本宗教代表者会議主催）が開幕した。4日に、比叡山延暦寺（大津市）で「平和の鐘」の除幕式を行い、紛争当事者に和解を訴える「比叡山メッセージ2007」を発表して閉幕した。

13日　2007年2月、市営東山墓地（京都府木津川市）で、墓地を管理する寺の住職が再分譲区画と勘違いして墓を更地にしていたことがわかり、遺族が市長と住職などに損害賠償などを求める調停を木津簡裁に申し立てた。

13日　死者が「私のお墓の前で泣かないで」と呼び掛ける歌詞をテノール歌手の秋川雅史が歌う「千の風になって」のシングルCDの売り上げが、クラシック歌手が歌う曲として初めて100万枚を突破したと、調査会社オリコンが発表した。

15日　62回目の終戦記念日に、靖国神社を参拝した閣僚は、高市早苗沖縄・北方・少子化担当相1人だけだった。

28日　月山《がっさん》9合目付近（山形県鶴岡市）で、出羽三山神社の山伏修行「秋の峰入り」で修行中の男性が倒れ、死亡した。

9月の出来事 September

3日　下鴨神社（京都市）で、1934年の室戸台風で倒壊した「直会《なおらい》殿」が再建され、完工式が行われた。

5日　神奈川県警は、墓を買う金銭的余裕がなく、「供養してください」と書いた紙とともに遺骨を寺の境内に放置した女性を、死体遺棄の疑いで書類送検した。

11日　高野山真言宗総本山金剛峯寺（和歌山県高野町）と南海電鉄が、精進料理や写経が楽しめる「高野山カフェ」を16日まで青山（東京都港区）に開いた。

12日　落語の定席「天満天神繁昌亭」（大阪市）で開業1周年を記念し、初代桂春団治の十八番「黄金《きん》の大黒」にちなみ、時価8000万円相当の純金製「踊る大黒天」像が展示された（～17日）。

12日　元オウム真理教代表・松本智津夫死刑囚の四女の後見人を務めるジャーナリストの江川紹子が、後見人辞任をさいたま家裁に申し立てた。

18日　浄土真宗本願寺派の寺院、常楽寺（常楽台、京都市）が所蔵する親鸞の肖像画「親鸞聖人影像（花の御影《ごえい》）」から、「親鸞の遺骨を宝塔に納めた」と記した墨書が発見されたことがわかった。

19日　「ひかりの輪」の上祐史浩代表が、松本サリン事件被害者の河野義行と初めて面会し、事件について謝罪した。

海外ニュース Foreign news

日に当局が武力鎮圧を始め、1500人以上の僧侶が拘束され、死亡者も出た。27日には日本人ジャーナリスト、長井健司が当局に射殺された（サフラン革命）。

10月の出来事 October

6日　イラク最大のシーア派政党「イラク・イスラム最高評議会（SIIC）」を率いるアブドルアジズ・ハキム師と同派の反米指導者ムクタダ・サドル師が、両派による紛争を停止し、治安回復に努力することで合意した。

9日　ブラジル、セイランジア市のキリスト教ペンテコステ派の教会内で、精神異常の女性を2年間にわたり拘束し虐待していた牧師夫婦が逮捕された。夫婦は政府の援助を得るために、彼女を恵まれない女性として、彼女の息子と2人の少年を孤児として登録、監禁していた。

9日　アルゼンチンのラプラタ連邦裁は、軍事政権による左翼弾圧に加担して人権侵害の罪に問われたカトリック神父のクリスチャン・ボンウェルニチに終身刑を言い渡した。弾圧に関して、神父が有罪となったのは初めて。

10日　マレーシア初の宇宙飛行士でイスラム教徒のシーク・ムスザファル・シュコールが乗ったロシア宇宙船ソユーズが、カザフスタンの宇宙基地から打ち上げられた。同国のイスラム法学者らは、国際宇宙ステーションでのイスラム教徒の義務について、祈りは打ち上げ場所の時間に基づき、1日に地球を16周しても5回でよいなど、ガイドラインをまとめた。

17日　米議会は、チベット仏教最高指導者ダライ・ラマ14世の功績をたたえ、米議会が文民に贈る最高の勲章「議会勲章」を授与した。

19日　エリトリアで2004年5月に逮捕され、金属製の船積み用コンテナに監禁され、信仰を捨てるよう拷問されていた、ペンテコステ派のレマ教会の信徒でゴスペル歌手のヘレン・ベルハネがデンマークに到着し、亡命が認められた。

11月の出来事 November

2日　カンボジアのアンコール・ワット遺跡の隣接地に、バンテアイ・クデイ遺跡から上智大調査団が発掘した274体の仏像を展示する「シハヌーク・イオン博物館」が開館した。

4日　エジプト南部ルクソールの「王家の谷」で、古代エジプト王ツタンカーメンのミイラが初めて公開された。5日か

国内ニュース Domestic news

20日　浄土真宗本願寺派は、宗派の最高法規「宗制」を1947年の施行以来初めて改正し、宗派の聖典「聖教《しょうぎょう》」に準ずるとしてきた歴代門主の「消息（文書）」を、宗祖・親鸞と3代門主・覚如、8代門主・蓮如の消息のみに限定した。前門主が第2次世界大戦中に戦争協力を呼び掛けた文書などが無効となった。

27日　原爆の爆心地から約3・6kmの地点にあり、広島市の被爆建物リストに登録されている邇保姫《にほひめ》神社（広島市南区）の本殿など計4棟が全焼した。

28日　島根県出雲市で、全国八百万《やおよろず》の神が出雲に集まる言い伝えから旧暦10月を「神在月《かみありづき》」と呼ぶ文化を観光客誘致に生かそうと、毎年10、11月を「神在月文化振興月間」とする条例が制定された。

28日　ミャンマー軍事政権による僧侶らへの武力弾圧に対し、全日本仏教会は、対話による解決を求める声明を発表した。

29日　平等院（京都府宇治市）で「平成の大修理」が完成し、鳳凰《ほうおう》堂で奉告《ぶこく》式が営まれ、修理に伴い水晶の数珠に移されていた魂が本尊の国宝・阿弥陀如来坐像《あみだにょらいざぞう》に戻された。本尊は約50年ぶり、天蓋《てんがい》は約100年ぶりの修理。

10月の出来事 October

15日　紀元会（長野県小諸市）の女性会員が2007年9月、同会施設内で集団暴行を受けて死亡した疑いで、長野県警は同会創設者の二女の窪田康子を含む15〜80歳の女性会員21人を逮捕した。

16日　衆院予算委で民主党の石井一副代表が、公明党国会議員が党本部や池田大作・創価学会名誉会長に行っているとされる献金の存在を追及し、参院選直前に党を除名された福本潤一・前参院議員や池田名誉会長の参考人招致を求めた。

19日　日中戦争中の1937年に「戦争は罪悪」と発言し、所属していた真宗大谷派（京都市）から布教使資格剥奪等の処分を受けた明泉寺（岐阜県垂井町）の故・竹中彰元元住職の名誉回復を図る復権顕彰大会が同派主催で開催され、同派宗務総長が謝罪声明を出した。

26日　坂本堤弁護士一家殺害事件や松本サリン事件の実行役として殺人罪などに問われ、1、2審で死刑判決を受けた元オウム真理教信者・端本悟《はしもとさとる》被告の上告審で、最高裁は被告側の上告を棄却した。一連の事件での死刑確定は4人目（11月12日確定）。

らは一般公開も始まった。

7日　インド南部バンガロールの病院の医師団は、手足が8本あるように見えるためヒンドゥーの女神ラクシュミと崇められていた結合双生児の女児の分離手術に成功した。

7日　2008年5月に世界の終末が来ると信じるカルト集団「真のロシア正教会」の信者ら35人が、ロシア中央部ペンザ州で教祖ピョートル・クズネツォフの指示で洞穴に立てこもりを開始した。

20日　カナダの映画監督ピーター・ロウによるドキュメンタリー映画「赤い壁の向こう側─法輪功の迫害」が、カナダ放送協会（CBC）の番組で放映された。欧米の国営放送局が中国当局による法輪功弾圧について放送するのは初めて。

20日　米ユタ州の裁判所は「末日聖徒イエス・キリスト教会原理派（FLDS）」のウォレン・ジェフス教祖に、信者の14歳の少女を19歳のいとこと結婚させた未成年暴行幇助罪などで5年以上の禁錮刑から終身刑の判決を言い渡した。

25日　スーダンの首都ハルツームにあるインターナショナル・スクールの授業で9月、英国人女性教師のギリアン・ギボンズが、クマのぬいぐるみにイスラム教預言者ムハンマドと同じ名前を児童に付けさせたとして逮捕された。11月末には宗教冒瀆《ぼうとく》罪で禁錮15日の有罪となったが、12月3日にスーダンのバシル大統領が恩赦を与え、翌日帰国した。

12月の出来事 December

4日　中国広東省の石室大聖堂で司教就任式があり、中国の任命をバチカンが追認する形で承認した甘俊邱神父が司教に正式に就任した。

17日　イランのアハマディネジャド大統領は、サウジアラビアのアブドラ国王の正式招待を受けて同国を訪問し、18日にはメッカのカーバ神殿に参拝した。スンニ派のサウジ国王がシーア派のイラン大統領を招待するのは、1979年のイランのイスラム革命以来初めて。

17日　イスラエルのテクニオン工科大は、厚さ20nmの極小シリコンチップにヘブライ語30万語を含む旧約聖書の全文を書き込んだと発表した。

21日　ブレア英前首相は、ロンドンのウエストミンスターの大司教館で行われたミサで、英国国教会からカトリックに改宗した。

26日　インドのデリーにあるアクシャルダム寺院（奥行き約109m、幅約96m、高さ約43m）が、世界最大のヒンドゥー教寺院としてギネス記録に認定された。同寺院群を管轄するスワーミーナーラーヤン協会のマハラジ会長も、1人で建立したヒンドゥー教寺院が713で世界最多としてギネス記録に認定された。

11月の出来事 November

8日　日本人で5人目の枢機卿だった濱尾文郎・前カトリック横浜教区長が死去した。77歳。

14日　三徳山三佛寺（鳥取県三朝《みささ》町）の断崖絶壁に建つ国宝「投入堂《なげいれどう》」で、約60年ぶりの特別拝観が実施され、作文と抽選で選ばれた3人が無事参拝を果たした。

16日　浄土宗は、知恩寺（京都市）の木造阿弥陀如来立像が、鎌倉時代初期の仏師、快慶の作とみられると発表した。

21日　京都大の山中伸弥教授らがiPS細胞の作成に世界で初めて成功した。

22日　奈良県のサイトに若草山（奈良市）の山焼きは「東大寺、興福寺、春日大社の領地争いが起源」と書かれたことに対し、名前を書かれた3寺社は「鎮魂のため」と文書で訂正を申し入れた。

27日　福井県勝山市が、市税滞納で差し押さえた、「越前大仏」で知られる同市の大師山清大寺《せいだいじ》の五重塔（高さ75m）を35億円で公売したが、応札はなかった。

29日　浄土宗の元宗務庁職員が、宗派の資金1億4700万円を着服したとして、京都府警に業務上横領容疑で逮捕された。

29日　藤原京（奈良県橿原《かしはら》市）で、宮殿の地鎮のために埋められたとみられる富《ふ》本銭《ほんせん》9枚と水晶9本を納めた壺が出土したと奈良文化財研究所が発表した。宮殿の地鎮跡では国内最古。

12月の出来事 December

1日　浄土真宗本願寺派が、後継者問題に悩む寺院に入寺希望者や結婚相手を紹介する会員制（入会金・会費無料）の「Net縁《えにし》」を開始した。

8日　日本基督《キリスト》教団東海教区（甲府市）の元会計担当の男性信徒が、教団への献金約6900万円を着服していたことがわかった。同教区は「悔い改めることこそが大切」として、刑事告訴しない方針。

15日　伝統仏教8宗派の僧侶らが、築地本願寺（東京都中央区）で「東京ボーズコレクション」と題する法要イベントを催し、1万5000人の観客を集めた。

22日　8世紀後半の百済寺跡（大阪府枚方市）で、粘土板を焼き固めたレリーフ状の大型多尊塼仏《せんぶつ》の破片9点が出土したことがわかった。

22日　親鸞が教義の根本を記した『教《きょう》行信証《ぎょうしんしょう》』の自筆本「坂東本《ばんどうぼん》」（国宝）に、「角筆《かくひつ》」による書き込みが約700カ所あることがわかった。

25日　野々江本江寺《ののえほんごうじ》遺跡（石川県珠洲市）で、死者を弔うために立てたとみられる平安末期から鎌倉前期の木製の笠塔《かさとう》婆《ば》2基と板碑《いたび》1基が出土した。木製のものの発見は初めて。

Foreign news 海外ニュース

2008

1月の出来事 January

4日　マレーシアの宗教問題担当相は、イスラム教徒以外が「アラー」という言葉を使用することは引き続き禁止すると述べ、カトリック系週刊紙『ヘラルド』に対して使用禁止を命じた。

12日　サウジアラビアのイスラム最高指導者アブドルアジズ・シェイフ師は、10歳の少女の結婚であってもイスラム法では認められるとの見解を示した。

15日　サイエントロジーは、同教会の信者である米俳優トム・クルーズを描いた『トム・クルーズ非公認伝記』（アンドリュー・モートン著）における同教会に関する記述を非難する声明を出した。

15日　バチカンは、ローマ教皇ベネディクト16世が17日に予定していた国立ローマ大サピエンツァ校への訪問を中止すると発表した。17世紀に地動説を唱えた天文学者ガリレオ・ガリレイに対する異端裁判を是認する過去の教皇の発言への抗議運動が起きていたため。

18日　イラク南部のバスラとナシリヤで、イスラム教シーア派の宗教行事「アシュラ」に合わせて警戒していた治安部隊と、イスラム系の武装カルト集団「天国の兵士」が衝突し、計71人が死亡した。

25日　ナミビア高裁は、カトリック教会から悪魔祓いへの関与を理由に2004年に破門されたことを不服とするゲルト・ペトリュス元司祭の告訴を棄却した。

27日　末日聖徒イエス・キリスト教会（モルモン教）最高責任者のゴードン・B・ヒンクリー第15代大管長が米ユタ州の自宅で死去した。97歳だった。後任にはトーマス・S・モンソン会長が2月4日に就任した。

2月の出来事 February

4日　サウジアラビアの首都リヤドのコーヒーショップで男性と仕事の打ち合わ

Domestic news 国内ニュース

1月の出来事 January

2日　新年恒例の一般参賀が皇居・宮殿の東庭で行われ、宮内庁発表によると2007年より約1万人多い約7万9610人が訪れた。

5日　曹洞宗大本山永平寺（福井県永平寺町）78世貫首の宮崎奕保《えきほ》師が老衰のため死去した。106歳。

7日　首都圏の5宗派15人の僧侶から成る「自殺対策に取り組む僧侶の会」がサイトを開設し、「自死の問い・お坊さんとの往復書簡」とする手紙相談を始めた。

8日　警察庁のまとめによると、正月三が日の全国の主な神社・仏閣への初詣での人出（主催者発表）は2007年より23万人多い9818万人で、統計の残る1974年以降で過去最多だった。

8日　黒石寺《こくせきじ》（岩手県奥州市）で2月に行われる裸祭り「蘇民祭《そみんさい》」のポスターが、不快感を与える恐れからJR東日本盛岡支社に掲示拒否されたことがわかった。

17日　平城宮跡（奈良市）で、地鎮具とみられる和同開珎《わどうかいちん》などの貨幣約110枚や灯明の皿が出土したと、奈良文化財研究所が発表した。

22日　第2次世界大戦中に旧日本軍人・軍属だった朝鮮半島出身者の遺骨101柱が韓国に返還されることになり、遺族を初めて日本に招いた政府主催の追悼式が祐天寺（東京都目黒区）で行われた。

2月の出来事 February

1日　文科省は、ヒトのiPS細胞や体性幹細胞から生殖細胞を作成する研究を当面禁止とし、iPS細胞からヒトをつくることや、ヒトの受精卵や胎児にiPS細胞を入れることも禁止した。

3日　弘明寺《ぐみょうじ》（横浜市）で60年以上続いていた節分の豆まきが、豆の奪い合いで重大な事故を招く恐れから中止された。

7日　真弓鑵子塚古墳《まゆみかんすづか》（奈良県明日香

せをしていた金融コンサルタントの女性が宗教警察に拘束された。

7日　英国国教会の最高指導者、カンタベリー大主教は、英BBCのラジオ番組で、英国内でのイスラム法の部分的適用は「避けられないと思う」と述べた。反発が起きたため、大主教府は8日、「大主教はイスラム法の適用を一切提言していない」との声明をサイトに発表した。

9日　トルコ国会は、イスラム教徒の女性がかぶるスカーフの着用を大学の教室内で解禁する憲法改正案を可決した。改正法は22日に大統領が承認し、発効した。

10日　米英独仏の各首都など世界の大都市で正体不明の「アノニマス」と呼ばれる集団延べ7000人がサイエントロジーの危険性を訴えるデモを行った。

13日　デンマークの主要紙は、12日に風刺画作者の暗殺を企てた容疑者が治安当局に拘束された事件を受けて、2005年に掲載されたイスラム教預言者ムハンマドの風刺画を一斉に再掲載した。

21日　サウジアラビアの警察当局は、宗教警察の要請で、聖地メッカのショッピングモールで女性の気を引くためにみだらな服を着て大音量の音楽を流しながら踊ったとして、若者57人を逮捕した。

25日　米国のプロテスタント信者が51・3%と1960年代の調査時から約3分の2に減少したことが、米調査機関ピュー・リサーチセンターが発表した調査結果でわかった。

25日　インドのデオバンドにある1866年創立の名門イスラム神学校「ダール・アル・ウルーム」でイスラム法学者2万人近くが集まって「全インド反テロ集会」が開かれ、「テロは反イスラムである」と非難する宣言を採択した。

25日　エジプトで、イスラム教徒の結婚式を取り仕切り、結婚登録などを行う結婚契約公証人（マアズーン）に女性が初めて任命された。イスラム世界でも初。

26日　キューバの国家元首に24日就任したラウル・カストロ国家評議会議長は、新議長が初めて会談する外国の要人として、バチカンのナンバー2、ベルトーネ国務長官と会談した。

3月の出来事 March

7日　ハイチで、国立の「ハイチ・ブードゥー教信者協会」の設立に伴い、人類学者のマックス・ボーボワールをブードゥー教史上初の最高指導者に任命する式典が行われた。

8日　カタールの首都ドーハに、同国初のキリスト教会となるカトリックの「ロザリオの聖母教会」が開設された。

13日　イラク北部のモスルで2月29日に武装集団に拉致されたカトリック教会カルデア派のファライ・ラホ大司教の遺体がモスル近郊で見つかった。

村）の横穴式石室は全長19m以上、玄室の床面積は約29㎡で国内最大級と同村教委が発表した。渡来系の技術集団である東漢氏《やまとのあやうじ》の墓とみられている。

7日　有限会社「神世界《しんせかい》」（山梨県甲斐市）グループの霊感商法事件で、神奈川県警は同事件に関与した同県警の警視を懲戒免職処分にした。

9日　真宗大谷派の僧侶や門信徒ら約320人が「真宗大谷派九条の会」を結成し、設立集会を開いた。

15日　地下鉄、松本両サリン事件など3事件で殺人罪などに問われ、1、2審で死刑判決を受けた元オウム真理教幹部・林泰男被告の上告審で、最高裁は被告側の上告を棄却した。一連の事件での死刑確定は5人目（3月3日確定）。

22日　宮内庁が管理する神功《じんぐう》皇后陵（奈良市、五社神《ごさし》古墳）で考古学・歴史学16学会の代表16人が、陵墓としては初の立ち入り調査を実施した。

22日　世界基督教《キリスト》統一神霊協会（統一教会）に高額の献金を強いられたなどとして、元信者が統一教会などに損害賠償を求めた訴訟で、最高裁は賠償額を不服とする女性の上告を棄却し、統一教会側に約2億7620万円の賠償を命じた2審判決が確定した。

28日　日本輸血・細胞治療学会など関連5学会の合同委員会は、宗教上の理由からの輸血拒否に関して、15歳未満の患者には本人や親が拒否しても輸血を行うとする指針を発表した。

3月の出来事 March

7日　全国青少年教化協議会が教育研究機関「臨床仏教研究所」を設立した。

14日　占い師の細木数子がレギュラーのバラエティー番組『ズバリ言うわよ!』（TBS系）が11日に終了したのに続き、『幸せって何だっけ～カズカズの宝話～』（フジテレビ系）が終了した。

14日　親鸞のものとみられる遺骨が、同宗本願寺派の常楽寺（常楽台、京都市）が所蔵する木造の親鸞坐像《ざぞう》の胎内から見つかった。

18日　米ニューヨークにおける競売会社クリスティーズによるオークションで、鎌倉時代初期の仏師運慶作とみられる木造大日如来坐像（個人蔵）が1280万ドル（約12億8000万円）で真如苑に落札された。

25日　皇居の宮中三殿の耐震改修工事が終わり、仮殿に移されていたご神体を本殿へ戻す「奉遷《ほうせん》の儀」が行われた。

25日　「国宝薬師寺展」が東京国立博物館（東京都台東区）で始まった（～6月8日）。国宝の日光菩薩立像と月光菩薩立像がそろって寺外に出るのは初めて。

26日　経産省は、宗教法人「幸運乃光」（千葉県袖ケ浦市）に対し、特定商取引

海外ニュース Foreign news

14日　10日に中国のチベット自治区ラサでチベット人僧侶らが行ったデモが、中国の圧政に抗議する騒乱に発展し、チベット亡命政府によると200人以上の死者が、中国の国営新華社通信によると18人の死者が出た（チベット騒乱）。

27日　イスラム移民排斥を訴えるオランダ極右政党「自由党」のウィルダース党首が、コーランが暴力を奨励していると訴える短編映画「フィトナ（闘争）」をウェブ上で公開した。

30日　バチカンの機関紙『オッセルバトーレ・ロマーノ』（電子版）は2006年末時点のイスラム教徒の数が世界総人口の19・2％で史上初めてカトリック信者の数17・4％を超えたと伝えた。

4月の出来事 April

3日　米テキサス州当局は、「末日聖徒イエス・キリスト教会原理派（FLDS）」の施設での少女に対する性的虐待の事実を認め、8日までに子供416人、成人女性139人を保護した。

8日　独カトリック教会の最高機関「ドイツ司教会議」は、第2次世界大戦中に戦争捕虜ら約6000人を教会付属の施設で強制労働させていたことを認める報告書を発表した。

15日　ローマ教皇ベネディクト16世は即位後初めて訪米した。最終日の20日には「グラウンド・ゼロ」で祈りを捧げた。

18日　世界基督教統一神霊協会（統一教会）の教祖・文鮮明《ムン・ソンミョン》の七男で牧師の文《ムン》亨進《ヒョンジン》が教団の国内外組織を総括する世界会長及び韓国会長に就任した。

21日　仏パリ市議会は、チベット仏教最高指導者ダライ・ラマ14世に「名誉市民」の称号を贈る決定をした。

24日　伊南部プーリア州サンジョバンニ・ロトンドで、2002年に聖人に列せられたカプチン・フランシスコ修道会のピオ神父の遺体が初めて公開された。

5月の出来事 May

13日　物理学者のアインシュタインが、手紙の中で「神という言葉は、人間の弱さの産物という以上の意味はない」「ユダヤ教は他の宗教と同じく、極めて子供じみた迷信の権化だ」などと書いていたことを英国の古書類競売業者ブルームズベリーが明らかにした。

15日　中国で12日に発生した四川大地震の支援活動のため、台湾の「佛光山」や「法鼓山」「慈済功徳会」などの仏教系団

国内ニュース Domestic news

法違反（不実告知など）で28日から3カ月間の業務停止命令を出した。宗教法人への同法適用は初めて。

27日　奈良市と周辺の寺院の僧侶でつくる「南都二六会」が、2010年開催予定の平城遷都1300年祭の公式キャラクター「せんとくん」は「仏様の頭に角を生やし、侮辱している」と再考を求める意見書を平城遷都1300年記念事業協会に提出した。

30日　天台宗の「開宗1200年慶讃大法会」（2003年4月～）が3月末で結願を迎え、総本山延暦寺（大津市）で総結願奉告《ほうこく》法要が厳修された。

4月の出来事 April

1日　滋賀県教委は、金剛輪寺（滋賀県愛荘町）で天台宗の希少な仏典「観音玄《かんのんげん》義科《ぎか》」の写本が見つかったと発表した。

5日　天台宗別格本山書寫山圓教寺（兵庫県姫路市）の大樹玄承執事長が関西テレビ「ぶったま！」で、チベット騒乱に関して中国政府に抗議しない日本仏教界の姿勢を問う声明を読み上げた。

7日　日本財団が火葬場不足対策として、海上で火葬と葬儀を行う「葬祭・火葬船」構想をまとめ、報告書を発表した。

8日　統一教会に脅されて約2億2000万円を献金した女性が献金相当額の賠償を求めたところ、統一教会側が被害額を上回る約2億3000万円を支払うことで示談に応じていたことがわかった。

18日　善光寺（長野市）は、長野市で行われる予定の北京五輪聖火リレーの出発地点の辞退を申し入れた。混乱の未然防止と、同じ仏教徒の寺院としてチベット騒乱に対する配慮から。

18日　文化審は、青井阿蘇神社（熊本県人吉市）を国宝に指定するよう文科相に答申した。球磨地方を代表する神社建築で、近世社寺建築の発展において重要な位置を占めると評価された。

20日　出雲大社（島根県出雲市）で、ご神体を御輿《みこし》で仮殿に移す「仮殿遷座祭」が59年ぶりに営まれた。

25日　第62回式年遷宮の鎮地祭《ちんちさい》が伊勢神宮（三重県伊勢市）の内宮《ないくう》、外宮《げくう》と荒祭宮《あらまつりのみや》、多賀宮《たかのみや》で営まれた。

26日　長野市で北京五輪聖火リレーの出発式が始まった午前8時15分に合わせて、善光寺でチベット騒乱の犠牲者を追悼する法要が営まれた。

5月の出来事 May

体が救援隊を派遣した。
16日　2008年5月に「最後の審判」が来ると信じ、07年11月からロシアのペンザ州で洞穴に立てこもったロシア正教系カルト集団の信者35人のうち、残っていた9人全員は、死亡した2人の遺体が腐敗して毒ガスが発生したため退去した。
16日　カナダのトロントにあるルーテル教会は、同性婚をしている同性愛者の男性を副牧師に任命したと発表した。同性愛者の牧師の叙任はカナダでは初めて。
17日　イラク駐留米軍の兵士が首都バグダッド近郊でコーランを射撃訓練の的にしていたことがわかり、駐留米軍のハモンド少将が地元部族長に謝罪した。
22日　豪パースのセント・ジョージ大聖堂で、同国の聖公会で初めての女性主教にケイ・ゴールズワージーが就任した。
27日　19日に発売されたオーストリアのハイリゲンクロイツ修道院「シトー会」修道士の聖歌隊による聖歌CD「チャント～天空の歌声」が英国のポップチャートで9位とトップ10入りを果たし、クラシックチャートでは1位を獲得した。
28日　ネパールで約240年間続いたシャー（グルカ）王朝で国王はヒンドゥー教のヴィシュヌ神の化身として尊敬されてきたが、制憲議会は連邦共和制とする宣言を採択し、王制廃止を決定した。

6月の出来事 June

9日　インドネシア政府は、イスラム異端派教団「アフマディア」に活動禁止令を出した。
11日　カナダのハーパー首相は連邦議会で、先住民の子供にキリスト教信仰や英語使用を強制した、1874年から1970年代までの同化教育政策を公式に謝罪した。
16日　バチカンは、米国のロン・ハワード監督の新作映画2009年公開予定の「天使と悪魔」に関して、ローマの教会での撮影を拒否したことを明らかにした。
27日　インドのムンバイ近郊の聖ミカエル教会内で、キリストの肖像画の胸の辺りに赤い染みが広がっているのを子供が見つけた。ボンベイの大司教は8月31日に、調査中だが、「この現象は説明できない」とした。
28日　ローマ教皇ベネディクト16世は、使徒パウロの生誕2000年を記念して「パウロ年」（～2009年6月29日）を開幕した。

7月の出来事 July

1日　中国北京で、チベット仏教最高指導者ダライ・ラマ14世の特使と中国政府との公式対話がチベット騒乱後初めて行

3日　反日的内容として議論を呼んでいた、中国人の李纓《リ・イン》監督によるドキュメンタリー映画「靖国YASUKUNI」が東京都渋谷区の映画館で封切られた。
8日　中国の胡錦濤国家主席は、都内のホテルで創価学会の池田大作名誉会長と約30分間会談した。会談は今回で3回目。
20日　オウム真理教から改称した宗教団体アーレフが、教団名を「Aleph（アレフ）」に変更したと発表した。
20日　真宗佛光寺派（京都市）の渋谷　暁《しぶたにぎょう》真《しん》門主（佛光寺住職）が、健康上の問題を理由に辞意を表明した。後継者未定で、120年ぶりに門主、住職不在となった。
22日　アニメDVD『ジョジョの奇妙な冒険Adventure 6—報復の霧—』（APPP制作）と、原作漫画『ジョジョの奇妙な冒険』（集英社刊）にモスクの描き方などで不適切な表現があるとして、集英社などはDVDと、原作95巻のうち中東を舞台にした12巻から28巻の出荷を停止すると発表した。
23日　政府は、平沼赳夫元経産相の質問主意書に対する回答として、国公立学校が主催する形での靖国神社訪問を禁じた1949年の文部事務次官通達について、52年のサンフランシスコ講和条約発効で主権を回復したことにより失効したとする答弁書を閣議決定した。
26日　真宗大谷派は、研究交流施設「親鸞仏教センター」（東京都文京区）の定期刊行物『アンジャリ』の送付先3416人分の個人情報が流出したと発表した。
31日　高松塚古墳（奈良県明日香村）の国宝壁画が1972年の発見以来初めて一般公開された（～6月8日）。

6月の出来事 June

10日　浄土宗が北米開教区（本部・米ロサンゼルス）の運営をめぐって、現地の檀信徒組織・別院に損害賠償を求められた訴訟で、同宗が25万ドル（約2700万円）を支払うなどの地元裁判所の和解案に双方が合意した。
10日　真宗大谷派の宗議会は、住職の妻限定だった「坊守《ぼうもり》」を女性住職の夫にも適用する寺院教会条例改正案を可決した。
11日　オウム真理教が起こした一連の事件で、遺族や被害者に最高3000万円の給付金を支払うオウム真理教被害者救済法が成立した（12月18日施行）。
13日　日本基督教団は、ウェブ紙『クリスチャントゥデイ』とは、統一教会と関係があるなどの疑惑が解決されない限り、関係をもたないと表明した。
18日　『朝日新聞』夕刊のコラム「素粒子」が、13人の死刑執行を命じた鳩山邦夫法相を「死に神」と表現したことに対して、同法相は20日に抗議した。
18日　「宗派を超えてチベットの平和を

海外ニュース Foreign news

われた（〜2日）。

7日　ユネスコは、カンボジアが申請していたヒンドゥー教寺院遺跡「プレアビヒア」の世界遺産登録を決定した。寺院周辺の国境線が確定していないため、カンボジアの単独での登録申請に反発していたタイとの間で国境紛争が勃発した。

7日　英国国教会はヨークで開催した総会で、国教会史上初めて女性主教を認める方針を賛成多数で可決した。

16日　サウジアラビアのアブドラ国王の提唱で、スペインのマドリードで「国際対話会議」（ムスリム世界連盟主催）が開催された。最終日の18日には、テロに対抗する国際協力の必要性を指摘し、宗教間対話を促進するための国連総会の開催を求める宣言を採択した。

16日　英カンタベリーで、10年に1度、世界の聖公会の主教が集まって諸問題を討議する第14回ランベス会議が開幕した（〜8月3日）。英国国教会が女性主教を容認したことを受けて、ケニアやナイジェリア、ルワンダ、ウガンダなど4分の1の主教がボイコットした。

19日　豪州を訪問したローマ教皇ベネディクト16世は、シドニーで、同国の聖職者による未成年者への性的虐待事件について謝罪した。

24日　エジプトの聖カタリナ修道院で19世紀に発見された世界最古の聖書の1つ「シナイ写本」全350ページのうち約100ページがウェブ上で公開された。

30日　サウジアラビアの宗教警察は、若い男性がペットで女性を誘惑することが増えているため、首都リヤドでペット用の犬猫の販売と公共の場での犬猫の散歩を禁止する規則を導入したと発表した。

8月の出来事 August

6日　中国北京の天安門広場で、「イエスは主」と書いた横断幕を掲げた米国の「キリスト教防衛連合」の牧師ら3人が公安当局に拘束された。3人は7日にも中国政府の宗教弾圧に抗議する記者会見を開こうとして拘束された。

8日　中国で北京五輪が開幕した（〜24日）。これに先立ち、中国政府は五輪期間中に選手や観光客向けに聖書を無料配布することを許可した。

12日　韓国のソウル中央地裁は、2001〜06年に韓国人女性信者5人に対する強姦致傷罪に問われたカルト集団「摂理」の教祖・鄭明析《チョン・ミョンソク》に対し、懲役6年の実刑判決を下した。

15日　パラグアイの大統領に、元カトリ

国内ニュース Domestic news

祈念する僧侶の会」が、増上寺（東京都港区）で「第1回結集」を行った。

26日　1990年に新求道共同体などが設立したカトリック教会高松教区立国際宣教神学院（香川県東かがわ市）を教区立神学院としては閉鎖する、ローマ教皇ベネディクト16世の決定が出された。司祭養成学校の閉鎖は、1614年の禁教令による閉鎖以降、初めて。

27日　北海道洞爺湖サミット（7月7〜9日）を前に「G8宗教指導者サミット」（同実行委員会主催）が約30カ国の宗教指導者ら約100人が参加して大阪市で開幕した。29日は京都市で、ミャンマーやチベットでの人権問題に言及した宣言文を採択して閉幕した。

7月の出来事 July

2日　「平和のために提言する世界宗教者会議」（世界宗教者平和会議日本委員会主催）が、23カ国から約300人の宗教関係者が集まり、札幌市で開幕した。3日にはテロの根絶や核廃絶などを盛り込んだ提言が採択された。

2日　日本聖書協会が頒布を行っている『聖書・新共同訳』の頒布数が1000万冊に達し、教文館（東京都中央区）で、記念聖書贈呈式が行われた。

10日　日本聖公会京都教区に所属していた元牧師（司祭）が1980年代に信徒の少女らに性的虐待を行った事件で、聖公会関係者が元牧師を終身停職にする懲戒申し立てを京都教区審判廷に行った。

11日　警視庁は、不法就労目的の韓国人女性を日本人男性と偽装結婚させたとして、韓国出身の宣教師と内縁の夫の結婚相談所経営者を電磁的公正証書原本不実記録・同供用容疑で逮捕したと発表した。

17日　宗教法人「回向院《えこういん》」（東京都墨田区）がペット供養施設への固定資産税課税処分取り消しを求めた訴訟で、最高裁は東京都の上告を棄却し、課税取り消しを命じた2審の東京高裁判決が確定した。

23日　射水《いみず》市民病院（富山県射水市）で、2000〜05年に人工呼吸器を外された末期患者ら7人が死亡した問題で、富山県警は、同病院の医師2人を殺人容疑で富山地検に書類送検した。

8月の出来事 August

12日　大山隠岐《だいせんおき》国立公園内にある無人島のカズラ島（島根県海士《あま》町）の全域約1000㎡が株式会社カズラ（同町）により散骨所として整備され、開所式が行ック司教で中道左派のフェルナンド・ルゴが就任した。
17日　中国雲南省で、米国人4人が許可なく中国語版の聖書315冊を持ち込もうとして税関当局に差し押さえられた。
27日　韓国で、キリスト教徒である李《イ》明博《ミョンバク》大統領の政権が仏教を差別しているとして、主な仏教27教団の僧侶5000人を先頭に信徒約6万人がソウル市庁前広場で抗議集会を開いた。李大統領は9月9日、仏教界に謝罪した。

9月の出来事
September

8日　インドネシアのナングロ・アチェ州で、イスラム法に基づく州法を根拠に2009年の州議会議員選挙に立候補予定のイスラム教徒に聖典コーランの朗読テストが実施された（〜12日）。
13日　アフガニスタンのバーミヤン遺跡でこの日までに東西300m、南北200mに及ぶ伽藍《がらん》跡が出土。7世紀の中国の僧・玄奘《げんじょう》が『大唐西域記』に記した「先王の建てた伽藍」と推定された。
14日　フランスを訪問（12〜15日）したローマ教皇ベネディクト16世は、聖母マリアが現れたとされる聖地ルルドで、聖母出現150周年を祝うミサを行った。
15日　英国国教会は、英国の生物学者ダーウィンに対し、1859年に『種の起源』で進化論を発表した当時、非難したことについて公式サイト上で謝罪した。
16日　ナイジェリアのニジェール州で、同州で2000年にイスラム法に基づく法制度が導入されて妻は4人までとなったため、離婚を促されたが無視していた86人の妻をもつ84歳男性が逮捕されたことが明らかになった。18日には子供170人のうち20人と妻全員が司法当局に抗議活動を行った。
27日　イスラム教預言者ムハンマドと幼な妻アーイシャを描き、イスラム教徒らの反発を招いている米ジャーナリスト、シェリー・ジョーンズの小説『メディナの宝石』を出版予定だった英ロンドンの出版元が放火され、警察当局は反テロ法違反容疑で男3人を逮捕した。
30日　インド西部ラジャスタン州ジョドプールのヒンドゥー教のチャムンダ・デビ寺院で、ヒンドゥー教の女神ドゥルガの祭りのために集まっていた信徒が参道の坂道で倒れ、224人が死亡した。

10月の出来事
October

5日　伊ローマのサンタ・クローチェ・イン・ジェルザレンメ大聖堂で、旧約聖書の「創世記」から新約聖書の「ヨハネの黙示録」まで全73巻を7日間、交代で読み続ける、史上初めての「聖書朗読マラソン」が行われた（〜11日）。
7日　ネパールの宗教当局は、3月に引

われた。散骨専用の島は国内初。
15日　終戦記念日の靖国神社に小泉純一郎元首相と安倍晋三前首相、野田聖子消費者行政担当相と保岡興治法相、太田誠一農水相の3閣僚が参拝したが、福田康夫首相は参拝せず、同神社への参拝者は約15万2000人だった。
20日　諏訪マタニティークリニック（長野県下諏訪町）の根津八紘《ねつやひろ》院長は、61歳の女性が「孫」に当たる、生まれつき子宮がない実の娘の子を代理出産していたと明らかにした。
24日　世界遺産に登録されている真言宗醍醐派総本山醍醐寺（京都市）で、観音堂「准胝《じゅんてい》堂」が落雷により全焼し、江戸時代の作とされる本尊の「准胝観音坐《ざ》像《ぞう》」など堂内の仏像も焼失した。
27日　修行代の名目で巨額の金をだまし取ったとして詐欺罪に問われ、1、2審で懲役12年の実刑判決を受けた宗教法人「法の華三法《さんぼうぎょう》行」（解散）の元代表役員・福永法源（本名・輝義）に対し、最高裁は上告を棄却した。懲役12年とした1、2審判決が確定する。

9月の出来事
September

7日　鷲宮《わしのみや》神社（埼玉県鷲宮町）の、千貫《せんがん》神輿が練り歩く「土師祭《はじさい》」で、人気アニメ『らき☆すた』のキャラクターをあしらった神輿が登場した。

8日　伊勢神宮から延暦寺まで近畿の有名な151社寺を結ぶ新しい巡礼ルート「神仏霊場巡拝の道」の巡拝受付が始まった。受付開始に合わせて半田孝淳・天台座主《ざす》など各社寺の神職と僧侶ら約220人が伊勢神宮内宮を参拝。史上初めて天台座主が伊勢神宮を正式参拝した。
9日　曹洞宗（東京都港区）は、曹洞宗の主催としては初めて、長国寺（長野市）で、被差別戒名物故者諸精霊追善法要を営んだ。
12日　宗教法人「慈妙院」（愛知県春日井市）が、ペット供養は宗教行為なのに法人税を課税されたのは不当だとして課税処分取り消しを求めた訴訟で、最高裁は、法人税の課税対象であるとの初判断を示し、同院側の上告を棄却した。
16日　福島県須賀川市で1995年、信者6人が除霊と称して暴行されて死亡した事件で殺人罪などに問われ、1、2審で死刑判決を受けた祈禱師・江藤幸子被告について、最高裁は上告を棄却した。死刑が確定する（10月3日確定）。
17日　現代の仏教界に危機感をもち、社会問題に取り組む首都圏を中心とした30〜40代の約20人の超宗派の僧侶や寺院のネットワーク「寺ネット・サンガ」（事務局・東京都新宿区）が発足した。
30日　法蔵寺（静岡県島田市）で市指定文化財の千手観音像が偽物にすり替えられた事件で、静岡県警は窃盗容疑で古物

海外ニュース Foreign news

退した11歳の少女の後任として、3歳のマティナ・シャクヤをヒンドゥー教の伝統である生き神「クマリ」に認定した。

15日　ロシア法務省は手続きの不備を理由に、ワールド・ビジョンなどプロテスタント関連の35団体を含む56の宗教関係団体を解散予定として発表した。

17日　ロシア南部チェチェン共和国の首都グロズヌイに「チェチェンの心」と名付けられた、面積14haで1万人を収容できるモスクが開所した。

21日　ソニー・コンピュータエンタテインメント（SCE）は、プレイステーション3用のゲームソフト「リトルビッグプラネット」の欧米での発売を1週間延期すると発表した。使用したマリ出身の音楽家トゥマニ・ジャバテの曲の歌詞に、コーランの一節が含まれており、不適切と判断したため。

24日　サルコジ仏大統領の人形に針を刺してブードゥー教ののろいのまねをする『ブードゥー教の手引き』（9日発売）がネット通販アマゾンのフランス版で売れ筋第1位となった。

27日　エジプトでイスラム教スンニ派最高権威機関アズハルのファトワ委員会委員長であるアブドゥルハミド・アトラシュ師が、夫に暴力を振るわれた妻にやり返すことを認めたことが明らかになった。

30日　インドネシアの国会は「ポルノ規制法案」を可決した。ヒンドゥー教徒が多数派で、肌の露出が多い伝統芸能や裸体のレリーフがあるヒンドゥー寺院が観光資源のバリ島では抗議集会が開かれた。

11月の出来事 November

4日　バチカンがイスラム教指導者を招いた第1回「カトリック・イスラム・フォーラム」が開催された。6日に「宗教の名で実行される抑圧、テロの根絶」を求める共同宣言を採択して閉幕した。

9日　イスラエルにあるエルサレムの聖墳墓教会で、アルメニア正教とギリシャ正教の聖職者20人以上が乱闘し、2人が逮捕された。

12日　サウジアラビアのアブドラ国王の呼び掛けにより、米ニューヨークの国連本部で、宗教間対話を促進する「平和の文化」首脳級会合が開かれた。13日に、宗教の名の下でのテロや暴力を非難する宣言を採択して閉幕した。

19日　国際テロ組織アルカイダのナンバー2、ザワヒリは、オバマ次期米大統領を「イスラム教徒の父をもちながら、大統領になるためキリスト教に改宗し、イ

国内ニュース Domestic news

商を逮捕したと発表した。

10月の出来事 October

1日　称名寺光明院（横浜市）所蔵の弥勒菩薩坐像から、空海が唐から持ち帰ったとされる東寺（京都市）と室生寺（奈良県宇陀市）伝来の2つの仏舎利が見つかったと神奈川県立金沢文庫が発表した。

3日　金光教加茂川教会（京都市）の資金約1億4900万円を着服したとして、業務上横領罪に問われていた教会の元会計担当に対し、京都地裁は懲役4年の実刑判決を言い渡した。

13日　創価学会徳島文化会館などが入ったビル（徳島市）の玄関が爆破された。15日に創価学会と中国を批判する犯行声明が同市内で見つかり、11月に逮捕された男はチベット問題への抗議と供述した。

14日　曹洞宗総合研究センターが、「祈りの集い～自死者供養の会～」を檀信徒会館研修道場（東京都港区）で営んだ。

15日　衆院予算委で、石井一・民主党副代表が、公明党と支持母体である創価学会の関係について政教一致などと批判し、創価学会の池田大作名誉会長らの参考人招致にも言及した。

23日　奈良教育大（奈良市）は、構内で創建時の新薬師寺の金堂とみられる巨大な遺構が見つかったと発表した。基壇跡は東西約68ｍ、南北約28ｍ、基壇上の建物の幅は約59ｍと推定された。

29日　浄土真宗本願寺派の不二川公勝《ふじかわこうしょう》総長は、21日に開催したが、同派の首都圏センターが門信徒拡大のため運用したネット事業（休止中）の費用1億4000万円が宗派の事業として計上されていた件に関して紛糾していた宗会を解散した。任期中解散は7年ぶり、戦後6回目。

11月の出来事 November

2日　日本人男性が匿名女性の卵子の提供を受け、インド人代理母に出産を依頼して7月に生まれたが、母親不詳のためインド国籍も日本国籍も取得できなかった女児が、特例で日本に入国した。

7日　紀元会（長野県小諸市）の会員が教団施設内で集団暴行を受けて死亡した事件で、首謀者とされ傷害致死などの罪に問われた同会創設者の二女で元幹部の窪田康子被告に対し、長野地裁は懲役12年の実刑判決を言い渡した。

13日　皇太子殿下は伊勢神宮の内宮と外宮に参拝された。

14日　第24回世界仏教徒会議日本大会

スラムの敵になった」と批判し、対米攻撃の継続を警告する声明を出した。
22日　ネパール南部バラ地区で「ブッダの化身」と呼ばれるバムジャン少年が約1年半ぶりに10日間だけ姿を現したが、瞑想のためジャングルに戻ったと警察が発表した。
22日　バチカンの機関紙『オッセルバトーレ・ロマーノ』は、ビートルズの故ジョン・レノンの「自分たちはイエス（・キリスト）より有名」という1966年の発言について、許容する論評を掲載した。
22日　マレーシアの国家ファトワ協議会は、ヒンドゥー教に基づくヨガはイスラム教徒にとって有害だとしてヨガを禁止するファトワを出した。
26日　インド西部ムンバイで、高級ホテルやユダヤ教施設など約10カ所がイスラム過激派組織の武装集団に襲撃された。29日までに制圧されたが、ユダヤ教施設では米国出身のラビ夫妻ら5人が殺害され、犠牲者は163人に上った。
27日　ナイジェリア中部プラトー州の州都ジョスで約10年ぶりに行われた地方選挙の結果発表が遅れ、キリスト教系の国民民主党とイスラム系の全ナイジェリア国民党のそれぞれの支持者が暴徒と化し、29日までに367人の死亡が確認された。
28日　インド北部ハリヤナ州に住む70歳の女性が体外受精で女児を出産した。世界最高齢出産とみられる。

12月の出来事
December

3日　米国聖公会の保守派が「アングリカン・チャーチ・イン・ノースアメリカ」を発足させた。
5日　ロシア正教会の最高指導者、アレクシー2世総主教がモスクワ郊外の自宅で死去した。79歳だった。
6日　ポーランド北部グダニスクで、サルコジ仏大統領は、8月に中国の反発で会談を見送った、チベット仏教最高指導者ダライ・ラマ14世と初めて会談した。
12日　バチカンは、ヒトのES細胞の医学的な利用や体外受精を、生命倫理の観点から罪とみなす声明を発表した。
12日　米男性誌『プレイボーイ』本部が、同誌メキシコ版に聖母マリアをイメージした女性のヌードを掲載して反感を招いたことに対して、謝罪を表明した。
18日　マレーシアのナジブ副首相が、2009年からイスラム教徒に結婚前のエイズウイルス（HIV）検査を義務付けると発表した。一部の州では実施済み。
21日　バチカンでローマ教皇ベネディクト16世は、初めて17世紀の天文学者ガリレオ・ガリレイの地動説を公式に認めた。
26日　エジプトのコプト教会の教皇シェヌーダ3世が、電話による「痛悔」を「国の情報機関が盗聴しているかもしれない」として禁止したことがわかった。

（世界仏教徒連盟主催）が浅草寺（東京都台東区）などで、23カ国約600人の仏教関係者が参加して開催された（〜17日）。日本での開催は30年ぶり3度目。
15日　宗教法人「本願寺」（京都市）の大谷光道《こうどう》法主は、後継者を三女の純子《よしこ》に決定したと発表した。
19日　曹洞宗の宗門校、駒澤大（東京都世田谷区）がデリバティブ（金融派生商品）取引による資産運用の失敗で約154億円の損失を出し、約110億円の融資を銀行から受けたことがわかった。
19日　浄土宗は、妙慶院（広島市）で法要を営み、戦争協力を懺悔する「浄土宗平和アピール」を表明した。同宗が対外的に戦争責任を明言するのは初めて。
24日　ローマ教皇庁による列福式が国内で初めて長崎県営野球場（長崎市）で開催され、ペトロ岐部ら江戸時代初期の殉教者188人が福者となった。
30日　「日本仏教心理学会」（事務局＝武蔵野大・ケネス田中研究室）が設立。

12月の出来事
December

1日　公益法人制度改革関連3法が施行された。また、宗教法人法の前提であり、祭祀、宗教の公益性が明示された条文が民法34条から削除され、新たに民法33条第2項として設けられ、施行された。
7日　麻生太郎首相は熊本県内で、「労働は罰だと思っている国のほうが多い。旧約聖書では神がアダムに与えた罰は労働。旧約聖書、キリスト教、イスラム教を足せば、世界の7割ぐらいの宗教の哲学で労働は罰だから」などと発言した。
11日　紀元会と松井五十鈴・総裁代行らが関東信越国税局などの税務調査を受け、2007年までの5年間で約17億円の申告漏れを指摘されていたことがわかった。
20日　高野山真言宗から資格認定を委託されたNPO法人・日本スピリチュアルケアワーカー（SCW）協会は住職ら8人をSCWとして初めて認定した。
24日　靖国神社のサイトが何者かにハッキングされ、内容が書き換えられた。
24日　政府は閣議で、10月7日の衆院予算委で民主党の菅直人代表代行による「オウム真理教の麻原彰晃（本名・松本智津夫）死刑囚が党首だった真理党が権力を握り、オウムの教えを広めたら、政教分離に反するか」という質問に宮崎礼壹・内閣法制局長官が「違憲になる」とした国会答弁を撤回する異例の答弁書を決定した。公明党の山口那津男参院議員が撤回要求した質問主意書に答えたもので、菅代表代行は「創価学会が閣議決定を左右している」と批判した。
30日　北海道大は、「神世界」グループの活動に自宅を提供したなどとして、同大電子科学研究所の竹市幸子准教授を諭旨解雇処分にすると発表した。

2009

Foreign news 海外ニュース

1月の出来事 January

5日　オランダ第2の都市ロッテルダムで、モロッコ生まれでイスラム教徒のアハメド・アブタレブがオランダで初めてイスラム系移民として市長に就任した。

6日「神はおそらく存在しない。悩まないで人生を楽しもう」という広告を付けた路線バス約800台が英国各地で4週間の予定で運行を開始した。

16日　コンゴ（旧ザイール）で、隣国ウガンダの反政府組織でキリスト教の一派を自称する「神の抵抗軍（LRA）」が住民100人以上を虐殺した。

20日　米史上初の黒人大統領に選ばれたバラク・オバマが、リンカーン第16代大統領が1861年の宣誓で使った聖書に左手を乗せ、第44代大統領就任を宣誓した。就任演説では、大統領として初めて無神論者の存在を認めた。

23日　バチカンがユーチューブにローマ教皇ベネディクト16世の公式チャンネルを開設した。

25日　インドネシアのイスラム指導者評議会（MUI）は、国内のイスラム教徒にヒンドゥー教との関連が深いヨガを原則として禁止するファトワを出した。

25日　ローマ教皇ベネディクト16世は、聖ピオ10世会の4人の破門解除を発表した。ナチスによるユダヤ人大虐殺を否定する英国人のウィリアムソン司教が含まれており、ユダヤ人社会が反発し、メルケル独首相が教皇を批判するなどしたため、教皇は3月12日に公開した書簡で、事実上謝罪した。

2月の出来事 February

30日　ポーランドのポズナニ大のヨーゼフ・バニアック教授が行った調査で、司祭の54%が独身制廃止を望んでおり、12%はすでに女性と同棲していることがわかったという結果が報じられた。

国内ニュース Domestic news

1月の出来事 January

2日　新年恒例の一般参賀が皇居・宮殿で行われ、7万5790人が訪れた。天皇陛下の負担軽減のため、ベランダに立たれる回数は例年より2回少ない5回となった。

5日　通常国会の開会式に、浄土真宗本願寺派教蓮寺（山口県岩国市）の元住職、藤谷光信参院議員（民主党）が、戦後の国会史上初めて正式な法衣《ほうえ》で登院した。

9日　警察庁のまとめによると、正月三が日の全国の主な神社・仏閣への初詣での人出（主催者発表）は9939万人で、統計の残る1974年以降で過去最多だった。上位3位の順は1998年来同じで、1位は明治神宮（東京都渋谷区）319万人、2位は成田山新勝寺（千葉県成田市）298万人、3位は川崎大師（神奈川県川崎市）296万人（警察庁のまとめは2009年で終了）。

10日　道元の生涯を描いた大谷哲夫駒澤大総長の著書『永平の風　道元の生涯』を映画化した「禅　ZEN」（高橋伴明監督、角川映画配給）が公開された。興行収入約5億円のヒットとなった。

14日　浄土宗で、稲岡康純宗務総長が妻の介護を理由に辞任したため、新宗務総長に53歳の里見法雄が選ばれた。浄土宗と本派浄土宗が合同した1962年以降では最年少の宗務総長。

23日　公安審は、団体規制法に基づくオウム真理教（現アレフ）に対する観察処分を2月1日から3年間更新する決定をした。更新は3回目。分派した「ひかりの輪」も処分対象とした。

29日　宮内庁は、天皇陛下の負担軽減のため、公務や宮中祭祀の見直し策を発表した。各種式典での「お言葉」は原則なし、宮中祭祀では、「新嘗祭《にいなめさい》」では深夜に行われる「暁《あかつき》の儀」への出席時間が短縮され、毎月1日の「旬祭」では5月1日と10月1日以外は代拝となった。

1日　ロシア正教会の第16代総主教に選ばれたキリル府主教の即位式が、モスクワの救世主キリスト大聖堂で行われた。
5日　米国のキリスト教団体「中国支援協会（CAA）」は、2008年の中国政府による地下キリスト教会への弾圧は北京五輪のため深刻で、前年比157％増の2027人の信者と、23・3％増の74件の教会が弾圧を受けたと発表した。
9日　米ウェブサービス「ツイッター」は、チベット仏教最高指導者ダライ・ラマ14世の名前でアカウント登録をした人物はなりすましだったため、利用を一時停止させたことを明らかにした。
14日　インド警察当局は、バレンタインデーを祝うカップルに危害を加えようとしたヒンドゥー教至上主義の過激派計約50人を各地で拘束した。
15日　マレーシアのパハン州捜査当局は、朝に州内のホテルを急襲し、宿泊していたイスラム教徒の未婚カップル26組をイスラム法に反するとして逮捕した。
15日　バチカンは、天文学者ガリレオ・ガリレイの生誕445周年に当たり、彼の業績をたたえる初のミサをローマのサンタマリアデリアンジェリ教会で行った。
16日　韓国カトリック界の最高指導者で、民主化運動の支援者だった金寿煥《キム・スファン》枢機卿が死去した。86歳。
25日　米国務省は、2008年の人権報告書を発表し、中国のチベット自治区や新疆《しんきょう》ウイグル自治区で文化的・宗教的抑圧が強まっていると批判した。

3月の出来事
March

7日　ミャンマーの首都ネピドーで、旧首都ヤンゴンに創建された仏塔シュエダゴン・パゴダを模して建立された高さ99mの仏塔の建立式が行われた。
10日　チベット亡命政府があるインド北部のダラムサラで、チベット動乱50周年を記念する式典が開催された。
12日　ブラジルで、強姦により妊娠した9歳の少女の中絶手術を行った医師らがカトリックの大司教に破門された件で、司教協議会は破門の取り消しを表明した。
17日　ローマ教皇ベネディクト16世は、就任後初のアフリカ訪問に出発した（～23日）。機内で、エイズ対策としてのコンドーム配布を否定する発言をし、国際機関や欧州各国の反発を招いた。
18日　国際人権団体アムネスティ・インターナショナルは、アフリカ西部のガンビアでジャメ大統領の命令によるものとみられる魔女狩りが行われ、警察や軍隊が約1000人を拘束、迫害しているとして、ガンビア政府に中止を求めた。
19日　バチカンの公式サイトに東洋言語として初めて、中国語版が開設された。
22日　南ア政府が、同国で27日に開催される平和会議に出席予定だったチベット

2月の出来事
February

3日　大阪国税局が近畿2府4県にある1476の宗教法人を調査したところ、6割に及ぶ925法人で源泉所得税の徴収漏れ、212法人でお布施を私的に流用する不正などがあったことがわかった。追徴課税額は、2008年6月までの3年間で計約7億8800万円。
13日　高野山大（和歌山県高野町）は、定員割れが続いている2006年度新設のスピリチュアルケア学科の学生募集を09年度で停止すると決定した。
14日　浄土真宗本願寺派の本願寺札幌別院（札幌市）が、住居がない失業者に就職活動中の宿舎を無償提供する「さっぽろ駆け込み寺」を開設した（～4月28日）。
19日　香川県は、県立中央病院（高松市）で2008年9月に不妊治療を受けた20代女性が、別の患者の受精卵を移植された疑いがあり、妊娠9週目で人工中絶したと発表した。受精卵の取り違えで妊娠が明らかになったのは国内で初めて。
20日　和歌山市東紺屋町の延命地蔵の祠前に置かれていたレジ袋3つから、現金計約4000万円が見つかった。落とし主が見つからず、5月21日には延命地蔵保存会に所有権が移った。
21日　名古屋市の平手町遺跡で弥生時代中期後半のものとみられる国内最古の舟の形をした木棺が見つかったと同市教委が発表した。
23日　米ロサンゼルスで第81回アカデミー賞の授賞式が行われ、〝納棺師〟の男性を主人公に、人間の生死や家族のきずなを描いた滝田洋二郎監督の『おくりびと』が外国語映画賞を獲得した。
26日　太平洋戦争の戦没者遺族9人が、靖国神社に親族が合祀《ごうし》されているのは故人を追慕する権利の侵害であるとして、同神社に合祀名簿から氏名を削除することなどを求めた訴訟で、大阪地裁は原告らの請求を棄却した。靖国神社を被告とし、合祀の是非を問う初の司法判断。

3月の出来事
March

2日　臨済宗建仁寺派大本山建仁寺（京都市）の木造十一面観音坐像が盗まれた事件で、京都府警は三重県四日市市の会社社長を逮捕した。容疑者宅からは同像のほか、東寺（同市）の不動明王立像とみられる仏像など21体が押収された。
10日　佐賀県は、県職員がブランド肉「佐賀牛」をアラブ首長国連邦（UAE）に、未検疫で、UAEへの食肉輸出に必要な「ハラール」の証明書もなく、不正に持ち込んでいたことを明らかにした。
18日　宇佐神宮（大分県宇佐市）の例大祭で、神社本庁が特命宮司に任命した穴井伸久と、同神宮の宮司を世襲してきた

海外ニュース Foreign news

仏教最高指導者ダライ・ラマ14世への査証発給を拒否したことがわかった。出席予定だったマンデラ南ア元大統領やツツ元大主教らが抗議のボイコットを表明し、24日に会議延期が決まった。

25日　米カトリック司教会議は、「レイキ（霊気）」療法は迷信に値し、キリスト教の信仰面からも自然科学の観点からも妥当性を欠くとの指針を発表した。

28日　中国仏教協会と台湾国際佛光会などの主催で、「和諧世界（世界の調和）、衆縁和合」をテーマに第2回世界仏教フォーラムが開催された（～4月1日）。

28日　インド警察当局は、イスラム教徒への敵意をあおる演説をしたとして、初代首相ネールのひ孫、バルン・ガンジー容疑者を逮捕した。

4月の出来事 April

5日　イスラム教の聖地、サウジアラビアのメッカにある約200のモスクで、カーバ神殿の方角を示す「キブラ」が誤っていたことがサウジアラビア紙『サウジ・ガゼット』で報じられた。

13日　英国の神学シンクタンク「セオス」が、2060人を対象に行った調査で、英国人の55%が天国を信じ、39%が幽霊の存在を信じ、27%が輪廻転生を信じていることがわかったと発表した。

15日　米ノースカロライナ州の不妊治療施設は、21年前に凍結された精子による体外受精で女児が誕生したと発表した。

21日　エジプト考古最高評議会は、シナイ半島北部で古代エジプト新王国第18王朝（紀元前1550～同1186年ごろ）時代のものとみられる4つの神殿を発見したと発表した。

23日　韓国人女性信者5人への強姦致傷罪などに問われた「摂理」教祖の鄭《チョン》明《ミョン》析《ソク》の上告審で、韓国の最高裁は上告を棄却し、懲役10年の2審判決が確定した。

28日　イスラム諸国会議機構（OIC）は、イスラム教預言者ムハンマドやブッダ、キリストなどが対戦するウェブ上の格闘ゲーム「フェイス・ファイター（信仰の闘士）」について削除を要求した。

5月の出来事 May

3日　エジプト政府が新型インフルエンザの予防措置として、国内で飼育されている豚の全頭処分を4月29日から始めたことに対し、反発するコプト教徒の住民と治安部隊が衝突して負傷者が出た。

8日　ローマ教皇ベネディクト16世は、

国内ニュース Domestic news

到津《いとうづ》家と責任役員らが宮司に決定した到津家の長女克子《よしこ》の、2人の"宮司"が宮司席に着座しようとする混乱が起きた。最終的に穴井宮司が例大祭の斎主を務め、26日には宮内庁に宮司就任を報告した。

19日　東京地裁はオウム真理教の破産手続きを終結する決定を出した。残された債権約21億円は「オウム真理教犯罪被害者支援機構」に18日付で譲渡された。

31日　東京国立博物館（東京都台東区）で興福寺創建1300年記念「国宝阿修羅展」が開幕した（～6月7日）。総入場者数は同館での日本美術の展覧会として最多の94万6172人を記録。

4月の出来事 April

1日　高野山真言宗は、後継者不在の寺院に入寺希望者紹介などを行う「高野山真言宗後継者支援システム」を開設した。

1日　東京カトリック神学院と福岡サン・スルピス大神学院を統合した「日本カトリック神学院」が東京と福岡にキャンパスを設置して開校した。

1日　聖トマス大（兵庫県尼崎市）に、「グリーフ（悲嘆）ケア」の専門職を養成する国内初の「日本グリーフケア研究所」が設立された。

2日　浄土真宗本願寺派本山西本願寺（京都市）の御影《ごえい》堂で、約200年ぶりの大修復が終了し、御影堂平成大修復完成奉告《ほうこく》法要が修された。

5日　善光寺（長野市）で、ご開帳が始まった（～5月31日）。期間中の参拝者数は過去最高の計673万人。

8日　指定暴力団山口組元大幹部で後藤組の後藤忠政（本名・忠正）元組長が神奈川県内の天台宗の寺院で得度した。

19日　「寺ネット・サンガ」の中下大樹代表は、生活困窮者の葬儀を支援する「葬送支援ネットワーク」（東京都新宿区）の発足を宣言した。

21日　インドで仏教復興運動を行っている佐々井秀嶺《しゅうれい》師が、44年ぶりに日本に一時帰国した（～6月23日）。

23日　世界遺産「紀伊山地の霊場と参詣道」に登録された吉野大峯（奈良県）、熊野（和歌山県）、高野山（同）の3霊場の15社寺により、「紀伊山地三霊場会議」が発足した。

5月の出来事 May

13日　日蓮宗総本山身延山久遠寺（山梨県身延町）で、明治の大火で焼失した五重塔が134年ぶりに再建され、落成慶就任後初めて、ヨルダン、イスラエル、パレスチナ自治区を訪問した（～15日）。11日にエルサレムのホロコースト記念館を訪れたが、ドイツ人でナチス青年組織に所属したことがある教皇は明確な謝罪をしなかった。

9日　中国の陝西省《せんせい》にある法門寺に、高さ148mの「合掌舎利塔」が完成し、落成・仏指舎利奉安大典が営まれた。

10日　インドのハイデラバードで、15世紀の詩人アンナマチャルヤの601回目の誕生日を祝う行事で、彼が作詞したヒンドゥー教の賛歌を16万人以上の信者が歌い、斉唱人数のギネス世界記録を更新した。

20日　アイルランド政府の調査委員会がまとめた報告書で、カトリック教会が運営する児童施設で1930～90年代に、男児向けの全施設で修道士による強姦が確認されるなど虐待が常態化していたことが明らかになった。

22日　キリスト教福音派出版社「クリスチャニティ・トゥディ・インターナショナル」が経営不振で、有力誌の『トゥデイズ・クリスチャン・ウーマン』と『キャンパス・ライフ・クリスチャン・カレッジ・ガイド』など4誌の廃刊と、従業員30人の解雇を発表した。

26日　スウェーデン教会のストックホルム教区監督にレズビアンであることをカミングアウトしているエバ・ブルンネ教区監督代理が選ばれた。世界のルーテル派教会で初の同性愛者監督とみられる。

30日　ミャンマーのヤンゴン近郊で2300年の歴史をもつ寺院内にある仏塔が崩壊し、2人が死亡した。

6月の出来事 June

4日　中東歴訪中のオバマ米大統領はエジプトのカイロ大で演説し、イラク戦争などで悪化した米国とイスラム世界との関係修復を訴えた。

6日　サウジアラビアの首都リヤド市内で約30年ぶりに映画が一般公開された。映画は男女交流の場となり、イスラム教に反するとされており、男性と10歳以下の女児だけが鑑賞を許可された。

7日　仏パリ市は、欧州歴訪中のチベット仏教最高指導者ダライ・ラマ14世に「名誉市民」の称号を授与した。

22日　米聖公会から離脱した保守派8グループによって結成されたコモン・コーズ・パートナーシップが「北米アングリカン教会（ACNA）」として発足した。

7月の出来事 July

1日　独ドレスデンの法廷で、スカーフを理由に「テロリスト」と侮辱されたと訴えたイスラム教徒のエジプト人女性が被告のドイツ人男性に刺殺され、夫も警

讃大法要が営まれた（～17日）。

17日　浅草神社（東京都台東区）の三社祭（15～17日）で、神輿《みこし》を境内から担ぎ出す「宮出し」が2年ぶりに復活した。

19日　日枝《ひえ》神社（東京都千代田区）の神社内で、2008年6月に祭礼行事の慰労会終了後、20代の巫女《みこ》を乱暴したとして、強姦罪に問われた31歳の元権禰宜《ごんねぎ》に、東京地裁は懲役3年の判決を言い渡した。

25日　「幸福の科学」（東京都品川区）は、政治団体「幸福実現党」を設立し、次期衆院選に候補者を擁立すると発表した。

25日　有限会社「神世界《しんせかい》」（山梨県甲斐市）グループによる霊感商法事件で被害を受けたとして、9都府県の17人が、神世界などに計約1億6800万円の損害賠償を求め、東京地裁に提訴した。

29日　1984年の日本を舞台にオウム真理教がモデルとみられるカルト教団の謎などを描いた、作家・村上春樹の小説『1Q84《いちきゅうはちよん》』（全2巻）が出版された。11月までに2巻の累計発行部数223万部に達した。

6月の出来事 June

8日　日蓮宗は、『立正安国論』奏進750年に当たり、妙本寺（神奈川県鎌倉市）で宗門法要を修した。10日には中山法華経寺（千葉県市川市）でも営んだ。

9日　23軒のラブホテルを経営する宗教法人「宇宙真理学会」（香川県多度津町）が収入の約4割を非課税のお布施として申告し、2008年2月期までの7年間で14億円の所得隠しを関東信越国税局から指摘されていたことがわかった。

11日　警視庁は、不安をあおって高額な印鑑を販売したとして特定商取引法違反の疑いで印鑑販売会社「新世」（東京都渋谷区）の社長ら7人を逮捕し、世界基《キリ》督《スト》教統一神霊協会（統一教会）が組織的に関与した疑いで、同会の関連施設などを家宅捜索した。事件を受けて統一教会の徳野英治会長が14日付で辞任した。

15日　1月に南部利昭・前宮司が急逝してから空席が続いていた靖国神社第10代宮司に、旧但馬《たじま》豊岡藩藩主、京極家の15代当主の京極高晴が就任した。2代続けて神職経験のない宮司となった。

15日　高野山真言宗総本山金剛峯寺（和歌山県高野町）で開催された弘法大師降誕会に、半田孝淳・天台座主《ざす》が参列した。天台座主の高野山公式参拝は、両宗開宗以来約1200年で初めて。

18日　日本カトリック司教協議会は、5月施行の裁判員制度に関して、聖職者らに裁判員を原則辞退するよう指示し、選任された場合は過料を払って不参加とするよう勧めたことを明らかにした。

25日　東大寺（奈良市）が、人気キャラクター「まりもっこり」の関連商品「大仏もっこり」について販売中止を求めて

海外ニュース　Foreign news

官に誤って撃たれて重体となった。このため、「イスラム差別」だとして、夫妻の出身地エジプトのアレキサンドリアで抗議デモが広がった。

3日　スーダンのハルツームで、ズボンをはいていた女性13人が、イスラム法に基づく刑法で「公然わいせつ」に当たるとして逮捕された。うち10人が罪を認め、むち打ち10回の刑を受けた。罪を否認した地元紙記者は裁判で罰金刑となったが支払いを拒否。スーダン記者連合が罰金500スーダン・ポンド（約2万円）を肩代わりしたため、翌日に釈放された。

3日　米CNNのテレビ番組で、6月25日に急死した歌手マイケル・ジャクソンが過去に住んでいた豪邸内を映していたところ、マイケルの歩き方とよく似た動きをする人影が映り込み、「亡霊が映っている」と全米で騒ぎになった。

5日　中国新疆ウイグル自治区ウルムチで、6月26日に広東省でウイグル族2人が漢民族に襲われて死亡した事件に抗議するウイグル族のデモ隊と、強制排除しようとした警察が衝突し、当局発表で197人、「世界ウイグル会議」の発表で1000～3000人の死者が出た。7日には、反発した漢族1万人以上がデモを行い、一部が暴徒化した。

6日　現存する世界最古の聖書写本の1つ、「シナイ写本」全1460ページのうち現存する約800ページ分全部がウエブ上で正式に無料公開された。

8日　豪国立公園局は、先住民アボリジニの聖地で、世界遺産に登録されている同国中部の巨大な岩山「エアーズロック（ウルル）」への観光客の入山禁止を検討中と発表した。

14日　米聖公会は総会（8～17日）で、3年前から停止していた同性愛主教の叙階を解除することを決定した。

20日　マレーシアのパハン州の宗教裁判所は、ホテルのクラブでビールを飲み、イスラム条例違反に問われたイスラム教徒女性に罰金5000リンギット（約13万円）とむち打ち6回の刑を言い渡した。

26日　ナイジェリア北部でイスラム過激派「ボコ・ハラム」が警察署を襲撃し、治安部隊と衝突した。30日に指導者が射殺され、8月1日までに鎮圧されたが、死者は少なくとも700人に上った。

8月の出来事　August

19日　伊北部の町バラッロセジアでは、「子供が怖がる」として、全身を覆うイスラム教徒の女性向け水着「ブルキニ」

国内ニュース　Domestic news

いた件で、販売元のキョーワ（札幌市）が販売を中止したことがわかった。

7月の出来事　July

5日　俳優の石原裕次郎の23回忌法要が国立競技場（東京都新宿区）で営まれ、120人の僧侶が読経を行い、約11万7000人が参列した。

7日　訪伊中の麻生太郎首相は、ローマ教皇ベネディクト16世とバチカンで会談した。

8日　日本プロテスタント宣教150周年記念大会がパシフィコ横浜（横浜市）で開催された（～9日）。今回は初めて伝統派（日本キリスト教協議会）、福音派（日本福音同盟）、聖霊派（日本リバイバル同盟）の主要3派が合同で大規模な記念行事を行った。

10日　オウム真理教犯罪被害者支援機構は、オウム真理教による一連の被害者に対する損害賠償の債務を「ひかりの輪」が引き受けることで合意したと発表した。

13日　参院で、「脳死は一律に人の死」とし、臓器の提供年齢制限を撤廃した改正臓器移植法が可決成立した。これに対し、「大本《おおもと》」は抗議の緊急声明を発表した。

17日　坂本堤弁護士一家殺害事件など7事件で殺人罪などに問われ、1、2審で死刑判決を受けた元オウム真理教幹部・早川紀代秀被告の上告審で、最高裁は被告側の上告を棄却した。一連の事件での死刑確定は6人目（31日確定）。

24日　最上《さいじょう》稲荷教の総本山妙教寺（岡山市）が教団内の7寺院・教会とともに55年ぶりに日蓮宗に復帰した。

25日　出雲大社（島根県出雲市）で、国宝・本殿の大屋根が葺《ふ》き替えを前に、初めて一般公開された（～8月16日）。

29日　ベストセラー『般若心経入門』（1972年刊）などを著した臨済宗妙心寺派龍源寺（東京都港区）前住職の松原泰道師が死去した。101歳。

8月の出来事　August

15日　終戦記念日に靖国神社に参拝した閣僚は、野田聖子・消費者行政担当相1人だけだった。

20日　円満院（大津市）の国の重要文化財「宸殿《しんでん》」などの建物や、国の名勝指定庭園など土地約1万4000㎡が競売にかけられた問題で、約10億6660万円で落札した滋賀県甲賀市の宗教法人「大岡寺」に所有権が移転した。

30日　第45回衆院選の投開票が行われた。

を着用してのプールへの入場を禁止し、違反者に罰金500ユーロ（約6万7500円）を科すことを決めた。

21日　米福音ルーテル教会（ELCA）は、生涯1対1の関係を維持する条件で、同性愛者の教職を認める決定をした。

24日　イラク連邦議会で最大のイスラム教シーア派の統一会派「統一イラク同盟（UIA）」が分裂し、マリキ首相と対立する最大与党のイラク・イスラム最高評議会（SIIC）などから成る新会派「イラク国民同盟」が結成された。

25日　ブルガリア正教会は、洗礼者ヨハネが斬首された日とされる29日に同国の首都ソフィアでコンサートを行う予定の米国の歌手マドンナについて、「キリスト教の倫理観に反している」と非難し、コンサートに行かないよう呼び掛けた。

31日　チベット仏教最高指導者ダライ・ラマ14世は、台風8号により大きな被害を受けた台湾南部の地方自治体首長の招聘により、被災者慰問のため台湾を訪問した（～9月4日）。

9月の出来事 September

1日　イスラエルで9月の新学期から小学校5・6年生向けの聖書教育に漫画を使った教材が初めて導入された。

12日　英国の生物学者ダーウィンを描いた映画「クリエーション」について、米国の複数の配給会社が進化論への拒否感の強さを理由に配給を拒否したため、米国では上映見送りとなる可能性が高いことが、英紙の報道で明らかになった。

14日　インドネシアのアチェ州議会は、配偶者以外の相手と性交渉をもった場合、独身者にはむち打ち100回、既婚者には石打ちによる死刑を科す条例を可決した（後に石打ち刑は発効見送り）。

24日　中国で、儒教の始祖である孔子の2500年以上にわたる家系図『孔子世家譜』の72年ぶりの改訂が10年がかりで完成し、孔子の故郷・山東省で記念式典が開催された。

10月の出来事 October

4日　サウジアラビアのアブドラ国王は、9月23日に開校したアブドラ国王科学技術大が同国初の男女共学を採用したことに反対したイスラム教聖職者サード・シスリ師を、高位ウラマー評議会のメンバーから解任する勅令を発した。

7日　米調査機関ピュー・フォーラムが行った調査によって、2009年の世界の推計人口約68億人の約23％に当たる約15億7000万人がイスラム教徒であることが明らかになった。

7日　サウジアラビアの裁判所は、性遍歴をレバノンのテレビ番組で告白し、不道徳な行為で罪に問われていた32歳の同

幸福実現党は288の小選挙区と比例ブロックに計337人を擁立したが、全員が落選した。公明党は、太田昭宏代表や北側一雄幹事長などが落選し、改選前の31議席から21議席に後退した。

9月の出来事 September

2日　1611年にイエズス会が長崎で刊行したキリシタン版の1つ「ひですの経《きょう》」が米ハーバード大図書館に保管されていることがわかった。

7日　島根県立石見《いわみ》美術館（益田市）は、2005年に石見国分寺跡付近の寺から浜田市教委に寄贈された仏像の頭部が、8世紀に浜田市に創建され、後に焼失した石見国分寺の本尊、薬師如来像の可能性が高いと発表した。

7日　宗教法人「歓信寺」（石川県白山市）の代表役員が、自分のDNA情報が入った電子チップを付けたガラス製置物を「ご神体」と称して1体100万円で2004年からの3年間に約1100体を販売したが、所得を申告しなかったとして、金沢国税局に約10億円の所得隠しを指摘されていたことがわかった。

7日　「新宗教　巨大ビジネスの全貌」という特集を組んだビジネス誌『週刊ダイヤモンド』（9月12日号）が発売され、実売11万部を超える大ヒットとなった。

9日　天台宗総本山比叡山延暦寺（大津市）の阿弥陀堂で天台宗として初めての自死者慰霊法要が営まれた。

16日　民主党の鳩山由紀夫首相の下で民主党政権が発足し、1999年10月の自公連立政権発足以来、連立与党の一角を占めていた公明党が野党に転落した。

18日　青蓮院《しょうれんいん》（京都市）で秘仏の国宝「青不動（絹本著色《けんぽんちゃくしょく》不動明王二童子像）」のご開帳が始まった（～12月20日）。同院での公開は創建以来、初めて。

18日　天台宗総本山比叡山延暦寺一山《いっさん》大乗院（大津市）の光永圓道《えんどう》住職が、「千《せん》日回峰行《にちかいほうぎょう》」を満行した。満行者は記録が残る比叡山延暦寺の焼き打ち（1571年）以降50人目で、戦後13人目。

19日　テレビ朝日系列で2005年4月から放送されたバラエティー番組「オーラの泉」が終了した。

25日　興福寺で、創建時のものとみられる南大門の基壇跡が出土したと、奈良文化財研究所と興福寺が発表した。

10月の出来事 October

2日　奈良文化財研究所は、薬師寺（奈良市）で中心伽藍《がらん》の東側にあった別院「東院」の中心的な建物「東院堂」の創建時の基壇跡を見つけたと発表した。

4日　「座敷わらし」が現れる旅館として有名な岩手県二戸《にのへ》市の金田一温泉郷にある緑風荘から出火し、約300年前に

海外ニュース Foreign news

国の男性に禁錮5年、むち打ち1000回の判決を言い渡した。また10月24日には、番組制作に関与した同国の女性記者にむち打ち60回の刑が言い渡されたが、アブドラ国王は恩赦を与えた。

13日　米キリスト教福音派のフランクリン・グラハム牧師がNGO「サマリタンズ・パース」会長として、3度目の北朝鮮訪問をした（～15日）。

16日　ソマリア南部でイスラム過激派アルシャバブが主催したクイズ大会の授賞式が行われ、優勝チームにAK47自動小銃と手投げ弾2発、対戦車地雷など約1000ドル（約9万1000円）相当の賞品が贈られた。また、上位チームには「聖戦」への参加が求められた。

20日　バチカンは、カトリック教会内に特別な司教区を導入し、英国国教会からの改宗を希望する聖職者や信者を受け入れることを決めたと発表した。

22日　英国民党（BNP）のグリフィン党首がBBC放送の政治討論番組に初出演し、「英国に住むイスラム教徒はわれわれのルールに従うべきだ」などと主張した。これに対し、英ロンドンの同放送局前で抗議集会が開かれ、暴徒化した6人が逮捕された。

22日　スウェーデン教会が、同性愛者カップルの教会での結婚式を牧師が執り行うことを認める決議を採択した。結婚式は11月1日から実施。

27日　仏裁判所は、サイエントロジーの仏支部に、信者2人から金銭をだまし取ったとして、組織的詐欺罪で60万ユーロ（約8200万円）の罰金刑を言い渡した。

11月の出来事 November

4日　イタリアで2003年に起きたエジプトのイスラム教聖職者アブ・オマル師の拉致事件に米中央情報局（CIA）や伊情報・軍事保安庁（SISMI）が関与したとして、ミラノの裁判所は米国とイタリアの情報機関員ら計25人に禁錮刑を言い渡した。

15日　訪伊中のリビアの最高指導者カダフィ大佐が、駐伊リビア大使館でイタリア人女性約100人にコーランなどを贈り、改宗を勧めた。

20日　伊紙『レプブリカ』などは、バチカンの歴史研究家バルバラ・フラーレが、キリストの遺体を包んだ亜麻布とされる「トリノの聖骸布《せいがいふ》」から、キリストの呼び名や処刑されたことを示す文字を発見したと報じた。

国内ニュース Domestic news

建てられたという母屋などが全焼した。

6日　京都大の学生食堂「カフェテリアルネ」（京都市）で、「ハラール食」のメニューの提供を開始した。

6日　滋賀県の大津市歴史博物館は、安《あん》養《よう》寺（同市）の本尊、木造阿弥陀如来立像（鎌倉時代中期）の胎内から人の髪や歯、腕の骨などが見つかったと発表した。

15日　真言宗醍醐派総本山醍醐寺（京都市）で、開山の聖宝《しょうぼう》理源《りげん》大師の1100年御遠忌《ごおんき》大法要が行われた（～17日）。16日には真如苑が、最終日には解脱会と東大寺が法要を行った。

17日　国宝・阿修羅像を含む八部衆と十大弟子像が112年ぶりに興福寺（奈良市）の堂内で公開された（～11月23日）。

17日　平等院鳳凰《ほうおう》堂（京都府宇治市）の扉に描かれた国内最古の大和絵「日想観図」（国宝）の想定復元図が公開された。

26日　東京都板橋区のペット霊園の周辺住民らが健康被害を訴えて火葬炉の使用中止を求めた仮処分申請について、東京地裁は認める決定を出した。住民側弁護士によるとペット火葬炉の使用中止が認められたのは全国初。

11月の出来事 November

1日　唐招提寺（奈良市）で約100年ぶりの金堂（国宝）の大規模な解体修理「平成の大修理」（2000年～）が完了し、落慶法要が行われた（～3日）。

3日　第62回式年遷宮《せんぐう》に向けて、20年ぶりに宇治橋が架け替えられた伊勢神宮内《ない》宮《くう》（三重県伊勢市）で、新しい橋の完成を祝う渡始《わたりはじめ》式が行われた。

6日　地下鉄サリン事件でサリンを散布したとして殺人罪などに問われ、1、2審で死刑判決を受けた元オウム真理教幹部・豊田亨被告と同・広瀬健一被告の上告審で、最高裁は両被告側の上告を棄却した。一連の事件での死刑確定は7・8人目（12月1日確定）。

10日　民主党の小沢一郎幹事長は、高野山金剛峯寺で記者団に「キリスト教は排他的で独善的な宗教だ。イスラム教はキリスト教よりはいいけど排他的だ。その点、仏教は非常に心の広い度量の大きい宗教、哲学だ」と発言。日本キリスト教連合会は11日付で抗議の文書を送った。

10日　特定商取引法違反の罪に問われていた統一教会信者で印鑑販売会社「新世」の社長に対し、東京地裁は懲役2年、執行猶予4年、罰金300万円を言い渡した。霊感商法関係者が、同法違反で懲役刑を受けるのは初めて。

21日　サウジアラビアの保健省は、メッカへの巡礼者4人が新型インフルエンザのため死亡したと発表した。巡礼者から新型インフルエンザによる死者が出たのは初めて。

25日　バチカンの宗教事業協会（バチカン銀行）が、イタリアの民間銀行を通じて過去3年間に少なくとも約6000万ユーロ（約80億円）の資金洗浄を行った疑いがあるとして、伊司法当局が捜査を始めたと、ANSA通信などが伝えた。

29日　移民が急増し、35万～40万人のイスラム教徒が暮らすスイスで、モスクのミナレット（尖塔《せんとう》）の新規建設を禁じる憲法改正案が、国民投票の結果、57・5％の賛成多数により可決された。

30日　ローマ教皇ベネディクト16世が歌った讃美歌が収録されたCDアルバム「母なる歌、バチカンからの音楽」が全世界で一斉に発売された。発売元のユニバーサル・ミュージックによれば、CDデビューは歴代教皇で初めて。

12月の出来事 December

3日　豪メルボルンで世界宗教会議が開催され、世界約30カ国から諸宗教指導者や信者、研究者など約6000人が参加した（～9日）。

3日　ロシアのメドベージェフ大統領とローマ教皇ベネディクト16世がバチカンで会談し、1917年のロシア革命以来、初めて国交を樹立することに合意した。

16日　伊政府がルネサンス期のイタリア人芸術家ミケランジェロの作品として、2008年に古物商から325万ユーロ（約4億2000万円）で購入したキリストの磔刑《たっけい》像が偽物だったとの疑惑が浮上し、検察当局が詐欺の疑いで捜査を始めたことが、伊紙『レプブリカ』で報じられた。

19日　ローマ教皇ベネディクト16世は、前教皇ヨハネ・パウロ2世と元教皇ピオ12世を、カトリックで最高位である「聖人」の2段階前の「尊者」に列した。ピオ12世はナチスによるユダヤ人大虐殺を批判しておらず、米国のユダヤ人団体が決定を非難した。

19日　イランのイスラム教シーア派最高位「大アヤトラ」のウラマーで改革派のモンタゼリ師が87歳で死去した。21日に聖地コムで行われた葬儀には、ムサビ元首相や市民など数十万人が参列した。

24日　ローマ教皇ベネディクト16世は、クリスマス恒例の深夜ミサのためバチカンのサンピエトロ大聖堂に入ったところ、精神疾患の治療歴がある女性に飛び掛かられ、転倒した。教皇にけがはなく、予定通りミサが行われた。

27日　中国河南省文物局は、同省安陽市で、三国時代の魏の基礎をつくった曹操《そうそう》の陵墓を発見したと発表した。

16日　日本聖公会京都教区の元牧師（司祭）が、教会に通っていた複数の少女に性的虐待を1982年から繰り返していたとして、聖公会関係者らが申し立てをしていた事件で、京都教区審判廷は、司祭を終身停職とする判決を言い渡した。

30日　改正臓器移植法の運用を検討する厚労省の臓器移植委員会は、自殺企図者からの親族への臓器優先提供は認めない方針を決めた。

30日　共産党のビラを配布するため東京都葛飾区のマンションに立ち入ったとして住居侵入罪に問われた僧侶の上告審で、最高裁は「住民の私生活の平穏を侵害する」として、被告側の上告を棄却した。1審の無罪判決を破棄し、罰金5万円とした2審判決が確定する。

12月の出来事 December

2日　日本画家の平山郁夫が79歳で死去した。午後には、平山が唐の僧侶、玄《げん》奘《じょう》の旅をテーマに描いた大作「大唐西域壁画」を2001年に奉納した薬師寺で、壁画前で冥福を祈る法要が営まれた。

3日　民主党は、公明党と創価学会をけん制する目的で、政教分離の実態を調査する「宗教と民主主義研究会」を発足させ、国会内で初会合を開いた。

7日　1998年に川崎協同病院（川崎市）で意識不明となった男性患者に筋弛緩剤を投与して死亡させたとして、殺人罪に問われた医師の上告審で、最高裁は上告を棄却した。懲役1年6カ月、執行猶予3年とした2審判決が確定する。延命治療の中止で医師が殺人罪に問われた事件で、最高裁が初めて判断を示した。

10日　地下鉄サリン事件など10事件で殺人罪などに問われ、1審で無期懲役、2審で死刑判決を受けた元オウム真理教幹部・井上嘉浩《よしひろ》被告の上告審で、最高裁は被告側の上告を棄却した。一連の事件での死刑確定は9人目（2010年1月12日確定）。

10日　明治神宮（東京都渋谷区）が東京国税局の税務調査を受け、2006年12月期までの5年間で約1億円の申告漏れを指摘されていたことがわかった。

21日　射水《いみず》市民病院（富山県射水市）で人工呼吸器を外された末期患者7人が死亡した問題で、殺人容疑で書類送検された元外科部長の医師2人について、富山地検は嫌疑不十分で不起訴とした。

24日　統一教会の元信者の女性が、脅されて計約1億8000万円の献金をさせられたとして、統一教会と信者らに計約2億2000万円の損害賠償を求めた訴訟で、東京地裁は計9500万円の支払いを命じた。

30日　歴代5人が任命された日本人の枢機卿のうち、唯一存命だった白柳誠一・前東京大司教が死去した。81歳。

Foreign news

海外ニュース

2010

1月の出来事 January

1日　デンマークで、2005年に『ユランズ・ポステン』紙にイスラム教預言者ムハンマドの風刺画を描いた漫画家クルト・ベスタゴーの自宅に、武装したソマリアのイスラム系武装組織の関係者が侵入しようとし、警察官に逮捕された。

8日　ギャレット豪環境相は、世界遺産である豪州中部の巨大な岩山「エアーズロック（ウルル）」について、観光客の入山を当面認める方針を明らかにした。

13日　中国河南省で2009年末に発見されたという「曹操の陵墓」について、中国社会科学院考古研究所の王巍所長は、本物と断定したことを明らかにした。

17日　ナイジェリア中部のジョスでイスラム教徒とキリスト教徒の激しい武力衝突があり、20日にかけての4日間で少なくとも464人が死亡した。

20日　イラクとアフガニスタンで米軍が使用しているライフル銃の照準器ケースに、「ヨハネ福音書」第8章第12節を示す「JN8：12」という刻印があることがわかり、米国のイスラム教徒団体などが抗議した。製造会社の創業者がキリスト教徒だったため20年以上前から刻印していたが、同社は刻印中止を発表した。

22日　シンガポールのマクドナルドは1日から中国の十二支の動物に扮した「ドラえもん」のぬいぐるみを販売したが、イスラム教徒に配慮して日本の亥《いのしし》に当たる豚を除外したところ中国人客から苦情が殺到したため、地元紙に謝罪を掲載し、豚に扮したドラえもんの販売を始めた。

2月の出来事 February

3日　中国政府が認定したチベット仏教の活仏パンチェン・ラマ11世が、公職への就任としては初めて、中国仏教協会の副会長に選ばれた。28日には、中国の国政助言機関である中国人民政治協商会議

国内ニュース

Domestic news

1月の出来事 January

1日　奈良県で1年間に及ぶ「平城遷都1300年祭」が始まった。前夜から、東の室生寺（宇陀市）が青龍、西の朝護孫子寺（平群町）が白虎、南の金峯山寺（吉野町）が朱雀《すざく》、北の奈良公園（奈良市）が玄武と「四神」に見立てられた4会場で開幕イベントが開かれた。

4日　民主党政権になって初めての新年、鳩山由紀夫首相が伊勢神宮（三重県伊勢市）を参拝した。伊勢神宮への首相参拝は1965年の佐藤栄作首相以来、慣例化しており、民主党政権でも実施された。

13日　宗教上の理由から生後7カ月の長男を医療機関に受診させず死なせたとして、福岡県警は宗教法人「新健康協会」（福岡市）総本部職員の両親を逮捕した。

17日　改正臓器移植法（7月施行）の親族への優先提供規定が先行施行された。

18日　ロックバンド「X JAPAN」のボーカルTOSHIが、〝広告塔〟の役割を担ってきた自己啓発セミナー主催会社「ホームオブハート」との決別や、自己破産したことなどを明らかにした。

19日　地下鉄サリン事件や坂本堤弁護士一家殺害事件など11事件で殺人罪などに問われ、1、2審で死刑判決を受けた元オウム真理教幹部・新実《にいみ》智光《ともみつ》被告の上告審で、最高裁は被告側の上告を棄却した。一連の事件での死刑確定は10人目（2月16日確定）。

20日　北海道砂川市が市内の空知太《そらちぶと》神社に敷地として市有地を無償提供していることが政教分離に反するかが争われた訴訟で、最高裁は「社会通念」という新しい判断基準に照らして「市が特定の宗教に特別の便益を提供している」として違憲とした。一方で、違憲性を解決するための手段として1、2審が認めたような神社の撤去は信教の自由を侵害するとして、他の現実的な解決手段を審理するよう、札幌高裁に差し戻した。

の全国委員に選出された。

7日　メキシコのカトリック教会が、悪魔祓いを行う教会をメキシコ市西北のケレタロに初めて開設した。

9日　マレーシアで、婚外交渉をしたとしてイスラム法に基づき宗教裁判所で有罪判決を受けたイスラム教徒の女性3人にむち打ち刑が執行された。同国で女性へのむち打ち刑が執行されたのは初めて。

12日　干ばつが続くマラウイで、隣人の畑に雨が降らないように魔術をかけた男に、懲役2カ月の刑が言い渡されたと現地の警察が明らかにした。

18日　オバマ米大統領は、訪米中のチベット仏教最高指導者ダライ・ラマ14世と初めて会談した。会談は非公開で、会談を回避して非難を浴びた2009年と同様、中国への配慮がみられた。

24日　インドの現代絵画の巨匠でイスラム教徒のマクブール・フィダ・フセインが、1970年代にヒンドゥー教の女神の裸身を描いてヒンドゥー至上主義勢力から10年以上にわたって迫害を受け続けたためインド国籍を離脱してカタール国籍を取得したことが発覚した。

25日　リビアの最高指導者カダフィ大佐は、スイスが2009年11月にモスクのミナレット（尖塔《せんとう》）の建設禁止を決めたことに抗議し、全イスラム教徒に対し、スイスに聖戦を行うよう呼び掛けた。

26日　2005年に『ユランズ・ポステン』紙に掲載されたイスラム教預言者ムハンマドの風刺画を2008年に転載したデンマークの『ポリティケン』紙はイスラム教徒に謝罪し、同紙に抗議した中東などのイスラム8組織（計約9万4000人）と和解したと発表した。

3月の出来事 March

7日　ナイジェリア中部のジョスでイスラム教徒がキリスト教徒の村を襲撃し、少なくとも500人が死亡した。

16日　ウガンダの首都カンパラ郊外で、世界遺産「カスビのブガンダ王国歴代王の墓」が全焼した。出火原因は放火とみられるが不明。王族支持者は政府の関与を主張し、17日には暴動が起きた。

17日　バチカンは、ボスニア・ヘルツェゴビナにある町メジュゴリエに1981年に聖母マリアが出現したという主張について、公式調査を開始すると発表した。

20日　バチカンが、ツイッターを英語、仏語、独語、伊語、スペイン語、ポルトガル語の6言語で開始した。

20日　ローマ教皇ベネディクト16世は、アイルランドのカトリック教会に送った教書を公表し、同国での聖職者らによる児童への性的虐待について謝罪した。

25日　米紙『ニューヨーク・タイムズ』で、ローマ教皇ベネディクト16世が枢機卿時代に聖職者による性的虐待をもみ消

27日　宗教学者の島田裕巳が葬儀の見直しを訴えた『葬式は、要らない』（幻冬舎新書）が発刊された。2010年年間新書・ノンフィクション部門（トーハン調べ）で3位のベストセラーとなった。

28日　2007年に20代女性信者に性的暴行を加えたとして、茨城県警はキリスト教系宗教法人「小牧者《しょうぼくしゃ》訓練会」（茨城県つくば市）元代表の韓国人牧師・卞《ピュン》在昌《ジェーチャン》を準強姦容疑で逮捕した。

29日　スイスのダボスで開かれた第40回世界経済フォーラム年次総会（ダボス会議、27〜31日）に、全日本仏教会の松長有慶会長が日本仏教界から初めて参加し、「日本仏教からの提言」を発表した。

31日　NHKスペシャルで「無縁社会〜“無縁死”3万2千人の衝撃〜」が放映された。

2月の出来事 February

1日　浄土宗は、法然の弟子・源智が法然の1周忌に作らせた「木造阿弥陀如来《あみだにょらい》立像」（重要文化財）が高野山真言宗の玉桂寺（滋賀県甲賀市）から1億8000万円で譲渡されたと発表した。

18日　最澄が805年に唐から持ち帰った『三教不斉論《さんぎょうふせいろん》』の室町時代の写本が石山寺（大津市）にあることが、この日までに確認された。

22日　栃木県宇都宮市の山神社の賽銭箱から、小学生だった約10年前に1万円を盗んだことを謝罪する手紙と3万円が入った封筒が見つかった。

3月の出来事 March

4日　宇佐神宮（大分県宇佐市）の宮司任命権をめぐって、世襲家の到津《いとうづ》家と神社本庁が対立している問題で、世襲家の到津克子《よしこ》権宮司が、神社本庁が任命した穴井伸久宮司の地位不存在確認を求める訴訟を大分地裁中津支部に起こした。

8日　約520年前の開山とされる聖岩寺（埼玉県東秩父村）が2009年11月に全焼した火災で、埼玉県警は同寺の元住職を放火の疑いで逮捕した。県警は保険金目的の放火とみて調べている。

8日　エジプトの大ムフティー（最高イスラム法官）であるアリー・ゴマア師が外務省の招きで初めて来日した（〜11日）。

10日　鶴岡八幡宮（神奈川県鎌倉市）のご神木で、「隠れ銀杏《いちょう》」の別名がある推定樹齢1000年の大《おお》銀杏が強風により倒れているのが見つかった。

11日　平安時代後期に白河天皇が建立した法勝寺があったとされる京都市動物園の敷地で、高さ約81ｍとの記録が残る八角九重塔の基礎部分が見つかった。

30日　1995年3月30日に発生した国松孝次警察庁長官銃撃事件は未解決のまま15年経ち、時効が成立した。だが、警

海外ニュース Foreign news

したとの疑惑が報じられた。

4月の出来事 April

1日　マレーシアで、ビールを飲んだとして2009年7月にむち打ち刑の判決を受けた女性について、この日までに同州スルタンが、3週間の社会奉仕に減刑する決定を下した。

6日　マレーシアに宗教間委員会が発足し、初会合が開かれた。委員会は、イスラム開発局とマレーシア・イスラム理解研究所、マレーシア仏教・キリスト教・ヒンドゥー教・シーク教・道教協議会（MCCBCHST）の各代表で構成され、教徒間の結婚や改宗などについて対話する枠組みを整備する。

10日　イエス・キリストの聖骸布《せいがいふ》が伊トリノの大聖堂で10年ぶりに一般公開された（～5月23日）。期間中には延べ211万3128人が訪れた。

16日　ブラジルのリオデジャネイロにある高さ38mのキリスト像の顔などに「鬼の居ぬ間に洗濯」などのポルトガル語がペンキで書かれていたことがわかった。

22日　インド国防省が、70年以上も飲食や排泄をせずに生きているとされる82歳のヨガ聖人プララド・ジャニの調査を開始した（～5月6日）。15日間に飲食も排泄もせず、異常も見つからなかった。

26日　バチカンが承認した、欧州533社で構成される初の株価指数「ストックス・ヨーロッパ・クリスチャン・インデックス」が誕生した。

29日　ベルギー下院で、本人の身元確認ができないような衣服の公共の場での着用を禁じる法律、通称「ブルカ禁止法」が可決され、上院に送付された。

5月の出来事 May

3日　国際サッカー連盟（FIFA）が3月にイランのサッカー女子チームにヘジャブの着用を禁じた問題で、FIFAは帽子で覆えば8月開催の第1回夏季ユース五輪への出場を認めると発表した。

13日　米バーモント州のカトリック教会バーリントン教区は、聖職者による性的虐待被害者26人に対して計1765万ドル（約16億3500万円）、その他3件への慰謝料などを含めて総額2000万ドル超を支払うことで合意した。

19日　パキスタン北部ラホールの高裁は、フェイスブック上でユーザーがイスラム教預言者ムハンマドの風刺画コンテストを開催したとして31日まで閲覧禁止とす

国内ニュース Domestic news

視庁は「オウム真理教による組織的なテロ」とする捜査結果の概要を発表した。

4月の出来事 April

1日　大正大（東京都豊島区）では1993年に学科に移され、佛教大（京都市）では1965年の学部改組で消えた「仏教学部」が両大学で復活した。

1日　浄土真宗本願寺派の僧侶らが、電話相談などを行う「京都自死・自殺相談センター」（代表＝竹本了悟）を本山西本願寺内（京都市）に開設した。

1日　「幸福の科学」が全寮制の中高一貫校「幸福の科学学園中学校・高等学校」（栃木県那須町）を開校した。信者であることが入学条件ではないが、新入生計197人は全員信者だった。

7日　埼玉県飯能市の山林に犬など約100匹の死骸が捨てられていた事件で、埼玉県警は県内のペット葬祭業者を廃棄物処理法違反の疑いで逮捕した。業者は火葬炉完備をうたっていたが実際には設備がなく、死骸を不法投棄していた。

16日　高野山真言宗総本山金剛峯寺（和歌山県高野町）は、同寺の寺有林で間伐したスギを「高野霊木《こうやれいぼく》」と銘打ち、同ブランド材を用いたモデルハウス「高野霊木之家」を旧浄善提院跡地に開設した。

20日　気多《けた》神社（気多大社・石川県羽咋《はくい》市）が神社本庁から離脱するために変更した規則を文科省が認めなかった問題をめぐる訴訟で、最高裁は2審を破棄し、規則変更を認めた1審が確定した。これにより、同神社の神社本庁からの離脱が確定した。

24日　石清水《いわしみず》八幡宮（京都府八幡市）で、田中恆清宮司らが清水《きよみず》寺（京都市）の森清範貫主らと鎮座1150年記念の献水慶讃法要を神仏合同形式で営んだ。同八幡宮本殿で僧侶が法要を営むのは142年ぶり。

5月の出来事 May

2日　長崎の原爆により頭部だけとなった浦上天主堂（長崎市）の「被爆マリア像」が米ニューヨークの聖パトリック大聖堂で展示され、記念のミサが開かれた。

10日　大手流通業イオンは、葬儀の際の「お坊さん紹介サービス」を開始した。明朗会計をうたい、通夜と葬儀、火葬場、初七日の計4回の読経と戒名の一式が25万、40万、55万円の3種類、火葬場のみの読経と戒名が10万円と、お布施の目安を公式サイト上に明示した。

る判決を下した。このため政府はフェイスブックへの接続を遮断し、翌20日にはムハンマドを冒瀆《ぼうとく》する動画が投稿されたとしてユーチューブへの接続も遮断した。

6月の出来事 June

8日　ベルギーのブリュッセル南部シャルルロワ市の公立高校で、市の規則に反して授業中もブルカを着用しようとしたイスラム教徒の女性教師が解雇された。

10日　米国防総省は、アーリントン国立墓地で、複数の人物が1つの墓に埋葬されるなど211人分の墓石と埋葬者のデータが一致しない問題があったとの調査結果を発表した。記録ミスが原因。

10日　香港当局は、ウェブ上の墓地を無料提供し、利用者が「お供え物」の画像を供えて墓参りできるサービスを始めた。

14日　米オハイオ州の教会前に造られた高さ約19mのキリスト像「キング・オブ・キングス」に雷が落ち、焼失した。

15日　伊ナポリ大司教のクレシェンツィオ・セペ枢機卿が、バチカンの福音宣教省長官だった2004年に同省所有のローマ市内の高級マンションを建設・運輸相に格安で売却し、その見返りに同省庁舎の修復などに250万ユーロ（約2億8000万円）相当の助成を受けたとの疑惑が浮上した。

22日　バチカンは、ローマのカタコンベから、12使徒のうちヨハネとアンデレの世界最古の聖画を発見したと発表した。いずれも4世紀後半の作品。

24日　ベルギーの捜査当局は、カトリック教会関係者が児童への性的虐待にかかわっていた疑いがあるとして、ブリュッセル郊外にある教会施設などを捜索した。2人の枢機卿の墓に穴を開けて内部を調べるなどしたため、ローマ教皇ベネディクト16世は27日、捜査方法を批判した。

7月の出来事 July

1日　ネパール政府は、生き神「クマリ」への手当を月額6000ルピー（約7000円）から7500ルピーに引き上げ、教育費も支給すると発表した。

4日　レバノンのイスラム教シーア派最高権威のムハンマド・ファドララ師がベイルートの病院で死去した。74歳。

7日　エジプト考古最高評議会は、カイロ郊外のサッカラ遺跡で、「死後の世界への扉」が設けられた約4400～4200年前の第6王朝の政府高官とその息子の墓を発見したと発表した。

7日　米CNNの女性記者がツイッターにファドララ師への尊敬の念を書き込み、報道基準を踏み外したとして解雇された。

9日　アラブ首長国連邦（UAE）紙の『ナショナル』は、同国政府のイスラム当局が、南アフリカの民族楽器ブブゼラ

12日　作家の五木寛之の長編小説『親鸞』（上、下巻／講談社）の上巻全文がウェブ上で無料公開された（～6月18日）。期間中のアクセス数は約42万。

14日　改革クラブ離党後、自民党と統一会派を組んでいた大江康弘参院議員が、幸福実現党初の現職国会議員となった。だが12月27日に、11月の沖縄県知事選への対応をめぐる見解の相違から離党した。

15日　2008年に引退した指定暴力団山口組元大幹部で元後藤組組長の後藤忠政の回顧録『憚《はばか》りながら』（宝島社）が出版された。創価学会が静岡県富士宮市に富士桜自然墓地公園などを造る事業を進めていた1970年代に、反対運動を制圧するため後藤組を利用したことが書かれていたが、創価学会は否定した。

20日　都立青山霊園（東京都港区）で2008年に全裸女性モデルを墓石の上に立たせるなどして公然と撮影したとして、東京区検は写真家の篠山紀信を公然わいせつと礼拝所不敬の罪で東京簡裁に略式起訴した。

6月の出来事 June

8日　世界遺産「日光の社寺」に登録されている日光東照宮、輪王寺《りんのうじ》、二荒山《ふたらさん》神社（いずれも栃木県日光市）の3宗教法人が関東信越国税局の税務調査を受け、2009年3月期までの5年間で計約5億円の申告漏れを指摘されたことがわかったと報じられた。

15日　興福寺（奈良市）南大門跡で、創建時に地鎮のために埋められた須恵器の壺からカサゴの一種の魚の頭部の骨などが見つかったと、同寺と奈良文化財研究所が発表した。

19日　訪日中のチベット仏教最高指導者ダライ・ラマ14世が、チベットの人権問題を理由に2008年北京五輪聖火リレーの出発地点となるのを辞退した善光寺（長野市）の招待で同寺を訪れ、同寺住職らと世界平和を祈る法要を営んだ。

25日　全国約730の神社で組織する全国八幡宮連合の総会が石清水八幡宮（京都府八幡市）で開かれ、八幡宮総本宮の宇佐神宮（大分県宇佐市）が加盟した。また、同連合のトップ「綜理」に宇佐神宮の穴井伸久宮司が就任した。

29日　京都府宇治市の葬儀場近くの住民が「出棺が家の2階から見え、平穏な生活を営む権利が侵害された」として、葬儀会社にフェンスのかさ上げと損害賠償を求めた訴訟で、最高裁はフェンスのかさ上げなどを命じた1、2審判決を破棄し、住民の請求を棄却した。

7月の出来事 July

4日　2008年9月以降、関西圏のプロテスタント系教会などに消火器などが

海外ニュース Foreign news

による100dB超の大音量放出を禁じるファトワを出したと伝えた。

12日　ロシアのモスクワの地裁は、ロシア正教徒の信仰心を侮辱したなどとして、2007年にサハロフ博物館でキリストの顔をミッキーマウスに差し替えた絵画などを展示する「禁じられた美術」展を開催した同博物館館長（当時）と、国立トレチャコフ美術館現代美術部長（同）に、計35万ルーブル（約100万円）の罰金刑を言い渡した。

15日　アルゼンチン上院は、同性婚を認める法案を中南米で初めて可決した。

15日　バチカンは、聖職者による児童の性的虐待に関連して、児童ポルノ所持の禁止、懲戒処分の迅速化、告訴時効を被害者の18歳の誕生日後10年から20年に延長するなどの教会法の改正を発表した。

28日　ロシアで、7月28日が初めて、キリスト教の受容を記念する国家記念日「ルーシ洗礼の日」となった。

8月の出来事 August

3日　米ニューヨークの「グラウンド・ゼロ」近くにモスクを建設する計画について賛否両論が出ていた問題で、事実上、建設が許可されることとなった。だが、政治問題化し、この問題は泥沼化した。

4日　スーダンの裁判所は、女装したことが公衆道徳に反するとして、イスラム教徒の同性愛者の男性19人に、むち打ち刑30回を公開で実施した。

4日　韓国にある脱北者団体「NK知識人連帯」は、北朝鮮中西部のキリスト教地下教会で5月中旬、23人が拘束され、うち主宰者の3人が処刑され、残り20人が政治犯収容所に送られたと発表した。

5日　第2次世界大戦中に空軍偵察機が未確認飛行物体（UFO）に遭遇したとの報告を受けたチャーチル英首相（当時）が、「宗教信仰を崩す」などとして50年間機密扱いするよう指示したことが、英国防省の文書から明らかになった。

8日　UAEの宗教当局は、11日から始まる猛暑期のラマダンを前に、屋外労働者に限って断食の中断を許可するファトワを8日までに出した。

11日　エジプトの寄進財産省は、カイロの一部地域のモスクに、選ばれたムアッズィン（呼び掛け人）がスタジオで行ったアザーンを受信機を通して流す方式を導入した。

11日　中国社会科学院は、中国初の『宗教白書』を発表した。プロテスタント信者は推定2300万人で、総人口の約

国内ニュース Domestic news

投げ込まれる事件が計72件発生した件で、大阪府警は府内在住の29歳無職の信者だった男を器物損壊の疑いで逮捕した。教会への恨みなどを記した犯行声明文も各地の教会に60通以上が送られていた。

9日　大手流通業イオンの「お坊さん紹介サービス」について、全日本仏教会は、「お布施の精神に反する」として、公式サイト上にある料金体系の削除などを求める意見書を提出した。9月10日、イオンは同会に、削除したと報告した。

11日　第22回参院選の投開票が行われた。幸福実現党は、発明家のドクター・中松など24名を擁立したが、比例代表の得票数は約23万票で当選者ゼロだった。また、民主党が逆風を受けた選挙で、比例代表に民主党から出馬した浄土真宗本願寺派僧侶の亀原了円は落選した。

22日　石川県白山市の角《かど》光雄市長が神社の式典に公用車で出席して祝辞を述べたのが政教分離に反するかどうかが争われた訴訟で、最高裁は合憲とし、違憲とした2審・名古屋高裁判決を破棄した。

27日　茨城県神栖《かみす》市の空き地に2tトラック約1台分の大量の墓石が不法投棄された事件で、茨城県警は同市の建材業の男を廃棄物処理法違反の疑いで逮捕した。

28日　真宗大谷派は、宗派を離脱した大谷暢順《ちょうじゅん》が理事長を務めている本願寺維持財団に対して、信託財産である土地の売却額200億円の返還などを求める訴訟を京都地裁に起こした。

28日　戸籍上は111歳で東京都の男性最高齢者とされていた男性の白骨化遺体が東京都足立区の自宅で見つかった。男性の家族は「約30年前に男性が『即身成仏する』と部屋に閉じこもった」と語ったが、警視庁は8月27日に遺族共済年金計約915万円を不正に受け取ったとして長女と孫を詐欺容疑で逮捕した。

29日　成田山新勝寺（千葉県成田市）の本尊・不動明王の御分霊が東京都内のホテルに出開帳《でかいちょう》し、歌舞伎俳優・市川海老蔵とフリーキャスター・小林麻央の御宝前結婚式が行われた。

8月の出来事 August

9日　日本臓器移植ネットワークは、交通事故で入院していた20代男性が家族の承諾で脳死判定され、臓器提供が決まったと発表した。7月17日に改正臓器移植法が全面施行されてから、初めての家族の承諾による臓器提供。

10日　東京都板橋区にあるペット霊園の火葬炉が使用禁止の仮処分を受けた件で、

１・８％で全宗教人口の73％、カトリック信徒数は５７０万人だった。

12日　サウジアラビアのアブドラ国王は、自身が任命する高位ウラマー委員会のメンバーなどにファトワ布告の権限を限定する勅令を出した。

15日　アフガニスタンの旧支配勢力タリバンは、同国北部クンドゥズ州で、婚約中の女性と既婚男性が不倫したとして、石打ち刑を公開で執行した。

19日　米調査機関ピュー・リサーチセンターの調査結果から、キリスト教徒のオバマ大統領をイスラム教徒と誤解している国民が18％に上るとわかった。

27日　米オハイオ州で、米福音ルーテル教会が同性愛者の教職任命を認めたことに反発したグループが「北米ルーテル教会（ＮＡＬＣ）」を発足させた。加盟教会は18、加盟準備中の教会は１００超。

29日　訪伊中のリビアの最高指導者カダフィ大佐は、駐伊リビア大使館がイベント会社を通じて集めた男性47人、女性４８７人を前にイスラム教の布教活動を行い、３人の女性が改宗に応じた。

９月の出来事 September

１日　フィンランド福音ルーテル教会の同派初の女性監督として、イリヤ・アスコラ牧師が就任した。

１日　インドネシアの地裁は、ジャカルタに２００８年12月に開店した「ブッダバー」の店名が仏教徒に精神的苦痛を与えたなどとして閉鎖を命じ、オーナーや営業を許可したジャカルタ特別市の知事らに計10億ルピア（約９３０万円）を支払うよう言い渡した。

７日　英宇宙物理学者スティーブン・ホーキング博士と米物理学者の共著『ザ・グランド・デザイン』が発売された。博士の「宇宙の誕生に神は必要ない」との主張に宗教関係者から反論が相次いだ。

８日　「Ｍ１００サンスーシ会議」は、ドイツで開催した年次総会で、２００５年に爆弾の形をしたターバンを頭に巻いたイスラム教預言者ムハンマドを描いたイスラム過激派から殺害予告を受けた、デンマーク人漫画家クルト・ベスタゴーに２０１０年のメディア賞を授与した。

10日　米フロリダ州のキリスト教会の牧師テリー・ジョーンズは、11日にコーランを焼却する計画の中止を発表した。イスラム諸国で抗議デモが起き、オバマ米大統領や潘基文《パン・ギムン》国連事務総長、バチカンが中止を促していた。

12日　トルコで、イスラム系与党・公正発展党（ＡＫＰ）が提案した、政教分離を守ってきた軍や司法機関の影響力を制限する憲法改正案の是非を問う国民投票が行われ、賛成約58％で承認された。

14日　仏上院は、「公共の場で顔を隠すことを禁止する法（通称ブルカ禁止法）」

東京地裁は、同霊園が決定に反して火葬炉を使用した場合に周辺住民ら19人に１日当たり１人３万円を支払うよう命じる「間接強制」の決定をした。

14日　来日中の仏極右政党「国民戦線」のルペン党首や英国国民党、オーストリアの自由党など欧州８カ国の右派政党幹部らが靖国神社を参拝した。

14日　アキバ系の萌えキャラの看板で有名な了法寺（東京都八王子市）のテーマソングＣＤ「寺ズッキュン！　愛の了法寺！」が発売された。

15日　民主党政権として初めての終戦記念日、１９８５年に中曽根康弘首相が公式参拝して以来、初めて終戦記念日に参拝した閣僚がゼロとなった。

17日　高野山真言宗総本山金剛峯寺の座《ざ》主《す》、高野山真言宗管長に第４１２世座主松長有慶大僧正の再任が決まった。任期は11月15日から４年間。１９５２年の宗規施行以来、座主の再任は初めて。

23日　明治神宮が神社本庁に６年ぶりに復帰した。

25日　全国のペット葬祭業者11社が、社団法人「日本動物葬儀霊園協会」を設立した。業界内の法人組織の発足は初めて。

27日　法務省は、東京拘置所（東京都葛飾区）内の教誨《きょうかい》室、絞首刑の執行室、死刑囚が立つ踏み板を開閉するボタン室など刑場を報道機関に初めて公開した。

９月の出来事 September

１日　真宗佛光寺派の本山佛光寺（京都市）で、２００８年５月に澁谷暁真門主が辞任してから２年３カ月間、不在だった本山佛光寺住職と第32代門主に前門主の母である澁谷惠照門主代務の就任が決まった。女性門主は１２５年ぶり３人目。

17日　奈良県桜井市教委は、纒向《まきむく》遺跡で大型建物跡近くの穴（３世紀前半）から、祭祀用とみられるモモの種約２０００個や竹製のかご、土器などが出土したと発表した。

24日　向原寺（奈良県明日香村）は、１９７４年に盗まれた飛鳥時代後期の金銅観世音菩薩立像がオークションに出ていたため買い戻したと発表した。

26日　マニ教の宇宙観とみられる「10層の天と８層の大地」を絹布に描いた絵画が国内にあることが、この日までに京都大の吉田豊教授らの調査でわかった。

10月の出来事 October

６日　平等院（京都府宇治市）は、境内に保管されていたヒノキ製の仏像の右手首が、行方不明となっていた１０５２年創建時の本尊・木造大日如来像のものである可能性が高いと発表した。

12日　親鸞が84歳のころの直筆とみられ

海外ニュース Foreign news

を可決した。欧州で初めて10月11日成立。

16日　ローマ教皇ベネディクト16世は英国を訪問し（～19日）、エリザベス英女王と公式会談した。教皇の公式訪問も、英国国教会の首長である女王（国王）との公式会談も、１５３４年の英国国教会の設立以来、初めて。

21日　伊司法当局は、２３００万ユーロ（約26億円）の資金洗浄の疑いでバチカンの宗教事業協会（通称バチカン銀行）のエットレ・ゴティテデスキ総裁らに対する捜査を開始した。

30日　インド北部ウッタルプラデシュ州高裁は、所有権争いが続いていたアヨディヤの聖地について、ヒンドゥー教徒が3分の2、イスラム教徒が3分の1を分割所有するよう命じる判決を下した。

10月の出来事 October

2日　英政府は、古代ケルト人が創始したドルイド教を公認した。

2日　リビアで、同国に布教目的でキリスト教関連の書籍などを持ち込み、宗教法違反（布教活動）で6月に逮捕された韓国人牧師ら2人が釈放された。

4日　バチカンのイグナシオ・カッラスコ・デ・パウラ生命アカデミー会長は、体外受精技術を開発したロバート・エドワーズ英ケンブリッジ大名誉教授に２０１０年のノーベル医学生理学賞の授与が決まったことを批判した。

10日　バチカンで、中東各国のカトリック高位聖職者約１８０人が集まる初めての「代表司教会議（シノドス）」が開幕した（～24日）。シノドスとしては初めてアラビア語も公用語とされた。

14日　シャバン独教育相は、２０１１年冬学期（10月～）から公立大3校でイスラム教聖職者とイスラム教教師の養成コースを開講すると発表した。

16日　中国の地下教会の牧師ら約２００人が、南アで開催される第3回ローザンヌ世界宣教会議（16～25日）に出席するため出国しようとしたところ、中国当局に阻止されたことがわかった。

18日　米カリフォルニア州にあるメガチャーチ「クリスタル・カテドラル」（信徒数約７０００人）は、米連邦破産法11条の適用を申請すると発表した。宣教活動の主軸だったテレビ伝道番組「力の時」の負担、不況による献金減少などが破産の要因。

11月の出来事 November

国内ニュース Domestic news

る「仏説無量寿経」の一部を書き写した断簡が見つかったと、鑑定した大谷大が発表した。

15日　文化審は、各地の東照宮のうち最初に建立された久能山東照宮（静岡市）の本殿、石の間、拝殿を、権現造《ごんげんづくり》の建築様式が普及する契機となった建築として国宝に指定するよう文科相に答申した。

15日　浅草寺（東京都台東区）や周辺住民らが東京・浅草で建設中の37階建て（約１３０ｍ）の高層マンションについて、景観を損なうとして東京都に建築許可の取り消しを求めた訴訟で、東京地裁は「許可は適法」と訴えを棄却した。

22日　東京都足立区議会は、アレフ（旧オウム真理教）が同区内に土地建物を取得したため、「反社会的団体の規制に関する条例」を可決し、即日施行した。

25日　東大寺（奈良市）で１９０７年に大仏の足元から出土して鎮壇具として国宝に指定された2本の金銀荘大刀《きんぎんそうのたち》が、７５９年に正倉院から持ち出されて所在不明だった大刀「陽寶劔《ようのほうけん》」「陰寶劔《いんのほうけん》」だったとわかり、同寺と元興寺文化財研究所が発表した。

26日　第2次世界大戦中に沖縄戦などで死亡して靖国神社に合祀《ごうし》された一般住民らの遺族が、無断で「英霊」として合祀され信教の自由が侵されたとして、同神社と国に初めて民間人の合祀取り消しなどを求めた訴訟で、那覇地裁は請求を棄却した。

11月の出来事 November

3日　国宝の唐招提寺金堂（奈良市）で、10年に及ぶ解体修理の落慶1周年を記念して、創建後初めて堂内の一般公開が1日限定で行われ、約1万人が拝観した。

9日　「カラス天狗《てんぐ》のミイラ」として知られる和歌山県御坊市所蔵の「生身《しょうじん》迦《か》楼羅王尊像《るらおうそんぞう》」（江戸時代）が、3年前にX線ＣＴで2羽の鳥の骨や粘土で作ったものと判明していたことが報じられた。県は公表を控えていたが、県立「紀伊風土記の丘」での展示を機に公開した。

21日　創価学会の池田大作名誉会長が米国マサチューセッツ大ボストン校から名誉人文学博士号を授与され、海外の大学や学術機関から受けた名誉学術称号は通算３００となった。

21日　真宗大谷派の本山東本願寺（京都市）で、１６０４年創建時に鋳造された梵鐘の音響が悪化したため、新たに寄進された新しい梵鐘の撞初《つきぞめ》式が営まれた。

24日　埼玉県八潮市の商業施設の駐輪場

4日　独ベルリンのシナゴーグで、第2次世界大戦後のドイツで初めての女性ラビとなったアリーナ・トライガーの任命式が行われた。

6日　ポーランド西部シフィエボジンに、地元の神父が国内外から寄付を募って建設した世界最大のキリスト像が完成した。高さは、本体33m、その頭上の王冠3m、土台を含めて約52m。

7日　スペイン訪問中（6日～）のローマ教皇ベネディクト16世は、バルセロナにある世界遺産の大聖堂サグラダ・ファミリアで献堂式ミサを行った。これにより、1882年以来建設中の同聖堂は正式に教会となった。

8日　パキスタンで、2009年にイスラム教徒との口論の際にイスラム教を冒《ぼう》瀆《とく》したとして、キリスト教徒の女性に初めて冒瀆罪で死刑判決が言い渡された。

15日　サウジアラビアの聖地メッカで、巡礼用モノレール「メッカ・メトロ」が開業した。初日の利用者は約6万6000人だった。

20日　中国天主教愛国会が、全人代代表を務める郭金才神父を河北省承徳地区の司教に正式に任命した。バチカンは承認せず、24日には郭神父の破門を発表した。

23日　バチカンの教皇として初めて避妊具の使用を認めた発言などが掲載されたローマ教皇ベネディクト16世のインタビュー集『世の光―教皇、教会、時のしるし』が発売された。

12月の出来事 December

1日　キリスト教団体「アガペ基金」が、韓国初の民営刑務所をソウル郊外に開設した。収容者には、聖書研究に基づく癒しなどを行う。

4日　マレーシアのクアラルンプールのモスクで合同結婚式が行われ、14歳新婦と23歳新郎が結婚した。同国ではイスラム法廷が許可すれば16歳未満女性も結婚できるが、この早婚は議論を呼んだ。

9日　中国天主教司教団主席に、バチカンが司教に承認していない、昆明教区の馬英林《マーインリン》司教が選ばれた。

10日　姦通罪に問われたイラン人女性が、同国当局からイスラム法に基づく石打ちによる死刑を宣告され、欧州を中心に助命運動が活発化している問題で、イラン国営テレビは、女性が罪を認めたとする番組を放映し、助命運動を非難した。

29日　デンマークとスウェーデンの情報当局は、デンマークの新聞社「ユランズ・ポステン」にテロ攻撃を計画したとして、イラクやレバノン出身などの5人を逮捕したと発表した。

30日　ローマ教皇ベネディクト16世は、資金洗浄防止と財務の透明性確保のため、バチカン内の金融業務を監視する機関「財務情報局」をバチカンに設立した。

でアレフ信者の女性が刺殺され、埼玉県警は女性の元夫を逮捕した。オウム真理教（現アレフ）に入信して教団施設で暮らしていた家族を取り戻すため約20年闘っていた元夫は、「元妻を殺せば娘を取り戻せると思った」と供述した。

26日　大阪大は、「光明皇后発願一切《いっさい》経《きょう》」の一部が見つかったと発表した。2009年に死去した井上薫・大阪大名誉教授（仏教史）の遺族が同大総合学術博物館に寄贈した遺品から見つかった。

12月の出来事 December

1日　龍安寺《りょうあんじ》（京都市）は、資金難から1895年に売却し、9月に米ニューヨークの競売会社クリスティーズで8万6500ドル（約740万円）で落札した襖絵を一般公開した（～2011年3月31日）。

7日　光源寺（東京都文京区）にある駒込大観音の頭部を無断ですげ替えたのは著作権侵害だとして、制作した仏師の遺族が寺に原状回復を求めた訴訟で、最高裁は遺族側の上告を棄却した。著作権侵害は認めたが原状回復は不要とし、経緯を説明する新聞広告の掲載を命じた2審判決が確定した。

9日　警視庁の内部資料とみられる国際テロ関連の文書が10月にネット上に流出した事件で、個人情報が流出した国内在住イスラム教徒6人が、テロリストと疑いをかけられて安全が脅かされたなどとして、容疑者不詳のまま地方公務員法（守秘義務）違反の疑いで東京地検に告訴状を提出し、警視庁による謝罪や安全の確保を国家公安委に申し入れた。

14日　菅直人首相は第2次世界大戦の激戦地だった硫黄島（東京都小笠原村）を訪問、日本兵の遺骨収集作業を視察し、戦没者追悼式に参加した。

17日　「オウム真理教犯罪被害者救済法」に基づく給付金申請が締め切られた。確認された被害者は死者25人を含む計6583人で、うち6084人が給付金申請をし、これまでに5857人分、計約28億640万円が支払われた。

20日　伊勢神宮（三重県伊勢市）は、2010年の参拝者数が19日で860万3748人となり、記録が残る1896年以降で第60回式年遷宮が行われた1973年の約859万人を上回り、最多となったと発表した。

25日　群馬県中央児童相談所（前橋市）の玄関で、「タイガーマスク」の主人公「伊達直人」を名乗る人物から贈られた、箱入りのランドセル10個（計約30万円相当）が見つかった。その後、同様の贈り物が児童養護施設に相次ぎ、全国で少なくとも計299件（毎日新聞社調べ、2011年1月12日午後2時現在）が確認された。

2011

Foreign news 海外ニュース

1月の出来事 January

1日　エジプトのアレクサンドリアで未明、コプト教の教会前で自爆テロがあり、信者ら23人が死亡した。この事件を非難してキリスト教徒の保護を呼び掛けたローマ教皇ベネディクト16世に対して同国政府は11日、駐バチカン大使を召還した。また20日には、イスラム教スンニ派最高権威機関アズハルがバチカンとの対話の無期限凍結を発表した。

15日　英国国教会の元主教3人が、ローマ教皇ベネディクト16世が2009年に承認した使徒憲章に従って転籍し、カトリックの司祭に叙階された。

15日　バチカン科学アカデミー会長に、プロテスタント信者で1978年にノーベル医学生理学賞を受賞したスイスの微生物学者ベルナー・アーバーが就任し、1603年設立の同アカデミーで初の非カトリック信者の会長となった。

18日　エジプトのカイロにあるイスラム教スンニ派最高権威機関アズハルは、アラブ諸国で焼身自殺が続出する現状に、「いかなる理由があってもイスラム教では自殺は許されない」との声明を出した。

21日　2010年に18万人以上の信者が離脱し、信徒記録が保存されて以来初めて離脱者が受洗者を上回ったドイツで、与党・キリスト教民主同盟（CDU）の議員8人が、「カトリック聖職者の妻帯を認めるべき」という声明を発表した。

27日　インド警察当局は、チベット仏教カギュー派最高位の活仏カルマパ17世が滞在するインド北部ダラムサラにある僧院を、出所不明の大量の現金を隠し持っていた疑いで家宅捜索した（～28日）。中国の人民元など外貨約1億3800万円相当が発見され、側近らが逮捕された。

2月の出来事 February

5日　ネパールのカトマンズ郊外にある

国内ニュース Domestic news

1月の出来事 January

13日　一休禅師ゆかりの酬恩庵《しゅうおんあん》一休寺（京都府京田辺市）の護持団体であるNPO法人「一休酬恩会」は、同寺の景観を守るため、裏山約4・4haの購入費約10億円を全国から募る「景観買い取り基金」を設立したと発表した。

20日　創価学会の谷川佳樹副会長が、『週刊新潮』に矢野絢也・元公明党委員長を脅迫したように報道されて名誉を傷付けられたとして、発行元の新潮社や矢野元委員長らに計1100万円の損害賠償などを求めた訴訟で、東京地裁は脅迫の事実は認定したが記述内容は確認できないとして、計33万円の支払いを命じた。

21日　纏向《まきむく》遺跡（奈良県桜井市）で、大型建物跡（3世紀前半）付近の穴から、祭祀の供物とみられる、タイなど海水魚や淡水魚の骨、シカなど動物の骨約千数百点、米やモモなどの種子約9800点が出土したと桜井市教委が発表した。

25日　法然の800回忌の命日に当たり、浄土宗総本山知恩院（京都市）で、法然の弟子・源智が法然の死に際して作らせた阿弥陀如来《あみだにょらい》立像を御影堂の法然坐像《ざぞう》の前に安置して、法要が営まれた。

2月の出来事 February

1日　薬師寺（奈良市）は、毎月8日の転読法要で1982年まで用いていた約450巻のうちの47巻が、奈良時代に書写された「大般若経」で、鎌倉時代に興福寺（同）の僧侶・永恩《えいおん》が集めた「永恩経」の一部と判明したと発表した。

9日　「幸福の科学」は、大川隆法総裁が、1年間で最も多くの書籍を出版した著者として1月にギネスの世界記録に認定されたと発表した。大川総裁の単著は、2009年11月23日から2010年11月10日の約1年間に52冊発刊された。

15日　地下鉄、松本両サリン事件など6

同国最古のヒンドゥー教寺院「パシュパティ」が、境内で不適切な行為をする男女、喫煙者や写真撮影者に最高500ルピー（約570円）の罰金を科し始めた。

8日　インドネシア中部ジャワ州の地裁が、イスラム教を中傷する冊子を配布したキリスト教徒の男性に対して禁錮5年の判決を下したが、これを不服とする群衆1500人以上が2カ所のキリスト教会に放火して警官隊と衝突した。

8日　世界遺産のヒンドゥー教寺院遺跡「プレアビヒア」がタイの攻撃で損傷を受けたとして、カンボジア政府がユネスコに緊急会合開催などを要請した。同寺院周辺の国境未画定地域では4～7日に両国軍が交戦した。4月にも交戦し、6月にはユネスコの対応を不服としてタイが世界遺産条約から脱退し、7月には国際司法裁判所が両国軍に撤退を命じた。

11日　マレーシアのイスラム開発局は、キリスト教に由来するバレンタインデーの信仰上の危険性を喚起するキャンペーンをイスラム教徒向けに開始した。

22日　ニュージーランド南島のクライストチャーチでマグニチュード6・3の地震が発生し、市内にあるクライストチャーチ大聖堂の高さ63mの尖塔《せんとう》が倒壊した。

3月の出来事 March

2日　パキスタンのイスラマバードで、イスラム教や預言者ムハンマドなどへの中傷を罰する冒瀆《ぼうとく》法を批判していた、カトリック信者のバッティ少数民族相が、イスラム過激派「パキスタン・タリバン運動（TTP）」に射殺された。

5日　サウジアラビア内務省は、「イスラム法や伝統に反するため、デモは禁じられている」との声明を発表した。

10日　マレーシア最大のキリスト教組織であるマレーシア・クリスチャン同盟（CFM）が、輸入した聖書約3万冊を政府に押収されたと発表した。後日、政府は、付番の上「キリスト教徒限定」のシールが貼られたもののみ使用を認め、4月10日には「キリスト教出版」というスタンプを押すと発表した。

20日　米フロリダ州のキリスト教牧師のテリー・ジョーンズは、コーランを「裁判」にかけ、「テロを広めるなど4つの罪を犯した」として「焼却の刑」を宣告して灯油をかけて燃やし、その動画をウェブに掲載した。

4月の出来事 April

1日　アフガニスタン北部マザリシャリフで、米国でコーランが燃やされたことに抗議するデモ参加者が暴徒化して国連事務所を襲撃し、国連職員ら12人が死亡。

10日　中国北京で、プロテスタント系地下教会の信者数十人が公共用地における

事件に関与したとして殺人罪などに問われ、1、2審で死刑判決を受けた元オウム真理教幹部・土谷正実《まさみ》被告の上告審で、最高裁は「サリン生成の中心人物」として、被告側の上告を棄却した。一連の事件で死刑確定は11人目（3月7日確定）。

16日　「臨床僧の会・サーラ（代表＝対《つし》本宗訓《もとそうくん》）」（京都府長岡京市）が発足した。

24日　「幸福の科学」の大川隆法総裁が、2010年秋以降、「霊言」の中で中傷する映像を信者らに見せたとして、大川総裁らを相手取り、妻きょう子が名誉毀損などで計1億円の損害賠償を求める訴えを東京地裁に起こした。

28日　世界基督《キリスト》教統一神霊協会（統一教会）の元信者が、1999～2005年に約4億4000万円の献金を強要されたとして教会側に対し、約5億円の損害賠償を求めた訴訟で、福岡地裁は教会側に約8150万円の支払いを命じた。

28日　浄土宗教学院が、法然の800年大遠忌《だいおんき》の記念事業として進めていた『浄土宗全書』の電子テキスト化と検索システムの構築が完成し、ウェブ上で無料公開された。

3月の出来事 March

1日　薬師寺（奈良市）は、創建以来初めて、国宝・東塔の初層内部を一般公開した（～21日）。

11日　東日本大震災が発生し、国の登録有形文化財だった日本基督教団福島教会（福島市）の教会堂が全壊した。岩手、宮城、福島の3県では、全日本仏教会のまとめでは75寺院が全壊、神社本庁のまとめでは145社の本殿が全半壊した。また、震災に伴う東電福島第1原発の放射能漏れ事故で、64寺院など多くの宗教施設が避難を強いられた。東京都では大勢の帰宅困難者のため、築地本願寺（中央区）、増上寺（港区）、護国寺（文京区）や、真如苑と「幸福の科学」の複数の教団施設などが一般に開放され、飲食物などを提供した。

12日　東日本大震災の被災地に、天理教が「災害救援ひのきしん隊（災救隊）」を派遣した。真如苑は13日に救援ボランティアチーム「SeRV《サーブ》」を派遣した。

13日　東日本大震災における宗教者の救援情報などを共有する「宗教者災害救援ネットワーク」が研究者らによってフェイスブック上に開設された。地図上から活動場所を検索できる「宗教者災害救援マップ」も開設された。

14日　厚労省は、東日本大震災の被災地で火葬が間に合わないため、市町村長による埋火葬許可証がなくても火葬や土葬を認める特例を出した。宮城県東松島市など3市3町で遺体が土葬されたが、火葬を望む遺族感情が強く、11月19日まで

海外ニュース Foreign news

日曜礼拝を計画したとして公安当局に拘束された。

11日　フランスで「公共の場で顔を隠すことを禁止する法（通称ブルカ禁止法）」が、欧州で国として初めて施行された。違反者には罰金150ユーロ（約1万8000円）が科せられる。

21日　中国四川省で、治安部隊がチベット仏教寺院の僧侶300人以上を拘束、衝突で住民2人が死亡した。地元当局は、反政府行動を封じるため、僧侶に法制教育を開始した。

22日　ローマ教皇ベネディクト16世は伊国営テレビRAIのカトリック信者向け番組に出演し、東日本大震災を体験した7歳の日本人少女を含む、視聴者約3000人から選ばれた7人の質問に答えた。

24日　ナイジェリアの暴動で、死者が約516人に達したと地元の人権団体「人権会議」が発表した。16日実施の大統領選で、キリスト教徒である現職ジョナサン大統領に敗れたイスラム教徒のブハリ元最高軍事評議会議長が不正選挙だったと主張し、両教徒間の暴動に発展した。

24日　インドの宗教指導者サティヤ・サイババが、南部アンドラプラデシュ州プッタパルティで死去した。96歳での死を予言していたが84歳だった。

29日　英ロンドンのウエストミンスター寺院で、ウィリアム英王子とキャサリン・ミドルトンの結婚式が、英国国教会のローワン・ウィリアムズ・カンタベリー大主教により執り行われた。

5月の出来事 May

1日　バチカンで、前教皇ヨハネ・パウロ2世の列福式がローマ教皇ベネディクト16世により行われた。死後6年1カ月での列福は、過去約500年で最も早い。

2日　1日に潜伏先のパキスタンで米軍によって殺害された、国際テロ組織アルカイダの指導者で2001年の米同時多発テロの首謀者とされるウサマ・ビンラディンの遺体が米原子力空母でアラビア海北部に運ばれ、水葬された。この水葬に対して、イスラム教スンニ派最高権威機関アズハルは「宗教的価値観に反する」と批判する声明を出した。

11日　豪水着メーカーが発表した新作の女性用水着にヒンドゥー教の女神ラクシュミが描かれていたため、インドで激しい抗議運動が起き、同国政府も駐印豪大使に「深い懸念」を表明した。メーカーは生産中止し、謝罪声明を発表した。

国内ニュース Domestic news

に全遺体が改葬された。

16日　浄土宗総本山知恩院は、天皇陛下から法然に「法爾《ほうに》大師」の号が贈られたと発表した。法然の大師号は8つ目。

23日　全日本仏教会は、東日本大震災被災地域と近隣地域の僧侶に、読経ボランティアの組織結成を依頼した。

24日　創価学会青年部機関紙『創価新報』の記事で名誉を傷つけられたとして、月刊誌『フォーラム21』発行人でジャーナリストの乙骨正生が創価学会などを提訴した事件で、東京地裁は創価学会と同青年部最高幹部だった6人に55万円の損害賠償の支払いを命じた。

4月の出来事 April

1日　宗教者による被災者支援の情報を提供し合うことを目的とする「宗教者災害支援連絡会」（代表＝島薗進・東京大学大学院教授）が発足した。

4日　真宗大谷派本山東本願寺（京都市）の大寝殿で、親鸞750回御遠忌《ごえんき》記念事業の1つとして漫画家・井上雄彦《たけひこ》に依頼して描かれた六曲一双の屏風絵が一般公開された（～17日、4～5月、11月）。

5日　浄土真宗本願寺派の宗門校・龍谷大が、宗派の協力を得て、本山西本願寺（京都市）前に建設した仏教総合博物館「龍谷ミュージアム」が開館した。

7日　東大寺（奈良市）は、金融機関から1億円を借り入れ、東日本大震災の義援金として日本赤十字社に寄託すると発表した。

9日　浄土真宗本願寺派本山西本願寺で「親鸞聖人750回大遠忌《だいおんき》法要」が始まった。法要は4～6月、9～11月、2012年1月の各9～16日の計56日間。

11日　政府が設置した「東日本大震災復興構想会議」の委員に、臨済宗妙心寺派福聚寺（福島県三春町）の住職で作家の玄侑宗久など12人が選ばれた。

12日　日本臓器移植ネットワークは、交通事故で入院していた10代前半の少年が、改正臓器移植法に基づいて脳死と判定されたと発表した。2010年7月に15歳未満からの脳死臓器移植を認めた改正法が施行されて以来、初の適用例。

19日　真宗大谷派本山東本願寺で、「宗祖親鸞聖人750回御遠忌《ごえんき》法要」が始まった（～28日）。26日には大谷暢顕《ちょうけん》門首が導師を務める法要に、浄土真宗10派のトップが参列した。3～5月（各19～28日）に予定された法要のうち3月分は「東日本大震災を考慮して「被災者支援のつどい」に変更された。

21日　米カリフォルニア州のキリスト教系ラジオ局「ファミリー・ラジオ」のハロルド・キャンピング局長が、２０１１年5月21日午後6時に「最後の審判」が下ると予言し、支持者らが騒動を起こしたが、外れた。同局長は23日に「滅亡は10月21日」と訂正したが再び外れた。同局長が予言を外したのは4度目。

22日　サウジアラビアで、20〜22日に自動車を運転し、その動画をサイトに掲載して女性の自動車運転解禁を求めた女性が宗教警察に逮捕されたと報じられた。6月17日には複数の女性が運転を強行して解禁を訴える運動を行った。

29日　チベット仏教最高指導者ダライ・ラマ14世は、政治権限を亡命政府首相らに委譲するチベット憲章の改正案に署名し、政治活動から引退した。

6月の出来事 June

3日　ヨルダンのアンマンで行われたサッカー女子のロンドン五輪アジア予選で、イラン代表チームの頭部などを覆うユニホームは規則違反であるとして、試合直前に出場禁止となった。

6日　エジプト政府は、同国最大のイスラム原理主義組織ムスリム同胞団が4月に結成した「自由公正党」を政党として認可した。１９２８年の創設以来、同胞団主体の政党が認められたのは初めて。

9日　イタリアで原発再開の是非を問う国民投票が12〜13日に実施されるのを前に、ローマ教皇ベネディクト16世が「環境に配慮した生活様式を選び、人類に危険を及ぼさないエネルギーの研究を開発することが政治と経済の優先事項である」と述べ、暗に原発反対を表明した。

12日　米国で第65回トニー賞が発表され、ウガンダに派遣された末日聖徒イエス・キリスト教会（モルモン教）の2人の若い宣教師を描いたコメディー「ブック・オブ・モルモン」がミュージカル部門で、最優秀作品賞を含む9部門を制した。

14日　イスラム教に基づき、女性が接客業に就くことが禁じられているサウジアラビアで、アブドラ国王の英断により、女性用下着売り場の店員が女性限定になったと報じられた。

23日　イスラム教の脅威を訴えた発言で「嫌悪や差別の扇動罪」に問われたオランダの自由党のウィルダーズ党首に対し、アムステルダムの地方裁判所は「許容できる」として無罪を言い渡した。

28日　イランの大アヤトラ（イスラム教シーア派最高位法学者）のマカレム・シラジ師は、この日までに、ネットを通じて男女が知り合うことを認めるファトワを出した。

28日　ローマ教皇ベネディクト16世はツイッターの使用を開始し、イエス・キリストを讃《たた》えるメッセージを送った。

26日　東京国立博物館（東京都台東区）で、漫画家・手塚治虫の漫画『ブッダ』の原画52点と仏像など約20点を展示して、釈迦の生涯を紹介する「手塚治虫のブッダ展」が始まった（〜6月26日）。

28日　東日本大震災犠牲者の49日忌に当たり、全日本仏教会の呼び掛けにより、全国の多くの寺院が地震発生時刻の午後2時46分に合わせて一斉に鐘を鳴らし、犠牲者を追悼した。

5月の出来事 May

2日　東日本大震災後、仙台市葛岡斎場に宮城県宗教法人連絡協議会が主体となって設置された「心の相談室」が4月末に閉鎖されたのに伴い、宗教者、カウンセラー、医療者ら有志による無料の電話相談窓口「心の相談室」が開設された。

12日　青森県五所川原市で出土したとみられる銅板の菩薩坐像が、奈良時代（8世紀）に制作された「押出仏《おしだしぶつ》」とわかったと県が発表した。

12日　国松孝次警察庁長官銃撃事件で、時効が成立した２０１０年3月に警視庁が「オウム真理教による組織的なテロ」とする捜査結果を発表したことで名誉を傷つけられたとして、教団主流派「アレフ」が東京都などを相手取り、計５０００万円の損害賠償などを求める訴えを東京地裁に起こした。

13日　オウム真理教（現アレフ）に子供たちを連れて出家した元妻を殺害したとして、殺人罪などに問われた男性の裁判員裁判で、さいたま地裁は懲役13年を言い渡した。

17日　ネパール政府が創設した「ゴータマ・ブッダ国際平和賞」の第1回授賞式が同国南部ルンビニで行われ、ヤダブ大統領から秋葉忠利・前広島市長と田上富久・長崎市長に、連名で賞金5万ドル（約４００万円）が贈られた。

20日　２００７年に20代女性信者に性的暴行を加えたとして準強姦罪に問われたキリスト教系宗教法人「小牧者《しょうぼくしゃ》訓練会」（茨城県つくば市）代表の韓国人牧師・卞在昌《ビュン・ジェーチャン》の判決で、水戸地裁土浦支部は無罪を言い渡した（6月3日確定）。

30日　浄土真宗本願寺派は臨時宗会で、「宗法」の改正案を可決した（２０１２年4月施行）。本山と築地本願寺の独立性強化、意思決定を迅速化する組織改革、首都圏での布教活動の強化などが柱。

6月の出来事 June

10日　東日本大震災で被災した建物をもつ宗教法人が施設復旧のために募集する寄付金について、寄付者が税制上の優遇措置が受けられる「指定寄付金」の対象となることが財務省により告示された。

12日　鶴岡八幡宮（神奈川県鎌倉市）と

海外ニュース Foreign news

29日　中国四川省で中国天主教愛国会が、バチカンの承認なしに楽山教区の雷世銀《レイ・シーイン》神父を司教に叙階した。バチカンは7月4日、雷神父を破門した。一方、バチカンは承認したが愛国会は承認しなかった河北省邯鄲教区の孫継根《スン・チーケン》神父の叙階式は、同神父が公安当局に連行されたため延期。

7月の出来事 July

3日　インド南部ケララ州のトリバンドラムにあるヒンドゥー教寺院「スリー・パドマナーバスワーミ」の地下室から金貨約1t、宝石で飾られた神像など推定総額7500億ルピー（約1兆3600億円）が見つかったと報じられた。

7日　レバノン国民議会は、ナジブ・ミカティ元首相を首班とする内閣を信任し、同国初のイスラム教シーア派組織ヒズボラ主導政権が正式に発足した。

9日　スーダンで黒人系キリスト教徒の多い南部がアフリカ54番目の国家「南スーダン共和国」として分離独立した。

11日　ハンガリー国会で新教会法が採択され、358の認可団体のうちカトリック、改革派、ルーテル派、正教会、ユダヤ教など14団体のみが宗教法人として承認された。同法は12月19日に憲法裁判所が違法とし、30日に修正・採択された。

14日　中国広東省で中国天主教愛国会が、バチカンの承認なしに汕頭教区の黄炳《ホアン・ビン》章《チャン》神父を司教に叙階した。これを受け、バチカンは16日に同神父を破門とした。

18日　バチカンとマレーシアは、外交関係を樹立することに合意した。

20日　アイルランド議会は、聖職者による児童性的虐待の隠蔽を促したとして、バチカンを非難する決議を可決した。これに対し、バチカンは25日に駐アイルランド大使を召還した。

22日　ノルウェーのオスロで政府庁舎が爆破されて8人が死亡、ウトヤ島で開かれた与党・労働党の青年部集会で銃が乱射されて69人が死亡し、キリスト教原理主義者の男が逮捕された。

23日　ベルギーで、「顔の一部や全部を覆う衣装を禁じる法律（通称ブルカ禁止法）」が施行された。違反者には15～25ユーロ（約1600～2800円）の罰金か最高7日間の禁錮刑が科せられる。

8月の出来事 August

2日　タジキスタンのラフモン大統領は、18歳未満の者がモスクやキリスト教会を訪問することを禁じる法律を承認した。

国内ニュース Domestic news

東大寺は、八幡宮舞殿で「東日本大震災物故者慰霊と被災地復興への祈り」を捧げた。両社寺が合同で祭事・法要を営むのは初めて。9月18日には東大寺で、同様の合同慰霊祭を行った。

25日　ユネスコの世界遺産委員会は、「平泉の文化遺産」（岩手県平泉町）を世界文化遺産に登録すると決定した。構成資産は、中尊寺、毛越寺《もうつうじ》、観自在王院跡、無量光院跡、金鶏山の5カ所で、日本仏教の「浄土思想」を表現したものとして評価された。

7月の出来事 July

6日　厚労省は、重点対策に取り組んできた、がん、脳卒中、心臓病、糖尿病の「4大疾病」に、新たに精神疾患を加えて「5大疾病」とする方針を決めた。

8日　曹洞宗と韓国の曹渓宗は、曹洞宗林香院（仙台市）で東日本大震災物故者慰霊法要を合同で営んだ。曹渓宗が宗団として曹洞宗を公式訪問するのは初めて。

16日　唐の僧侶・玄奘《げんじょう》の生涯を描いた全12巻・全長計190m超の国宝「玄奘三蔵絵」（大阪・藤田美術館蔵）を初めて全巻同時公開する特別展「天竺へ～三蔵法師3万キロの旅」が奈良国立博物館（奈良市）で開催された（～8月28日）。前期（～8月7日）に各巻前半、後期（8月9日～）に各巻後半が公開された。

20日　東京国立博物館（東京都台東区）で「空海と密教美術」展が開催された（～9月25日）。国宝「聾瞽指帰《ろうこしいき》」や、東寺（京都市）講堂の仏像群のうち国宝8体など全99件が公開された。

21日　第2次世界大戦中に旧日本軍に軍人・軍属として徴用されて靖国神社に合《ごう》祀《し》された韓国人の遺族ら10人が、靖国神社と国に合祀の取り消しなどを求めた訴訟の判決で、東京地裁は請求を棄却した。韓国人が靖国神社に合祀取り消しを求めた訴訟の判決は初めて。

27日　2006年5月に発覚した浄土宗元宗務庁職員による7億4500万円に上る公金不正流用事件に関して、宗派の公金と知りながら取引を勧誘していたなどとして浄土宗が先物取引会社コムテックス（大阪市）に7億7770万円の損害賠償を求めた訴訟で、大阪地裁はコムテックス社に約6億1500万円などを支払うよう命じる判決を言い渡した。

29日　東電は、福島第1・2原発の事故に関して、避難指示区域にある宗教法人などを仮払い補償金の支払い対象にすることを決めた。

7日　アラブ首長国連邦（UAE）で最高権威の宗教指導者ムハンマド・クバイシー師は、ドバイにある高層ビル「ブルジュ・ハリファ」（828m）の81階以上では地上より日の出が早く、日没が遅くなるため、81〜149階ではラマダンの断食を地上の2分前に開始して終了を2分後に、150〜160階では各3分にするようにとのファトワを出した。

8日　インド北部ダラムサラのチベット亡命政府で、チベット仏教最高指導者ダライ・ラマ14世から政治権限を委譲された初めての首相、ロブサン・センゲの就任式が行われた。

9日　米テキサス州の裁判所は、「末日聖徒イエス・キリスト教会原理派（FLDS）」のウォレン・ジェフス教祖に、少女2人に対する性的暴行の罪で終身刑を言い渡した。

18日　祭典「世界青年の日」に出席するためローマ教皇ベネディクト16世が訪問中（〜21日）のスペインのマドリードで、祭典を「税金の無駄」と主張し、訪問に反対する若者らがデモを行った。

9月の出来事 September

5日　韓国の曹渓宗関係者ら37人が北朝鮮を訪問し、平安北道の景勝地、妙香山にある普賢寺で合同法会を開催した。

14日　イランの文化・イスラム指導省は、多数の誤植が見つかったため、コーランを中国から輸入することを禁止したと発表した。

17日　メキシコ中東部プエブラ州サンラファエル・トラナラパン村で、プロテスタント信者70人以上が、〝伝統的なカトリック〟信者から「十字架に磔にするか私刑する」と脅され、追放処分を受けた。

22日　北朝鮮の平壌で、朝鮮宗教者協議会会長を務める張在彦《チャン・ジェオン》朝鮮カトリック教徒協会委員長など北朝鮮の宗教関係者と、訪朝中（21〜24日）の韓国7大宗教団体の代表らが、平和運動や南北統一運動の推進、定期的な南北宗教者会議の開催などを掲げた共同声明を発表した。

22日　ローマ教皇ベネディクト16世が母国ドイツを公式訪問した（〜25日）。教皇では初めてベルリンの連邦議会で演説を行ったが、政教分離や宗教的中立に反するとして、野党議員約80人が欠席した。

24日　チベット仏教最高指導者ダライ・ラマ14世は、「90歳ぐらいになったら、高僧らと協議して輪廻転生制度の存続を再考する」との声明を発表した。

25日　サウジアラビアのアブドラ国王は、「イスラム法の枠内である限り、女性を疎外しない」として、同国で初めて女性の参政権を認めた。

26日　イスラエル博物館と米企業グーグルは、「死海文書」のうち「イザヤ全書」など5巻をウェブ上で無料公開した。

8月の出来事 August

10日　真宗高田派本山専修寺（津市）は、同寺が所有する、親鸞が鎌倉時代に執筆した6巻本の国宝「西方指南抄《さいほうしなんしょう》」から、弟子の名前が記された親鸞直筆とみられる2枚の紙片が見つかったと発表した。

11日　靖国神社で2009年8月、元日本兵の台湾人が合祀されていることに抗議デモを行い、神職に軽傷を負わせたなどとして、警視庁公安部は台湾の高金素梅《こうきんそばい》・立法委員（国会議員に相当）を威力業務妨害と礼拝所不敬、傷害などの容疑で東京地検に書類送検した。9月8日、東京地検は理由を明らかにせず不起訴処分とする異例の対応を行った。

15日　終戦記念日に、民主党の菅直人首相と全閣僚は靖国神社への参拝を見送った。副大臣、政務官も全員参拝しなかった2010年とは異なり、3政務官が参拝した。

22日　「高島易断」を名乗った相談会で、不安をあおられ高額の祈禱料を支払わされたとして、首都圏などに住む10人が宗教法人「幸運乃光」（千葉県袖ケ浦市）と代表役員らに計約2760万円の損害賠償を求めた訴訟で、東京地裁は計約2720万円の賠償を命じた。

9月の出来事 September

12日　有限会社「神世界」（山梨県甲斐市）グループによる霊感商法事件で、神奈川県警は組織犯罪処罰法違反（組織的詐欺）の疑いで、「教祖」と呼ばれるグループトップの斉藤亨容疑者を逮捕した。

15日　石清水《いわしみず》八幡宮（京都府八幡市）で、勅祭・石清水祭が営まれた。東日本大震災復興を願い、約140年ぶりに、比叡山延暦寺（大津市）の僧侶が参列して八幡宮の神職と合同で放生会《ほうじょうえ》を行った。

25日　東日本大震災の津波で倒れた岩手県陸前高田市の高田松原の松の木が、震災犠牲者の供養と被災地復興を祈願する成田山新勝寺（千葉県成田市）の「柴灯《さいとう》大護摩供《おおごまく》」で焚かれた。

28日　善光寺（長野市）の天台宗側の住職で大勧進の小松玄澄貫主が辞任するとした和解契約を履行しなかったとして、傘下の天台宗25寺院の住職による組織「一山《いっさん》」元代表が貫主に辞任と損害賠償を求めた訴訟で、東京高裁は、1審と同じく辞任請求は退けたが、貫主に1審より30万多い330万円の支払いを命じた（ともに控訴せず確定）。貫主は2004年に月刊誌に女性問題が報じられたことから元代表らに辞任を要求され、05年8月に2年以内に辞任する約束で和解したが辞任しなかったため、提訴されていた。

海外ニュース Foreign news

26日　サウジアラビアのジッダの裁判所は、自動車を運転したとして7月に逮捕した女性にむち打ち10回の刑を言い渡した。だが、判決の取り消しをアブドラ国王が命じたことが28日にわかった。

30日　米国防総省は、同性婚が合法である州では、従軍牧師が同性間の結婚式を司式することを認めると発表した。ただし、個人的あるいは宗教的信念に反する場合には司式は強制されないなどとした。

10月の出来事 October

1日　マルタで、4年間以上の別居を条件に離婚を認める婚姻法が施行された。これで離婚を違法とする国はバチカンとフィリピンの2カ国だけとなった。

9日　エジプトのカイロで、コプト教会の建設許可遅延などに抗議のデモを行っていたコプト教徒と治安部隊が衝突し、26人が死亡した。これを受けて11日、ジュンディ司法相は、厳しく審査されていたコプト教会の建設許可をモスクと同等に扱う法改正を行うと明らかにした。

13日　ブータンの古都プナカの行政庁舎と僧院を兼ねるゾン（城）で、ワンチュク国王とジェツン・ペマがチベット仏教僧侶の執行により結婚式を挙げた。

15日　英ロンドンのセントポール大聖堂前が反格差デモ参加者のテント村で占拠された。大聖堂トップのノウルズ首席司祭は、デモ隊に速やかな退去を求めたが、世論の批判を受け、10月31日に辞任した。

16日　米公民権運動の黒人指導者マーチン・ルーサー・キング牧師の業績を顕彰する記念碑がワシントンに完成した。

24日　バチカンの「正義と平和協議会」が、「国際的な金融通貨システムの再編に向けて」とする書簡で、「世界中央銀行」などの機関の設立を呼び掛けるなど異例の提言を発表した。

24日　リビア革命で20日に殺害された元最高指導者カダフィ大佐の遺体が商業施設の大型冷蔵室で公開されたことに対し、キューバのフィデル・カストロ前国家評議会議長は「イスラム教、世界中の宗教の最も基本的な原則に背く行為」と批判した。25日に遺体は砂漠に埋葬された。

27日　チュニジアの憲法制定議会選挙（23日実施）の結果が発表され、穏健派イスラム政党アンナハダが２１７議席中90議席を獲得し、第1党となった。

27日　伊中部アッシジで、ローマ教皇ベネディクト16世の呼び掛けで平和を祈る宗教間会議が開催された。世界50カ国以上からイスラム教、仏教、神道などの代

国内ニュース Domestic news

10月の出来事 October

2日　浄土宗総本山知恩院（京都市）で、「元祖法然上人８００年大遠忌法要」が始まった（〜25日）。

5日　フィリピンで第2次世界大戦中に戦没した日本兵の遺骨収集事業で、厚労省は遺骨の半数がフィリピン人の可能性が高いとして、千鳥ケ淵戦没者墓苑（東京都千代田区）に納められた遺骨のうち疑念がある約４５００柱を省内に移したことを明らかにした。

10日　東大寺の総合文化センター内に「東大寺ミュージアム」が開設された。東大寺初の展示施設。

19日　２０１０年5月半ば以降、公の場に姿を見せない創価学会の池田大作名誉会長について、『週刊文春』10月27日号が掲載した記事「担当していた元看護師が語る　池田大作『厳戒病室』本当の病状」について、創価学会が発行元の文藝春秋に抗議した。同誌は、12月29日号に記述を取り消す旨の謝罪文を掲載した。

21日　創価学会は、原田稔会長の再任を決定した。任期は5年間。

22日　下鴨神社（京都市）は、平安時代から江戸時代まで同神社内に設置され、日本文化の研究や教育を担っていた「学問所」をモデルに「京都学問所」（所長＝長尾真・元京都大総長）を設立した。

25日　特別展「法然と親鸞　ゆかりの名宝」が、東京国立博物館（東京都台東区）で開催された（〜12月4日）。国宝「阿弥陀二十五菩薩来迎図」（知恩院蔵）など国宝11件、重要文化財83件を含む絵画・書・仏像１８９件が展示された。

26日　来日中のウルフ独大統領が、三重県伊勢市の伊勢神宮を参拝した。独大統領の参拝は今回が初めて。

11月の出来事 November

1日　宮内庁は、皇居・神嘉殿《しんかでん》で23日に行われる宮中祭祀で最も重要な儀式とされる「新嘗祭《にいなめさい》」について、天皇陛下の健康上の負荷軽減のため、「夕《よい》の儀」で陛下が拝礼する時間を短縮すると発表した。

1日　曹洞宗は、東電福島第1原発事故に関して、1人ひとりが自分の問題として向き合うことが大切と考えるとする「原子力発電に対する曹洞宗の見解について」を発表した。

7日　東大寺の戒壇堂で、非公開の「授《じゅ》戒会《かいえ》」が26年ぶりに始まった（〜9日）。

8日　藤村修官房長官は、来日中のチベ

表約300人が参加した。
28日　豪パースで英連邦16カ国の首脳会議が開かれ、英王室の王位継承法を男子優先ではなく長子優先とすることで合意した。王位に就く者はカトリック信者との結婚を禁じられていたが、この規定も廃止する。

11月の出来事 November

2日　2日発売の特集号でイスラム教創始者ムハンマドを編集長に見立て、風刺画を多数掲載していた仏週刊紙『シャルリー・エブド』のパリにある事務所に火炎瓶が投げ付けられ、全焼した。
3日　アイルランド政府は、財政事情から、駐バチカン大使館の閉鎖を発表した。
4日　ナイジェリア北東部ダマトゥルで、警察署や軍の施設、5つの教会が相次いで自爆テロや爆弾で襲撃され、少なくとも150人が死亡した。イスラム過激派「ボコ・ハラム」が5日、犯行を認めた。
16日　伊アパレル大手ベネトンが「アンヘイト（反憎悪）」と銘打った広告キャンペーンで掲示された、ローマ教皇ベネディクト16世とイスラム教スンニ派最高権威機関アズハルのタイイブ総長がキスする合成写真が、バチカンの抗議で撤去された。
19日　ロシアのモスクワの救世主ハリストス大聖堂で、アトス山のバトペディ修道院が保管している、聖母マリアが身に着けたとされる帯が同国で初めて公開され、約100万人が拝観した（～27日）。
20日　イランの司法当局が、アハマディネジャド大統領のメディア担当顧問ジャバンフェクルが「イラン女性はチャドルを着用する必要はない」との考えを示したため、イスラム教に反した罪で禁錮1年の判決を言い渡したと報じられた。

12月の出来事 December

1日　中国チベット自治区で、中国当局に抗議して同自治区では初めてチベット仏教僧侶が焼身自殺を図った。3月以来、中国で焼身自殺を図った僧侶は12人目。
6日　アフガニスタンの首都カブールにあるイスラム教シーア派聖廟前で自爆テロが起き、少なくとも59人が死亡した。
15日　チェコ政府は、約1060万人を対象にした国勢調査（3月実施）で、信じる宗教を米SF映画「スター・ウォーズ」シリーズに登場する「ジェダイの騎士」と答えた人が1万5070人いたと発表した。
16日　オランダの独立調査委員会は、1945～2010年に数万人の未成年者が神父などカトリック教会関係者から性的虐待を受けていたとする報告書を発表した。

ット仏教最高指導者ダライ・ラマ14世と7日に民主党政権の政府高官として初めて会談した長島昭久首相補佐官を口頭で注意したことを明らかにした。
8日　日本カトリック司教団が、「いますぐ原発の廃止を～福島第1原発事故という悲劇的な災害を前にして～」というメッセージを発表した。
9日　暴力団排除条例が10月から全国で施行されたことを受け、神社本庁が暴力団の集団参拝について「留意を」との文書を全国の神社庁に送った。
13日　日本宗教学会、「宗教と社会」学会と連携する、宗教文化教育推進センターが実施する「宗教文化士」の第1回認定試験が行われた。受験者91名のうち合格者は58名だった。
17日　天台宗総本山比叡山延暦寺（大津市）が指定暴力団山口組に対し、寺に安置している歴代組長の位牌への参拝拒否を6月に文書で通知し、7月に組側の了承を文書で得ていたことがわかった。
18日　地下鉄、松本両サリン事件など11事件で殺人罪などに問われ、1、2審で死刑判決を受けた元オウム真理教幹部・中川智正《ともまさ》被告の上告審で、最高裁は被告側の上告を棄却した。一連の事件での死刑確定は12人目（12月8日確定）。
21日　地下鉄、松本両サリン事件など4事件で殺人罪などに問われ、1、2審で死刑判決を受けた元オウム真理教幹部・遠藤誠一被告の上告審で、最高裁は被告側の上告を棄却した。一連の事件での死刑確定は13人目（12月12日確定）。これにより、1995年6月に始まったオウム真理教事件の裁判は終結した。
27日　ユネスコ政府間委員会は、佐太《さだ》神社に約400年前から伝わる神楽である佐陀神能《さだしんのう》（松江市）など2件を無形文化遺産に登録することを決定した。
30日　第2次世界大戦中に旧日本軍の軍人・軍属として動員された韓国人の遺族ら254人が、国が戦没者名を通知したために靖国神社に合祀され、民族的人格権を侵害されたなどとして、国に合祀取り消しなどを求めた訴訟で、最高裁は遺族側の上告を棄却した。

12月の出来事 December

1日　全日本仏教会は、原発によらない持続可能なエネルギーによる社会の実現を目指す宣言文「原子力発電によらない生き方を求めて」を発表した。
2日　「ひかりの輪」（上祐史浩代表）の「外部監査人」に、松本サリン事件の被害者である河野義行の就任が決まった。
14日　藤村修官房長官は記者会見で、女性皇族が結婚後も皇室にとどまる「女性宮家」創設を視野に、皇室典範改正などについて2012年より有識者からの意見聴取を始めることを明らかにした。

Foreign news 海外ニュース 2012

1月の出来事 January

1日　ローマ教皇ベネディクト16世は、米聖公会からカトリック教会に転籍する信者のための属人教区を設立した。１００人以上の元聖公会司祭と信徒１４００人が転籍する。

3日　モロッコで、公正発展党のベンキラン首相率いる連立内閣が国王モハメド6世により任命され、同国初のイスラム政党主導内閣が発足した。

5日　サウジアラビアで、アブドラ国王が２０１１年に発した国王令に基づき、女性用下着店での男性店員の就労を禁じる法律が施行された。

13日　ミャンマーのテイン・セイン大統領は恩赦を実施し、２００７年に民主化要求デモを主導して禁錮68年の刑を受けた僧侶のガンビラ師など服役中の６５１人を一斉に釈放した。

16日　独テュービンゲン大で、公立大初のイスラム神学科の開講式が行われた。

20日　ローマ教皇ベネディクト16世は、新求道共同体のメンバー約７０００人と接見し、同共同体の活動に承認を与えた。

20日　ナイジェリア北部のカノで警察本部などを狙った連続爆発テロや銃撃が発生し、１７８人が死亡した。イスラム過激派「ボコ・ハラム」が21日、犯行声明を出した。

2月の出来事 February

1日　エジプトのカイロの裁判所は、イスラム保守派の弁護士が、大物俳優アーデル・イマームが１９９４年の映画などで、ひげやイスラム教徒の服装などでイスラム教の象徴を冒瀆《ぼうとく》したとして訴えていた訴訟で、欠席裁判で懲役3カ月の実刑判決を言い渡した。

16日　ノルウェーのマッタ・ルイーセ王女が、天使と交信する方法を伝授する『天使の秘密』を共著で出版した。

国内ニュース Domestic news

1月の出来事 January

1日　１９９５年に起きた目黒公証役場事務長拉致事件で警察庁に特別手配されていた元オウム真理教幹部・平田信《まこと》容疑者が逮捕監禁致死容疑で逮捕された。

10日　ブータン王国の仏教研究を通して、日本の幸福度向上につながる提言を目指す「ブータン仏教研究プロジェクト」が両国の共同研究として正式に始まった。

16日　浄土真宗本願寺派本山西本願寺（京都市）で、２０１１年４月９日から65日間、１１５座の法要が営まれてきた「親鸞聖人７５０回大遠忌《だいおんき》法要」が終了した。期間中には西本願寺や門前町などを延べ約１４０万人が訪れた。

23日　公安審は、オウム真理教（現アレフ）や分派した「ひかりの輪」に対する団体規制法に基づく観察処分の期間の更新を決定した。期間は2月1日から3年間で、更新は4回目。

24日　厚労省は、第2次世界大戦中のインパール作戦で約3万人が戦死したとされるインド北東部で34年ぶりに再開した日本政府による遺骨収集で9柱を収容したと発表した。

26日　創価学会は、池田大作名誉会長の名前で「SGI（創価学会インタナショナル）の日」に寄せて、原発に依存しないエネルギー政策への転換などを呼び掛ける「生命尊厳の絆輝く世紀を」と題する記念提言を発表した。

30日　有限会社「神世界」（山梨県甲斐市）グループによる霊感商法事件で、祈願料などの名目で現金をだまし取られたとして被害者48人が計約2億８５００万円の損害賠償を求めた集団訴訟は、神世界側が請求全額に遅延損害金を加えて計約3億５０００万円を支払う内容で、東京地裁で和解した。

2月の出来事 February

２００９年出版の『守護天使を見つけましょう』の続編。

17日　ロシア連邦のタタルスタン共和国政府は、カザンのクルシャリフ・モスクにあるコーランが、世界最大としてギネス世界記録に認定されたと発表した。縦２m、横１・５mで６３２ページ、重さ８００kg。

21日　アフガニスタンのバグラム米空軍基地で20日に国際治安支援部隊（ＩＳＡＦ）要員がコーランを焼却したため、住民２０００人以上が抗議デモを行った。23日にはオバマ米大統領も謝罪したがデモは沈静化せず、東部でＩＳＡＦの米兵２人がアフガン国軍兵に射殺され、25日にはカブールの内務省内で米士官２人が職員に射殺された。

27日　ハンガリーで、２０１１年12月に修正された新教会法に基づき、認定済みの14団体に加えて、イスラム教や仏教など計18団体が宗教法人に認定された。新法では、認定には、最低20年間の国内での活動実績などと、国会人権・マイノリティー・宗教委員会による審査と、国会で３分の２以上の賛成が必要。

29日　バチカン機密文書館開設４００年を記念して、宗教改革者ルターに出された破門状、天文学者ガリレオ・ガリレイの異端審問の記録など約１００点がローマのカピトリーニ美術館で初めて一般公開された（～９月９日）。

3月の出来事

March

7日　バチカンの公式サイトが接続できなくなり、国際ハッカー集団「アノニマス」が腐敗したカトリック教会への抗議として攻撃したとの声明を発表した。

12日　サウジアラビアの大ムフティー（最高イスラム法官）であるアブドルアジズ・アル・アッシャイフ師が「アラビア半島にある全キリスト教教会を破壊せよ」というファトワを出した。

17日　エジプトのカイロで、コプト教の最高指導者、第１１７代教皇シェヌーダ３世が88歳で死去した。

18日　第11代独大統領に、旧東独でプロテスタントの牧師として民主化運動を主導したヨアヒム・ガウクが選出された。

19日　中国社会科学院考古学研究所は、河北省臨漳県で仏像２８９５体の埋葬坑を発見したと発表した。１９４９年の新中国成立後、この種の発見では最大規模。

19日　仏トゥールーズのユダヤ人学校で男が銃を発砲し、４人が死亡した。11日と15日にも仏軍兵士計３人が銃撃されて死亡する事件が起きており、22日に警察はアルジェリア系フランス人の容疑者を射殺した。同日、国際テロ組織アルカイダの関連組織が関与を認め、仏政府にイスラム教徒に対する（敵対的な）政策の見直しを求める声明を出した。

4日　八剣《やつるぎ》神社（長野県諏訪市）は、諏訪湖で結氷した湖面がせり上がる「御《お》神渡《みわた》り」が２００８年以来４年ぶりに出現したと判定した。２月の出現は１９８２年以来30年ぶり。

8日　宮内庁が仁徳天皇陵に指定する５世紀中ごろの大山《だいせん》古墳（大阪府堺市）で、仁徳天皇１６１３回目の命日祭「正辰《しょうしん》祭」が営まれた。皇室の私的祭祀で、メディア初取材が共同通信に許可された。

10日　元公明党委員長で政治評論家の矢野絢也が、『文藝春秋』に発表した手記内容を非難され、評論活動を妨害されたとして、２００８年５月に創価学会と幹部らに５５００万円の損害賠償を求めた訴訟で、矢野元委員長側が提訴を取り下げた。一方、この提訴に関する『週刊新潮』の記事で名誉毀損されたとして、創価学会の谷川佳樹副会長は矢野らに損害賠償を求める訴えを起こしていたが、谷川副会長側も訴えを取り下げた。この訴訟の控訴審である東京高裁が訴訟終結を勧告し、双方が受け入れたため。

16日　北海道砂川市が市有地を空知太《そらちぶと》神社に無償提供していることが政教分離に反するかが争われた訴訟の差し戻し上告審で、最高裁は住民側の上告を棄却した。市が有償貸与を提案したことで違憲性は解消されるとして住民側の請求を退けた札幌高裁の差し戻し控訴審判決が支持され、住民側敗訴が確定した。

28日　体調不良を理由に芸能活動を休養中で、霊能者とされる女性と東京都渋谷区の自宅マンションに閉じこもっていた、お笑いコンビ「オセロ」の中島知子が関係者に保護された。

3月の出来事

March

1日　20～40代のイケメン僧侶41人の写真とプロフィールを掲載した『美坊主図鑑』（廣済堂出版）が発売された。発売約２カ月で販売部数約１万部に達した。

11日　国立劇場（東京都千代田区）で政府主催の東日本大震災犠牲者の追悼式典が行われ、天皇皇后両陛下が参列された。自然災害に関する追悼式典を政府が主催するのは初めて。

11日　天台宗と天台寺門宗、天台真盛宗は、天台宗観音寺（宮城県気仙沼市）で合同の東日本大震災の一周忌慰霊常行三昧法要を行った。半田孝淳天台座主《ざす》が大導師、天台寺門宗の福家英明管長と天台真盛宗の西村冏紹《けいしょう》管長が副導師を務めた。天台宗３宗の合同法要は初めて。

18日　浅草神社（東京都台東区）の三社祭の起源とされる「舟祭《ふなまつり》」が初めて行われてから７００年になるのを記念して３基の神輿《みこし》を船に載せて隅田川を進む「舟渡御《ふなとぎょ》」が54年ぶりに復活した。

29日　違法な布教で入信や献金を強いられたとして、元信者ら63人が世界基督教《キリスト》

海外ニュース Foreign news

23日　ローマ教皇ベネディクト16世は就任後初の中南米歴訪（～28日）に出発した。キューバでは28日に、1959年のキューバ革命を率いたフィデル・カストロ前国家評議会議長と会談した。

28日　チュニジアの裁判所が、公共の秩序を乱したとして、イスラム教預言者ムハンマドの裸の風刺画をフェイスブックに投稿した2人に禁錮7年を言い渡した。

29日　チベット仏教最高指導者ダライ・ラマ14世に、2012年度のテンプルトン賞が授与されることが決まった。

30日　メキシコ北西部ソノラ州の司法当局は、「サンタムエルテ（聖なる死に神）」に生き血を捧げるため3人を殺害したとしてカルト教団の幹部8人を逮捕したと発表した。

4月の出来事 April

4日　ソマリアのモガディシオの国立劇場で自爆テロがあり、同国の五輪組織委会長とサッカー連盟会長を含む10人が死亡した。イスラム過激派アルシャバブが犯行声明を出した。

18日　米シカゴ大の全国世論調査センターが1991年、98年、2008年実施の調査を分析したところ、世界30カ国のうち最も信心深い国はフィリピンだったと発表した。同国では「常に神を信じてきた」が94％と最高だった。

5月の出来事 May

5日　マリで、同国北部を制圧したイスラム過激派「アンサル・ディーン」が、世界遺産都市トンブクトゥにある16の聖廟のうち1つを破壊した。

10日　イスラム系サイト「シーア・オンライン」は、イスラム教シーア派の歴史的なイマームを歌で侮辱したとして、イラン出身で独在住のラップ歌手シャヒン・ナジャフィ殺害に懸賞金10万ドル（約800万円）を出すと発表した。

11日　韓国の曹渓宗の僧侶8人がホテルのスイートルームで喫煙、飲酒をしながらポーカー賭博をする映像が流出し、宗派の反主流派僧侶がソウル中央地検に告発した事件で、宗派が懺悔文を発表し、幹部6人が引責辞任した。

26日　3月に軍事クーデターが発生したマリで、北部を制圧した2勢力、トゥアレグ族の世俗派武装組織「アザワド解放国民運動（MNLA）」と「アンサル・ディーン」が、イスラム国家建設のため統合することで合意した。

国内ニュース Domestic news

統一神霊協会（統一教会）に約6億6500万円の損害賠償を求めた訴訟の判決で、札幌地裁は約2億7800万円の支払いを命じた。

4月の出来事 April

1日　墓埋法の一部が改正され、墓地、納骨堂、火葬場の経営許可権限が、都道府県知事から市長や特別区の区長に移譲された。すでに29道県が裁量で市に移譲していたが、これで全面的に移譲された。

1日　浄土真宗本願寺派と本山西本願寺（京都市）の運営を明確に区分する新体制が施行され、発足式が営まれた。宗派は約1万の末寺の運営支援や僧侶育成、首都圏での布教強化、本山は西本願寺への参拝者対応、大谷本廟（京都市）の運営、儀式を担当する。

1日　宗教の違いを超えて心のケアの方法を研究する「実践宗教学寄附講座」が東北大に開設された。死に関する宗教的な心のケアを扱う講座は国立大では初めて。終末期患者や遺族のケアを行う「臨床宗教師」を養成する。

1日　天台宗の4人の祖師の遺徳をたたえる「祖師先徳鑽仰大法会」（～2022年3月31日）が始まり、半田孝淳天台座主を大導師に総本山延暦寺（大津市）の根本中堂で総開闢《かいびゃく》法要が営まれた。

10日　出雲大社（島根県出雲市）は、鎌倉時代前半まで繰り返し建てられた高さ約48mとされる本殿の設計図「金輪《かなわの》御造《ごぞう》営差図《えいさしず》」の原本を宝物殿で初めて一般公開した（～15日）。

13日　ミャンマー軍政当局による迫害を恐れて日本に逃れてきた少数民族チン族でキリスト教牧師の男性が強制退去処分の取り消しを求めた訴訟で、東京地裁は難民と認め、処分を取り消した。男性側によれば、当局による宗教者弾圧に関して、難民と認めた初の司法判断。

13日　名古屋市の女性が、不安をあおって多額の支払いを強いられたとして、宗教法人肥後修験遍照院（通称・六水院、熊本市）と主宰者の下ヨシ子らを相手に約960万円の損害賠償などを求めた訴訟で、名古屋地裁は、下らに約610万円の支払いを命じた。

20日　文化審は、南宋時代の中国で描かれた仏教絵画「絹本著色阿弥陀《けんぽんちゃくしょくあみだ》三尊像」（京都市・清浄華院《しょうじょうけいん》所蔵）と西ノ前遺跡（山形県舟形町）から出土した縄文時代中期の「土偶」の2件を国宝に指定するよう文科相に答申した。

29日　タンザニアの人権団体「法と人権センター（LHRC）」は、魔女狩りで殺された同国女性は2005～11年に約3000人で、年平均500人とする報告書を発表した。

6月の出来事

June

5日　エリザベス英女王の即位60周年を祝う祝賀行事（2日～）の最終日、ロンドンのセントポール大聖堂で「感謝の礼拝」が行われ、女王ら王室一家やキャメロン首相など約2000人が出席した。

10日　ミャンマー西部ラカイン州でイスラム教徒のロヒンギャ族と仏教徒のラカイン族の対立が激化し、非常事態宣言が同州に発令された。5月に仏教徒の少女がロヒンギャ族に殺害された事件を機に衝突が激化し、21日には6月以降の死者80人以上、避難民9万人以上に達した。

12日　韓国で開催された第26回世界仏教徒会議（WFB、11～16日）の代表者会議で、中国代表団の抗議を受け、チベット亡命政府宗教者代表ら3人が退席させられた。この後の開幕式にはチベット代表団が出席し、中国代表団は出席を取りやめて帰国した。主催者である韓国の曹渓宗は14日、「中国代表団の行動は仏の道に反する」と非難声明を発表したが、中国仏教協会は15日、内政干渉に憤慨するとの談話を発表した。

29日　ユネスコは、ヨルダン川西岸パレスチナ自治区ベツレヘムにある聖誕教会を世界遺産に登録することを承認した。2011年にユネスコに正式加盟したパレスチナの世界遺産は初めて。

30日　エジプトのカイロで、イスラム原理主義組織ムスリム同胞団傘下の自由公正党ムハンマド・モルシ党首が正式に大統領に就任した。アラブ諸国で初めて自由な直接選挙で選ばれた元首で、同国史上初のイスラム主義の大統領となった。

30日　マリで、「アンサル・ディーン」が世界遺産都市トンブクトゥにある15世紀のイスラム教指導者の聖廟を3つ破壊した。同都市は28日、ユネスコが「危機遺産」に登録したばかりだった。

7月の出来事

July

5日　国際サッカー連盟（FIFA）は、ルール改正を協議する国際サッカー評議会をスイスの本部で開催し、女子選手のスカーフ着用を承認した。

6日　中国黒竜江省の岳福生《ユエ・フーション》神父は、バチカンの承認なしに中国天主教愛国会による違法な司教叙階を受けたとして、バチカンから破門された。

7日　バチカンと中国天主教愛国会の双方から承認され、上海地区の新補佐司教として叙階を受けた馬達欽《マー・ターチン》神父が、式典中に中国天主教愛国会からの脱退を表明

25日　学校法人「幸福の科学学園」は、千葉県長生村に2015年4月開学予定の「幸福の科学大」の概要を発表した。文系の人間幸福学部と理系の未来産業学部の2学部で1学年の定員は計240人。「幸福の科学」が寄付した約17万m²の敷地に礼拝堂も設置する。

26日　宮内庁は、天皇皇后両陛下が自らの葬儀や陵について簡素化を望まれていることを明らかにし、火葬の方向で検討すると発表した。

26日　伊勢神宮（三重県伊勢市）の臨時神宮祭主に、天皇皇后両陛下の長女の黒田清子《さやこ》が就任した。

5月の出来事

May

18日　文化審は、唐招提寺金堂（奈良市）の大棟《おおむね》両端の「旧鴟尾《しび》」2個と、多様な装飾技法を凝らした「歓喜院《かんぎいん》聖天堂《しょうでんどう》」（埼玉県熊谷市）の2件の建造物を国宝に指定するよう文科相に答申した。

23日　経営戦略などの観点から寺院運営が学べる超宗派の僧侶養成プログラム「未来の住職塾」の初回講義が京都で行われた。塾長は、2011年にインドでMBAを取得した浄土真宗本願寺派僧侶の松本紹圭《しょうけい》。講義は京都と東京、金沢、広島、札幌、新潟の会場で各6回実施。

30日　仁和寺（京都市）が、約90年前から花見客にすき焼きを販売してきた茶店の出店を、宗教上の理由として2011年春から拒否したため、茶店経営者らが営業権の確認などを求めた訴訟で、京都地裁は営業権は認めなかったが寺に慰謝料120万円の支払いを命じた。出店拒否については、新しい公益法人制度の下で税制優遇を受けるため、営利的な茶店を排除するのが目的だったと判断された。

6月の出来事

June

3日　日本文化興隆財団主催の初の「神道文化検定（神社検定）」が実施された。今回は神社と神話の基礎的な知識を問う参級のみで、神社本庁監修の100問がマークシート方式で出題された。受験者数は全国38会場で5556人。83％に当たる4606人が合格した。

3日　警視庁は、地下鉄サリン事件に関する殺人容疑などで1995年5月から特別手配していた元オウム真理教信者の菊地直子容疑者を神奈川県相模原市内で発見し、逮捕した。

6日　三笠宮家の長男、寛仁《ともひと》親王が多臓器不全のため66歳で逝去した。「斂葬《れんそう》の儀」は14日に東京都文京区の豊島岡墓地で営まれた。

8日　浄土真宗本願寺派の西岸寺《さいがんじ》（京都市）は、親鸞の妻という伝承がある「玉日姫《たまひひめ》」の墓を発掘調査したところ、人骨と骨つぼが見つかったと発表した。骨の

海外ニュース Foreign news

し、当局に拘束された。

18日　カンボジアとタイの両国は、国境紛争が続いていた世界遺産のヒンドゥー教寺院遺跡「プレアビヒア」付近から軍を撤退させた。2011年7月、国際司法裁判所が両国に撤退を命じていた。

19日　ロシア連邦タタルスタン共和国のカザンで、イスラム教スンニ派最高指導者ファイゾフ師が爆破により負傷し、同時刻にナンバー2の指導者ヤクポフ師が射殺された。容疑者として、両師が排除を求めていたイスラム教ワッハーブ派との関係が指摘される5人が逮捕された。

27日　英ロンドン五輪にサウジアラビア、カタール、ブルネイのイスラム教国3カ国が初めて女子選手を派遣し、史上初めて全参加国・地域から女性が出場した五輪が開幕した（〜8月12日）。エジプトやアラブ首長国連邦（UAE）などのオリンピック委員会は、ラマダン（21日〜8月20日）の断食を五輪終了後に延期するよう選手に指導した。

31日　イスラエルで、超正統派ユダヤ教徒を兵役免除する時限立法「タル法」が失効した。政府は徴兵手続き開始を命じた。最高裁は2月21日、法の下の平等に反するとして、建国以来の超正統派の兵役免除について改善を命じていた。

8月の出来事 August

1日　ロシア連邦タタルスタン共和国の首都カザンのモスクの地下施設で、約10年に及ぶ集団生活を送っていたイスラム系カルト教団の信者約70人が地元警察に発見された。警察は83歳の指導者ら4人を人権侵害の疑いで拘束した。

5日　米ウィスコンシン州ミルウォーキー郊外のシーク教寺院で元米陸軍兵士の男が銃を乱射し、6人を殺害した。

11日　台湾・桃園の仏教弘誓学院で、台湾初の同性同士の仏式結婚式が行われた。

16日　パキスタンのイスラマバードで、ダウン症のキリスト教徒の少女が、コーランを燃やしたとしてイスラム教を冒瀆《ぼうとく》した容疑で逮捕された。だが9月1日に、キリスト教徒を迫害するためコーランを破り、焼けた紙片とともに少女のかばんに入れたとして、少女を告発したイスラム教指導者が証拠捏造とイスラム教冒瀆の容疑で逮捕された。

17日　ロシア正教会のキリル総主教がポーランドを初めて訪問（16〜19日）し、同国カトリックのトップ、ミハリク大司教と、両国民に和解を呼び掛ける共同声明に調印した。

国内ニュース Domestic news

年代は特定できず、「考古学的には玉日姫との関連は不明」という。

11日　ネット通販アマゾンの2012年上半期ランキングが発表され、千葉県南房総市延命寺所蔵の地獄絵に独自のストーリーを付けた『絵本　地獄』（宮次男監修、白仁成昭ほか構成、風濤《ふうとう》社）が絵本部門で1位となった。

12日　野田佳彦首相が関電大飯原発3、4号機の再稼働を8日に表明したのを受け、真宗大谷派の安原晃宗務総長が強く遺憾の意を表明する声明を出した。また、「大本《おおもと》」は14日に再稼働反対声明を発表。

13日　第2次世界大戦中の沖縄戦などで死亡した家族を無断で靖国神社に合祀《ごうし》され精神的苦痛を受けたとして、遺族5人が国と靖国神社に合祀取り消しなどを求めた訴訟で、最高裁は遺族側の上告を棄却する決定をし、遺族側敗訴が確定した。

15日　地下鉄サリン事件の殺人容疑などで特別手配され、約17年間逃亡していたオウム真理教元信者・高橋克也容疑者が、東京都大田区内の漫画喫茶で見かけたとの通報で訪れた警視庁の捜査員に身柄を確保され、逮捕された。

15日　文化審は、大浦天主堂境内（長崎市）など7件を史跡に指定するよう平野博文文科相に答申した。キリスト教会堂の史跡指定は初めて。

7月の出来事 July

11日　神戸市の「大谷レディスクリニック」（大谷徹郎院長）が、日本産科婦人科学会では重い遺伝病患者などを除いて指針で認めていない新型の着床前診断を「流産を防ぐため」に129例実施し、19人が出産したと発表した。

12日　『週刊ダイヤモンド』誌に掲載された記事が名誉毀損に当たるとして、宗教法人「念仏宗三宝山無量寿寺」（京都市）がダイヤモンド社に3300万円の損害賠償と謝罪広告を求めた訴訟で、京都地裁は220万円の支払いを命じたが謝罪広告の掲載請求は棄却した。

13日　仏教、キリスト教、新宗教などの宗教者が、原発の廃止を求める声明を発表した。多くの宗教・宗派がかかわる共同声明は初めて。呼び掛け人は、河野太通・臨済宗妙心寺派管長、宮城泰年・本山修験宗管長ら51人。

25日　先物取引会社コムテックス（大阪市）の勧誘を受け、浄土宗の元宗務庁職員が宗派の公金7億4500万円を商品先物取引に流用した事件（2006年5月発覚）で、同宗がコムテックス社に損

21日　スリランカのキャンディにある仏教寺院で仏像にキスをしながら記念写真を撮影し、仏教徒の感情を傷付けたとして、仏人観光客3人に執行猶予付き禁錮6カ月、罰金1500ルピー（約900円）の判決が言い渡された。

23日　スペイン北東部ボルハで、教会のキリスト肖像画がサルのような全く異なる絵に修復された騒動が各国メディアで取り上げられた。「世界最悪の修復画」として話題になり、観光客が殺到したため、教会は9月15日から入場料を課した。

9月の出来事
September

2日　エジプト国営テレビにヘジャブを着用した女子アナウンサーが初めて登場した。6月に誕生したイスラム主義政権のアブデルマクスード情報相が容認した。

3日　世界基督教統一神霊協会（統一教会）を1954年に韓国で設立した文《ムン》鮮明《ソンミョン》が死去した。92歳だった。

8日　米ロック歌手エルビス・プレスリーが1957年から77年に死去するまで愛用していた聖書が英国でオークションに出品され、5万9000ポンド（約740万円）で落札された。

11日　リビア東部ベンガジの米領事館が武装集団に襲撃され、駐リビア米大使ら4人が死亡した。イスラム教預言者ムハンマドを冒瀆する米映画「イノセンス・オブ・ムスリム」への抗議デモに便乗したものとみられる。

18日　米ハーバード大のカレン・キング教授が、イエス・キリストが妻について語った文献を解読したと発表した。古代コプト語で4世紀に書かれたとみられ、一部信者が妻の存在を信じていたことを示す初の文献。

19日　仏週刊紙『シャルリー・エブド』がイスラム教預言者ムハンマドの風刺画を掲載した。これを受けて仏外務省は、イスラム教の金曜礼拝が行われる21日に約20カ国の大使館と仏系学校を休館あるいは休校にすると発表した。

21日　パキスタン政府は、9月21日を「預言者を敬愛する日」として臨時の祝日にし、イスラム教預言者を冒瀆した米映画に抗議する「平和的なデモ」の実施を呼び掛けていたが、各地で暴徒化し、少なくとも23人が死亡した。

26日　ナチス親衛隊のヒムラー隊長の命令でアーリア民族の起源を探していた調査隊がチベットで1938年に発見した11世紀作とみられる仏像が隕石製とわかったと、独シュツットガルト大などの研究チームが米学術誌に発表した。

27日　米司法当局は、世界的な反米デモのきっかけとなった映画を制作したエジプト系移民でコプト教徒のナクラ・バスリ・ナクラ容疑者を、ネットへの投稿を禁じた保護観察規則に違反した疑いで逮

害賠償を求めた訴訟は、控訴審の大阪高裁でコムテックス社が同宗に5億円を支払う内容で和解が成立した。

30日　皇居の皇霊殿と、明治天皇陵である伏見桃山陵《ふしみのももやまのみささぎ》（京都市）で「明治天皇百年式年祭の儀」が行われた。天皇皇后両陛下と皇族方は「皇霊殿の儀」に臨まれた。伏見桃山陵では、陛下の勅使が派遣されて「山陵に奉幣《ほうへい》の儀」が営まれ、宮内庁や皇室ゆかりの寺社関係者ら約60人が参列した。

30日　国の重要文化財「東照宮本殿」を所有する宗教法人「東照宮」（弘前市）の破産手続きで、破産管財人が本殿を弘前市に無償譲渡すると明らかにした。市も受け入れを表明した。

8月の出来事
August

4日　「世界宗教者平和の祈りの集い」（3日〜）は、比叡山延暦寺（大津市）で「平和の祈り式典」を行い、計13カ国の宗教者約1000人が世界の平和と東日本大震災犠牲者の追悼に祈りを捧げた後、「原発を稼働し続けることは宗教的、倫理的に許されることではない」との文言を盛り込んだ「比叡山メッセージ2012」を発表して閉幕した。

15日　羽田雄一郎国交相が超党派の「みんなで靖国神社に参拝する国会議員の会」に属する議員55人の一員として、また松原仁国家公安委員長が、おのおの靖国神社を参拝した。終戦記念日の閣僚参拝は、民主党政権発足後、初めて。

23日　都立霊園で初めて小平霊園（東村山市など）に完成した樹林墓地の公開抽選が都庁で行われた。樹林墓地の費用は遺骨1体13万4000円、粉状遺骨4万4000円で年間管理料不要。計5000体分の倍率は16・3倍に達した。

25日　内閣府は「国民生活に関する世論調査」の結果を発表した。「心の豊かさ」と「物の豊かさ」のどちらを重視するかという問いに、「心の豊かさ」と回答した比率が64・0％と、1972年に同質問を始めて以来、過去最高となった。

28日　政府は、自殺対策の指針となる「自殺総合対策大綱」を閣議決定した。大綱の見直しは2007年の策定以来、初めて。若年層の自殺対策を強化する方針が盛り込まれた。

28日　第2次世界大戦中や戦後の混乱期に現在の北朝鮮で死亡した日本人の墓参や遺骨収集を目指す「全国清津《せいしん》会」会員4人が北朝鮮を訪問し、日本人の埋葬地とされる場所を訪れた（〜9月6日）。10月には日本人遺族ら16人が北朝鮮で戦後初の墓参を行った。

9月の出来事
September

1日　大手流通業イオンは、ペットの葬

捕した。

10月の出来事 October

6日 ローマ教皇ベネディクト16世への書簡や宗教事業協会（バチカン銀行）の資金洗浄疑惑に関する機密文書が伊ジャーナリストらに漏洩した一連の「バチリークス事件」（1月〜）で、文書を流出させたとして5月に逮捕された教皇の元執事に、バチカンの裁判所は窃盗罪で禁錮1年6カ月を言い渡した。被告は12月22日に教皇の恩赦により釈放された。

9日 パキスタン北西部ミンゴラで、武装勢力を批判していた少女マララ・ユスフザイが、イスラム過激派「パキスタン・タリバン運動（TTP）」に「反イスラム的」として銃撃された。

9日 米調査機関ピュー・リサーチセンターが実施した調査の結果、米国のプロテスタント信者が48％と史上初めて半数を割ったことが判明した。

10日 ローマ教皇ベネディクト16世が、サンピエトロ広場で毎週開かれる一般信徒との謁見《えっけん》式で、初めてアラビア語で祈りを捧げた。

10日 ロシアのモスクワ市裁判所は、市内のロシア正教の大聖堂でプーチン首相を批判する歌を無許可で演奏し、8月に「正教徒を侮辱した」として暴徒罪で禁錮2年の実刑判決を受けた女性バンド「プッシー・ライオット」のメンバー3人に対する控訴審判決で、2人の控訴を棄却したが1人を執行猶予2年として即日釈放した。

15日 フィリピン政府と、ミンダナオ島を拠点に独立を掲げてきた武装組織「モロ・イスラム解放戦線（MILF）」が、2016年に同島の一部にイスラム系住民らによる自治政府「バンサモロ」発足を目指す和平の実現に向けた「枠組み合意」に調印した。

21日 バチカンで、「モホーク族のユリ」と呼ばれた北米先住民の女性カテリ・テカクウィタを含む7人が、北米先住民として初めて聖人に列せられた。

22日 中国政府は、党関係部門が寺院など宗教施設の株式化や上場、運営委託などにかかわることを禁じる通達を出した。

11月の出来事 November

2日 イスラエルの水道会社が、エルサレム旧市街にある聖墳墓教会の長年の水道料金約900万シェケル（約1億8500万円）を同教会の代表としてギ

儀ができる霊園を紹介するサービスを首都圏と近畿圏で開始した。読経から火葬、納骨までをセットにした明確な料金体系で、他のペットと火葬し、合同墓地に埋葬する「合同葬」や、専用炉で火葬する「個別葬」などの葬儀プランがある。

10日 曹洞宗が、過去の戦争協力などを詫びた「懺謝文《さんじゃもん》」を刻んだ石碑を韓国の東国寺に建立したと誤解される記事が報道され、宗務庁に抗議が殺到した。同宗は12日夕から公式サイトへの懺謝文の掲載を中止（10月16日再掲載）し、14日には石碑を建立した日本人僧侶に対し、著作権侵害だとして石碑の撤去と16日予定の除幕式の中止を求めた。

14日 ロシア正教会のキリル総主教が、日本に初めてロシア正教を伝えた宣教師聖ニコライの没後100年記念行事に参加するため来日した（〜18日）。

16日 真如苑とNGO「女性による世界平和イニシアティブ」の共催で、世界14カ国の宗教指導者32人によるインターフェイスが真如苑の応現院（立川市）などで行われた（〜19日）。

27日 法務省は、福島県須賀川市で信者6人に暴行を繰り返して死亡させたとして2008年10月に最高裁で死刑が確定した江藤幸子死刑囚ら2人の刑を執行したと発表した。女性に対する執行は15年ぶりで、戦後では4人目。

10月の出来事 October

3日 本願寺維持財団（京都市）は、親鸞が聖徳太子を讃仰して記し、その後散逸した和讃「皇太子聖徳奉讃《こうたいししょうとくほうさん》」全75首のうち第64首が見つかったと発表した。

6日 平等院（京都府宇治市）は、1053年の創建当初に鳳凰《ほうおう》堂の扉に描かれた大和絵「日想観図《にっそうかんず》」（国宝）を境内のミュージアム鳳翔館で創建以来初めて一般公開した（〜12月14日）。

6日 「幸福の科学」の大川隆法総裁が原作・制作総指揮の映画「神秘の法」（監督・今掛勇、制作・幸福の科学出版）が全国で上映開始した。

10日 古事記編纂1300年と出雲大社（島根県出雲市）の大遷宮（2013年）を記念する特別展「出雲―聖地の至宝―」が東京国立博物館（東京都台東区）で始まった（〜11月25日）。

15日 真宗大谷派が宗祖親鸞聖人750回御遠忌《ごえんき》の記念事業として進めてきた、仏教学者・鈴木大拙の英訳による『教《きょう》行信証《ぎょうしんしょう》』改訂版がオックスフォード大出版局から刊行された。

リシャ正教会に請求したが拒否され、その銀行口座を10月末に凍結したと報じられた。最終的に、水道会社が初めて領収書を送った2004年3月から11年末までの料金を同国政府などが負担し、12年1月以降は教会側が支払うことで合意した。

6日　米大統領選の投開票が行われ、史上初の末日聖徒イエス・キリスト教会（モルモン教）信者の大統領候補だった共和党のロムニー前マサチューセッツ州知事は現職のオバマ大統領に敗れた。

18日　エジプトのカイロにある聖マルコ大聖堂で、コプト教会の第118代教皇タワドロス2世の就任式が行われた。

20日　英国国教会の総会で、女性の主教叙階を認める規約改正が否決された。

12月の出来事 December

9日　中国国営新華社通信は、四川省の警察当局が、チベット仏教最高指導者ダライ・ラマ14世のグループの指示を受け、焼身自殺を扇動・強要したとして、同省アバ・チベット族・チャン族自治州のチベット仏教僧侶と甥を逮捕したと伝えた。

12日　ローマ教皇ベネディクト16世は、ツイッターの公式アカウントから初めてのツイートを発信した。使用言語は英語など8カ国語で、ツイート開始前までにフォロワーは計100万人を突破した。

14日　独連邦参議院（上院）は「割礼《かつれい》」の合法化関連法案を可決した。5月にケルンの裁判所が、イスラム教徒の両親の依頼で男児に割礼を施した執刀医に対し、「割礼は傷害罪に当たる」との司法判断を示し、ユダヤ教徒とイスラム教徒が反発したため、政府が法制化を急いでいた。

18日　米調査機関ピュー・リサーチセンターは、世界232カ国・地域の国勢調査などを分析し、2010年の世界人口約69億人を基準に算出したところ、最も多いのはキリスト教徒32%、2番目がイスラム教徒23%、3番目が「無宗教」16%だったと発表した。ヒンドゥー教徒は15%、仏教徒は7%だった。

20日　中国紙『新京報』は、政府が「邪教」と認定している、2012年12月21日を世界の終末と説くキリスト教系の宗教組織「全能神」の関係者ら1000人近くが20日までに拘束などの処分を受けたと報じた。

21日　古代マヤ暦に基づく「世界終末の日」に当たり、グアテマラ北部ティカルの遺跡では、大統領や先住民の宗教指導者約300人が式典を開催した（20日〜）。

22日　タイのパクナム寺院で、2004年から8年かけて建立された大仏塔の落成式が行われた。午前に同国の皇太子妃が仏塔内部最上階の除幕式を行い、午後に真如苑の伊藤真聰苑主が大仏塔正面入り口を除幕した。

26日　ネットに流出した警視庁の国際テロ捜査資料とみられる文書を書籍化して出版され、プライバシーを侵害されたなどとして、日本在住のイスラム教徒16人が「第三書館」と社長に計5280万円の損害賠償などを求めた訴訟で、東京地裁は計3520万円の支払いと出版禁止を命じた。

11月の出来事 November

1日　臨済宗妙心寺派は、定年退職を迎える企業人に出家を呼び掛けるリーフレットを東証1部上場企業60社の人事部あてに送付した。企業を通して人材募集をするのは、宗教界では初の試み。

1日　淀川キリスト教病院（大阪市）は、小児がんや神経性難病の15歳以下の子供を対象にした全国初の「こどもホスピス」（12床）を備えた「ホスピス・こどもホスピス病院」を開設した。

13日　来日中のチベット仏教最高指導者ダライ・ラマ14世が国会内では初めて、参院議員会館で講演した。134人の国会議員が出席し、同日、超党派の「チベット支援国会議員連盟」が発足した。

23日　京都府の日蓮宗の僧侶・杉若恵《え》亮《りょう》らが、ユーストリームを用いて仏教の魅力を伝えるテレビ局「Ｈｏｋｋｅ・ＴＶ」を正式開局した。

12月の出来事 December

3日　出版取次大手のトーハンが、2012年の年間ベストセラーを発表した。1位は阿川佐和子著『聞く力』（文春新書）で、2位はノートルダム清心学園理事長で修道女の渡辺和子が生き方指南を書いた『置かれた場所で咲きなさい』（幻冬舎）、3位は創価学会名誉会長の池田大作著『新・人間革命　第24巻』（聖教新聞社）だった。

6日　文化庁は、ユネスコの無形文化遺産に、熊野那智大社で毎年7月14日の例大祭で奉納される伝統芸能「那智の田楽」（和歌山県那智勝浦町）の登録が決定したと発表した。

16日　第46回衆院選の投開票が行われた。自民党と公明党が計325議席を獲得して圧勝し、26日に自公連立政権が約3年3カ月ぶりに発足した。3度目の国政選挙への挑戦となる幸福実現党は62人を擁立したが、全員が落選した。

19日　浄土真宗本願寺派の総長に園《その》城《ぎ》義《ぎ》孝《こう》・元総務が選出され、就任した。18日に大谷光真門主は、橘正信総長と神《み》子《こ》上《がみ》恵《え》群《ぐん》・元龍谷大学長を候補者に指名し、宗会議員らによる投票が行われた。だが当選した神子上元学長が辞退したため、大谷門主が候補者を再指名し、再選挙が行われた。総長の再指名・再選挙は異例。

2013

Foreign news 海外ニュース

1月の出来事 January

1日　バチカン市国内の店舗などが、クレジットカードによる支払いの受付を停止した。イタリア銀行が資金洗浄対策が不十分などとして、ドイツ銀行伊支社にバチカンのカード決済業務の許可を与えなかったためと報じられた。2月12日、バチカンは、スイスの決済会社と契約してカード利用が可能になったと発表した。

10日　パキスタン南西部バルチスタン州の州都でイスラム教シーア派のハザラ人が多いクエッタのビリヤード場でイスラム教スンニ派過激派「ラシュカレジャングビ」による爆弾テロが連続発生し、少なくとも86人が死亡した。

11日　サウジアラビアのアブドラ国王は、国政助言機関「諮問評議会」（定数150人、任期4年）の次期議員に女性30人を初めて任命した。

11日　イスラム過激派の武装勢力が台頭するマリで、同国政府から要請を受けたフランスが軍事介入し、空爆を実施した。

14日　ヒンドゥー教の祭典「クンブメーラ」が、インド北部の聖地アラハバードで始まった（〜3月10日）。2013年は144年に1度の大祭に当たり、計1億人以上が訪れた。

16日　アルジェリア南東部イナメナスにある天然ガス関連施設をイスラム過激派「イスラム聖戦士血盟団」が襲撃し、多数の人質を取って立てこもった。マリへの仏軍の攻撃停止などを要求したが、政府軍により19日に制圧された。29人が殺害され、日本人10人を含む人質40人が犠牲になった。

31日　中国の四川省アバ・チベット族・チャン族自治州の中級人民法院（地裁）は、8人に焼身自殺を教唆し、うち3人を死亡させたとして、アバ県のチベット仏教寺院「キルティ・ゴンパ」のチベット族僧侶に執行猶予2年の付いた死刑を、また、僧侶の甥に懲役10年を言い渡した。

国内ニュース Domestic news

1月の出来事 January

4日　安倍晋三首相は伊勢神宮（三重県伊勢市）を参拝し、神宮司庁で年頭の記者会見を行った。2002年の小泉純一郎首相以後、神宮司庁前や首相官邸などで行われていた年頭の記者会見を、参拝後に神宮司庁で行う従来の形式に戻した。

8日　天台宗総本山比叡山延暦寺（大津市）は年賀式で、「今年の漢字」として「慈念念《じねんねん》」を発表した。年初の「今年の漢字」の発表は初めて。

13日　安倍晋三首相は明治神宮（東京都渋谷区）を参拝した。首相による明治神宮参拝は、森喜朗首相までほぼ恒例だったが、小泉純一郎首相時代に中断し、安倍首相が再開した。

14日　天台宗総本山比叡山延暦寺で、第3世座主《ざす》・慈覚大師円仁の没後1150年の命日に当たり、「1150年御遠忌《ごおんき》祥当法要《しょうとうほうよう》」が半田孝淳《こうじゅん》・第256世座主の導師により営まれた。

15日　1995年の国松孝次警察庁長官銃撃事件について警視庁が2010年の時効成立直後に「オウム真理教による組織的なテロ」と発表したことで名誉が傷付けられたとして、オウム真理教の主流派アレフが東京都などに5000万円の損害賠償などを求めていた訴訟で、東京地裁は都に対して100万円の賠償と謝罪文の交付を命じる判決を言い渡した。

2月の出来事 February

10日　日蓮宗大本山中山法華経寺（千葉県市川市）の加行《けぎょう》所で荒行の成満会《じょうまんえ》が厳修された。134人が成満したが、退堂者は11人と過去10年で最大となり、うち1人は退堂後に入院先で病死した。死亡者が出たのは6年ぶり。

12日　滋賀県は、地元住民の一部が反対運動をしていた、大津市に開校予定の「幸福の科学学園関西中・高」について、

2月の出来事 February

1日　ボリビア南部オルロのサンタバルバラ山頂に、鉱夫の守護者である「聖母ソカボン」の像（高さ45・4ｍ）が落成し、南米最大の聖母像となった。

5日　イランのアハマディネジャド大統領は、1979年のイスラム革命後、同国大統領として初めてエジプトを訪問し、カイロでイスラム教スンニ派最高権威機関アズハル総長のタイイブ師と会談した。

6日　パプアニューギニア西部のマウントハーゲンで、20歳女性が魔術で人をのろい殺したとして、暴徒らに焼き殺された。同国議会は、6月12日までに、魔術を理由にした殺人の加害者に死刑を適用する法案を可決し、黒魔術の使用者を罰する「魔術法」の廃止を決定した。

11日　ローマ教皇ベネディクト16世は、85歳という高齢を理由に28日午後8時に退位すると表明した。教皇は終身制で、生前退位は、1415年に退位したグレゴリウス12世以来、約600年ぶり。

25日　英国のオブライアン枢機卿は、英カトリック教会内で最高位のセントアンドリューズ・エジンバラ大司教職を辞任した。辞任理由について3月3日、「立場にふさわしくない性的行為があった」と謝罪した。

28日　バングラデシュ独立戦争時の戦争犯罪を裁く同国の特別法廷で、野党「イスラム協会」のデルワー・ホサイン・サイディー副党首が、ヒンドゥー教徒の虐殺に関与したとして死刑判決を受けた。これを不服とする同党支持者が暴徒化し、3月1日までに44人が死亡した。

3月の出来事 March

3日　エチオピアの首都アジスアベバで、エチオピア正教会のアブネ・マシアス第6代総主教着座式が行われた。

4日　エジプトのカイロにあるイスラム教スンニ派の最高権威機関アズハルの第19代大ムフティーにシャウキ・イブラヒム・アブドルカリム・アラム師が就任した。同国大統領の指名ではなく、アズハル幹部の選挙で選ばれたのは初めて。

13日　バチカンで、アルゼンチン出身で76歳のホルヘ・マリオ・ベルゴリオ枢機卿が第266代教皇に選ばれた。中南米からの選出は史上初で、欧州以外出身の教皇は1272年ぶり。19日に教皇フランシスコとして就任した。

21日　英イングランド南東部カンタベリーにあるカンタベリー大聖堂で、英国国教会の最高指導者第105代カンタベリー大主教に選ばれたジャスティン・ウェルビー前ダラム主教の就任式が行われた。

21日　内戦下のシリアのダマスカス中心部のモスクで自爆テロがあり、イスラム

4月1日の開校を認可した。

12日　ロシアの首都モスクワからウクライナ南部シンフェロポリ空港に到着した「ひかりの輪」の日本人3人が入国を拒否された。

16日　曹洞宗総合研究センター（東京都港区）が「就活生のための禅講座」を初めて開催した。

18日　宗教学者・山折哲雄が、皇太子殿下が退位して秋篠宮殿下に譲位することを提言した論考「皇太子殿下、ご退位なさいませ」を掲載した『新潮45』3月号が発刊された。

20日　邪馬台国の女王・卑弥呼の墓とする説もある箸墓古墳（奈良県桜井市）で、日本考古学協会など15の研究者団体が、初の立ち入り調査を実施した。

26日　韓国の大田《テジョン》地裁は、2012年10月に長崎県対馬市の神社や寺から盗まれた仏像2体が韓国で回収された問題で、うち観音寺から盗まれた県指定有形文化財の「観世音菩薩坐像《かんぜおんぼさつざぞう》」について日本への返還を差し止める仮処分決定を出した。

26日　高野山真言宗の春季宗会で、資産運用による損失の責任が問われ、庄野光昭宗務総長に対する不信任案が可決。これを受け、27日に松長有慶管長は宗会を解散した。不信任案可決と宗会解散は、1952年の宗教法人化以来、初めて。

27日　文化審は、運慶作「木造阿弥陀如来坐像」（静岡県伊豆の国市・願成就《がんじょうじゅ》院《いん》所蔵）や快慶作「木造騎獅《きし》文殊菩薩像」（奈良県桜井市・文殊院所蔵）などの仏像群と、醍醐寺（京都市）に伝わる聖教類「醍醐寺文書聖教《もんじょしょうぎょう》」の計3件を国宝に指定するよう文科相に答申した。

3月の出来事 March

14日　内閣府と警察庁は、2012年の自殺者総数が15年ぶりに3万人を下回り、2万7858人だったと発表した。

17日　光明皇后が総国分尼寺 法華滅罪之寺として745年に創建した法華寺（奈良市）の住職に樋口《ひぐち》教香《きょうこう》・門跡代行が就任した。皇族、公家出身でない一般出身者が住職になるのは初めて。

25日　秋篠宮同妃両殿下と佳子内親王殿下、悠仁《ひさひと》親王殿下は、伊勢神宮を参拝された。悠仁親王殿下の参拝は初めて。

26日　大覚寺（京都市）は、彫刻家高村光雲が制作した聖観音《しょうかんのん》菩薩立像、白衣《びゃくえ》大士《だいし》像、聖徳太子孝養《こうよう》像の木造の仏像3体を発見した、と発表した。

26日　競売にかけられた在日本朝鮮人総連合会（朝鮮総連）中央本部（東京都千代田区）の土地・建物の開札が東京地裁であり、最福寺（鹿児島市）が45億1900万円で落札した。だが、代金納付期限の5月10日までに資金調達ができず、購入を断念した。入札時に納めた保証金5億3400万円は没収された。

海外ニュース Foreign news

教スンニ派の宗教指導者で、アサド政権寄りの発言を続けていたブーティ師ら42人が死亡した。

22日　ミャンマー中部で、20日に起きたイスラム教徒の店主と仏教徒の客の口論が両教徒の衝突に発展し、非常事態宣言が出された。43人が死亡し、イスラム教徒1万人以上が避難民となった。

24日　中央アフリカ共和国で、イスラム系の反政府勢力セレカが首都バンギを制圧し、キリスト教徒を支持基盤とするボジゼ大統領は国外脱出し、セレカの指導者ジョトディアが暫定大統領に就任した。

4月の出来事 April

13日　バチカンは、ローマ教皇フランシスコがバチカン中枢の官僚組織の改革に向けて、国際諮問委員会を設置したと発表した。

19日　ナイジェリア北東部ボルノ州バガで、イスラム過激派「ボコ・ハラム」と政府軍が交戦し、21日までに少なくとも185人が死亡した。

22日　英議会は、男子優先だった王位継承法を長子優先に改正する法案を可決した。改正法では、王位継承者のカトリック教徒との結婚をも解禁した。7月22日に誕生したウィリアム王子とキャサリン妃の第1子ジョージ王子から適用された。

23日　仏国民議会（下院）は、同性間の結婚と養子を認める法案を可決した。上院はすでに可決しており、同法が成立。同性婚の合法化は、オランダ、ベルギーなどに続き14カ国目。

23日　イラク北部キルクークで、イスラム教シーア派が主導するマリキ政権に反発するスンニ派のデモ隊と治安部隊が衝突し、53人が死亡した。スンニ派の報復により衝突が拡大し、27日までの5日間で少なくとも215人が死亡した。

24日　内戦下のシリア北部アレッポで、ユネスコの世界遺産「古代都市アレッポ」を構成するウマイヤド・モスクの高さ45mのミナレット（尖塔《せんとう》）が崩壊し、モスクも損傷した。

5月の出来事 May

22日　英ロンドン南東部で、英軍兵士が刃物を持ったナイジェリア系英国人の2人組に襲われて死亡した。うち1人は犯行理由を、英軍兵士によるイスラム教徒殺害だと語ったという。

25日　レバノンのイスラム教シーア派組織ヒズボラの指導者ナスララ師は、内戦

国内ニュース Domestic news

4月の出来事 April

1日　日本医学会は、妊婦の血液から胎児の3種類の染色体異常を判別する新型出生前診断を実施する15の認定施設を公表した。

8日　霊友会の大形《おおがた》市太郎第4代会長が4月6日に87歳で死去したことを受けて、新会長に末吉将祠《まさはる》副会長が就任した。

15日　浄土真宗本願寺派の大谷光真《こうしん》門主は、本山本願寺（京都市）で営まれた立教開宗記念法要で、2014年6月5日に引退すると正式表明した。引退表明後、次期門主となる長男の光淳《こうじゅん》新門が法統継承の決意を発表した。

23日　超党派の「みんなで靖国神社に参拝する国会議員の会」の衆参議員が春季例大祭（21～23日）に合わせ、靖国神社に参拝した。168人の参拝は、記録に残る1989年以降で最多。

24日　高野山真言宗の庄野光昭宗務総長が辞任した。内局による資産運用で損失が出たとして宗内でもめていたが、外部調査委員会が損失発生の原因は景気の悪化によるものとする報告書を提出。庄野総長は「疑惑が晴れた」として辞任した。

27日　東日本大震災の被災地支援のため、回向院《えこういん》（東京都墨田区）で善光寺（長野市）の仏像を公開する出開帳《でがいちょう》が、戦後初めて行われた（～5月19日）。

30日　2020年夏季五輪招致を目指す東京都の猪瀬直樹知事は、27日付の米紙『ニューヨーク・タイムズ』に、ライバル都市のイスタンブールを「イスラム諸国は互いにけんかしている」と批判したと受け取れる記事が掲載された件について、発言を撤回するとともに謝罪した。

5月の出来事 May

7日　宇佐神宮（大分県宇佐市）の宮司職をめぐって、世襲家の到津克子《いとうづよしこ》権宮司が宇佐神宮などを相手取り、代表役員（宮司）であることの地位確認を求めた訴訟で、最高裁は原告側の上告を棄却した。また、元責任役員が起こした、神社本庁が任命した現宮司の就任無効確認を求めた訴訟の上告も棄却し、世襲家側の敗訴が確定した。

8日　全国青少年教化協議会の臨床仏教研究所が、仏教精神に基づいて苦悩をケアする「臨床仏教師」養成プログラムを開始した。15時間の座学、30時間のワークショップ、100時間の実践研修を受けた後、試験に合格すれば、認定される。

が続く隣国シリアでアサド政権支援のために参戦していることをテレビ演説で正式に表明し、本格的参戦を宣言した。

29日　エルサルバドルの最高裁は、無脳症の胎児を妊娠中に免疫機能が低下する病気になった女性の中絶許可を却下した。カトリックが国教の同国では、無許可で中絶すると懲役50年が科せられるため、ロドリゲス保健相が30日に特別許可を出し、妊娠26週目に帝王切開手術を受けることが決まった。

29日　伊国立ボローニャ大は、大学図書館に所蔵されていた旧約聖書の「モーゼ五書」が12～13世紀ごろの完全な写本巻物だとわかったと発表した。五書が完全にそろった写本巻物としては世界最古。

31日　米福音ルーテル教会南部カリフォルニア・シノッド（教会会議）は、公然同性愛者のR・ガイ・アーウィン牧師を監督に選出した。同性愛者としても、アメリカ先住民としても初めての監督。

31日　トルコのイスタンブール中心部で、数千人規模のデモ隊と警官隊が衝突した。イスラム色を強めるエルドアン政権に対する反政府デモは、首都アンカラを含む計67都市の２３５カ所で発生し、6月1日までに１７００人以上が逮捕された。

6月の出来事 June

19日　英ガールガイド（ガールスカウト）は、無信仰の家庭の子供の加入意思を削がないように、創設以来１００年以上も用いてきた忠誠の誓いから「神を愛し」との言葉を外すと発表した。

25日　ミャンマー政府は、同国の僧侶ウィラトゥー師を「仏教徒テロの顔」の見出し付きで表紙に掲載した米誌『タイム』アジア版7月1日号を、宗教間の和解に向けた取り組みを損なう恐れがあるとして発禁処分にした。

26日　米連邦最高裁は、「結婚は男女間に限る」と定めた「結婚保護法」（連邦法）を違憲とする判決を下し、同性婚を容認する初判断を示した。

28日　伊警察は、バチカンの高位聖職者ら3人を贈賄などの疑いで逮捕した。会計担当のスカラノ司教は、スイスから現金２０００万ユーロ（約25億５０００万円）を持ち込むために自家用ジェット機を手配し、関税申告義務のない伊政府元情報機関員に40万ユーロ（約５０００万円）を払って運搬を依頼した疑い。資金搬入は内輪もめで未遂に終わった。

29日　ロシアのプーチン大統領が「未成年者への同性愛の宣伝」の禁止法案に署名し、同法が成立した。同性愛を宣伝した個人は最高５０００ルーブル（約1万５０００円）、マスメディアやネットを通じた宣伝は個人でも最高10万ルーブル（約30万円）の罰金が科せられる。

8日　熱田神宮（名古屋市）で、「草薙神剣《くさなぎのみつるぎ》」が祀られて１９００年になるのを祝う「創祀《そうし》千九百年大祭」が営まれた。

10日　２００８年４月から60年ぶりの「平成の大遷宮《だいせんぐう》」が行われている出雲大社（島根県出雲市）で「本殿遷座祭」が営まれ、仮殿に移っていた大国主神《おおくにぬしのかみ》のご神体が、修復を終えた本殿（国宝）に戻された。

13日　自分の卵子で妊娠できない女性に第三者の卵子提供を仲介するNPO「卵子提供登録支援団体（OD-NET）」（神戸市）が、患者3人への卵子提供が決まったと発表した。国内では、第三者の卵子提供をあっせんする団体は初めて。

17日　文化審は、足利尊氏の先代、足利貞氏により、鎌倉時代に中国から伝わった禅宗様をいち早く取り入れて建立された鑁阿寺《ばんなじ》（栃木県足利市）本堂を国宝に指定するよう文科相に答申した。

20日　京都府埋蔵文化財調査研究センターは、八幡市の美濃山瓦窯《みのやまがよう》跡（8世紀末～9世紀前半）で「西寺」と押印のある平安時代の瓦が見つかったと発表した。

23日　曹洞宗の一戸彰晃《いちのへしょうこう》・雲祥寺（青森県五所川原市）住職が、韓国から竹島（韓国名・独島《トクト》）に上陸し、「独島は韓国の領土」と宣言した。これに対して、右翼が同宗務庁前などで抗議の街宣活動を行ったため、同宗は「一戸師の言動は本宗とは無関係」と6月7日に公式サイトで告知し、同7日と24日には、一戸師に活動の自重を求める文書を送付した。

24日　政府は、首相公邸に「幽霊が出るとのうわさは事実か、安倍晋三首相が公邸に引っ越さないのはそのためか」などの民主党の加賀谷健《かがやけん》参院議員の質問主意書に対して、「承知していない」とする答弁書を閣議決定した。

24日　宮内庁は、天武・持統天皇合葬陵とされる野口王墓古墳《のぐちおうのはか》（奈良県明日香村）について、天皇陵固有とされる「八角形墳」で5段重ねの構造だったとする詳細な墳丘構造を初めて公表した。高さは約7・7mで、最下段の一辺は約15m。

6月の出来事 June

4日　有限会社「神世界」（山梨県甲斐市）グループによる霊感商法事件で、組織犯罪処罰法違反（組織的詐欺）の罪に問われた斉藤亨被告について、最高裁は被告側の上告を棄却した。2審の懲役4年6カ月の刑が確定する。

5日　唐招提寺（奈良市）で、鑑真大和《がんじんだいわ》上《じょう》1250年御諱《ぎょき》大法要が始まった（～7日）。初日には、記念事業として制作された鑑真和上坐像（国宝）の「お身代わり」となる模像の開眼法要が営まれた。

11日　真宗大谷派の宗議会は、「日本国憲法第96条『改正』反対決議」を採択した。

7月の出来事 July

2日　欧州連合（ＥＵ）欧州議会は、イスラム教徒の路上での礼拝をナチス・ドイツの仏占領に例えた２０１０年の演説が問題となっていた仏極右政党「国民戦線」の党首マリーヌ・ルペン欧州議員の不逮捕などの免責特権の剝奪を可決した。

3日　エジプト国営テレビで、シシ国軍最高評議会議長兼国防相は、モルシ大統領の排除と憲法凍結、マンスール最高憲法裁長官の暫定大統領指名を発表した。

7日　インド東部ビハール州にある仏教聖地ブッダガヤのマハーボディー寺院で爆発テロが発生し、僧侶2人が負傷した。

11日　バチカンは、刑法を大幅に改正した（9月1日発効）。未成年に対する犯罪は最高で禁錮12年、機密情報の漏洩や入手は最高で禁錮2年、罰金２０００ユーロ（約26万円）が科せられる。

14日　ラマダン中に生放送されたパキスタンのテレビ番組で、子供がいない夫婦に孤児が養子として贈られた。事前に夫婦の審査がされており、司会者のフセイン元宗教問題相は「真のイスラムだ」と主張したが、欧米メディアは視聴率稼ぎのため孤児を景品にしたなどと批判した。

17日　英国で、同性婚を認める法律が成立した。イングランドとウェールズで適用され、スコットランドと北アイルランドは適用外。宗教施設での同性婚カップルの挙式の受け入れは強制せず、英国国教会での挙式は認めないこととなった。

21日　イラクでバグダッド郊外にあるアブグレイブ刑務所が武装勢力に襲撃され、イスラム教スンニ派過激派「イラク・レバントのイスラム国（ＩＳＩＬ）」の幹部ら５００人以上が脱獄した。同組織が23日、「聖戦士を解放した」と犯行声明を出した。

22日　ローマ教皇フランシスコは、祭典「世界青年の日」に出席するためブラジルを訪問した（～28日）。3月の就任以来、イタリア以外への初めての外遊。

31日　バチカンの宗教事業協会（通称バチカン銀行）は、資産内容をウェブ上で初めて公開した。２０１２年の預かり資産は63億ユーロ（約８０６０億円）で、顧客数は1万８９００の団体や個人、従業員数は１１４人だった。

8月の出来事 August

14日　エジプトの治安当局は、首都カイロでデモを続けていたイスラム原理主義

17日　１９９５年の目黒公証役場事務長拉致事件などで起訴された元オウム真理教幹部・平田信《まこと》被告の裁判員裁判で、東京地裁は、元教団幹部の井上嘉浩《よしひろ》、中川智正《ともまさ》、林（現・小池）泰男の3人の死刑囚の証人尋問を公開で行うと決定した。

22日　ユネスコの世界遺産委員会は、「富士山」（山梨県、静岡県）を「富士山―信仰の対象と芸術の源泉」として世界文化遺産に登録することを決定した。構成資産は、富士山本宮浅間《せんげん》大社（静岡県富士宮市）など8社や白糸《しらいと》ノ滝《たき》、富士五湖などで「山岳信仰の伝統を鼓舞し続けてきた」と評価された。

27日　厚労省が実施した終末期医療に関する調査で、自分が望む治療を記載した「事前指示書」を作成することに賛成の人が69・7％に上ったが、作成済みの人は2・2％にとどまることがわかった。

29日　伊勢神宮に「熨斗鮑《のしあわび》」を奉納している三重県鳥羽市国崎《くざき》町で、海女約90人が海に潜ってアワビを採る「御《み》潜《かづき》神事」が再現された。鳥羽市観光協会などが伊勢神宮の式年遷宮を記念して開催した。

7月の出来事 July

7日　「生長の家」が山梨県北杜《ほくと》市に建設した「森の中のオフィス」の落慶式が行われた。木造2階建てで総延べ床面積は８７１２㎡。太陽光発電などの自然エネルギーで電力を自給するのが特色。10月1日から国際本部が業務を開始した。

10日　浅草寺（東京都台東区）の僧侶を主に診療する浅草寺病院の医療費を着服したとして、警視庁捜査2課は同病院の元会計担当を逮捕した。２００６～09年に計約2億６０００万円を着服し、うち約2億１０００万円は返済済み。

12日　国立国会図書館の近代デジタルライブラリーで、『大正新脩大蔵経《たいしょうしんしゅうだいぞうきょう》』（全88巻）と『南伝大蔵経』（全70巻のうち21巻）の公開が一時停止された。いずれも著作権は切れているが、日本出版者協議会と刊行元の大蔵出版から公開中止の申し入れがあったため。

17日　「日光の社寺」（日光東照宮、二荒《ふたら》山《さん》神社、輪王寺《りんのうじ》、栃木県日光市）で１８７３年から存続していた共通拝観券が、取り扱い停止となった。各社寺が修理などにより十分な拝観ができなくなるため、6年間の共通拝観券の取り扱い停止を2社が提案したが、拝観料で修繕費を賄う予定だった輪王寺が合意せず、2社が離脱する形で取り扱いが停止した。

17日　岩手県警は、正法寺《しょうぼうじ》（岩手県奥

組織ムスリム同胞団などモルシ前大統領支持派を強制排除し、全土に非常事態宣言を発した。衝突により、18日までに全土で900人超が死亡した。20日までに同高指導者ムハンマド・バディアを含む同胞団員1000人以上が逮捕された。

19日　スリランカの旧首都コロンボにあるバンダラナイケ記念国際会議場で、同国仏教4大宗派のうちアマラプラ派とラーマンニャ派の管長が真如苑の伊藤真聰苑主に栄誉称号を授与した。21日にはアスギリヤ派の管長が栄誉称号を授与した。

9月の出来事 September

5日　インドネシアでのミス・ワールド世界大会（8～28日）の開催中止を求めるデモがジャカルタなどで行われた。同国のイスラム指導者評議会（MUI）も中止を求めていた。主催者は水着審査を中止し、決勝開催地をバリ島に変更した。

9日　フィリピン南部のミンダナオ島サンボアンガ市で、イスラム武装勢力数百人がモロ民族の独立を求めて住民を人質に取り、付近の村を占拠した。同国軍が28日までに制圧し、人質195人を全員解放したが、武装勢力183人を含む218人が死亡した。

11日　独連邦行政裁（最終審）は、イスラム教徒の女子生徒が宗教上の理由から男子生徒と一緒の水泳授業を拒む権利を求めた訴訟で、原告の訴えを退けた。

18日　インドネシアのジャカルタで、ミス・コンテスト「ムスリマ・ワールド」が開催された。イスラム教徒の女性を対象にイスラム観やコーランの暗唱力などが審査され、優勝したナイジェリア出身の女性には、賞金2500万ルピア（約22万円）と聖地メッカ及びインドへの旅行券が贈られた。

19日　チュニジアのジェドウ内相は、少女多数が「性のジハード（聖戦）」と称してシリア内戦の前線に送られ、反体制派のイスラム武装勢力メンバーと性的な関係をもたされているとし、渡航を支援した組織の86人を逮捕したと発表した。

21日　ケニアのナイロビで、高級ショッピングモールがソマリアのイスラム過激派アルシャバブに襲撃され、67人が死亡した。

22日　パキスタン北西部ペシャワルのキリスト教会で自爆テロが起き、23日朝までに85人が死亡した。イスラム過激派「パキスタン・タリバン運動（TTP）」の一派が、米国の無人機攻撃に対する報復として、犯行声明を出した。

23日　エジプトのカイロの裁判所は、ムスリム同胞団の活動禁止と資産凍結を命じた。

30日　トルコのエルドアン首相は、裁判官や軍人、警察官を除くイスラム教徒の女性公務員にスカーフ着用、男性公務員

州市）の修行僧2人を、共同生活をしていた年下の僧侶に暴行を加えてけがを負わせた疑いで逮捕した。

21日　第23回参院選が投開票された。自公連立政権の参院議席数は135となり、ねじれが解消した。公明党は、選挙区と比例代表で計11人が当選した。幸福実現党は47全選挙区と比例代表に3人の候補者を立てたが、全員落選した。

8月の出来事 August

8日　諏訪マタニティークリニック（長野県下諏訪町）の根津八紘《ねつやひろ》院長は、日本受精着床学会で、多胎妊娠で異常のある胎児を選んで減胎手術を実施したと発表した。厚労省審議会は2000年に、3つ子以上の場合は減胎手術を認める報告書をまとめたが、異常の有無や性別で減らす胎児を選ぶことは認めていない。

10日　時宗の開祖・一遍上人《いっぺんしょうにん》の生誕地として知られる宝厳寺《ほうごんじ》（松山市道後湯月町）から出火し、本堂と庫裏《くり》を全焼した。本堂に安置されていた重要文化財の木造一遍上人立像（室町時代）も焼失した。

15日　終戦記念日に、安倍晋三首相は靖国神社の参拝を見送り、私費で玉串料を奉納した。閣僚では、新藤義孝総務相と古屋圭司拉致問題担当相、稲田朋美行政改革担当相の3人が参拝した。

18日　奈良県明日香村のキトラ古墳（7世紀末～8世紀初め）で、文化庁は石室の最初で最後の一般公開をした（～25日）。

19日　警視庁の内部資料とみられる国際テロ関連の文書が2010年10月にネット上に流出し、文書に個人情報が記載されたイスラム教徒6人が容疑者不詳のまま地方公務員法（守秘義務）違反の疑いで告訴した事件について、東京地検は「容疑者を特定できなかった」として嫌疑不十分で不起訴処分とした。

9月の出来事 September

1日　関東大震災から90年に当たり、東京都慰霊堂（東京都墨田区）で関東大震災と東京大空襲の犠牲者を慰霊する秋季大法要が都慰霊協会の主催で営まれた。高円宮妃久子殿下や遺族らが参列し、読経の後、焼香した。

1日　大手流通業イオン子会社のイオンリテール（千葉市）が、3万5000円の共通料金で、共同墓地などの形態で納骨と永代供養ができるサービスの提供を開始した。同社の葬儀を利用または予約した場合は、料金が3万円となる。

4日　結婚していない男女間に生まれた子（婚外子）の遺産相続分を、結婚した夫婦の子の半分とする民法の規定について、最高裁は「法の下の平等を定めた憲法14条に違反し、違憲・無効とする」との初判断を示した。家族形態が多様化し

海外ニュース Foreign news

には顎ひげを伸ばすことなどを認めるなどの「民主化改革案」を発表した。

10月の出来事 October

1日　バチカンの宗教事業協会（通称バチカン銀行）は、経営透明化の一環として、財務諸表を含む年次報告書を初めて公表した。２０１２年の最終利益は８６６０万ユーロ（約１１５億円）。

8日　バチカンは、ローマ教皇フランシスコ就任1周年記念メダルを発行した。だが表面に刻まれたイエス（ＪＥＳＵＳ）の綴りのＪが誤ってＬとなっていたため、11日までにすべて回収し販売を中止した。

13日　インド中部マディヤプラデシュ州で、ヒンドゥー教寺院に向かう長さ５００ｍの橋の上で巡礼者が折り重なって転倒し、115人以上が死亡した。

14日　マレーシア上訴裁は、イスラム教徒以外の人が神を表す言葉として「アラー」を使うことを禁じる判決を下した。

24日　1989年からタイ仏教界の最高権威者「ソムデット・プラサンカラート」を務めていたジャルーン・コッチャワット大僧正がバンコク市内の病院で死去した。100歳。

28日　中国北京の天安門前で、車が歩道に突入・炎上し、5人が死亡した。中国当局は、ウイグル独立派「東トルキスタン・イスラム運動（ＥＴＩＭ）」が関与した組織的テロと断定したが、米政府系「ラジオ自由アジア（ＲＦＡ）」は、車の運転手が建設にかかわったモスクを公安当局に破壊されたことへの報復と伝えた。

11月の出来事 November

6日　全パキスタン私学連盟は、女子教育の権利を訴えてイスラム過激派ＴＴＰに銃撃されたマララ・ユスフザイの自伝『私はマララ』を「反イスラム的」とし、図書館などに置くことを禁止したと明らかにした。

7日　北朝鮮の治安機関は、中国で約6年前から布教活動と脱北者の保護にかかわっていたキリスト教バプテスト派の宣教師の男性を、韓国情報機関のスパイとして逮捕したと発表した。

11日　国際司法裁は、タイとカンボジアの国境地帯にあるヒンドゥー教寺院遺跡「プレアビヒア」について、1962年の判決通りカンボジア領と確認したうえで、近接地の一部についても同国の領有権を認めたが、明確な国境線については判断を示さず、両国に寺院保護の重要性を訴

国内ニュース Domestic news

ていることなどを考慮して、裁判の対象の相続が発生した２００１年７月にはすでに違憲だったとした。一方、混乱回避のため、２００１年７月から今回の決定までに決着済みの相続は覆らないとした。

15日　日本スピリチュアルケア学会は、学会認定資格「スピリチュアルケア師」の第1回資格認定書授与式を東北大で行った。認定者は97人で、宗教者はカトリックのシスターら約20人だった。

19日　ホテル日航関西空港（大阪府泉佐野市）は、10月に開始するイスラム教徒の宿泊者向けサービスを公開した。国内で初めてイスラム教の聖地メッカの方角を示す「キブラ」を全室に貼るほか、礼拝用のマットの貸し出しを行う。

25日　ネットと郵送で全国から宗派不問で遺骨を募る「納骨堂」の経営を愛媛県伊予市が許可しなかったのは不当として、同市の寺院が不許可処分取り消しを求めた訴訟で、松山地裁は「宗教感情に反するとした市の判断は不合理とは言えない」と原告の請求を棄却した。

10月の出来事 October

1日　米エリジウムスペース社が、従来の半分以下の１９９０ドル（約19万５０００円）での「宇宙葬」を実現し、日本でのサービスを開始した。

2日　伊勢神宮（三重県伊勢市）の内宮《ないくう》で「遷御《せんぎょ》の儀」が営まれた。臨時祭主を黒田清子《さやこ》が務め、皇族代表の秋篠宮殿下、安倍晋三首相らが参列した。首相の参列は１９２９年の浜口雄幸《おさち》首相以来。

5日　伊勢神宮の式年遷宮で、外宮《げくう》でも「遷御の儀」が営まれた。6日には「奉幣《ほうへい》」などが行われ、8年に及ぶ式年遷宮のすべての祭事が内宮と外宮で完了した。

15日　天台宗は、第3世座主・慈覚大師円仁の１１５０年遠忌記念事業として、スマートフォン対応のアプリ「寺旅《てらたび》コンシェルジュ―慈覚大師円仁―」を開発したと発表した。

11月の出来事 November

5日　京都市内の11社寺は、災害発生時に観光客に避難場所を提供する協定を市と締結した。自治体が観光分野の帰宅困難者対策で民間施設と広域協定を締結するのは全国で初めて。「観光客一時滞在施設」の指定も受けた清水寺、天龍寺、東本願寺は、最長3日間、帰宅困難者を受け入れる。

8日　創価学会が、50年ぶりに本部を建

えるにとどめた。

12日　アルメニアで、良心的兵役拒否により投獄されていた「エホバの証人」信者14人が釈放され、服役中の信者は皆無となった。6月8日に代替奉仕に関する修正法案が可決（7月25日に施行規則採択）されて非軍事的な代替奉仕が可能になったことと、刑期短縮の恩赦による。

16日　中国考古学会は、江蘇省揚州市で２０１３年3月に発見された墓が、隋王朝の第2代皇帝、煬帝《ようだい》のものと判明したと発表した。

24日　バチカンのサンピエトロ広場で行われたミサにおいて、キリストの12使徒の長、聖ペテロのものとされる遺骨を納めた箱が初めて一般公開された。

25日　ロシアのプーチン大統領はバチカンを訪問し、ローマ教皇フランシスコと初めて会談をした。大統領は教皇がシリア内戦への軍事介入に反対するロシアの立場を支持したことに感謝を表明した。

26日　米ニューヨークのオークションで、欧州から米東海岸に入植した清教徒らが旧約聖書をヘブライ語から独自に翻訳し、１６４０年に印刷した『ベイ詩編書』が約１４２０万ドル（約14億円）で落札された。印刷された本の落札額としては史上最高値。

27日　ナイジェリア北部カノで、宗教警察ヒズバが飲酒撲滅のため、押収した瓶ビール24万本を公開の場で「アラー・アクバル」と叫びながら重機でつぶした。

12月の出来事
December

1日　カトリック教徒が国民の約9割を占めるクロアチアで、憲法に「結婚は男女間の結び付き」と定義することの是非を問う国民投票が行われ、賛成多数で承認された。

11日　米誌『タイム』は、年末恒例の「今年の人」に、ローマ教皇フランシスコを選んだと発表した。

18日　中央アフリカ共和国でセレカなどのイスラム教徒主体の武装勢力とキリスト教徒主体の民兵組織「アンチ・バラカ」の対立が激化し、2日間で１０００人余りが殺されたと国際人権団体アムネスティ・インターナショナルが発表した。

19日　ナイジェリア北部カノのモスクで、約１０００組のイスラム教徒の集団結婚式が行われた。カノ州では家庭づくり促進のため、州政府と宗教警察ヒズバが２０１２年5月に集団結婚事業を始め、18カ月間に４４６１組が挙式した。

25日　エジプト暫定政権は、7月に解任されたモルシ前大統領の出身母体であるムスリム同胞団をテロ組織に指定した。

30日　パキスタン南部カラチのイスラム法廷で、女性判事が就任宣誓をした。１９８０年にイスラム法廷が導入されて以来、女性判事は初めて。

て替えて完成させた新たな礼拝施設（東京都新宿区）の名称を「広宣流布大誓堂《こうせんるふだいせいどう》」にすると発表した。

12日　京都大iPS細胞研究所は、ノーベル医学生理学賞を受賞した所長の山中伸弥教授が、ローマ教皇庁科学アカデミーの会員に選ばれたと発表した。

13日　東日本大震災による津波で多数の犠牲者を出した宮城県東松島市野蒜《のびる》地区で、全真言宗青年連盟の僧侶ら約３５０人による巡拝慰霊法要が行われた。

14日　宮内庁は「今後の陵と葬儀のあり方」を発表した。土葬を改めて１６１７年の後陽成天皇以来の火葬とする。陵は明治天皇陵から続く「上円下方」の墳丘形式で約３５００㎡にし、天皇陵と皇后陵が寄り添う形とする。

19日　全日本仏教会の副会長4人のうち1人に、尼僧の鷹司誓玉《たかつかさせいぎょく》・浄土宗大本山善光寺大本願法主の推戴が承認された。女性教師（僧侶）が副会長に就くのは、１９５７年の全日仏設立以来、初めて。任期は２０１４年4月1日から2年間。

12月の出来事
December

4日　大阪府警は元オウム真理教幹部・新実智光《にいみともみつ》死刑囚の妻を、知人を脅してオウム真理教の主流派アレフに入信するよう迫った強要未遂の疑いで逮捕した。

10日　性同一性障害で性別を女性から変更した男性とその妻が、第三者の精子を使った人工授精で生まれた長男を法律上の夫婦の子（嫡出子）として認めるよう求めた裁判で、最高裁は夫婦の申し立てを退けた1、2審を破棄し、嫡出子と認める初判断を示した。民法の嫡出推定の規定が適用された。

11日　日蓮宗の杉若恵亮《えりょう》・法華寺住職と真宗大谷派の中島浩彰・浄慶寺住職がフェイスブックで呼び掛け、国や宗派を超えて、貧困や差別問題に取り組む人々の支援を行う僧侶のネットワーク「国境なき僧侶団」が京都で発足した。

13日　１９９５年の目黒公証役場事務長拉致事件などで起訴された元オウム真理教幹部・平田信《まこと》被告と事務長の遺族が示談していたことがわかった。6月に平田被告から謝罪と１０００万円の支払いの申し出があり、遺族側が真相究明への協力を条件に7月に合意したという。

26日　安倍晋三首相は、就任1年目に当たり、就任後初めて靖国神社を参拝した。公用車で訪れて「内閣総理大臣安倍晋三」名で献花した。献花料は私費。鎮霊社にも、現職首相として初めて参拝した。

31日　神宮司庁は、２０１３年の伊勢神宮の内宮と外宮の参拝者数が過去最多の１４２０万４８１６人だったと発表した。記録が残る１８９５（明治28）年以降最多だった、２０１０年の約８８３万人を大きく上回った。

2014

Foreign news 海外ニュース

1月の出来事 January

2日　ローマ教皇フランシスコ就任後の2013年3〜12月末にバチカンを訪れた信者らは約662万人に上ると、バチカンが発表した。前教皇ベネディクト16世が在位していた2012年の約230万人の約3倍に当たる。

13日　旧ソ連製自動小銃AK47の設計者で2013年12月に94歳で死去したミハイル・カラシニコフが同年4月、ロシア正教会最高位のキリル総主教に「ざんげの書簡」を送っていたとロシア紙が報じた。

17日　バチカンは、児童性的虐待により2011〜12年に解任などの処分を受けた聖職者が384人に上ったと発表した。2008〜09年の同人数は171人で、2倍強に急増した。

18日　エジプトで、暫定政権が実施した国民投票の結果、軍の権限強化や男女平等、「宗教を基礎とした政党の禁止」などが盛り込まれた改正憲法案が約98％の賛成で承認され、発効した。

26日　チュニジアで、制憲議会は賛成多数で新憲法案を承認した（27日発効）。男女平等や信教・表現の自由が明記されたが、イスラム法は盛り込まれなかった。

27日　先々代のローマ教皇ヨハネ・パウロ2世の血痕が付いた布の入った小瓶が、伊中部の教会から盗まれていたことがわかった。警察当局は30日に男3人を逮捕し、2月2日までに遺品を回収した。

2月の出来事 February

5日　国連の「子供の権利委員会」は、カトリック教会の聖職者が世界中で何万人もの子供の性的虐待に関与したとして深い懸念を示すとともに、バチカンの組織的隠蔽体質を批判し、徹底的な調査報告、疑惑のある聖職者の即時解任と司法機関への通報を求める報告書を出した。

国内ニュース Domestic news

1月の出来事 January

2日　新年恒例の一般参賀が皇居・宮殿で行われ、宮内庁によると平成に入ってから過去2番目に多い8万1540人が訪れた。

6日　高野山真言宗は、宗派の規則に違反して土地を売却したとして、別格本山八事山《やごとさん》興正寺《こうしょうじ》（名古屋市）の梅村正《せい》昭《しょう》住職を罷免した。2012年に寺有地6万6000㎡を売却したが管長の承認も得ず、売却額が1000万円超の場合に3％相当額を本山に納める「礼録《れいろく》」もしなかったため。

11日　人気ゲーム「妖怪ウォッチ」のキャラクター、猫の地縛霊「ジバニャン」などを描いたメダルがバンダイから発売された。メダルは9月末までに1億枚を売り上げた。

15日　警視庁の国際テロ対策資料が2010年、ネット上に流出した事件で、イスラム教徒17人がプライバシーなどを侵害されたとして、国と東京都に計約1億8700万円の賠償を求めた訴訟で、東京地裁は警視庁の過失を認め、都に計9020万円の支払いを命じた。

21日　国内初のイスラム教徒向けハラール食専用の食品加工・調理施設「サラム・フーズ・プロセッシング」が千葉市に完成した。施設は日本アジアハラール協会のハラール認証を取得。

25日　岩手県花巻市に500年以上前から伝わり、ユネスコの無形文化遺産に登録されている早池峰《はやちね》神楽が、仁和寺（京都市）で初めて奉納された。

28日　バチカン市国のバチカン図書館と日本の国立歴史民俗博物館などが、バチカン図書館が所蔵する江戸時代のキリシタン迫害などに関する史料の目録化やデジタル化などで6年間、協力することに合意したとバチカンのメディアで報じられた。

28日　世界基督《キリスト》教統一神霊協会（統一教

18日　マレーシア政府は、「ウルトラマン」を題材に地元出版社が刊行した漫画『ウルトラマン　ザ・ウルトラパワー』を発行禁止とした。内務省は3月7日に、「ウルトラマンは多くの子供たちに偶像崇拝されており、アラー（神）と同一視することはイスラム教徒の青少年を混乱させ、信仰を損なう」と理由を発表した。

19日　アラブ首長国連邦（UAE）の宗教機関GAIAEが、イスラム教徒の火星への片道飛行は禁止とするファトワを出した。火星で生き延びるよりも死ぬ可能性のほうが高く、自殺と同じで許されない罪であるとした。

19日　スリランカのニバード・カブラール中央銀行総裁は、祈禱料を納入する習慣によって硬貨の流通量が不足していることを指摘し、国内の寺院に対し、寄付を電子マネーで受け入れるシステムを導入するよう呼び掛けた。

28日　イエス・キリストの誕生から復活までを描いた映画「サン・オブ・ゴッド」が全米で公開された。公開3日間で2650万ドル（約28・8億円）の興行収入、3週連続トップ10入りのヒットを記録した。

3月の出来事 March

1日　国際サッカー連盟（FIFA）は、宗教的な理由で選手が試合中に布などで頭部を覆うことを正式に認めた。布の色はユニホームと同じ色と規定されたが、イスラム教徒女性のベールも、シーク教徒の男性のターバンも認められた。

1日　中国雲南省の昆明駅で集団による無差別殺傷事件があり、31人が死亡した。治安当局はウイグル独立派「東トルキスタン・イスラム運動（ETIM）」の旗が見つかったとし、テロと断定した。

2日　ベルギーで、安楽死について年齢制限を撤廃し、18歳未満の未成年にも認める法律が制定された（22日施行）。安楽死できる年齢制限を撤廃した国は、世界で初めて。

4日　インドネシアのイスラム教最高権威のイスラム指導者評議会（MUI）が、イスラム世界で初めて野生動物の違法取引を禁じるファトワ（1月22日から有効）を発表した。トラ、サイ、ゾウなど絶滅の恐れがある動物の違法な狩猟や取引を禁止した。

6日　旧約聖書に題材をとった米映画「ノア　約束の舟」について、エジプトのイスラム教スンニ派の最高権威機関アズハルが、イスラム教に反して預言者ノアを偶像化しているとして上映禁止を求める声明を出した。3月中にカタール、バーレーン、UAE、インドネシアで、4月にはマレーシアで上映が禁止された。

12日　イスラエル国会は、超正統派ユダヤ教徒の男性も兵役対象とする法案を可

会）の男性信徒が1995年9月から2008年2月まで監禁され、信仰を捨てるよう強要されたとして親族らに計約2億円の損害賠償を求めた訴訟で、東京地裁は、親族らに計約480万円の支払いを命じた。脱会を勧めた側への賠償命令は異例。

31日　宮内庁が、「神祇令《じんぎりょう》」の写本、「神祇官年中行事」など農作物の豊作を祈る「祈年祭《きねんさい》」に関する所蔵資料を図書寮文庫のサイトで公開した。

2月の出来事 February

1日　鎌倉時代初期の制作とみられる、胸に水晶がはめ込まれた木造釈迦涅槃《ねはん》像（体長12・8㎝）が新知恩院（大津市）で見つかり、市歴史博物館が発表した。「大般涅槃経　後分《だいはつねはんぎょうこうぶん》」の一節を表現した、仏師・快慶の工房の作品とみられる。

13日　薬師寺（奈良市）で、食堂《じきどう》の裏にあった十字形の建物「十字廊」の礎石穴（奈良時代）が見つかり、奈良文化財研究所が発表した。十字廊は同寺独特の施設で役割は不明。

15日　タイ国家仏教事務局と世界仏教徒青年連盟が主催する第1回世界仏教者優秀指導者賞の授賞式がタイの国家仏教事務局博物館講堂にて開催された。国内部門104人、国際部門74人（団体含む）の仏教者が表彰され、日本人では全日本仏教会の前事務総長の戸松義晴（浄土宗）ら4名が受賞した。

16日　国内初の「インターフェイス駅伝」が京都マラソン（京都市主催）の公式併設大会として初めて開催された。イスラム教、仏教、神道、プロテスタント、カトリックなど5カ国40人の宗教者が4人1組の混成チームをつくり、完走した。

3月の出来事 March

3日　京都府立総合資料館（京都市）が、所蔵する国宝「東寺百合文書《とうじひゃくごうもんじょ》」のうち約1万7000通分のデジタル画像をネット上で公開した。4月末までに全文書のデジタル画像を順次公開した。

6日　平城宮跡（奈良市）で称徳天皇の宮殿だった西宮の跡から、天皇が臣下から新年の祝賀を受ける「朝賀《ちょうが》」などの儀式で使われた「幢旗《どうき》」を立てたとみられる奈良時代後半の支柱跡が見つかったと、奈良文化財研究所が発表した。

7日　目黒公証役場事務長拉致事件など3事件に関与したとして逮捕監禁罪などに問われた元オウム真理教幹部・平田信《まこと》被告の裁判員裁判で、東京地裁は懲役9年を言い渡した。オウム真理教による事件では初の裁判員裁判で、井上嘉浩ら3人の死刑囚が証人として出廷した。

8日　キリスト新聞社は、聖書を題材にした業界初のカードゲーム「バイブルハ

決した。

22日　ローマ教皇フランシスコは、聖職者による児童性的虐待問題に関する諮問委員会の委員を、被害者も含めて8人指名した。

26日　バチカンは、ローマ教皇フランシスコが、独西部リンブルクの公邸建設に3100万ユーロ（約43億7000万円）も費やしたとして2013年10月に司教資格を停止されていたフランツペーター・テバルツファンエルスト司教の辞任を正式に承認したと発表した。

27日　フィリピン政府と、南部ミンダナオ島を拠点とする反政府武装勢力モロ・イスラム解放戦線（ＭＩＬＦ）は、包括和平合意文書に調印した。

4月の出来事 April

14日　ナイジェリア北東部ボルノ州で女子高の学生寮がイスラム過激派「ボコ・ハラム」に襲撃され、10代の女子生徒276人が拉致され、うち53人は脱出したが、200人以上が行方不明となった。

15日　インドの最高裁は、体と心の性が一致しないトランスジェンダー「ヒジュラ」について、「第3の性」として認める判決を下し、教育や雇用面で優遇措置をとるよう政府に求めた。

27日　バチカンで、先々代のローマ教皇ヨハネ・パウロ2世と5代前の教皇ヨハネ23世の列聖式が、前教皇ベネディクト16世も出席して行われた。

28日　エジプト中部ミニヤ県の裁判所は、2013年8月に警察を襲撃して警察幹部1人を殺害した容疑で、イスラム原理主義組織「ムスリム同胞団」の指導者ムハンマド・バディアら683人に死刑を言い渡した。死刑判決に対する大ムフティー（最高イスラム法官）の意見を受け、裁判所は6月21日にバディアら183人の死刑判決を維持したが、4人を終身刑、496人を無罪とした。

30日　中国新疆《しんきょう》ウイグル自治区のウルムチ駅で、同自治区を習近平国家主席が視察した直後に爆発が発生した。当局はテロと断定し、死者3人のうち2人はウイグル族とみられる実行犯だと発表した。

5月の出来事 May

1日　ブルネイでイスラム法に基づく厳罰を含む刑法の順次施行が始まり、第1段階が施行された。イスラム教徒の「金曜礼拝への不参加」「ラマダン中の断食破り」などに罰金刑や禁錮刑が科される。

ンター」を先行販売した。好評で、6月に第2弾、11月に第3弾が発売された。

20日　東寺（京都市）で、有名な漫画家50人が描いたユニークな「仏」を展示する「漫画家による仏の世界展」が開催された（〜4月6日）。さいとう・たかをは『ゴルゴ13』の主人公を毘沙門天に模して描いた「護留護《ごるご》天」を出品した。

25日　天皇皇后両陛下は、伊勢神宮（三重県伊勢市）の式年遷宮後の特別な参拝のため、「三種の神器」のうち剣と璽《じ》（勾玉《まがたま》）を携行して東京を出発された。剣璽が皇居外に出るのは20年ぶり。両陛下は26日に神宮の外宮《げくう》、内宮《ないくう》を参拝し、28日に帰京された。

26日　東電は、福島第1・2原発事故に伴う家財賠償のうち仏壇・仏具一式の賠償方針を発表した。賠償額は定額40万円か個別査定による算出額が選択でき、買い替えに伴う祭祀費用などとして仏壇1台当たり定額10万円なども支払われる。

29日　スリランカに仏教が伝来した際にもたらされたとされ、同国最古の寺院ラージャ・マハー・ヴィハーラ大寺に祀られてきた仏舎利が、同国大統領府の主催で念仏宗総本山無量寿寺《むりょうじゅじ》「仏教之王堂」（兵庫県加東市）で国外で初めて開帳された。

31日　浄土宗総合研究所がエンディングノート『縁《えにし》の手帖』（Ｂ５判、48ページ）を発行した。伝統仏教教団が檀信徒向けにエンディングノートを作ったのは初めて。

4月の出来事 April

1日　龍谷大大学院実践真宗学研究科（京都市）が、東北大大学院（仙台市）と連携して、「臨床宗教師」を養成する講座を開設した。同講座を開設する大学は、東北大に次いで2校目。

8日　日光東照宮（栃木県日光市）が、2015年の「400年式年大祭」記念事業の1つとして開設を進めていた霊園「春秋の郷《さと》」の第1期分の600区画の墓所などが完成し、竣工式が行われた。約9・8ha、5000基分の墓地を造成予定。

17日　1995年の警察庁長官銃撃事件を時効成立後に「オウム真理教による組織的なテロ」とした警視庁の発表で名誉を傷付けられたとして、教団主流派アレフが東京都に謝罪文交付などを求めた訴訟で、最高裁はアレフの上告を棄却した。名誉毀損を認め、都に100万円の賠償を命じた2審判決が確定した。1審で賠

15日　スーダンの首都ハルツームの裁判所は、イスラム教徒の父が家出して母にキリスト教徒として育てられ、イスラム教徒に戻ることを拒否した女性に背教罪で絞首刑の判決を下した。イスラム法が施行される同国では、父の宗教が子の宗教とされ、改宗は死刑。国際社会の非難を浴び、6月23日に女性は釈放された。

22日　中国新疆《しんきょう》ウイグル自治区で爆発が発生し、31人が死亡した。当局はウイグル独立派ETIMによるテロと断定。

26日　イスラエルのエルサレムにある聖墳墓教会で、カトリックと東方正教会の和解50周年を記念して、ローマ教皇フランシスコと東方正教会コンスタンチノープル総主教バルトロメオ1世が合同で祈りを捧げ、共同宣言に署名した。

26日　インドのニューデリーで、ヒンドゥー至上主義団体「民族義勇団（RSS）」出身でインド人民党（BJP）のナレンドラ・モディの首相就任宣誓式が、パキスタンのシャリフ首相を招いて行われた。パキスタン首相の出席は、1947年に両国が宗教上の違いにより分離独立して以来、初めて。

26日　インドネシアで、巡礼者預金を不正利用した汚職疑惑がかけられていたスルヤダルマ宗教相が辞任を表明した。

28日　中国山東省招遠市のマクドナルド店で、政府が「邪教」に認定する「全能神」信者6人が宗教勧誘を断った女性客を「悪魔」と叫び、殴り殺した。

30日　北朝鮮の最高裁は、2013年10月にスパイ容疑などで身柄を拘束していた韓国人宣教師キム・ジョンウクに、国家転覆陰謀罪やスパイ罪などで、無期懲役に当たる無期労働教化刑を言い渡した。

6月の出来事 June

2日　2月に連邦制の導入が決まったイエメンの北部で、イスラム教スンニ派主体の政府軍とイスラム教シーア派の一派ザイド派勢力フシが衝突し、少なくとも120人が死亡した。

6日　伊国営テレビRAIのオーディション番組「イタリアの声」の決勝で、米歌手アリシア・キーズの曲「ノー・ワン」を歌ったカトリックの「ウルスラ修道女会」の修道女、クリスティーナ・スクッチャが優勝した。

8日　パキスタン南部のカラチで、9日にかけて国際空港が武装勢力に襲撃され、治安部隊との銃撃戦で武装勢力10人を含む36人が死亡した。9日にイスラム過激派「パキスタン・タリバン運動（TTP）」が、後日、ウズベク人イスラム過激派「ウズベキスタン・イスラム運動（IMU）」が関与を主張した。

12日　韓国珍島沖で4月16日に沈没した大型客船「セウォル号」の運航会社の実質的オーナーで、背任容疑で指名手配さ

償に加えて命じられた謝罪文交付を2審が取り消したため、上告していた。

22日　曹洞宗近畿管区教化センター（京都市）が、スマートフォンで座禅指導が受けられる無料アプリ「心の鏡」を開発し、Android版を公開した。5月9日にはiPhone版も公開した。

30日　真宗大谷派は後継門首を選出するための継承審議会を開き、大谷暢顕《ちょうけん》門首のいとこで門首を補佐する「鍵役」を務めるブラジル国籍の暢裕《ちょうゆう》を選んだ。

5月の出来事 May

9日　オウム真理教主流派アレフが、東京都足立区から科せられた過料5万円の処分取り消しを求めた訴訟で、最高裁は区側の上告を棄却し、処分取り消しを命じた2審判決が確定した。足立区は、反社会的団体に構成員の住所・氏名の定期報告を義務付ける条例を2010年に制定し、アレフが拒否したため過料を科していた。

15日　宇佐神宮（大分県宇佐市）の宮司職を代々務めてきた世襲家の到津《いとうづ》克子《よしこ》を、神社本庁がナンバー2の権宮司職を免職とし、同神宮も解雇した。

16日　創価学会の広報室が、朝日新聞の取材に文書で回答し、集団的自衛権は「保持するが行使できない」というこれまでの政府見解を支持すると述べた。

16日　文化審は、本願寺（西本願寺、京都市）の御影《ごえい》堂と阿弥陀《あみだ》堂を国宝に指定するよう文科相に答申した。ともに江戸時代の建築物としては最大級の規模で、浄土真宗本願寺派本山の象徴としての文化史的意義が評価された。

19日　NHK放文研が、1973年から5年ごとに実施している「『日本人の意識』調査」の2013年調査結果を発表した。天皇陛下に対して「尊敬の念をもっている」が過去最高の34・2％に達し、「特に何とも感じていない」（28・4％）を初めて上回った。

27日　キリスト教系宗教法人「小牧者《しょうぼくしゃ》訓練会」（茨城県つくば市）代表の韓国人牧師・卞在昌《ピョン・ジェーチャン》からセクハラを受けたなどとして、元信者の女性4人が同法人と牧師らに計4620万円の損害賠償を求めた訴訟で、東京地裁は行為の内容を認定し、牧師らに計1540万円の支払いを命じた。

6月の出来事 June

3日　臨済宗建仁寺派大本山建仁寺（京都市）で、栄西《えいさい》の800回忌に当たり、「開山千光祖師栄西《ようさい》禅師800年大遠諱《おんき》法要」が営まれた（～5日）。先立つ5月7日には天台宗総本山比叡山延暦寺、12日は曹洞宗大本山永平寺、13日は華厳宗大本山東大寺の3山が建仁寺で初めて

海外ニュース Foreign news

れていた、異端とされるキリスト教福音浸礼会（救援派＝クオンパ）の兪炳彦《ユ・ビョンオン》代表が、変死体となって発見された。

15日　ケニア南東部ムペケトニで、16日にかけて武装集団がサッカーW杯の観戦会場や警察などを襲撃し、計49人が死亡した。ソマリアのイスラム過激派アルシャバブが犯行声明を出した。

19日　ミャンマーのテイン・セイン大統領は、公金を私的流用した疑いで当局に身柄を拘束されたサン・シン宗教相を解任した。

19日　国連の「子供の権利委員会」は、アフリカの子供数百人がブードゥー教の儀式に使われるために英国に誘拐されてきて、拷問や虐待が行われているとして、英政府に対策に力を入れるよう勧告した。

21日　ローマ教皇フランシスコは、伊マフィア「ンドランゲタ」の本拠地である南部カラブリア州で、「マフィアの団員は破門される」と述べた。

23日　マレーシアの最高裁は、カトリック系週刊紙『ヘラルド』のマレー語版が神を表す訳語として「アラー」の使用を認めるよう求めた訴訟で、キリスト教徒などの非イスラム教徒が、「アラー」を使うことを禁じる判決を言い渡した。

26日　サウジアラビア内務省は、29日からラマダンが始まるのを前に、ラマダン期間中は、非イスラム教徒の外国人もイスラム教徒に配慮して日中は公共の場や職場などでの飲食や喫煙を控えるよう要請し、違反した場合、労働契約の打ち切りや国外退去の処分を下すと発表した。

29日　イラク中部からシリア北部を実効支配するスンニ派過激組織「イラク・レバントのイスラム国（ＩＳＩＬ）」は、アブバクル・バグダディ指導者がカリフとして治めるイスラム国家「イスラム国」を樹立したと宣言した。

7月の出来事 July

15日　クロアチアの議会は、同性カップルを人生のパートナーとして登録することを認める法案を可決した。

17日　韓国ソウルの曹渓寺で、わかりやすい言葉で経典を表現することを審査する「仏教経典コンテスト」が曹渓宗の主催で開かれた。優勝賞金は３００万ウォン（約30万円）。

18日　スンニ派過激組織「イスラム国」が、イラク北部モスルに住むキリスト教徒に対して人頭税を課すとの声明を出し、19日正午までに納税、イスラム教への改宗、モスルからの退去の3択を迫った。

国内ニュース Domestic news

大遠諱法要を勤めた。

5日　曹洞宗の関係校・多々良学園（山口県防府市）が経営破綻し、融資金の一部が回収できなかったとして金融機関5行が２００６年に曹洞宗と元理事らに総額37億円の損害賠償を求めた訴訟の広島高裁における控訴審で、曹洞宗が5行に10億円を支払うことで和解が成立した。

6日　浄土真宗本願寺派の「法統継承式」が本山西本願寺で行われ、大谷光真《こうしん》前門主の長男で36歳の光淳《こうじゅん》が第25代門主に就任した。門主交代は１９７７年以来37年ぶり。

8日　桂宮宜仁《かつらのみやよしひと》親王殿下が急性心不全のため66歳で逝去した。「殮葬《れんそう》の儀」は17日に豊島岡墓地（東京都文京区）で営まれた。

30日　１９９５年にオウム真理教が起こした東京都庁郵便小包爆弾事件で、爆薬原料の運搬役をしたとして殺人未遂幇助などの罪に問われた元信者・菊地直子の裁判員裁判で、東京地裁は懲役5年を言い渡した。

7月の出来事 July

1日　政府が集団的自衛権の行使を容認するための憲法解釈の変更を閣議決定し、全日本仏教会が理事長談話、真宗大谷派が反対声明、立正佼成会が緊急表明を出すなど宗教界から抗議の表明が相次いだ。3日に日本カトリック司教協議会と臨済宗妙心寺派、8日には日蓮宗が同じく危惧や抗議を表明した。

15日　皇太子ご一家は武蔵陵墓地《むさしりょうぼち》（東京都八王子市）を訪れ、昭和天皇の武蔵野陵《むさしののみささぎ》と香淳皇后の武蔵野東陵《むさしののひがしのみささぎ》を参拝された。愛子内親王殿下は初めての参拝。

17日　ＤＮＡ鑑定で血縁関係が否定された場合、法律上の父子関係が取り消せるかが争われた3件の訴訟の上告審で、最高裁は「父子関係は取り消せない」と民法の嫡出推定の規定を優先する初判断を示した。うち2件は取り消しを求めた妻側の敗訴が確定した。残る1件は、取り消しを求めた夫側の訴えを退ける2審を支持し、上告を棄却した。

17日　祇園祭の前祭《さきまつり》の山鉾《やまぼこ》巡行が京都市中心部で展開された。１９６６年以降、集客のため統合されていた前祭と後祭《あとまつり》が、本来の姿に戻すことと巡行時間短縮のため49年ぶりに元通りに2つに分かれ、24日に後祭が行われた。

19日　「国宝　醍醐寺のすべて」が奈良国立博物館で開催された（～9月15日）。

納税額は1世帯55万イラク・ディナール(約4万8000円)で、拒否した場合は殺害することも示唆した。
23日　中央アフリカ共和国で戦闘を続けていたイスラム教徒主体の武装勢力セレカとキリスト教徒の民兵組織「アンチ・バラカ」が停戦に合意した。
24日　スンニ派過激組織「イスラム国」は、イラク北部にあるイスラム教やキリスト教の聖地「預言者ヨナの墓」を爆破。
30日　中国新疆《しんきょう》ウイグル自治区カシュガルで、中国最大のモスク・エイティガール寺院の指導者で、ウイグル族であるにもかかわらず当局によるウイグル族弾圧を擁護していた中国イスラム教協会のジュメ・タヒル副会長がウイグル族の3人に刺殺された。

8月の出来事 August

8日　米国防総省は、イラクのスンニ派過激組織「イスラム国」に対する空爆を開始した。オバマ米大統領は7日の声明で、ヤジディー教徒が「イスラム国」の攻撃を受けて山中で孤立していることにも言及し、大量虐殺を防ぐためと述べた。
10日　イラクのスダニ人権相は、スンニ派過激組織「イスラム国」が、北部シンジャルでヤジディー教徒500人以上を殺害し、300人以上の女性を拉致したと発表した。
14日　ローマ教皇フランシスコは、訪韓の途中で中国領空を通過した際、習近平国家主席に「貴国の平和と幸福のため神のご加護を祈る」というメッセージを送った。領空を通過する国に教皇がメッセージを送るのは慣例で、バチカンと国交のない中国が搭乗機の領空通過を認めたのは初めて。
19日　中国国営新華社通信は、当局が「邪教組織」と指定する14団体の1つ「全能神」の教団幹部ら100人を含む信者約1000人を拘束したと報じた。
24日　ナイジェリアの「ボコ・ハラム」のアブバカル・シェカウ指導者は、同国北東部ボルノ州グウォザでイスラム国家樹立を宣言した。だがナイジェリア軍は同日、国家樹立を否定した。
26日　台湾の台北市にある寺院「行天宮《ぎょうてんぐう》」は、大気汚染への配慮から境内の2基の香炉を撤去し、焼香せずに参拝するよう呼び掛けた。

9月の出来事 September

1日　インド東部ビハール州に、5~12世紀に存在した「ナーランダ僧院」を再興させた「ナーランダ大」が開校した。
7日　チベット仏教最高指導者のダライ・ラマ14世は、独紙『ヴェルト』によるインタビューの中で「自身を最後の指導者とすべき」とし、数世紀にわたって

国宝の「醍醐寺文書聖教《しょうぎょう》」から醍醐寺縁起など国宝62件、重要文化財85件を含む約190件が展示された。
29日　皇太子ご一家は、伊勢神宮を参拝された。式年遷宮の終了を受けての参拝で、愛子内親王殿下は初めての参拝。
31日　諏訪マタニティークリニック(長野県下諏訪町)の根津八紘《ねつやひろ》院長が日本受精着床学会で、1996年から2013年までに計110組の夫婦で妻が夫の実父(妻の義父)から精子提供を受けて体外受精をし、うち79組に計118人の赤ちゃんが誕生したと発表した。

8月の出来事 August

5日　タイの首都バンコクで、日本人実業家24歳男性が所有するマンションの3室から乳幼児計9人が保護された。12日には男性が代理出産で産ませたとみられる乳幼児が計15人に上ることが判明。男性の現地代理人弁護士が「死後の財産相続のため」と説明した。
6日　警視庁公安部は、オウム真理教の分派「ひかりの輪」の関連8施設を、「聖地巡礼」と称して料金を集めてツアーを実施し、無登録で旅行業を営んだ旅行業法違反容疑で家宅捜索した。
13日　奈良県明日香村教委と関西大は、同村にある都塚古墳(6世紀後半)が国内で類例のない階段ピラミッド状の巨大方墳とわかったと発表した。1辺約41~42mで、石積みを階段状に5段以上重ねて高さ4・5m以上の墳丘を築いていた。
15日　終戦記念日に安倍晋三首相は靖国神社への参拝を2013年に引き続いて見送った。閣僚では、新藤義孝総務相と古屋圭司国家公安委員長、稲田朋美行政改革担当相の3人が参拝した。

9月の出来事 September

1日　醍醐寺(京都市)所蔵の「木造理源大師坐像《ざぞう》」(鎌倉時代、重要文化財)の内部に木製の五輪塔をX線撮影により確認したと、奈良国立博物館と醍醐寺が発表した。
2日　日本産科婦人科学会は、2012年に国内の医療機関で体外受精により生まれた子供は、過去最多の3万7953人だったと発表した。年間全出生数に対する体外受精児の割合は約27人に1人となった。
9日　宮内庁は、『昭和天皇実録』全文を黒塗りなしで公表した。天皇実録としては初めて口語体で叙述された。神代を除き最長寿、最長在位だったため、新資料約40件を含む3152件の資料を用いて24年5カ月かけて編纂され、全61冊、計1万2137ページに達した。
14日　ペルーの古都クスコ北部にあるインカ帝国の遺跡で世界遺産の「サクサイ

海外ニュース Foreign news

継承されてきた「チベット仏教の転生制度を廃止すべき」との見解を示した。

8日　イラクで、ハイダル・アバディ首相が率いる新政権が発足した。イスラム教シーア派、同スンニ派、クルド人が要職に配置され、挙国一致体制が整った。

21日　イエメンの首都サヌアの中枢施設をイスラム教シーア派の一派ザイド派勢力フシが制圧した。バシンドワ首相は辞任し、同日、国連の仲介で政府と武装勢力は停戦合意に署名した。

24日　バチカンの刑事裁判所は、児童への性的虐待の疑いでポーランド出身のヨゼフ・ベゾロフスキ元ドミニカ共和国大使を尋問し、自宅軟禁処分にした。

27日　インドネシアのアチェ州議会は、同性愛行為に最高100回のむち打ち刑を科す条例を可決した。外国人も対象。

10月の出来事 October

10日　ノーベル平和賞の受賞者が、パキスタン人の少女マララ・ユスフザイと、インド人のカイラシュ・サティヤルティの2人に決定した。教育問題と過激主義に対してヒンドゥー教徒とイスラム教徒、インド人とパキスタン人が共に闘うことが重要などとして。マララは17歳で史上最年少の受賞。

12日　スンニ派過激組織「イスラム国」は、ウェブ広報誌「ダービク」に「奴隷制復活」と題した記事を掲載し、イラクで拘束したヤジディー教徒の女性や子供を、イスラム法に基づき、「戦利品」として戦闘員に与えたことを明らかにし、ヤジディー教徒には人頭税や改宗などの選択肢は適用されないとした。

20日　バチカン図書館が、15世紀の画家ボッティチェリが挿絵を描いたダンテの『神曲』など8冊の手書きの所蔵文献をデジタル化して専用サイトで公開した。最終的には全約8万冊をデジタル化する。

30日　イスラエル警察当局は、エルサレム旧市街にあるイスラム教の聖地「ハラム・アッシャリーフ（高貴なる聖域）」（ユダヤ教聖地としての呼称は「神殿の丘」）を2000年以来初めて完全封鎖した。29日に発生したユダヤ人右派活動家への襲撃事件を受けた治安上の措置。31日には封鎖を一部解除した。

11月の出来事 November

1日　米オレゴン州で、末期がんで余命半年と宣告され、1日に死ぬとユーチューブで予告していた米国人女性が、予告

国内ニュース Domestic news

ワマン」で、真如苑が法要を営み、アンデス古来の宗教の指導者やカトリックの神父らと世界平和を祈願した。同じ宗教儀式にアンデス地方の宗教者とカトリックの神父が参加するのは初めて。

25日　三菱東京ＵＦＪ銀行が、イスラム債（スクーク）を邦銀で初めてマレーシアで発行した。

29日　テレビ朝日系で、「爆笑問題」が司会を務めるトーク番組「お坊さんバラエティ　ぶっちゃけ寺」（月曜深夜0時15分）が始まった。

10月の出来事 October

1日　平等院（京都府宇治市）で、2012年9月から始まった鳳凰堂《ほうおうどう》（国宝）の「平成修理」が終わり、落成式が行われた。修理は56年ぶり。

3日　観光業「はとバス」は、イスラム教徒の観光客向けバスツアーの運行を始めた。「ハラール認証」を取得したレストランでの昼食付きで、礼拝時間には日本最大のモスク「東京ジャーミイ」（東京都渋谷区）に滞在する。

4日　天台宗の門跡寺院・青蓮院《しょうれんいん》（京都市）が、国宝の仏画「不動明王二童子像（青不動）」を安置するために飛び地境内の将軍塚（同）に建立した別院「青《せい》龍《りゅう》殿」が完成し、落慶法要と青不動の御開帳開眼開闢《かいびゃく》法要が営まれた。

5日　高円宮家の二女・典子女王殿下と出雲大社（島根県出雲市）の権宮司・千《せん》家国磨《げくにまろ》の結婚式が、出雲大社で行われた。

6日　スンニ派過激組織「イスラム国」に参加しようとしたとして、警視庁公安部は、北海道大を休学中の26歳男子学生の東京都内の関係先などを「私戦予備及び陰謀」の疑いで捜索した。

10日　ＰＬ学園高（大阪府富田林《とんだばやし》市）の硬式野球部が、2015年度の新入部員の受け入れを停止することがわかった。

29日　学校法人「幸福の科学学園」が文科省へ認可申請していた「幸福の科学大」（千葉県長生村）について、大学設置・学校法人審は文科相に不可とするよう答申した。不認可は学校法人に31日付で通知された。

30日　統計数理研が5年ごとに実施している「日本人の国民性調査」の2013年の調査結果が発表された。「他人の役に立とうとしている」と考えている人が45％と1978年の質問開始以来、過去最高で、逆に「自分のことだけに気を配っている」は42％で、初めて「利他的」が「利己的」を上回った。

通りに自宅で医師から処方された薬を服用して死亡した。

13日　スンニ派過激組織「イスラム国」は、独自の通貨を発行すると発表した。金、銀、銅で貨幣を鋳造する。

19日　バチカンは、「教皇様の慈善宝くじ」を初めて発売した。1口10ユーロ（約1470円）で、収益はホームレスの支援に充てられる。この1年間で教皇に贈られたものが賞品で、1等は伊フィアット社の乗用車「パンダ」。

22日　インド南部ゴア州オールドゴアのセ大聖堂で、16世紀のイエズス会の宣教師フランシスコ・ザビエルの遺体が一般公開された（～2015年1月4日）。

28日　ナイジェリア北部カノのモスクで、爆弾と銃撃によるテロがあり、120人以上が死亡した。このモスクのイマームは同国のイスラム教聖職者で2番目に高位のカノ首長サヌシ師で、「ボコ・ハラム」との戦いを呼び掛けていた。当時、同師は不在だった。

12月の出来事 December

2日　バチカンで、カトリック、英国国教会、ヒンドゥー教、ユダヤ教、仏教、東方正教会、イスラム教シーア派、同スンニ派の指導者らが、世界の奴隷制度を2020年までに撲滅することを誓う共同宣言に署名した。

4日　イラン国会が、原油価格の下落などで悪化した財政再建のため、イスラム教関連財団や軍関連企業に課税する法案を初めて可決したと報じられた。護憲評議会や最高指導者ハメネイ師の判断により、実現しない可能性が高い。

5日　シエラレオネ政府は、葬儀の際に遺体を洗う伝統儀式がエボラ出血熱の感染拡大につながっているとみて、感染者の葬儀で伝統儀式をしないよう呼び掛けた。これに反した場合は、家族全員を隔離し、投獄すると警告した。

11日　ローマ訪問中のチベット仏教の最高指導者ダライ・ラマ14世は、ローマ教皇フランシスコとの面会を希望したがバチカン側に断られたと明らかにした。

16日　パキスタン北西部のペシャワルで、軍が運営する学校をTTPが襲撃し、生徒ら141人が殺害された。実行犯7人は軍との銃撃戦で全員、死亡した。

17日　英首相官邸は、英国国教会が創立以来初の女性主教として中部マンチェスター近郊のストックポート主教にリビー・レーン司祭を指名し、女王に承認されたと発表した。女性の主教就任は7月の総会で可決され、11月に発効していた。

17日　バチカンは、米国とキューバが国交正常化を進める方針を発表したことに祝福の声明を発表し、ローマ教皇フランシスコが仲介したことを明らかにした。

11月の出来事 November

7日　真宗大谷派の故大谷光暢《こうちょう》・前門首の四男で、同派を離脱した光道《こうどう》が、大谷祖廟《そびょう》（京都市）にある歴代門首らの墓参りを拒否されたとして、同派に450万円の慰謝料を求めた訴訟は京都地裁で和解が成立した。これで「お東紛争」のうち、この2者間の訴訟はすべて終結した。

7日　創価学会は、教義に関する会則を改正し、本尊を変更した。日蓮正宗総本山大石寺に安置されている、日蓮が弘安2（1279）年に図顕した「大御本尊」から、創価学会が受持の対象として認定した本尊に変更された。

13日　天台宗の前座主・渡辺恵進《えしん》が104歳で死去した。

21日　宮内庁は、新嘗祭《にいなめさい》のうち、午後11時から約2時間行われる「暁《あかつき》の儀」の天皇陛下の拝礼を2014年から中止すると発表した。80歳という年齢を考慮した負担軽減策の一環。

24日　長崎県対馬市の梅林寺から仏像を盗んだ疑いで、韓国人の自称住職ら4人が逮捕された。25日にも韓国人1人が逮捕された。

29日　大津市にある天台宗総本山比叡山延暦寺、天台寺門宗総本山三井寺（園城寺）、天台真盛宗総本山西教寺の3総本山が、延暦寺で合同法要「滋賀県・大津市から発信する平和の祈り」を営んだ。3総本山の合同法要は、地元では初めて。

30日　第2バチカン公会議の『エキュメニズムに関する教令』の発布50周年を記念して、カトリック教会、日本聖公会、日本福音ルーテル教会による合同礼拝が、東京カテドラル関口教会聖マリア大聖堂（文京区）で行われた。3教会が公式に合同礼拝を行うのは日本では初めて。

12月の出来事 December

9日　元オウム真理教代表・松本智津夫（麻原彰晃）死刑囚の三女が、公安調査庁から「教団主流派アレフの役員」と認定されたのは不当だとして、国に認定取り消しと1000万円の慰謝料の支払いを求める訴訟を東京地裁に起こした。

14日　第47回衆院選が投開票され、自公連立与党が衆院の3分の2以上の326議席を確保した。幸福実現党は、全国11の比例区に計42名の候補者を擁立したが全員落選した。

31日　皇居・神嘉殿《しんかでん》の前で行われる「大《おお》祓《はらい》の儀」に秋篠宮家の長女・眞子内親王殿下が初参列した。参列する成年皇族は男性に限られていたが、宮内庁は6月、男性皇族の減少を理由に限定解除を発表していた。1948年に故・高松宮妃殿下が参列した特例があり、女性皇族の参列は66年ぶり。

Foreign news
海外ニュース

2015

1月の出来事
January

1日　中国新疆《しんきょう》ウイグル自治区で新たな宗教事務条例が施行され、過激な宗教思想の宣伝、未成年の宗教活動への参加などが禁じられた。10日には自治区人民代表大会常務委員会で、ウルムチの公共の場で「顔を含む全身を覆う上着」の着用を禁じる規定が承認され、イスラム教徒の女性のベール着用が事実上禁じられた。

3日　トルコ政府は、イスタンブール郊外に少数派アッシリア人のためのキリスト教教会を新設することを認めたと明らかにした。1923年の建国以来、教会の新設は初めて。

7日　イスラム教預言者ムハンマドの風刺画を掲載してきた仏週刊紙『シャルリー・エブド』本社が襲撃され、記者ら計12人が射殺された。実行犯3人は、それぞれ立てこもりの末、射殺されたが、一連の事件で17人が犠牲になった。国際テロ組織「アラビア半島のアルカイダ（AQAP）」が犯行声明を出した。

12日　仏週刊紙本社襲撃事件を受けて独東部ドレスデンを中心に「西洋のイスラム化に反対する愛国的欧州人（通称ペギーダ）」が反イスラムデモを行い、約3万人が参加した。

14日　仏週刊紙『シャルリー・エブド』が事件後初めて発売された。表紙はイスラム教預言者ムハンマドの風刺画で、仏新聞史上最多の700万部増刷された。

14日　アジア歴訪中（13〜19日）のローマ教皇フランシスコは、スリランカで、17〜18世紀に同国で布教した宣教師ジョセフ・バスの列聖式を執行した。同国からの聖人認定は初めて。

18日　中国公安省は、雲南省などの国境地域で、密出国の容疑で2014年5月から計852人を拘束したと発表した。大半は新疆ウイグル自治区のウイグル族で、ウイグル独立派「東トルキスタン・イスラム運動（ETIM）」が「聖戦」

国内ニュース
Domestic news

1月の出来事
January

1日　天皇陛下は年頭に当たっての感想で、戦後70年の節目に当たることから、「この機会に、満州事変に始まるこの戦争の歴史を十分に学び、今後の日本のあり方を考えていくことが、今、極めて大切なことだと思っています」と述べた。

2日　新年恒例の一般参賀が皇居・宮殿で行われ、宮内庁によると平成に入ってから過去3番目に多い8万1030人が訪れた。2014年12月に成年を迎えた秋篠宮家の佳子内親王殿下が初めて一般参賀に臨んだ。

15日　奈良県明日香村の小山田遺跡で、7世紀半ばの方墳の一部とみられる石敷きの堀跡が東西約50mにわたって見つかったと奈良県立橿原《かしはら》考古学研究所が発表した。当時最大級の方墳で、舒明《じょめい》天皇が最初に葬られた墓の可能性が高い。

20日　スンニ派過激組織「イスラム国（IS）」は、日本政府が72時間以内に身代金2億ドル（約236億円）を払わなければフリージャーナリストの後藤健二ら日本人2人を殺すと脅す動画をネット上に公開した。ISは人質1人を殺害し、24日に後藤とヨルダンで収監中の女性死刑囚との交換を要求したが、ヨルダン政府はISが拘束中の自国軍パイロットの解放を条件としたため、膠着状態のまま人質交換の期限が過ぎ、ISは2月1日に後藤を殺害したとする動画をネット上に公開した。

21日　仏週刊紙『シャルリー・エブド』が表紙に掲載したイスラム教預言者ムハンマドの風刺画を『東京新聞』が掲載したことについて、イスラム教徒約50人が発行元の中日新聞東京本社（東京都千代田区）前で抗議活動を行った。これを受けて同紙は29日付紙面にイスラム教徒へのお詫びを掲載した。

23日　公安審は、オウム真理教（現アレフ）や分派した「ひかりの輪」に対するに参加するよう扇動したと指摘した。

19日　ロシア南部チェチェン共和国の首都グロズヌイで仏週刊紙『シャルリー・エブド』への抗議デモが行われ、ロシア内務省によると80万人以上が参加した。

26日　英国国教会は、英中部ヨークの大聖堂で、女性のリビー・レーン司祭の主教就任式を行った。英国国教会で女性が主教に就任したのは初めて。

2月の出来事 February

3日　スンニ派過激組織「イスラム国（IS）」は、拘束していたヨルダン人パイロットを焼殺したとみられる動画をネット上に公開し、「背教者の火あぶりは認められている」との声明文をシリア北部の拠点ラッカで配布した。

6日　イエメンで1月に事実上のクーデターで権力を掌握したイスラム教シーア派の一派ザイド派勢力フシは、暫定政府の樹立を宣言した。

15日　ISは、リビアで拘束していたコプト教徒のエジプト人21人を殺害したとみられる動画をネット上に公開した。

19日　タイ暫定議会が、営利目的の代理出産などを禁止する法律を可決した（7月30日施行）。代理出産は、タイ人夫婦または3年以上婚姻関係にある一方がタイ人のカップルに限るなどと規定された。

24日　英上院で、重い遺伝病をもつ女性の卵子の核を健康な女性の卵子の核と置き換えての体外受精を認める「ヒトの受精と胎生学法」の改正法が可決、成立した。卵子核移植の合法化は世界で初めて。

26日　韓国の憲法裁判所は、姦通罪を違憲とする決定を下した。これにより、姦通罪は即時廃止された。

26日　オーストリア国民議会（下院）は、「イスラム教に関する法」を改正し、国内のモスクやイマームが外国から資金支援を受けることを禁止する法案を可決した。

3月の出来事 March

7日　イラクの観光遺跡省は、ISが、同国北部にある世界遺産のハトラ遺跡を破壊し始めたと発表した。

7日　ナイジェリアの「ボコ・ハラム」は、ISに忠誠を誓うとする音声をネット上に公開した。ISは12日、ボコ・ハラムによる忠誠表明を受け入れたとする音声をネット上に投稿した。

16日　タイのタンマガーイ寺院は、横領で起訴されたクロンチャン信用協同組合の元会長から受け取った約2000万ドル（約24億円）を返還すると発表した。

17日　ミャンマーの裁判所は、2014年にヘッドホンをした仏像のイラストを広告に使ったとして、宗教侮辱罪でバー経営者のニュージーランド人ら3人に懲

団体規制法に基づく観察処分の期間の更新を決定した。期間は2月1日から3年間で、更新は5回目。

23日　最高裁は、「幸福の科学」が『週刊文春』の記事によって名誉を傷付けられたとして文藝春秋に損害賠償などを求めた訴訟で、文藝春秋側の上告を棄却し、文藝春秋側に400万円の支払いと謝罪広告掲載を命じた2審判決が確定した。

2月の出来事 February

2日　2013年10月に山梨県北杜《ほくと》市に移転した「生長の家」本部の跡地に「原宿〝いのちの樹林〟」（東京都渋谷区）が誕生し、完成祭が行われた。〝いのちの樹林〟は敷地面積約4350㎡で、3月13日から市民に開放された。

8日　浄土真宗本願寺派が、医療現場に仏教的な視点を取り入れようと組織した「西本願寺　医師の会」の発足式が行われた。伝統仏教教団としては初の試み。

10日　仏週刊紙『シャルリー・エブド』掲載の風刺画を中心に欧米の風刺画48点を掲載した書籍『イスラム・ヘイトか、風刺か』が第三書館から発刊された。

24日　高野山真言宗の添田隆《りゅう》昭《しょう》宗務総長は、和歌山県紀の川市で5日に起きた男児殺害事件で7日に逮捕された容疑者の父親が高野山大教授で同宗僧侶だったことを受け、「痛恨の極み」で「誠に慚愧に堪えない」と宗団の見解を述べた。

25日　日本カトリック司教団は戦後70年に当たってメッセージを発表した。「特定秘密保護法や集団的自衛権の行使容認によって事実上、憲法9条を変え、海外で武力行使できるようにする今の政治の流れ」に懸念を示し、平和を訴えた。

27日　真宗大谷派に所属する福島県内の5カ寺が、東電福島第1原発事故に伴う除染費用の賠償を求めて原子力損害賠償紛争解決センターに申し立てた和解仲介手続き（ADR）において和解が成立した。東電が計4223万円を支払う内容で、除染費は請求額の95%が認められた。

3月の出来事 March

10日　東京大空襲から70年の節目を迎え、東京都慰霊堂（東京都墨田区）で、大空襲や関東大震災の犠牲者を追悼する「春季慰霊大法要」が営まれた。安倍晋三首相が歴代首相として初めて出席した。

13日　文化審は、国宝に東大寺（奈良市）の木造弥勒仏坐像《ざぞう》と、醍醐寺（京都市）の木造虚空蔵菩薩立像を指定するよう文科相に答申した。共に平安時代前期の彫刻の名作として評価された。

17日　江戸幕府による禁教下で信仰を守り続けた浦上村（現・長崎市）の潜伏キリシタンたちが1865年にフランス人のプチジャン神父に信仰を告白した「信

海外ニュース Foreign news

役2年6カ月を言い渡した。

18日　チュニジアの首都チュニスにある国立バルドー博物館が武装した男2人に襲撃され、日本人3人を含む外国人観光客ら22人が死亡した。襲撃犯はＩＳと密接な関係にあるイスラム過激派「アンサール・シャリア」関連グループのメンバーで、ＩＳが19日、犯行声明を出した。

26日　米インディアナ州の州法「宗教の自由法」が成立した（7月施行）。「宗教上の理由で精神的負担になる行為を拒む権利」を企業に認めた条項が、同性愛者への差別を助長するとして批判を浴び、4月2日に修正された。

4月の出来事 April

2日　ケニア東部ガリッサでガリッサ大構内の学生寮に武装集団が侵入し、イスラム教徒を選別して解放し、キリスト教徒の学生ら計１４８人を射殺した。ソマリアのイスラム過激派アルシャバブが犯行声明を出した。

12日　バチカンのミサで、ローマ教皇フランシスコは、１９１５年にオスマン・トルコ帝国で始まったアルメニア人迫害を「20世紀最初の大虐殺」と述べた。これに対してトルコ政府は抗議し、駐バチカン大使を本国に召還した。

13日　イラン政府は、3月にイラン人少年2人が聖地メッカ巡礼のため訪れたサウジアラビア西部ジッダの空港で係官から性的嫌がらせをされた事件を受けて、巡礼者向け航空便の運航中断を発表した。

18日　中国中山大の研究チームが、中国のオンライン科学誌「プロテイン・アンド・セル」に、世界で初めてヒト受精卵の遺伝子を改変したと発表した。

19日　伊トリノの大聖堂でイエス・キリストの聖骸布《せいがいふ》が5年ぶりに、ネット予約制で一般公開された（〜6月24日）。

23日　アルメニアの首都エレバンにあるアルメニア正教の教会は、オスマン・トルコ帝国による殺害の犠牲者を聖人として祀る「列聖式」を執り行った。同教会の列聖式は約４００年ぶり。

23日　中国文化省は、地方における葬儀でストリップショーを行うことが常態化しているため、公共の秩序を乱すとして、ショーを禁止する声明を発表した。

25日　ネパール中部で大地震が発生し、ネパール最古のヒンドゥー教寺院とされる世界遺産のチャングナラヤンが壊滅的打撃を受けた。

28日　ナイジェリア軍は、同国北東部にある「ボコ・ハラム」の拠点を急襲し、

国内ニュース Domestic news

徒発見」から１５０年を迎え、舞台となった国宝・大浦天主堂（長崎市）で記念のミサが行われた。

20日　オウム真理教による地下鉄サリン事件から20年の節目に当たり、元代表・松本智津夫（麻原彰晃）死刑囚の三女で、アーチャリーと呼ばれた松本麗華《りか》が、半生を綴った手記『止まった時計』（講談社）を出版した。

31日　曹洞宗正法寺《しょうぼうじ》専門僧堂（岩手県奥州市、２０１３年11月閉鎖）で起きた暴力事件の被害者が、加害者の修行僧2人、正法寺や曹洞宗などに損害賠償を求めていた訴訟で、和解が成立した。内容は、曹洞宗、正法寺、加害者は被害者らに謝罪し、和解金（金額非公表）を払うなど。

31日　東京都渋谷区議会で、同性カップルを結婚に相当する関係と認める「パートナーシップ証明書」を発行する全国初の条例が可決・成立した。4月1日施行で、証明書発行は11月5日から。

4月の出来事 April

1日　式年造替を迎え、3月27日に仮殿遷座祭を終えた春日大社（奈良市）で、国宝の本殿の特別公開が始まり、本殿の第一殿と第二殿の間に祀られている磐座《いわくら》も初公開された。（〜5月31日）。

2日　高野山（和歌山県高野町）に弘法大師空海が密教の道場を開創してから１２００年となるのを記念する大法会《だいほうえ》が始まった（〜5月21日）。初日には、焼失後１７２年ぶりに壇上伽藍《がらん》に再建された中門《ちゅうもん》の落慶法会が営まれた。4日には曹洞宗大本山永平寺（福井県永平寺町）が福山諦法貫首を導師に、5月19日には天台宗総本山比叡山延暦寺（大津市）が半田孝淳《こうじゅん》・天台座主《ざす》を導師に、それぞれ慶讃法会を営んだ。高野山の開創以来、曹洞宗や延暦寺による法会は、初めて。

6日　「爆笑問題」が司会を務めるトーク番組「お坊さんバラエティ　ぶっちゃけ寺」（テレビ朝日系）が深夜枠から月曜19時のゴールデンタイムに進出した。

9日　戦後70年の節目に当たる「慰霊の旅」として、パラオ共和国を訪問中（8〜9日）の天皇皇后両陛下は、太平洋戦争の激戦地ペリリュー島にある「西太平洋戦没者の碑」に供花した。さらに、アンガウル島に向かって拝礼した。

21日　全国青少年教化協議会の臨床仏教研究所による第1期臨床仏教師養成プログラムが終了し、僧侶5人と寺族1人に臨床仏教師の資格認定式が行われた。

30日　オウム真理教による地下鉄サリン

少女200人と女性93人を救出したと発表した。5月1日までに救出された総数は約700人に上った。

5月の出来事 May

19日　ミャンマーで人口抑制法が成立した。人口増加率の高い地域の女性に3年以上の出産間隔を設けるよう求める内容。反イスラム運動を展開する仏教僧らの働きかけで2014年に国会に提出された民族宗教保護法案の一部で、イスラム教徒のロヒンギャ族の人口抑制が狙いとみられている。

22日　サウジアラビアの東部州カティフのシーア派モスクで金曜礼拝の最中に自爆テロがあり、20人が死亡した。ISが同国内のテロで初めて犯行声明を出した。

23日　アイルランドで国民投票の結果、同性婚の合法化が決まった。国民投票で同性婚の合法化を決めた国は、世界初。

6月の出来事 June

1日　米カジュアル衣料大手アバクロンビー&フィッチの採用面接を受けた女性が、イスラム教徒のスカーフ着用を理由に不採用となったのは差別だとして同社を訴えていた訴訟で、連邦最高裁は、「宗教上の差別に当たる」として女性の訴えを認め、審理を2審に差し戻した。

16日　エジプトの刑事裁判所は2013年のクーデターで失脚したモルシ元大統領に、11年にイスラム原理主義組織「ムスリム同胞団」の幹部らと共謀し、収監されていた刑務所を襲撃させ、多数の囚人らとともに脱獄した罪で、死刑の1審判決を言い渡した。同裁判所は5月に死刑相当とし、大ムフティー（最高イスラム法官）に判断を仰いでいた。

17日　米南部サウスカロライナ州チャールストンの主に黒人が通うエマニュエル・アフリカン・メソジスト・エピスコパル教会で、男が銃を乱射して牧師や信徒ら黒人9人が死亡した。警察は犯行をヘイトクライムと断定した。

17日　チャド政府は、15日に首都ヌジャメナで死者33人を出した連続自爆テロを受けて、顔までを完全に覆うブルカなどの着用を禁止し、市場から押収して焼却するよう治安当局に命じた。目の部分以外を隠す服装の人物は逮捕するとした。

18日　ローマ教皇フランシスコは、地球温暖化に警鐘を鳴らす公文書「回勅《かいちょく》」を発表した。歴代教皇においても環境問題に的を絞った回勅は初めて。

26日　バチカンはパレスチナと、正式な国家承認を含む包括協定に調印した。協定には、パレスチナ域内でのカトリック教会の活動の保証が盛り込まれた。

26日　米連邦最高裁は、同性婚を禁じたオハイオ、ミシガン、ケンタッキー、テ

事件、猛毒ガスVXによる襲撃事件など4つの事件に関与したとして殺人罪などに問われた元信者・高橋克也被告の裁判員裁判の判決で、東京地裁は無期懲役の判決を言い渡した。

5月の出来事 May

9日　善光寺（長野市）で、御開帳《ごかいちょう》期間中の主要行事である中日庭儀《ちゅうにちていぎ》大法要が営まれる直前、山門から本堂に向かう法要行列の間にドローンが落下した。長野中央署は、ドローンで上空から行事の様子を撮影していた15歳少年に口頭注意をした。

17日　浅草神社（東京都台東区）の三社祭で、神輿《みこし》を境内から担ぎ出す「宮出し」が、約半世紀ぶりに氏子たちだけで行われた。

17日　日光東照宮（栃木県日光市）で、徳川家康の400年式年大祭が始まった（〜19日）。「例大祭」には、徳川宗家第18代当主徳川恒孝《つねなり》らが参列し、天皇陛下からの幣帛《へいはく》料が奉献された。

19日　兵庫県南あわじ市（淡路島）で弥生時代前〜中期の銅鐸7個が見つかり、県教委が発表した。3組6個は大きい銅鐸に小さい銅鐸をはめ込んだ入れ子状で、音を鳴らす青銅製の舌《ぜつ》（棒）も見つかった。銅鐸を大量に埋める祭祀の初期形態だった可能性がある。

21日　地方の寺院が、過疎や住民の高齢化によって存続の危機に陥っている状況をルポした『寺院消滅』（鵜飼秀徳著・日経BP社）が発刊された。

25日　カトリックの聖パウロ女子修道会（東京都港区）が1956年1月に創刊した月刊誌『あけぼの』が4月号をもって休刊し、シスターが聖堂に集まり、別れの祈りを捧げた。

30日　世界35カ国から105人の議員らが参加して、「世界の若い議員と語り合うグローバル・オピニオン・サミット」が東京ビッグサイト（東京都江東区）で開催された。主催した世界開発協力機構の半田晴久総裁（宗教法人ワールドメイト代表・深見東州《とうしゅう》）をモデレーターに、開発協力について議論を交わした。

6月の出来事 June

1日　香取神宮（千葉県香取市）に油のような液体をまいた疑いが強まったとして、千葉県警が建造物損壊容疑で米国在住のキリスト教系宗教団体IMM（インターナショナル・マーケットプレイス・ミニストリー）の創立者で日本人医師の男の逮捕状を取ったと報じられた。同様の被害は2月から5月29日までに東大寺など16都府県の48寺社で確認された。

5日　2014年12月に女性を殺害したとして、4日に徳島市の浄土真宗本願寺

海外ニュース Foreign news

ネシー4州の法律が合憲かが問われた裁判で、同性婚を合憲とし、州法で禁じることを違憲とする判決を下した。これにより同性婚を州法で禁じている14州も見直しを迫られることになる。

7月の出来事 July

4日　ISは、世界遺産の古代ローマ時代の遺構であるシリア中部パルミラ遺跡の円形劇場で、少年兵たちが政府軍兵士25人を処刑する動画をネット上に公開した。英民間団体「シリア人権監視団」は撮影時期を5月27日とした。

12日　中国四川省で、2002年にチベット独立派が起こしたとされる爆破事件に関与したとして終身刑で収監されていたチベット仏教の高僧テンジン・デレク・リンポチェが急死した。政府は病死としたが、遺族の意に反して16日に当局が遺体を火葬したため、虐待されていた疑いが浮上している。

22日　英バーミンガム大は、世界最古とみられる聖典コーランの断片が見つかったと発表した。断片は2枚の羊皮紙に書かれたコーラン第18～20章の一部で、放射性炭素年代測定法により568～645年に書かれたものと判定された。

29日　アフガニスタン政府は、旧支配勢力タリバンの最高指導者オマル師が2013年4月にパキスタンの病院で死亡していたと発表した。タリバンは、30日に死亡を認め、31日に後継者にマンスール師を選出したと正式に発表した。

8月の出来事 August

4日　中国で約3年ぶりにバチカンが承認する司教の就任式が河南省安陽教区で行われ、張銀林神父が司教となった。

4日　末日聖徒イエス・キリスト教会（モルモン教）は機関紙『リアホナ』10月号で、創始者のジョセフ・スミスが所有していた「聖見者の石」の写真を初めて公開した。

5日　IS傘下で、エジプト東部シナイ半島を拠点とする「シナイ州」は、7月22日に首都カイロ郊外で拉致したクロアチア人男性に「エジプトで収監中のイスラム教徒女性全員を48時間以内に釈放しなければ殺害される」と訴えさせる動画をネット上に公開した。12日には斬首された男性の画像が掲載された。

11日　タリバンは、ISがアフガニスタンでISへの密偵を働いたとする男性10人を爆殺する動画をネット上に公開した

国内ニュース Domestic news

派の僧侶が殺人容疑で逮捕された事件を受けて、浄土真宗本願寺派の石上《いわがみ》智康《ちこう》総長は「宗派の責任者として申し訳なく遺憾」との談話を発表した。

9日　日本基督《キリスト》教団の信徒組織「全国信徒会」が同教団富士見町教会（東京都千代田区）で、再結成第1回全国信徒大会を開催した。全国信徒大会は1950年以来65年ぶり。

9日　真宗大谷派の宗議会は、戦後70年の節目に当たって「非戦決議2015」を全会一致で採択した。10日には門徒らで構成する参議会でも同決議を可決した。

10日　架空の出張を繰り返して経費約44万円を詐取したとして、京都府警下京署は浄土真宗本願寺派の僧侶で本願寺宗務首都圏センター（閉鎖）の元総合庶務部長を詐欺の疑いで逮捕した。

7月の出来事 July

15日　浄土宗総本山知恩院（京都市）で、「終戦70年戦没者追悼法要」が始まった（～25日）。宗門寺院から寄せられた、満州事変から太平洋戦争終戦までの戦死者・戦災犠牲者約1万5000霊を11日間にわたって供養した。

15日　集団的自衛権の行使などが盛り込まれた安保関連法案が衆院平和安全法制特別委で与党の強行採決により可決された。これに対して同日付で真宗大谷派は安保関連法案の即時撤回を求める宗務総長コメントを発表し、「日本カトリック正義と平和協議会」は安保関連法案の強行採決に抗議し、その取り下げと廃案を求める抗議声明を発表した。

16日　臨済宗妙心寺派は安保法案の衆院可決を受けて、同日付で「戦後70年に際して」と題する宗務総長談話を発表した。「戦争は尊い生命を不条理に奪う最大の人権侵害」であると主張した。

17日　日本基督教団は、14日に常議員会で可決した、安保法案への憂いも示した「戦後70年にあたって平和を求める祈り」を公式サイトで発表した。

21日　「幸福の科学」の元信者4人が、教団に納めた計6825万円の返還を求めていた訴訟で、最高裁は教団の上告を棄却し、教団に2312万円の支払いを命じた東京地裁の1審判決が確定した。東京地裁は、布施の返還は認めず、対価性のある永代供養料と納骨壇使用料のみ返還を認めた。

22日　海神《かいじん》神社（長崎県対馬市）から2012年に韓国人窃盗団に盗まれ、18日に韓国から返還された国の重要文化財

ことに対して、「イスラムやイスラム教徒をかたった、こうした犯罪や残虐行為は我慢できない」と非難声明を出した。

17日　タイの首都バンコク中心部にあるヒンドゥー教の神を祀る祠のある「エラワン廟」で爆発があり、20人が死亡した。実行犯として、中国新疆ウイグル自治区出身のウイグル族の男2人が逮捕された。

18日　トルコのイスタンブールで開催された気候変動に関する国際シンポジウム（17日〜）で、20カ国のイスラム教指導者が世界のイスラム教徒16億人に地球温暖化の問題に取り組むよう呼び掛ける「イスラム気候宣言」を採択した。

18日　シリア国営通信は、シリア中部のパルミラ遺跡で、ISが著名な考古学者ハレド・アサドを殺害したと報じた。

26日　ミャンマーで仏教徒女性特別婚姻法が成立した。仏教徒女性と異教徒男性との結婚には当局の許可が必要で、第三者による異議申し立てを可能とした。また同日、宗教の変更を当局の許可制とする改宗法が、31日には一夫一妻でない結婚を非合法とする一夫一妻法が成立し、5月成立の人口抑制法と合わせて「民族宗教保護法」の4法案がすべて成立した。

27日　イランでイスラム教預言者ムハンマドの幼少期を描いた映画「神の使者、ムハンマド」が公開された。マジッド・マジディ監督が2005年のデンマーク紙への預言者の風刺画掲載を機に、イスラム文化を紹介しようと制作したもので、政府の支援を受け、制作費は同国史上最高の4000万ドル（約48億円）。

30日　英民間団体「シリア人権監視団」は、シリア中部パルミラ遺跡で最も有名なベル神殿の一部がISによって破壊されたと発表した。

9月の出来事
September

1日　バチカンは、ローマ教皇フランシスコが制定した「いつくしみの特別聖年」（12月8日〜2016年11月20日）の期間中、人工妊娠中絶した信者が「心から悔い改めた」場合には罪をゆるすと発表した。また、期間中は司教など特定の聖職者だけでなく、全司祭がゆるしを与えられるとした。

6日　中国チベット自治区の幹部は、チベット仏教最高指導者ダライ・ラマ14世が1995年にパンチェン・ラマ10世の転生者として認定した後、行方不明となったニマ少年について、当局監視下での生存を明らかにした。

6日　バチカンでローマ教皇フランシスコは、トルコの砂浜に漂着したシリア難民の男児の遺体写真が3日に欧州各紙に掲載されて反響を呼ぶ中で、欧州の各教区や修道会共同体などに、難民1世帯の受け入れを呼び掛けた。

8日　バチカンは婚姻無効の手続きを簡

の「銅造如来立像」（高さ38㎝）について、文化庁は、右手中指の先端が約2㎜程度欠損しているのは盗難時に受けた衝撃が原因である可能性が高いと発表した。

8月の出来事
August

3日　曹洞宗は、「アジア・太平洋戦争終戦70年を迎えて」という釜田《かまだ》隆文《りゅうぶん》宗務総長の談話を発表した。宗門が戦争協力したことを反省するとともに改めて非戦の立場を貫くことを表明した。

7日　「大本《おおもと》」は、出口王仁三郎《おにさぶろう》教祖の生誕を祝うとともに世界平和の実現を祈る瑞生大祭を天恩郷（京都府亀岡市）で開催し、安保法問題や原発再稼働などに懸念を示し、世界平和実現への貢献を宣言する「第二次世界大戦終結70年　平和アピール」を発表した。

10日　浄土真宗本願寺派の石上智康総長は「戦後70年にあたって非戦・平和を願う総長談話」を発表し、戦争協力した過去を踏まえ、念仏者として、すべての命が尊重され、自他ともに心豊かに生きることのできる社会の実現に貢献する決意を述べた。

11日　創価大と創価女子短大で、教員や卒業生らが安保関連法に反対する「有志の会」を設立し、安保関連法案に反対する声明をサイト上に発表した。

15日　天皇陛下は政府主催の全国戦没者追悼式で「さきの大戦に対する深い反省」に初めて言及し、宮内庁は陛下の「お言葉」の英訳をサイトで初公開した。

15日　戦後70年目の終戦記念日に、安倍晋三首相は靖国神社への参拝を見送り、代理を通じて私費で玉串料を奉納した。閣僚では、高市早苗総務相と有村治子女性活躍相、山谷えり子拉致問題担当相の3人が参拝した。

15日　千鳥ヶ淵戦没者墓苑（東京都千代田区）で、日蓮宗は毎年恒例の「千鳥ヶ淵戦没者追善供養並世界立正平和祈願法要」を内野日総管長の導師により営んだ。また、浄土真宗本願寺派は「戦没者追悼法要」を本山西本願寺（京都市）で営み、導師を務めた大谷光淳《こうじゅん》門主が表《ひょう》白《びゃく》で非戦・平和への決意を述べた。

26日　世界基督教統一神霊協会（統一教会）は、「世界平和統一家庭連合（家庭連合）」に改称した。1997年5月以降に世界各国で改称したが、日本では文化庁宗務課が6月2日に宗教法人名称変更の規則改正の認証申請を受理し、8月26日に認証書を交付したという。

9月の出来事
September

17日　臨済宗妙心寺派は、脱原発と戦争のない平和な社会の実現を目指すという主旨の「宗議会宣言文」を発表した。

18日　高野山真言宗は、2013年に発

略化すると発表した。婚姻が本来無効だったと2カ所の教会裁判所で判断された場合には、婚姻の無効が宣言されてきたが、12月8日からは1カ所の教会裁判所の判断のみで済み、また1年以内に結論が出るよう審理を迅速化し、費用も無償化する。婚姻無効に関して、18世紀半ば以来最大の改革という。

11日　サウジアラビア西部にあるイスラム教の聖地メッカで、カーバ神殿を囲むように建てられた聖モスクに建設用大型クレーンが倒れ、巡礼者ら少なくとも107人が死亡した。

19日　ローマ教皇フランシスコはキューバを訪問した（～22日）。首都ハバナの空港で教皇を迎えたラウル・カストロ国家評議会議長は米国との国交回復仲介への感謝を述べた。

24日　訪米中（22～27日）のローマ教皇フランシスコは、ローマ教皇として初めて米連邦議会で演説をした。神や宗教の名の下に行われる紛争が増加していると原理主義に注意を呼び掛け、武器取引の禁止、難民や移民の保護、貧困層への支援や気候変動対策などを訴えた。

24日　サウジアラビア西部メッカ郊外にある聖地ミナで、巡礼中のイスラム教徒らが折り重なって倒れ、少なくとも2181人が圧死した。ハッジ（大巡礼）で起きた事故としては過去最多の死者数。国別死者最多はイラン人の464人だった。

10月の出来事 October

3日　バチカンは、世界代表司教会議（シノドス）前日の3日に同性愛者であると公表した教皇庁教理省に勤めるポーランド人のハラムサ神父を解雇した。ポーランド北部ペルプリン教区の司教は21日、同神父の聖職者としての資格剝奪を発表した。

10日　トルコの首都アンカラ中心部で連続自爆テロがあり、103人が死亡した。当局は28日、ISの関連組織がIS本部の指示を受けた犯行と発表した。

15日　米ユタ州ソルトレイクシティーで世界宗教会議が開催された。世界約80カ国以上から50の宗教に属する1万人が参加して、気候変動、ヘイトスピーチ、貧富の格差、女性の尊厳などに関する6つの宣言を採択した（～19日）。

19日　パキスタン政府機関の「イスラム・イデオロギー評議会」は、イスラム教徒の女性はイスラム法の下でも顔や手足を覆う必要はないと、保守的な評議会

覚した資産運用の損失問題で、内部規定に反してリスクの高い金融商品を購入するなど財産管理上の注意義務違反があったとして、庄野光昭・前宗務総長と前財務部長に計7億5000万円の損害賠償を求めて提訴する方針を決定した。

19日　集団的自衛権の行使容認を含む安保関連法案が参院本会議で可決され、成立したことを受けて、真宗大谷派は、安保関連法の撤廃を求めるとともに、積極的な「対話」による「真の平和」を希求する宗派声明を発表した。立正佼成会は、安保関連法で容認された武力行使を回避し、対話による平和的解決に向けての努力を要望する緊急声明を発表。孝道教団は、集団的自衛権の行使は日本国憲法9条に反するとして、安保関連法の成立に遺憾の意を表明し、対話による世界平和の実現を希求する声明を発表した。

26日　1951年11月から64年間にわたって放送された真宗大谷派のラジオ番組「東本願寺の時間」が終了した。放送回数は約3400回に上った。10月からは宗派のポータルサイト「浄土真宗ドットインフォ」で法話を動画配信する。

10月の出来事 October

10日　ユネスコは、世界記憶遺産に、国宝「東寺百合文書《とうじひゃくごうもんじょ》」と第2次世界大戦後のシベリア抑留に関する資料「舞鶴への生還」を登録したと発表した。

10日　「幸福の科学」の大川隆法総裁による原案・総指揮で制作された長編アニメ映画「UFO学園の秘密」（配給・日活）が全国で公開された

11日　全国に7万超ある寺院のうち、住職がいない寺や専従の住職がいない寺が、少なくとも1万2000カ所に上ることが、朝日新聞の調べでわかった。

16日　文化審は、「八幡造《はちまんづくり》」形式の本殿の中で、現存最古で最大規模を誇る石清《いわし》水《みず》八幡宮本社を国宝に指定するよう文科相に答申した。古代の荘厳な社殿形式を保ちながら、近世らしい装飾を兼備した神社建築として、高く評価された。

11月の出来事 November

6日　全日本仏教会は戦後70年に当たり、多くの教団や僧侶が戦争に加担・協力した過去を踏まえ、ブッダの「和」の精神を基調に真の平和を希求して非戦の誓いを決議するという「非戦決議」を発表した。

11日　岐阜県大垣市の沼口医院が、国内

としては珍しい判断を示した。
21日　ユネスコの執行委員会は、イスラエルが、エルサレム旧市街にあるイスラム教の聖地「ハラム・アッシャリーフ（ユダヤ教の聖地『神殿の丘』）」にあるアルアクサ・モスクでのパレスチナ人の礼拝を不法に制限しているなどとする、アラブ諸国が提案した決議を採択した。
29日　EUの欧州議会は、人権活動を讃《たた》える2015年のサハロフ賞をサウジアラビアのブロガー、ライフ・バダウィに授与すると発表した。バダウィは宗教警察を批判したため背教罪で禁錮10年、むち打ち1000回の判決が確定し、1月にむち打ち50回が執行されたが、国際的非難を浴び、残りは執行延期されていた。
31日　エジプト東部シャルムエルシェイク発、ロシア・サンクトペテルブルク行きのロシアの旅客機がエジプト東部シナイ半島で墜落し、乗客乗員224人が死亡した。同日、IS関連組織が犯行声明を出し、ロシア政府は11月17日に「爆弾によるテロ」と断定したが、エジプト当局はテロ説に慎重な姿勢を示した。

11月の出来事 November

2日　バチカンは、伊ジャーナリストらに機密文書を漏洩した疑いで教皇庁財務部次長のスペイン人神父とイタリア人の広報専門家の2人を逮捕したと発表した。5日には機密文書に基づいた著書2冊が発売され、貧窮者支援のための義援金の6割がバチカンの財政赤字補填に使われていたことなどが暴露された。
13日　仏パリ中心部の劇場やレストラン、近郊の競技場など計6カ所が武装グループの襲撃を受け、130人が死亡した。14日にISが、犯行声明を出した。
20日　マリ共和国の首都バマコで、武装集団が欧米資本のホテルを襲撃し、宿泊客などを人質に立てこもり、治安部隊が制圧したが19人が死亡した。国際テロ組織アルカイダ系のイスラム過激派「ムラビトゥン」が犯行声明を出した。
25日　ローマ教皇フランシスコは、アフリカ中部の3カ国を訪問した（～30日）。30日には中央アフリカ共和国で、首都バンギにあるモスクを訪れ、「宗教の違いが対立の本当の原因ではない」とし、両教徒は「兄弟だ」と融和を呼び掛けた。

12月の出来事 December

15日　サウジアラビア政府は、ISなどのテロ組織に対抗するため、イスラム教徒が多い34カ国で「イスラム軍事同盟」を結成したと発表した。連合にはエジプト、トルコ、パキスタン、マレーシア、ナイジェリアなどが名を連ねたが、シーア派大国イランは参加しなかった。

初となる臨床宗教師が駐在するホスピス型共同住宅「メディカルシェアハウス・アミターバ」を隣接地に開設した。医療・宗教者による傾聴喫茶「カフェ・デ・モンク」や瞑想室も併設された。
11日　住吉神社（福岡市）の神職だった男性が、宮司からパワハラを受けて不当に解雇されたとして、同神社と宮司に雇用継続と損害賠償などを求めた訴訟で、福岡地裁は解雇無効を認め、神社などに慰謝料100万円と未払い賃金の支払いを命じた。
17日　創価学会は、任期満了を迎えた原田稔会長を再任（3期目）した。また会則を改正し、牧口常三郎初代、戸田城聖第2代、池田大作第3代の3代会長を「広宣流布の永遠の師匠」と位置付け、会長任期を5年から4年とするなどした。
23日　靖国神社内の公衆トイレで爆発音があった。警視庁公安部は、当時来日していて事件直後に韓国に帰国し、12月9日に再入国した韓国人を同日、建造物侵入容疑で逮捕した。
27日　オウム真理教による1995年の東京都庁郵便小包爆発事件で爆薬の原料を運んだとして殺人未遂幇助罪に問われた元信者・菊地直子被告の控訴審判決で、東京高裁は、「テロに使う原料を運んだという認識を認定するには疑いが残る」として、懲役5年とした1審・東京地裁の裁判員裁判による判決を破棄し、逆転無罪を言い渡した。

12月の出来事 December

3日　東大寺は、大仏の頭にある「螺《ら》髪《ほつ》」の数が、『東大寺要録』に記された966個ではなく、約半分の492個とわかったとサイトに発表した。
8日　真宗大谷派が、1996年に宗派を離脱した大谷暢順《ちょうじゅん》が理事長を務める本願寺維持財団に、財団の財産に関する規定変更の無効確認を求めた訴訟の上告審で、最高裁は変更を無効とした2審判決を破棄し、同派の敗訴が確定した。同派は財団が売却した土地の代金200億円の返還も求めたが、最高裁は8日までに上告を退ける決定をしており、同派の敗訴が確定した。これで46年間に及ぶ「お東紛争」は事実上、終結した。
8日　ネット通販のアマゾンが、法事・法要の際に全国へ定額・追加料金なしで僧侶を手配するサービス「お坊さん便」（出品者は株式会社みんれび）の取り扱いを開始した。自宅など手配先のみの訪問の場合は3万5000円。法要希望日の2週間前までに注文する必要がある。
10日　パラグアイで初の仏教寺院となる曹洞宗の拓恩寺がアルトパラナ州イグアス市に落慶し、法要が営まれた。
14日　天台宗の第256世座主、半田孝《こう》淳《じゅん》が死去した。98歳。

Foreign news
海外ニュース

2016

1月の出来事 January

2日　サウジアラビアは、国内でのテロに関与したなどとして死刑判決を受けた、イスラム教シーア派の宗教指導者ニムル師ら47人を処刑したと発表した。これに対して、シーア派国家イランの首都テヘランでは、抗議のデモ隊がサウジ大使館を襲撃した。

3日　サウジアラビアのジュベイル外相は、在イラン大使館が襲撃されたことを受けて、イランとの断交を発表した。

7日　リビア北西部ズリテンの警察官訓練施設にトラックが突入して爆発し、65人以上が死亡した。8日に過激組織「イスラム国（ＩＳ）」が犯行声明を出した。

15日　ブルキナファソの首都ワガドゥグの高級ホテルが武装勢力に襲撃され、少なくとも18カ国の29人が死亡した。国際テロ組織アルカイダ系のイスラム過激派「イスラム・マグレブ諸国のアルカイダ組織（ＡＱＩＭ）」が犯行声明を出した。

17日　ローマ教皇フランシスコは、伊ローマのシナゴーグを初めて訪れ、ラビと面会し、宗教の名を借りたテロを批判するとともに、宗教間対話を呼び掛けた。

26日　ローマ教皇フランシスコは、バチカンを訪問したイランのロウハニ大統領と、イランの核合意を踏まえ、中東和平における同国の役割について話し合った。バチカンとイランの首脳会談は、１９９９年以来、約17年ぶり。

31日　イスラエル政府は、エルサレム旧市街にあるユダヤ教聖地「嘆きの壁」に、男女が共に礼拝できる区域を作ることを決定した（２０１７年6月計画凍結）。

2月の出来事 February

1日　英政府機関「ヒトの受精・胚研究認可局（ＨＦＥＡ）」は、ゲノム編集技術を使ってヒト受精卵の遺伝子を改変する基礎研究を、子宮に戻さないことなど

国内ニュース
Domestic news

1月の出来事 January

1日　曹洞宗のヨーロッパ国際布教総監に、在家出身の尼僧で准師家の佐々木悠峰が就任した。任期は4年。同宗の国際布教で女性の総監就任は初めて。

1日　東京都の複数の神社や各地の神社で、初詣での参拝者に憲法改正への賛同署名が呼び掛けられた。署名運動は、新憲法制定を目指す保守系民間団体「日本会議」、神道政治連盟、神社本庁などが参画してつくられた「美しい日本の憲法をつくる国民の会」が「１０００万人の賛同者」を目標に推進しているもの。

13日　目黒公証役場事務長拉致事件など3事件で逮捕監禁罪などに問われた元オウム真理教幹部・平田信《まこと》被告の上告審で、最高裁は被告側の上告を棄却した。26日に懲役9年の1、2審判決が確定。

18日　神社本庁が１９６２年から実施していた「全国著名神社初詣者数調査」の全国集計が２０１６年から中止になったと、『神社新報』論説で言及された。

21日　高野山真言宗は、内規に反してリスクの高い金融商品を購入するなどして宗派の資産に損失を与えたとして、庄野光昭・前宗務総長と、前財務部長に計約8億７５６４万円の損害賠償を求めて和歌山地裁に提訴した。

22日　バチカンは、江戸幕府の禁教令で国外追放され、フィリピンのマニラで病死したキリシタン大名の高山右近を「福者」に認定したと発表した。日本人の単独での聖人や福者への認定は初めて。

26日　天皇皇后両陛下は、「慰霊の旅」としてフィリピンを訪問された（～30日）。27日には、同国の戦没者慰霊のためマニラの「無名戦士の墓」に、29日には日本人戦没者のためルソン島東部カリラヤの「比島戦没者の碑」に供花された。

28日　安倍晋三首相による２０１３年12月の靖国神社参拝について、政教分離に反し、戦没者遺族ら７６５人が、近隣諸

を条件に、英フランシス・クリック研究所に承認したと発表した。

12日　ロシア正教会のキリル総主教とローマ教皇フランシスコは、キューバの首都ハバナで会談し、中東や北アフリカで迫害されるキリスト教徒の保護を訴える共同宣言を発表した。１０５４年に東西教会に分裂して以来、カトリックと東方正教会の最大勢力であるロシア正教会のトップ会談は史上初めて。

21日　内戦下にあるシリアで、アサド政権の支配下にある首都ダマスカス近郊と中部ホムスで爆弾テロが相次ぎ、計１９８人が死亡した。いずれもＩＳが犯行声明を出した。

3月の出来事
March

19日　ローマ教皇フランシスコは、インスタグラムの公式アカウントを開設し、祈りを捧げる自らの写真を投稿した。

22日　ベルギーの首都ブリュッセルの国際空港と、欧州連合（ＥＵ）本部近くの地下鉄駅で連続して爆発テロがあり、計28人が死亡した。いずれもＩＳが犯行声明を出した。

25日　モンテネグロの警察は、ロシアなど旧ソ連諸国出身者54人と日本人4人のオウム真理教の信者を中部ダニロブグラードなどのホテルで一時拘束した。信者らは有効な訪問者許可証を所持していなかったため、国外退去処分になった。

27日　パキスタン東部ラホールの遊園地で自爆テロが発生し、少なくとも72人が死亡した。イスラム過激派「パキスタン・タリバン運動（ＴＴＰ）」の分派組織「ジャマート・ウル・アハラル」が「復活祭を祝っているキリスト教徒を狙った」と犯行声明を出した。

4月の出来事
April

5日　ロシア内務省は、モスクワとサンクトペテルブルクの計25カ所でオウム真理教の主流派アレフの捜査を行い、サンクトペテルブルクでは約10人を拘束した。

6日　仏政府は、２０１５年1月にバチカン大使に任命したがバチカン側の了承が得られず、着任できないままだった公然同性愛者の外交官ロラン・ステファニーニをユネスコ代表部大使に任命した。

9日　フィリピン南部スルー諸島バシラン島で、同国軍がイスラム過激派「アブ・サヤフ」と交戦し、兵士18人が死亡した。

12日　インドネシアのアチェ州で、キリスト教徒の女性がアルコール飲料を販売したとして、むち打ち刑を受けた。同州で、非イスラム教徒が厳格なイスラム法を適用されて処罰を受けるのは初めて。

15日　サウジアラビア政府は、この日までに宗教警察からイスラム法に反した者

国との関係悪化で平和的生存権を侵害されたとして、安倍首相と国、神社に損害賠償を求めた訴訟で、大阪地裁は、原告らの法的利益の侵害は認められないとして請求を棄却した。

28日　京都市南部にある醍醐寺と京都大経営管理大学院付属研究センターが、市南部の活性化を目指す協定を結んだ。

29日　「幸福の科学」は信者の退会規則を改定した。退会には、所属支部の支部長と面談して受諾を得ることが必要となり、退会届には、退会後も迷惑行為を行わないなどの誓約が付加された。

2月の出来事
February

1日　創価学会は、機関紙『聖教新聞』のネット配信を開始した。月額税込み１７００円。

21日　立正佼成会は、「政治活動推進本部」を設置したと21日付『佼成新聞』で発表した。日本国憲法の平和主義の精神が脅かされている政情を踏まえての措置。

28日　東日本大震災を機に誕生した「臨床宗教師」の全国組織「日本臨床宗教師会（会長＝島薗進・上智大グリーフケア研究所所長）」が設立された。

3月の出来事
March

4日　京都府は龍谷大と連携し、自殺対策に臨床宗教師を活用する取り組みを全国の行政機関で初めて開始した。この日、長岡京市で臨床宗教師10人が自死遺族6人と面談した。

4日　全日本仏教会は、僧侶の宗教行為を定額商品として販売することに反対し、ネット通販アマゾンに出品されている僧侶手配サービス「お坊さん便」の販売中止を求める文書を、アマゾン本社とアマゾンジャパン日本法人に提出した。

13日　東本願寺（京都市）は、本来は門首の嫡子が座る「新門」の席に、大谷暢顯《ちょうけん》門首の後継者でいとこの大谷暢裕《ちょうゆう》が着座することを決めた。31日から実施する。門首と新門が共に着座するのは35年ぶり。

22日　トルコ南部の国境地帯で、イスラム過激組織「イスラム国（ＩＳ）」に参加しようとしたとして、23歳の日本人男性が治安当局に拘束された。男性は国外退去処分となり、24日に帰国した。

23日　京都市が、世界遺産・下鴨神社の境内「糺《ただす》の森」のマンション建設を認める風致許可を決定したのは風致地区条例に反するとして、周辺住民ら１２６人が市に許可の取り消しを求めて京都地裁に提訴した。

24日　戦没者の遺骨収集を「国の責務」とした「戦没者遺骨収集推進法」が衆院本会議で可決、成立した（4月1日施行）。２０２４年度までを遺骨収集の

海外ニュース Foreign news

を逮捕する権限を剥奪した。今後は、一般警察や麻薬警察に当該人物を通報することが任務となる。

16日　ニュージーランド南島アカロアで、空飛ぶスパゲティモンスター教会が法的に認められた世界初の結婚式を行った。同国当局は、同教会を真に哲学的な信念に基づく教会として2015年末に認可し、3月に首都ウェリントン在住の信者を結婚執行者として承認していた。

16日　ローマ教皇フランシスコは、ギリシャ東部レスボス島を訪問し、同島にとどまっていたシリア難民のイスラム教徒3家族12人をローマに連れ帰った。

5月の出来事 May

6日　5日に投票が行われたロンドン市長選が開票され、パキスタン移民の両親をもつ労働党のサディク・カーン下院議員が当選し、欧米の主要な首都で初めてイスラム教徒の市長が誕生した。

11日　バングラデシュで、1971年の独立戦争時の戦争犯罪を裁く特別法廷で死刑を言い渡されていた野党「イスラム協会」のニザミ党首の死刑が執行された。

11日　イラクの首都バグダッド北東部のシーア派が多いサドルシティーで3件の自動車爆弾テロがあり、計94人が死亡した。いずれもISが犯行声明を出した。

13日　オバマ米政権は、3月23日にノースカロライナ州が「出生証明書に記載された性に基づく公共施設の利用」を義務付けた州法を制定したことを受けて、トランスジェンダーの学生に心の性に応じたトイレや更衣室の利用を認めることを要請する通達を全米の公立学校に出した。テキサス州など11州は撤回を求めて25日に連邦裁に提訴した。

17日　2014年4月にナイジェリア北東部チボックの学校からイスラム過激派「ボコ・ハラム」に拉致された女子学生200人以上のうちの1人が、森林地帯で地元の自警団に発見され、自宅に戻った。拉致された学生の救出は初めて。

20日　パキスタン北部カイバル・パクトゥンクワ州カーンプールの仏教遺跡で、同国最大となる全長推定約14mの涅槃《ねはん》仏の足や寝台などを州立ハザラ大発掘チームがこの日までに発見した。

23日　バチカンで、ローマ教皇フランシスコとエジプトにあるイスラム教スンニ派最高権威機関アズハルのタイイブ総長が会談し、宗教間対話をアピールした。

23日　内戦下のシリアで、地中海沿岸にあるアサド政権支配下のジャブラとタル

国内ニュース Domestic news

「集中実施期間」と規定した。戦没者約240万人のうち約113万柱が未帰還で、現状で収集可能なのは最大約60万柱とされる。

25日　研究目的で墓地から遺骨を持ち出して保管しているため先祖供養ができないとして、アイヌ民族の男女5人が北海道大に遺骨返還などを求めた訴訟は、札幌地裁で和解が成立した。北海道大は遺骨16体を遺族や原告側が設立した遺骨管理団体に返還し、原告側は慰謝料を求めないという和解内容。

31日　1985年10月に開設された「日蓮宗東京東部電話相談室」が閉室した。月・水・金曜の10時から16時まで、一般からの仏事全般の質問や人生相談などに対応し、30年間で2万7305件の相談を受けた。

4月の出来事 April

3日　天皇皇后両陛下は奈良県橿原《かしはら》市の神武天皇陵で二千六百年式年祭の山陵の儀に臨まれた。一方、皇居では皇霊殿の儀が行われ、両陛下の名代として皇太子同妃両殿下が拝礼された。

12日　真言宗御室派総本山仁和寺（京都市）が運営する宿坊・御室会館の元料理長が、長時間労働によって抑うつ状態になったとして、同寺に約4700万円の損害賠償などを求めた訴訟で、京都地裁は同寺に総額約4253万円の支払いを命じた。

16日　熊本県で、14日に発生したM6・5の地震に続き、M7・3の地震が発生し、阿蘇神社（阿蘇市）の国指定重要文化財の楼門や拝殿が倒壊した。

28日　安倍政権を支える保守系民間団体「日本会議」と「生長の家」の元信者たちのかかわりなどを記した『日本会議の研究』（菅野《すがの》完《たもつ》著・扶桑社新書）が発売された。日本会議の椛島《かばしま》有三事務総長が同日、扶桑社に出版停止を申し入れたことが著者のツイッターで明かされて話題となり、ベストセラーとなった。

5月の出来事 May

12日　奈良県橿原市の瀬田遺跡で、前方後円墳のルーツとみられる弥生時代末期（2世紀後半）の墓が見つかったと、奈良文化財研究所が発表した。直径約19mの円形の一部に、前方後円墳の前方部のように四角い突出部があった。

21日　箭弓《やきゅう》稲荷神社（埼玉県東松山市）の御鎮座1300年に合わせた奉祝

トスで爆破テロがあり、計154人が死亡した。ISが犯行声明を出した。

25日　スイス北部バーゼルラント準州当局は、宗教上の理由で女性教師との握手を拒否したイスラム教徒の男子中学生2人に対し、教師から握手を求められれば応じる義務があるとの判断を下した。応じない場合は、最高5000スイス・フラン（約55万5000円）の罰金が保護者に科せられる恐れがある。

28日　エジプトのファトワ庁は、高卒試験期間とラマダンが重なったため、ラマダン開始を前に、「悪影響が出そうな場合、試験勉強や試験期間中に断食を中断してもよい」とするファトワを出した。

29日　イラン政府は、サウジアラビアの聖地メッカへのハッジ（大巡礼）について1990年以来となる中止を発表した。イランは「サウジが妨害した」と主張し、サウジは「イランが安全確保のため交わす覚書への署名を拒否した」と反発した。

30日　インドのプラサド情報通信技術相は、ガンジス川の「聖なる水」をネット通販する方針を明らかにした。

6月の出来事 June

2日　ISは、実効支配下のイラク北部モスルで、IS戦闘員との性交渉を拒んだとして、ヤジディー教徒の女性19人を住民らの前で檻《おり》に入れて焼き殺した。

5日　独西部ケルンの警察当局は、世界遺産のケルンの大聖堂から先々代のローマ教皇故ヨハネ・パウロ2世の血痕が染み付いた布が盗まれたと発表した。

12日　米フロリダ州の男性同性愛者が集まるナイトクラブで男が銃を乱射し、49人が死亡した。ISに忠誠を誓っていたとされるアフガニスタン系米国人の容疑者は射殺された。

15日　オバマ米大統領はホワイトハウスで、チベット仏教最高指導者ダライ・ラマ14世と約2年4カ月ぶり4回目の会談をし、「中国におけるチベットの宗教や文化、言語、人権の擁護を強く支持する」と表明した。

20日　バーレーン内務省は、「宗派の分断や暴力を助長している」として、シーア派の著名な指導者イーサ・カシム師の市民権を剥奪したと発表した。

24日　ローマ教皇フランシスコはアルメニアを訪問（〜26日）し、首都エレバンの大統領府で第1次世界大戦期のオスマン・トルコ帝国によるアルメニア人迫害を「虐殺」と表現した。これに対し、虐殺を否定するトルコのジャニクリ副首相は、「教皇の言動に十字軍の精神の反映と名残があるのは残念」と述べた。

7月の出来事 July

1日　バングラデシュの首都ダッカでレ

行事で、地元の商工関係者らが製作した1辺1・3mの正方形で、高さ1・42m、重さ420kgの巨大御朱印が押印に成功し、「最も大きな木製スタンプ」としてギネス世界記録に認定された。

24日　曹洞宗の伝燈院（金沢市）が、東京都内に建設した宗派不問のビル型納骨堂に固定資産税などを課した都の課税処分取り消しを求めた訴訟で、東京地裁は原告側の訴えを棄却した。判決では、宗派不問であることと、他宗派の法要が例外的といえない割合で行われていることから、納骨堂は「宗教法人が専らその本来の用に供する境内建物や境内地」に該当しないと判断された。原告側は控訴せず、1審判決が確定した。

26日　三重県で主要7カ国（G7）による主要国首脳会議（伊勢志摩サミット）が開催された。安倍晋三首相は、伊勢神宮内宮《ないくう》（伊勢市）の宇治橋でG7首脳らを出迎え、そのまま内宮をそろって訪問し、公式日程を開始させた。

27日　オバマ米大統領が、現職の米大統領としては初めて被爆地である広島を訪問し、平和記念公園（広島市）で原爆死没者慰霊碑に献花した。その後、約17分間の演説で「核兵器なき世界」の追求を訴えたが、原爆投下の是非には言及せず、謝罪もしなかった。

31日　警視庁の国際テロ対策資料が2010年にネット上に流出し、プライバシーを侵害されたなどとして、イスラム教徒17人が国と東京都に計約1億8700万円の賠償を求めた訴訟の上告審で、最高裁は原告側の上告を棄却した。警視庁の過失を認めて都に計9020万円の支払いを命じる一方、情報収集が「信教の自由」の侵害に当たるとは認めなかった1、2審判決が確定した。

6月の出来事 June

1日　歌舞伎俳優の市川海老蔵が、成田山新勝寺（千葉県成田市）で得度したことをブログで告白した。9日には都内で記者会見し、妻の小林麻央が乳がんで闘病中と明かし、得度との関連を問われ、「関係ないようで、ある」と答えた。

9日　天台宗総本山比叡山延暦寺（大津市）で、4月9日に宿泊施設「延暦寺会館」の副館長を務める40歳の男性僧侶が25歳の修行僧を殴り、鼓膜を破る重傷を負わせた事件が、この日発売の『週刊文春』に掲載された。このため同日朝、延暦寺はサイト上に謝罪文を掲載した。

9日　7月の参院選を前に「生長の家」は、立憲主義を軽視し、原発再稼働を強行するなどした安倍晋三首相の政治姿勢に関して「与党とその候補者を支持しない」方針を発表した。そのなかで、元信者が関与するとされる「日本会議」の政治路線は、「生長の家」の現在の信念と

海外ニュース Foreign news

ストランが武装勢力に襲撃され、日本人7人を含む人質20人が死亡した。ＩＳが3日に犯行声明を出したが、カーン内相は、実行犯7人は国内のイスラム過激派「ジャマトゥル・ムジャヒディン・バングラデシュ（ＪＭＢ）」のメンバーで、ホームグロウン・テロリストによる犯行との見方を示した。

3日　イラクの首都バグダッド中心部で爆弾テロがあり、292人が死亡した。ＩＳが「イスラム教シーア派を狙った」と犯行声明を出した。

7日　米ケンタッキー州に、宣教団体「アンサーズ・イン・ジェネシス」（Ａ・ｉ・Ｇ）が運営する、「ノアの箱舟」を実物大で再現したテーマパーク「アーク・エンカウンター（箱舟との遭遇）」が開館した。

7日　バチカンの裁判所は、財務関係の機密文書漏洩事件に関して、文書を書籍として発表した伊ジャーナリスト2人を「出版の自由」を理由に無罪とし、文書を漏洩した教皇庁財務部次長のスペイン人神父に禁錮18カ月を、広報専門家のイタリア人女性に執行猶予付き禁錮10カ月を言い渡した。

7日　ロシアで、宣教活動はその都度、政府の許可を必要とする、個人宅での宗教活動は許可されない、などと定められた「伝道規制法」にプーチン大統領が署名し、同法が成立した。

11日　ローマ教皇フランシスコは、元米FOXニュース・ローマ特派員のグレッグ・バークを米国人初のバチカン報道官に、またスペインのカトリック系ラジオ局カデナ・コペのローマ・バチカン特派員、パロマ・ガルシア・オベヘロを女性初の副報道官に任命した。発令は8月1日付。

14日　仏南部ニースで、大型トラックが花火見物の群衆に突入し、86人が死亡した。ニース在住のチュニジア出身の容疑者は警官に射殺された。ＩＳ系の通信社は16日、ＩＳの犯行声明を伝えた。

15日　トルコの首都アンカラや最大都市イスタンブールで軍の一部がクーデターを企てたが正規軍に鎮圧された。戦闘で市民ら約250人が死亡した。政府は、エルドアン大統領の政敵で米国亡命中のイスラム教指導者ギュレン師を首謀者と断定し、16日に当局が同師系の中学校など100校以上を差し押さえ、19日にはエルドアン大統領がオバマ米大統領に同師の引き渡しを要請した。

21日　サウジアラビアの文化情報省は、「ポケモンＧＯ」に関して、高位ウラマ

国内ニュース Domestic news

は異質であることも表明した。

21日　日韓国交正常化50周年を記念して、東京国立博物館（東京都台東区）で、国宝・半跏思惟像（奈良県斑鳩町・中宮寺所蔵）と韓国国宝78号・半跏思惟像（韓国国立中央博物館所蔵）を同時に展示する「ほほえみの御仏―二つの半跏思惟像―」が開幕した（～7月10日）。

23日　善光寺（長野市）の天台宗側の住職で大勧進の小松玄澄貫主が、貫主にセクハラを受けたと訴えた大勧進職員2人に不当な人事異動や差別的発言をしたとして、傘下の天台宗25寺院の住職による組織「一山《いっさん》」の代表住職ら3人が小松貫主に善光寺住職と貫主の辞任を通告した。また、信徒でつくる「信徒総代」も25日に辞任勧告書を小松貫主に手渡した。

30日　立正佼成会は、7月の参院選に向けた声明「私たちの切実」を発表し、「生長の家」が表明した与党不支持の方針に、賛意を示した。

7月の出来事 July

8日　世界遺産の金閣寺（鹿苑寺、京都市）で、室町幕府3代将軍の足利義満が建立したとされる仏塔「北山大塔」の相輪の一部とみられる破片が見つかったと京都市埋蔵文化財研究所が発表した。

13日　NHKが夜7時のニュース番組「ニュース7」のトップで、「天皇陛下が生前退位のご意向を示された」と報じた。同日夜、宮内庁の山本信一郎次長は、そのような事実は一切ないと否定した。

18日　日本で初めての正式なコプト正教会の会堂「聖マリア・聖マルコ・コプト正教会」の開堂式が行われ、コプト正教会の信徒、他教派の聖職者や信徒ら約100人が参列した。

20日　「四国八十八カ所霊場会」（香川県善通寺市）が定めた運営要領に反して、納経所の受付時間を短縮して霊場全体の信用を損なっているとして、霊場会がこの日までに、62番札所の宝寿寺（西条市）の住職に、妨害行為の禁止などを求めて高松地裁丸亀支部に提訴した。

21日　皇太子ご一家は、神武天皇陵（奈良県橿原市）を参拝された。愛子内親王殿下の参拝は初めて。

26日　西本願寺（京都市）は、22日に国内配信が始まったスマートフォンゲーム「ポケモンＧＯ」の境内での使用を禁止した。文化財を傷付ける恐れがあると判断されたため。だが29日には、注意事項を記して使用を認めることとした。

29日　創価学会は、伊政府とイタリア創

ー評議会がポケモンのカードゲームを反イスラムとした2001年のファトワを再発令したとの報道を否定した。

23日　アフガニスタンの首都カブールで、主にイスラム教シーア派を信仰するハザラ人のデモを狙ったとみられる自爆テロがあり、少なくとも80人が死亡した。ＩＳ系の通信社がＩＳの犯行と伝えた。

28日　仏南部カンヌ市は、イスラム教徒の女性向け水着「ブルキニ」の着用を8月31日まで禁止し、違反者に罰金38ユーロ（約4300円）を科すと発表した。

29日　ポーランド訪問中（27～31日）のローマ教皇フランシスコは、アウシュビッツ強制収容所跡を訪れ、犠牲者に祈りを捧げた。餓死刑を宣告された収容者の身代わりとなって獄死したポーランド人コルベ神父の監房でも祈りを捧げた。

8月の出来事 August

2日　バチカンは、ローマ教皇フランシスコが、初代教会にいたとされる女性の聖職者「助祭」の役割を検証する委員会を設置したと発表した。

4日　トルコのイスタンブールの裁判所は、7月のクーデター（未遂）を命じたとして、イスラム教指導者ギュレン師の逮捕状を出した。

15日　ノルウェー国教会は、名簿を整理するため教会員としての登録を選択できるサイトを公開した。公開後、初日だけで1万854人が教会籍を取り消した。

24日　ミャンマー情報省は、同日に中部を襲ったＭ6・8の地震により、中部バガンで少なくとも94のパゴダ（仏塔）が損壊したと明らかにした。

26日　仏国務院（最高裁に相当）は、ブルキニを挑発的な宗教活動として南仏の都市ビルヌーブルベが出した着用禁止令を無効とする判決を下した。これを受け、ニースやカンヌなど約30の自治体による同様の禁止令も無効となる見通し。

27日　トルコ政府は、イスラム教徒の女性警察官に髪の毛を隠すスカーフの着用を解禁した。

29日　内戦下のイエメン南部アデンで、ハディ政権側の軍事訓練施設にトラックが突入して爆発し、少なくとも71人が死亡した。ＩＳが犯行声明を出した。

9月の出来事 September

1日　米ジョージタウン大のデジョイア学長は、1838年に運営母体のカトリック・イエズス会が奴隷272人を売却して運営資金に充てるなど奴隷制に関与したことを公式に認め、謝罪するとともに、その子孫らに入学優遇措置を図るなどの和解策を実施する方針を表明した。

4日　バチカンで、インドで貧者の救済に尽くした修道女マザー・テレサの列聖

価学会が宗教協約（インテーサ）を締結し、30日付で発効すると発表した。これにより、税制上の優遇や教育機関設立の権利が保障される。日本発祥の仏教団体がインテーサを締結したのは初めて。

30日　高野山真言宗別格本山八事山興《やごとさんこう》正寺《しょうじ》（名古屋市）が名古屋国税局の税務調査を受け、2015年3月期までの3年間で約6億6000万円の申告漏れを指摘されたことがわかった。調査では、土地売却益138億8000万円のうち約80億円が、梅村正昭《せいしょう》前住職と近い法人などに流出したことが判明した。前住職は総本山の高野山金剛峯寺（和歌山県高野町）が2014年1月に罷免したが、その後も寺を実質的に運営している。

8月の出来事 August

2日　7月の参院選で、幸福実現党公認候補の応援演説の見返りに現金を受け取ったとして、タレントのテレンス・リー（本名・加藤善照）ら3人が逮捕された事件で、警視庁は公選法違反（買収）容疑で同党本部に家宅捜索に入った。これを受けて5日には、「幸福の科学」大川隆法総裁の著書『幸福実現党本部家宅捜索の真相を探る』が発刊された。

8日　82歳の天皇陛下が、高齢となった天皇の象徴としての在り方について国民に語り掛けた約11分間のビデオメッセージが公表された。「生前退位」については直接言及はされなかったが、天皇の高齢化に伴う対処方法として、行為の縮小や摂政の設置では難しいこと、大喪と即位の行事が重なると厳しい状況になることを述べ、国民の理解を求められた。

11日　5日から始まったリオデジャネイロ五輪のカヌー・スラローム男子カヤックシングル準決勝で、善光寺大勧進（長野市）の僧侶、矢澤一輝選手が11位で敗退した。12日には射撃女子クレー・スキート予選で、古峯神社（栃木県鹿沼市）の権禰宜《ごんねぎ》、石原奈央子が18位で敗退した。

15日　安倍晋三首相は、終戦記念日の靖国神社への参拝を見送った。閣僚では、高市早苗総務相と丸川珠代五輪担当相の2人が参拝した。例年、参拝している稲田朋美防衛相は、ジブチ視察を理由に見送った。また、山本有二農相は11日に、今村雅弘復興相は6日に参拝した。

19日　厚労省は、戦没者遺骨収集推進法に基づき、遺骨収集を担う団体に、日本遺族会や全国強制抑留者協会など国の遺骨収集に協力してきた12団体が7月に設立し、指定を申請していた「一般社団法人日本戦没者遺骨収集推進協会」を指定した。事業開始は10月から。

29日　開運グッズを購入後、効果が出ないのは悪霊のためとして高額な祈禱料などをだまし取られたとして、1都7県の9人が都内の販売業者3社（いずれも解

海外ニュース Foreign news

式が行われた。死後19年で聖人となるのは異例の早さ。

18日　伊アッシジで、先々代ローマ教皇の故ヨハネ・パウロ2世が1986年に開催した「世界平和の祈りの集い」の30周年記念として宗教対話集会が開かれ、世界約60カ国の各宗教指導者511人が参加した。20日にはローマ教皇フランシスコも参加し、参加者らが「平和への呼び掛け」に署名して閉幕した。

20日　ロシア最高裁は、オウム真理教を「テロ組織」と認定し、活動を禁止した。

30日　ブルガリア議会は、公共の場で顔の全部及び一部を布で覆うことを禁止する法案（通称ブルカ禁止法案）を可決した。違反者の罰金は200レヴァ（約1万1500円）。

10月の出来事 October

1日　サウジアラビアで、公務員への給与など支払いの基準をヒジュラ暦からグレゴリオ暦に変更する決定が発効した。コスト削減策の一環で、これにより公務員の給与が年間11日分少なくなる。

13日　ナイジェリア政府は、国際赤十字とスイス政府の仲介による交渉の結果、イスラム過激派「ボコ・ハラム」が2014年4月に北東部チボックの学校から拉致した女子学生200人以上のうち21人を解放したと発表した。

13日　タイのプミポン国王が88歳で逝去した。14日から、タイは1年間の服喪期間に入った。

14日　イスラエルは、ユネスコ執行委が13日にエルサレム旧市街のユダヤ教とイスラム教の両方の聖地について、同国がイスラム教徒の礼拝を制限しているとの決議を採択したことに抗議して、ユネスコとの協力を一時停止すると表明した。

16日　シリア北部で反体制派の武装組織は、ISが「異教徒とイスラム教徒との最終決戦が行われる地」として重視し、支配していた町ダビクを制圧した。

24日　パキスタン西部クエッタで、武装集団3人が警察の訓練施設を襲撃し、訓練生ら少なくとも61人が死亡した。ISが犯行声明を出したが、当局は国内のイスラム過激派「ラシュカレ・ジャンヴィ」の分派による犯行との見方を示した。

25日　バチカンは、死者の埋葬に関する新しい指針を発表し、散骨と自宅での遺灰（遺骨）の保管は認められないとした。

27日　EU欧州議会は、人権活動をたたえるサハロフ賞を、ISに性的な奴隷として拘束され、その実態を世界に告発し

国内ニュース Domestic news

散）、戒徳寺と観音寺（いずれも岡山県高梁市）、各寺院が所属する真言宗御室派と同善通寺派に対して計約8680万円の損害賠償を求める訴訟を東京地裁に起こした。

29日　阿含宗開祖で管長の桐山靖雄《せいゆう》（本名・堤眞壽雄《ますお》）が95歳で死去した。後任には深田靖阿法務局長が就任した。

9月の出来事 September

14日　高野山真言宗別格本山八事山興正寺が土地売却益をめぐって名古屋国税局から申告漏れを指摘された問題で、総本山の高野山金剛峯寺は、梅村正昭前住職が約80億円を不正に支出したとして、業務上横領と背任容疑で名古屋地検に告訴。

10月の出来事 October

1日　浄土真宗本願寺派本山西本願寺（京都市）で、第25代大谷光淳《こうじゅん》門主の就任をお披露目する「伝灯奉告法要《でんとうほうこく》」が始まった（～2017年5月）。

10日　築地本願寺（東京都中央区）で、浄土真宗本願寺派の寺院として初めて、男性カップルの「パートナーシップ仏前奉告式《ほうこく》（仏前結婚式）」が営まれた。

14日　作家で僧侶の瀬戸内寂聴は、6日に日弁連が開催した死刑廃止に関するシンポジウムに「殺したがるバカどもと戦ってください」などと呼び掛けるビデオメッセージを寄せて批判されたため、『朝日新聞』掲載のエッセーで謝罪した。

19日　靖国神社の秋季例大祭（17～20日）に合わせて、高市早苗総務相と加藤勝信1億総活躍担当相が参拝した。例大祭期間中に閣僚が参拝したのは初めて。同日には衛藤晟一首相補佐官も参拝した。

24日　ユネスコの世界遺産委で、2004年に世界遺産に登録された「紀伊山地の霊場と参詣道」に、近年の調査で特定された参詣道約40kmを追加することを承認した。

27日　昭和天皇の末弟で皇族最高齢だった三笠宮崇仁《たかひと》親王殿下が、心不全のため100歳で逝去した。「斂葬《れんそう》の儀」は11月4日に豊島岡墓地（東京都文京区）で執り行われた。

11月の出来事 November

4日　創価学会は、会則の変更を決定した。創価学会そのものを「仏」として「創価学会仏」と表現する文言を加え、初代から3代までの『三代会長』の敬

たイラクの少数派ヤジディー教徒の女性ナディア・ムラドとラミヤ・アジ・バシャルに贈ることを決定した。

31日　ローマ教皇フランシスコはスウェーデン南部ルンドを訪問し、宗教改革の始まりから来年で500年となる記念式典に参加し、ルーテル派世界連盟のムニブ・ヨウナン議長らと祈りを捧げ、宗派間の融和を促す共同声明に署名した。

11月の出来事
November

4日　インドネシアの首都ジャカルタで、キリスト教徒のバスキ州知事がイスラム教を侮辱したとして、約5万人が抗議デモを行った。12月1日に検察は州知事を宗教冒瀆《ぼうとく》罪で在宅起訴し、2日には20万人以上が州知事の拘束を求める抗議デモを行った。

9日　米大統領選で、イスラム教徒の入国禁止などを唱えた共和党候補の実業家ドナルド・トランプが当選した。

15日　エジプトの破棄院（最高裁に相当）は、2011年の「アラブの春」の際に脱獄に関与したとしてモルシ元大統領に言い渡されていた死刑判決を破棄し、裁判のやり直しを命じた。また、ムスリム同胞団のバディア団長ら5人に下されていた死刑判決も破棄し、裁判のやり直しを命じた。

21日　ローマ教皇フランシスコは、人工妊娠中絶した信者にゆるしを与える権限を全司祭に認めると発表し、2015年12月8日から前日20日まで続いた「いつくしみの特別聖年」中の措置を無期限に延長した。

12月の出来事
December

8日　ブラジルのカトリック・リオデジャネイロ大司教区は、コルコバードの丘に立つキリスト像が1931年に建立されて以来初めて、一般から像の維持管理費用を募るキャンペーンを開始した。

9日　韓国国会は、朴槿恵《パククネ》大統領に新興宗教で近づき、親友となった崔順実《チェ・スンシル》による国政介入事件に関して、朴大統領の弾劾訴追案を可決した。

19日　独ベルリン中心部で開かれていたクリスマス市に大型トラックが突入し、12人が死亡した。IS系の通信社が、ISの事実上の犯行声明を伝えた。チュニジア国籍の容疑者は23日、逃亡先の伊北部ミラノ郊外で射殺された。

29日　タイの立法議会は、タイのサンガ（仏教僧団）の最高位であるソムデットプラサンカラート（大僧正）の選出権限を国王に一任するサンガ法改正案を可決承認した。現行では高位の僧侶らから成るサンガ最高評議会が候補を選び、首相が国王に任命を要請し、国王が任命していた。

称は、『先生』とする」と明記した。

4日　真宗佛光寺派本山佛光寺（京都市）で法嗣《ほうし》御得度式が行われ、前々門主の故・真承《しんじょう》の長男・渋谷覚《しぶたにさとし》が釋真覚《しゃくしんがく》の法名と「附法相承《ふほうそうじょう》の袈裟」を授与され、正式に次期門主である法嗣（新門）に就任。新門は1992年以来不在だった。

6日　春日大社（奈良市）の第60次式年造替で、ご神体を本殿に戻す本殿遷座祭（正《しょう》遷宮）が行われた。

11日　日本カトリック司教団は、「原子力発電の撤廃を―福島原子力発電所事故から5年半後の日本カトリック教会からの提言―」を発表した。

20日　興福寺（奈良市）で、国宝の千手観音菩薩立像の台座などに液体が付いているのが見つかった。21日には、東大寺（同）と橿原神宮（奈良県橿原市）でも液体がかけられる被害が判明した。

12月の出来事
December

1日　大手イオン流通業系列会社のイオンライフが、墓石の解体から行政手続きまでを代行する「墓じまい」サービスを開始した。価格は墓地面積に応じて全国一律で、2㎡未満は19万8000円。

5日　立正佼成会中央学術研究所は、カジノ法案（特定複合観光施設区域の整備の推進に関する法律案＝IR推進法案）が2日に衆院内閣委で可決されたことを受け、反対の意を表明した。

5日　黄檗《おうばく》宗の安城寺（松山市）が、伽《が》藍《らん》の建て替えのために大阪市の不動産会社から1億5000万円の融資を受けながら返済契約を守らず損害を与えたとして、大阪地検特捜部は背任容疑で、同寺住職の片井徳久を逮捕した。

23日　天皇陛下の83歳の誕生日を祝う一般参賀が皇居で行われた。宮内庁によると、天皇誕生日の参賀者としては、即位後最多の3万8588人が訪れた。

27日　安倍晋三首相とオバマ米大統領は、米ハワイの真珠湾にあるアリゾナ記念館を訪れ、75年前の日本軍による真珠湾攻撃の犠牲者の名前を刻んだ壁の前で献花し、黙禱を捧げた。日米両首脳が真珠湾で共に慰霊するのは初めて。

29日　稲田朋美防衛相が、2007年に防衛庁が省に昇格後、防衛相としては初めて靖国神社を参拝した。米真珠湾訪問も報告したと語った。28日には、今村雅弘復興相も靖国神社を参拝していた。

30日　ノートルダム清心学園理事長で修道女の渡辺和子が89歳で死去した。著書『置かれた場所で咲きなさい』（2012年）は200万部超のベストセラー。

31日　通常は皇室から使者を迎えるときや貫首の就任時にしか開かれない曹洞宗大本山永平寺（福井県永平寺町）の唐門が、1839年の建立以来初めて、午後11時から4時間限定で一般開放された。

Foreign news

海外ニュース

2017

1月の出来事 January

1日　ノルウェー国教会が正式に国と分離し、独立法人となった。

1日　バチカン博物館のバルバラ・ヤッタ副館長が史上初の女性館長に就任した。

1日　トルコのイスタンブールでナイトクラブが襲撃され、外国人28人ら39人が死亡した。イスラム過激組織「イスラム国（IS）」が2日、犯行声明を出した。

14日　バチカンで、パレスチナ自治政府のアッバス議長はローマ教皇フランシスコと中東和平などを話し合った。

16日　英国・北アイルランドで、プロテスタント系民主統一党（DUP）とカトリック系シン・フェイン党が対立し、共同運営する自治政府が崩壊した。

27日　トランプ米大統領は、テロ防止のためイスラム圏7カ国からの入国を制限する大統領令を発した。2月3日にワシントン州シアトルの連邦地裁は大統領令の一時差し止めを命じた。

30日　ノルウェーのルーテル教会は、聖職者が同性婚の結婚式を司式できるように式で使用する文言の改定を可決した。2月1日から適用。

30日　パキスタン当局は、イスラム過激派「ラシュカレ・タイバ」の設立者ハフィズ・サイード師を反テロ法に基づき、自宅に軟禁した。

2月の出来事 February

4日　伊ローマ市内にローマ教皇フランシスコを批判するポスターが200枚以上貼り出された。教皇の改革路線に不満をもつ保守派によるものとみられる。

5日　トルコ警察はISの関係先などを一斉捜索し、423人を拘束した。6日までに拘束者は約760人となった。

16日　パキスタン南部シンド州にあるイスラム教スーフィー（神秘主義者）の聖廟で自爆テロがあり、88人が死亡した。

国内ニュース

Domestic news

1月の出来事 January

1日　解脱会のトップである法主《ほうしゅ》に岡野聖法《せいほう》・前法主の長男である岡野英祥《ひであき》・法嗣が就任した。前法主は長老となった。

2日　新年恒例の一般参賀が皇居・宮殿で行われ、宮内庁によると平成に入って2番目に多い9万6700人が訪れた。参賀の回数が7回から5回に減った2009年以降では最多。

6日　2016年刊のベストセラー『日本会議の研究』（菅野完《すがのたもつ》著・扶桑社新書）によって名誉を傷付けられたとして、「生長の家」元幹部の男性が出版元の扶桑社に出版差し止めを求めた仮処分で、東京地裁は差し止めを認める決定をした。

6日　三重県は、県内の神社関係者らでつくる「伊勢麻振興協会」が申請した神事のしめ縄などに使う大麻の栽培を、盗難防止策が不十分、外国産で代替できるなどの理由から、不許可とした。

10日　サッカーJ2の東京ヴェルディは、宗教法人ワールドメイト代表・深見東州《とうしゅう》が会長を務める国際スポーツ振興協会（ISPS）とコーポレートパートナー契約を締結したと発表した。

13日　妙伝寺（京都市）は、江戸時代の作とみられていた金銅製の本尊、如意輪観音半跏《はんか》像は7世紀に朝鮮半島で作られた渡来仏の可能性が高いと発表した。同時期に作られた金銅製の渡来仏は国内に3体しかなく極めて貴重。

21日　米マーティン・スコセッシ監督の映画「沈黙―サイレンス―」の日本での公開が始まった。原作は、カトリック信者だった作家・遠藤周作が史実を基に江戸時代のキリシタン弾圧下のポルトガル人宣教師の信仰を描いた歴史小説『沈黙』。

2月の出来事 February

7日　江戸幕府の禁教令で国外追放されてフィリピンのマニラで病死したキリシ

ISが犯行声明を出した。

20日　米ミズーリ州セントルイスのユダヤ人墓地で約170基の墓石が倒された。26日にはペンシルバニア州フィラデルフィアのユダヤ人墓地で約100基の墓石が倒された。背景は不明。

22日　米トランプ政権は、心の性に応じたトイレや更衣室の利用を認めるよう公立学校に要請したオバマ前政権の通達を撤回した。

22日　トルコ国防省は、軍の参謀本部や司令部で働くイスラム教徒の女性職員に髪の毛を隠すスカーフの着用を解禁した。

3月の出来事 March

6日　トランプ米大統領は、イラクを除くイスラム圏6カ国からの入国を制限する大統領令に署名した。15日にハワイ州の連邦地裁が一時差し止めの判断を示し、16日の発効を前に全米で失効した。

11日　シリアの首都ダマスカスで、イスラム教シーア派の巡礼団を乗せたバスを狙った自爆テロがあり、少なくとも74人が死亡した。イスラム過激派「シリア征服戦線（旧ヌスラ戦線）」が12日、犯行声明を出した。

14日　欧州連合（EU）司法裁判所は、ベルギーのイスラム教徒の女性がスカーフ着用を理由に解雇されたと訴えていた件で、会社が社内規則を定めていれば差別に当たらないとする判決を下した。

17日　サウジアラビアの巡礼省は、2016年に聖地メッカへの大巡礼（ハッジ）を中止したイランが2017年は再開すると発表した。

17日　伊南部シチリア島パレルモ県の教区を管轄するペニシ司教は、マフィア関係者が洗礼式で名付け親となることを禁止した。

22日　イスラエルのエルサレム旧市街にある聖墳墓教会で、2016年6月から行われていたイエス・キリストの墓を囲むエディクラ（ドーム状の聖堂）の1810年以来の修復が完了し、カトリック教会と東方正教会、アルメニア使徒教会の代表による記念式典が行われた。

28日　ローマ教皇フランシスコは、米ニューヨークの国連本部で27日から開催中の「核兵器禁止条約」の交渉会議に、対話を呼び掛けるメッセージを送った。

4月の出来事 April

1日　中国新疆《しんきょう》ウイグル自治区で〝宗教の過激主義〟を取り締まる条例が施行された。〝異常に〟長いあごひげや、公共の場での顔全体を覆うブルカの着用などイスラム教徒の行為が禁じられた。

9日　エジプト北部のコプト教教会2カ所で相次いで爆発があり、47人が死亡した。ISが犯行声明を出した。

タン大名の高山右近を「福者」とするカトリック教会の列福式が大阪城ホール（大阪市）で行われた。

12日　女優の清水富美加《ふみか》が、幼いころから信仰する「幸福の科学」に出家し、芸能界を引退する意向を示したと所属事務所が明らかにした。清水は17日には千眼《せんげん》美子《よしこ》の法名で告白本『全部、言っちゃうね。』（幸福の科学出版）を出版した。

14日　天台宗総本山延暦寺（大津市）は、日本の浄土教の祖である恵心僧都源信《えしんそうずげんしん》の没後1000年に合わせて、浄土真宗本願寺派本山西本願寺（京都市）で西本願寺との合同法要を森川宏映・天台座主の導師で営んだ。17日には浄土宗総本山知恩院（京都市）で同じく合同法要を営んだ。両寺での天台座主を導師とする法要は史上初めて。

16日　仏教伝道協会会長で精密測定機器メーカー「ミツトヨ」相談役の沼田智秀《としひで》が84歳で死去した。

23日　浄土宗はユーチューブに「公式チャンネル浄土宗」を開設し、総本山知恩院で行われた除夜の鐘の動画を公開した。

28日　文化庁から『宗教年鑑』（2016年版）が発刊された。真宗大谷派の2015年末の信者数は前年版の約2・5倍の791万8939人で、仏教系教団の中では信者数が前年の6位から浄土真宗本願寺派に次ぐ2位となった。各教団が申告した信者数をまとめるという文化庁の調査手法に賛否両論が出た。

3月の出来事 March

10日　学校法人「森友学園」は〝日本初の神道小学校〟として大阪府豊中市に4月開校予定だった「瑞穂の國記念小學院」の設置認可申請を取り下げた。同校を巡っては、国有地の破格値の売却などが問題となった。

10日　日光東照宮（栃木県日光市）の国宝・陽明門が、約40年ぶりの大修理を終え、約4年ぶりに一般公開された。

16日　京都地裁は、2010〜11年に架空の出張を繰り返して浄土真宗本願寺派から経費を詐取したとして詐欺罪に問われた同派の僧侶で本願寺宗務首都圏センターの元職員に対し、組織内で不正会計の慣行があった可能性を指摘し、無罪の判決を言い渡した。

28日　真宗大谷派は、門首を補佐する「鍵役」に、大谷暢顕《ちょうけん》門首のいとこで門首後継者である大谷暢裕《ちょうゆう》の長男・裕《ゆう》が就任したと発表した。鍵役は6人となった。

31日　『日本会議の研究』の出版差し止めを命じた1月の仮処分決定について、東京地裁は「差し止めが認められるほどの名誉毀損はない」として、出版元の扶桑社の不服申し立てを認め、差し止め命令を取り消した。

海外ニュース Foreign news

12日　ハンガリーの憲法裁は、同国南部の町アソタロムが定めた、モスクの建造やブルカの着用を禁止する条例を違憲として取り消しを決定した。
20日　ロシア最高裁は、「エホバの証人」を過激派団体と認定し、活動禁止と所有財産を国有化する決定を出した。
21日　アフガニスタン北部のマザリシャリフ近郊で、アフガン軍の基地が武装集団に襲撃され、少なくとも兵士１４０人が死亡した。旧支配勢力タリバンが犯行声明を出した。
25日　イスラエルの司法指名委員会は、イスラム教の宗教裁判所判事に女性を指名することを決定した。同国の宗教別裁判所で、女性の判事は初めて。
26日　トルコ治安当局は、２０１６年７月のクーデター未遂事件の首謀者と断定した在米のイスラム教指導者ギュレン師と関連があるとみられる１０００人以上を拘束し、警官９０００人以上を停職処分にした。29日には司法や軍などの公務員３９００人以上を解雇した。
28日　エジプトの首都カイロで、同国訪問中（〜29日）のローマ教皇フランシスコは、シシ大統領、イスラム教スンニ派最高権威アズハルのタイイブ総長、コプト教の教皇タワドロス2世らと会談し、宗教間対話を呼び掛けた。

5月の出来事 May

1日　イスラム原理主義組織ハマスは、１９６７年の第3次中東戦争前の境界線を国境とするパレスチナ国家の樹立を目指す新方針を掲げた文書を発表し、イスラエルに対して現実路線に転換した。
4日　バチカンは、ミャンマーと国交を樹立したと発表した。
6日　ナイジェリア政府は、イスラム過激派「ボコ・ハラム」が２０１４年４月に北東部チボックの学校から拉致した女子学生２００人以上のうち82人が解放されたと発表した。
9日　インドネシアの首都ジャカルタの地裁は、バスキ・ジャカルタ州知事が２０１６年9月にイスラム教を侮辱したとして、宗教冒瀆罪で禁錮2年の実刑判決を言い渡した。
13日　ローマ教皇フランシスコは、聖母マリアが１００年前に出現したとされるポルトガルのファティマで、出現を目撃した牧童2人の列聖式を行った。
16日　オーストリアの国民議会（下院）は、公共の場で顔を覆う衣服の着用を禁じる法案（通称ブルカ禁止法案）を可決

国内ニュース Domestic news

4月の出来事 April

1日　曹洞宗の２０１５年宗勢調査の報告書が発刊された。１９６５年以来、10年ごとの調査で、兼務寺院が初めて2割を超え、徒弟が１９７５年の８４０５人から３２９５人に大幅に減少した。
2日　善光寺（長野市）の天台宗側の住職で大勧進の小松玄澄貫主が職務を全うしていないとして、大勧進の役員会は、小松貫主の給与を支給停止し、副住職を職務代理者に推挙することを決定した。
4日　米ハワイを訪問中（1〜7日）の臨済宗妙心寺派の嶺興嶽《みねこうがく》管長は、オアフ島のパールハーバーで戦没者慰霊法要を営んだ。先立つ2日にはマウイ島のハワイ開教院でハワイ開教90年・開教院開設65年を記念した法要を営んだ。
13日　4日に明治神宮（東京都渋谷区）の鳥居や門などに油のような液体の染みが見つかった事件で、警視庁は建造物損壊と器物損壊の容疑で中国人2人を指名手配した。1日には下鴨神社（京都市）と金峯山寺（奈良県吉野町）でも同様の被害が確認された。
13日　真言宗智山派の若手僧侶２０７名が栃木県日光市を訪れ、同宗派の総本山智積《ちしゃく》院（京都市）を再興させた徳川家康を祀る日光東照宮を正式参拝し、天台宗の日光山輪王寺大猷《たいゆう》院では家康の位牌を前に法要を修した。大猷院での他宗派による大規模法要は初めて。
24日　曹洞宗の関係大学である苫小牧駒澤大（北海道苫小牧市）の経営が宗門への事前報告なく京都育英館（京都市）に無償譲渡された問題で、内局は経営移管を決議した宗門推薦理事ら4人を宗門の監正機関・審事院に懲戒申告した。
24日　東大寺（奈良市）は、２０１８年1月から拝観料を17年ぶりに値上げすると発表した。大人は１００円増の６００円、小学生は据え置きで３００円。
24日　京都新聞社の調査により、全国に7万５０００以上ある寺院のうち少なくとも約1万３０００カ寺が、常駐する住職が不在、または別の寺の住職が兼務している状態であることがわかった。
25日　真宗大谷派が本山・東本願寺（京都市）で雇用する一部の職種の職員と違法な覚書を交わし、43年間も残業代を支給していなかったことが発覚した。僧籍をもつ元職員2人が外部の労働組合を通じて交渉し、この日までに4年間未払いだった計約６５７万円が支払われた。

した。10月1日施行。
17日　エジプトのイスラム教スンニ派の最高学府アズハル大学が、970年の開校以来、初めてキリスト教徒の学生を公式に受け入れた。

22日　就任後初の外遊でサウジアラビア、バチカンなどを歴訪中のトランプ米大統領は、現職の米大統領として初めてイスラエルのエルサレムにあるユダヤ教の聖地「嘆きの壁」を訪問した。

22日　英中部マンチェスターのコンサート会場で自爆テロがあり、22人が死亡した。ISが犯行声明を出した。

23日　フィリピン南部ミンダナオ島マラウイで、軍と警察がISに忠誠を誓うイスラム過激派マウテと交戦し、3人が死亡した。その後も戦闘が続き、30日までに死者104人に達した。

24日　台湾の司法院大法官会議（憲法法廷）は、同性婚を認めない民法の規定は平等と婚姻の自由を定めた憲法に反するとして、2年以内の法整備を求めた。

24日　独ヴィッテンベルクで開催された宗教改革500年記念行事（～28日）にロボット牧師「BlessU-2」が初めて登場し、独英仏など5言語で祝福した。

26日　ヒンドゥー至上主義のモディ政権下のインド政府は、〝牛の幸福のため〟、食肉処理を目的とした家畜市場で牛の売買を禁止する法令を出した。

31日　アフガニスタンの首都カブール中心部で自爆テロがあり、死者が150人以上に達した。国家保安局は旧支配勢力タリバンの一派がパキスタン軍統合情報局ISIの支援により実行したと発表。

6月の出来事 June

5日　サウジアラビア、エジプト、アラブ首長国連邦（UAE）、バーレーン、イエメンなど6カ国は、イスラム原理主義組織ムスリム同胞団などのテロ組織を支援しているとして、カタールとの国交断絶を発表した。

7日　イランの首都テヘランの国会議事堂と郊外のホメイニ廟が武装集団に襲撃され、17人が死亡した。ISが犯行声明を出し、当局は実行犯でIS戦闘員だったイラン出身者5人を射殺した。

10日　パキスタン中部パンジャブ州バハワルプルの法廷は、フェイスブック上でイスラム教預言者ムハンマドを冒瀆したとして罪に問われた男性に死刑を言い渡した。ソーシャルメディア上での冒瀆罪に対する初めての死刑判決。

16日　ロシア国防省は、ISの最高指導者アブバクル・バクダディが、ロシア軍が5月にシリアで行った空爆により死亡したとの情報があると発表した。

26日　米連邦最高裁は、トランプ大統領が3月に署名したイスラム圏6カ国からの入国を制限する大統領令について、条

5月の出来事 May

2日　真宗大谷派は、北朝鮮による核兵器開発と度重なるミサイル発射実験の実施を受けて、宗務総長名で「朝鮮半島における危機的状況が平和裏に解決されることを願う声明」を発表した。

8日　京都の祇園祭の山鉾行事を行う祇園祭山鉾連合会は、祭りの運営費の一部を調達するため、クラウドファンディングを初めて活用すると発表した。

10日　臨済宗妙心寺派は大本山妙心寺法堂（京都市）における初めての白隠禅師の慶讃法要となる250年遠諱《おんき》慶讃法要を営んだ（～11日）。

21日　西本願寺の国宝・唐門《からもん》（日暮らし門）の扉が、修復工事を前に1983年以来34年ぶりに1日限りで開けられた。

23日　法輪寺（奈良県斑鳩町）で、7世紀後半の三重塔創建時に仏舎利を納めるため三重塔の心柱《しんばしら》の礎石に開けられた穴を塞いだとみられる「舎利孔鉄蓋《しゃりこうてつぶた》」が見つかった。古代の舎利孔蓋で鉄製のものが確認されたのは初めて。

24日　龍谷大学と、法相宗大本山薬師寺（奈良市）は、教育研究などで協力する包括協定を締結した。

31日　浄土真宗本願寺派本山西本願寺で、第25代大谷光淳《こうじゅん》門主の就任を披露する「伝灯奉告《でんとうほうこく》法要」が終了した。2016年10月から始まり、法要には計約15万人が参拝した。

6月の出来事 June

1日　札幌市は、性的少数者のカップルを公的に認める「パートナーシップ宣誓制度」を導入した。全国の自治体では6例目、政令市の導入は初めて。

5日　JR東日本は東京駅構内にイスラム教徒らが無料で利用できる祈禱室を設置した。同社の駅構内としては初めて。

6日　真宗大谷派の宗議会で、組織犯罪処罰法の改正案に反対する決議文が可決された。7日には、門徒らで構成する参議会でも同決議が可決された。

9日　天皇陛下の退位を一代限りで認める「天皇の退位等に関する皇室典範特例法」が国会で可決、成立した。退位は、天皇の終身在位を定めた明治以降初めてで、光格天皇以来、約200年ぶり。

20日　伊勢神宮（三重県伊勢市）は、祭主を1988年から務めてきた昭和天皇の四女・池田厚子が退任し、天皇皇后両陛下の長女・黒田清子《さやこ》が19日付で就任したと発表した。

30日　国内唯一の聖書専門図書館として1980年3月に開館した聖書図書館（東京都中央区）が閉館した。

海外ニュース Foreign news

件付きで執行を認める判断を下した。

29日　豪警察は、バチカン財務局長官のジョージ・ペル枢機卿を過去の複数の児童性的虐待の罪で起訴したと発表した。

30日　独連邦議会（下院）は、同性婚を認める法案を可決した。法案は連邦参議院（上院）でも可決される見通し。

7月の出来事 July

7日　ユネスコは、パレスチナが申請したヨルダン川西岸にあるヘブロン旧市街を世界遺産並びに危機遺産に登録すると決定した。旧市街にはイスラム教で「イブラヒム・モスク」、ユダヤ教で「マクペラの洞窟」と呼ばれる史跡がある。

10日　イラクのアバディ首相は、2014年6月にISが制圧し、拠点としていた北部モスルでイラク軍がISとの戦いに勝利したと正式に宣言した。

11日　英民間団体「シリア人権監視団」は、ISの最高指導者アブバクル・バグダディが死亡したと明らかにした。

11日　サウジアラビアの教育省は、公立学校における女子生徒の体育の授業を認めると発表した。

12日　マルタの議会は、同性婚を認める法案を可決した。同性婚の合法化は、EU加盟国では15カ国目。

14日　イスラエルのエルサレム旧市街にあるイスラム教聖地「ハラム・アッシャリーフ（高貴なる聖地）」（ユダヤ教聖地としての呼称は「神殿の丘」）付近でパレスチナ人の男3人が警官2人を射殺した。これを機にイスラエル政府が16日に聖地への入り口に金属探知機を設置したが、イスラム教徒らの抗議を受けて27日にはすべての監視機器が撤去された。

18日　トルコは、2018年にかけて公立高校の教育課程から進化論を削除し、宗教指導者養成学校でジハード（聖戦）の概念を教えることを決定した。

18日　独南部レーゲンスブルクにあるカトリックの少年聖歌隊の寄宿学校で、1945年から90年代までの間に少なくとも547人の少年が性的虐待や暴行を受けていたことが、行政から調査を委託された弁護士により明らかになった。

8月の出来事 August

19日　インドネシアの法務人権省は、憲法のパンチャシラ（建国5原則）に違反したとして、イスラム国家樹立を目指す急進派「インドネシア解放党（HTI）」を解散させたと発表した。

国内ニュース Domestic news

7月の出来事 July

3日　伊勢神宮は、神宮大宮司の鷹司《たかつかさ》尚武《なおたけ》が退任し、後任に小松揮世久《きよひさ》が就任したと発表した。

4日　高野山真言宗は、総本山に無断で土地を売却し、利益を不正流用したとして、高野山真言宗別格本山八事山興正《やごとさんこうしょう》寺《じ》（名古屋市）の梅村正昭《せいしょう》前住職を除名処分とした。

9日　ユネスコの世界遺産委員会は、玄界灘に浮かぶ沖ノ島（宗像大社沖津宮《おきつみや》）と本土の宗像大社辺津宮《へつみや》（福岡県宗像市）など福岡県の古代遺跡を「『神宿る島』宗像・沖ノ島と関連遺産群」として世界文化遺産に登録することを決定した。古代から航海の安全を祈願する信仰が続いていることなどが評価された。

10日　駒澤大が傘下の苫小牧駒澤大を京都育英館に移管することを巡り、同大仏教専修科の学生8人が、移管後は曹洞宗の住職の資格が得られなくなるとして、駒澤大に損害賠償などを求めて東京地裁に提訴した。また、国が大学設置者の変更申請を認可しないよう差し止めを求める仮処分も申し立てた。

12日　富士山山頂の富士山本宮浅間大社奥宮前にある鳥居が76年ぶりに建て替えられた。

18日　日本初の独立型ホスピスを設立した、聖路加国際病院名誉院長の日野原重明が105歳で死去した。

24日　浄土宗総合研究所は、「浄土宗全書テキストデータベース（浄全DB）」と「大正新脩大蔵経テキストデータベース（SAT）」との連携を発表した。

31日　独ベルリンの日本大使公邸で、明治期に北海道で盗掘され、ドイツに保管されていたアイヌ民族の遺骨の返還式が行われた。外交ルートを通じた返還の実現は初めて。

8月の出来事 August

3日　比叡山宗教サミット30周年記念「世界宗教者平和の祈りの集い」が比叡山延暦寺などで開催された（〜4日）。

9日　泰澄大師による白山（石川・岐阜県）の開山1300年を記念する奉祝大祭が白山比咩神社《しらやまひめ》（石川県白山市）で始まった（〜11日）。

15日　終戦記念日に、自民党の安倍晋三首相と全閣僚は靖国神社への参拝を見送った。全閣僚が参拝しなかったのは中曽根康弘首相が公式参拝した1985年以

9日　国家転覆を図ったとして2015年に北朝鮮で拘束され、無期労働教化刑を言い渡された韓国系カナダ人牧師のヒョンス・リムが病気を理由に釈放された。

10日　マレーシア国会で、婚姻中に配偶者の一方がイスラム教に改宗した場合、従来はイスラム法裁判所にも必要だった離婚の届け出を民事裁判所のみとする「結婚・離婚法」改正案が可決された。

17日　ロシア法務省は「エホバの証人」を活動禁止組織のリストに追加した。

17日　スペイン北東部バルセロナと近郊の町で車両が群衆に突入するテロが相次ぎ、計15人が死亡した。首謀者はイスラム教指導者でＩＳが犯行声明を出した。

21日　チリの憲法裁は、強姦により妊娠した場合、母親の生命が危険な場合、胎児が生き延びられない場合に限って、人工妊娠中絶を認める決定を下した。

25日　ミャンマー西部ラカイン州でイスラム教徒少数民族ロヒンギャの武装集団が治安施設を襲撃し、国連によると9月8日までに1000人超が死亡し、同28日までに隣国バングラデシュに逃れたロヒンギャ難民が50万人を超えた。

25日　イラク軍は、イラク北部モスル郊外の村で約500人の遺体を発見したと発表した。ＩＳが虐殺したとみられる。

25日　インド北部ハリヤナ州などで、宗教指導者が信者への性的暴行で有罪判決を受けたことに信者が激怒して暴徒化し、治安部隊との衝突で36人が死亡した。

29日　サウジアラビアの聖地メッカの緊急通報センターに女性オペレーター部門が初めて誕生したとロイターが報じた。

31日　米調査機関ピュー・リサーチセンターの調査で、米国のプロテスタント信者の52％が「天国に行くには信仰と善行の両方が必要」と答えたことがわかった。

9月の出来事 September

7日　コロンビアを訪問中（6〜10日）のローマ教皇フランシスコは、サントス大統領と会談し、左翼ゲリラとの和平合意の履行を求めた。

17日　パレスチナ自治区ガザを実効支配するイスラム原理主義組織ハマスは、ヨルダン川西岸を統治するパレスチナ自治政府の主流派ファタハと和解交渉する意向を示した。

19日　ミャンマーのアウン・サン・スー・チー国家顧問兼外相は、イスラム教徒少数民族ロヒンギャの難民について、帰還受け入れを表明した。

26日　サウジアラビアのサルマン国王は、2018年6月24日までに女性の自動車運転を解禁する方針を発表した。

28日　ＩＳの最高指導者バクダディのものとされる音声メッセージがＩＳによりネット上で公開された。真偽は不明。

降、自民党政権下では初めて。

27日　コプト教会の教皇タワドロス2世が聖母マリア・聖マルコ・コプト正教会（京都府木津川市）で聖別式を行った。コプト教の教皇の来日は史上初めて。

9月の出来事 September

1日　創価学会は、池田大作までの「3代会長」の指導・精神に則り、正しい継承、発展するために、最高法規となる「創価学会会憲」を制定した。

3日　秋篠宮家の長女・眞子内親王殿下と国際基督教大（ＩＣＵ）時代の同級生、小室圭の婚約が内定した。

5日　真宗大谷派は、北朝鮮における核実験について、対話を願う但馬弘宗務総長のコメントを発表した。13日には曹洞宗の釜田《かまだ》隆文《りゅうぶん》宗務総長が「強い抗議と遺憾の意」を表明する談話を発表し、20日には臨済宗妙心寺派の栗原正雄宗務総長が対話による平和的解決を要請する談話を発表した。

8日　天正遣欧少年使節の千々石《ちぢわ》ミゲルの墓とされる石碑（長崎県諫早市）の地下からロザリオとみられるガラス玉などを発見したと研究グループが発表した。

8日　日本聖書協会は新翻訳聖書の書名を『聖書　聖書協会共同訳』に決定した。

11日　日本産科婦人科学会のまとめで、2015年に国内で体外受精により生まれた子供は過去最多の5万1001人で、全出生児の約20人に1人とわかった。

12日　高野山真言宗別格本山八事山興正寺の前住職が寺の土地売却益を不正流用した疑いがあるとして、名古屋地検は背任容疑などで寺事務所などを家宅捜索し、前住職から任意聴取を行った。

14日　神社本庁の不動産売却に絡む疑惑を内部告発した幹部職員が8月25日付で懲戒解雇されたことが報じられた。

18日　比叡山延暦寺一山《いっさん》善住院（大津市）の釜堀浩元《こうげん》住職が「千日回峰行《せんにちかいほうぎょう》」を満行した。達成は、記録が残る比叡山延暦寺の焼き打ち（1571年）以降51人目で戦後14人目。

22日　『聖書　新改訳』（日本聖書刊行会）の改訂版『聖書　新改訳2017』（いのちのことば社）が発刊された。

25日　オウム真理教（現アレフ）や分派した「ひかりの輪」が、団体規制法に基づく観察処分を更新した2015年の公安審の処分取り消しを求めた訴訟で、東京地裁は、ひかりの輪の更新決定を違法とし、観察処分を取り消した。一方、アレフについて処分は適法とした。

26日　鎌倉時代初期の仏師運慶の作品を集めた「運慶」展が東京国立博物館（東京都台東区）で始まった（〜11月26日）。

28日　富岡八幡宮（東京都江東区）は、後継宮司の人事を巡る問題で対立したため、神社本庁から離脱した。

年表執筆者プロフィール

1995～2005

佐藤壮広（さとう・たけひろ）

1967年青森生まれ。立教大学大学院博士課程満期退学。財団法人国際宗教研究所・宗教情報リサーチセンター研究員を経て、2014年から宗教情報センター研究員。明治大学大学院、大正大学ほか非常勤講師。専門は宗教人類学。沖縄の精神文化、現代表現文化を研究。共著に『沖縄民俗辞典』（吉川弘文館、2008）。

2006～2017

藤山みどり（ふじやま・みどり）

東京大学文学部社会心理学専修課程卒業。宗教情報センターにて宗教情報の研究を担当。同センターのサイト（http://www.circam.jp/）に不定期で研究員レポートを発表。

参考資料

『朝日新聞』『伊勢新聞』『茨城新聞』『岩手日日新聞』『岩手日報』『愛媛新聞』『大分合同新聞』『大阪日日新聞』『沖縄タイムス』『神奈川新聞』『河北新報』『紀伊民報』『紀州新聞』『京都新聞』『神戸新聞』『公明新聞』『熊本日日新聞』『高知新聞』『埼玉新聞』『山陰中央新報』『産経新聞』『SANKEI EXPRESS』『山陽新聞』『信濃毎日新聞』『島根日日新聞』『下野新聞』『しんぶん赤旗』『千葉日報』『中国新聞』『中部経済新聞』『中日新聞』『東奥日報』『東京新聞』『徳島新聞』『富山新聞』『長崎新聞』『長野日報』『奈良新聞』『南海日日新聞』『日刊県民福井』『日経産業新聞』『西日本新聞』『日本経済新聞』『日経ＭＪ』『日高新報』『福井新聞』『福島民報』『Fuji Sankei Business』『ヘラルド朝日』『北海道新聞』『北國新聞』『毎日新聞』『南日本新聞』『宮崎日日新聞』『山梨日日新聞』『山口新聞』『読売新聞』『琉球新報』『サンケイスポーツ』『スポーツニッポン』『スポーツ報知』『デイリースポーツ』『東京スポーツ』『東京中日スポーツ』『日刊スポーツ』『報知新聞』『夕刊フジ』『日刊ゲンダイ』『ア・ベ・ホタ通信』『じゃかるた新聞』『人民日報』『朝鮮日報』『バンコク週報』『カトリック新聞』『キリスト新聞』、『クリスチャン新聞』『サンパウロ新聞』『神社新報』『新宗教新聞』『聖教新聞』『中外日報』『日蓮宗新聞』『仏教タイムス』『文化時報』『六大新報』

『AERA』『潮』『外国の立法』『クーリエ・ジャポン』『現代』『サイゾー』『ザテレビジョン』『SAPIO』『サンデー毎日』『寺門興隆』『週刊朝日』『週刊金曜日』『週刊現代』『週刊実話』『週刊新潮』『週刊ダイヤモンド』『週刊文春』『週刊ポスト』『諸君！』『女性自身』『女性セブン』『新潮45』『SPA！』『正論』『世界』『選択』『SOGI』『ソトコト』『中央公論』『創』『Newsweek』『文藝春秋』『Foresight』『FORUM21』『FRIDAY』『FLASH』『読売ウイークリー』『論座』

一般社団法人お寺の未来「第1期　未来の住職塾」開催概要パンフレット、「総理大臣公邸に関する質問主意書（質問第一〇一号）」「参議院議員加賀谷健君提出総理大臣公邸に関する質問に対する答弁書（答弁書第一〇一号）」、伊藤ゆき「『チャウパディ慣習根絶令』を巡るネパールの女性たち」（『文京学院大学外国語学部文京学院短期大学紀要』第10号、2011年）、浄土宗総合研究所『総研叢書第6集　よりそう心――現代社会と法然上人』（2010年）

熱田神宮、アムネスティ・インターナショナル、イオンリテール株式会社、ウォール・ストリート・ジャーナル日本版、エホバの証人、駐日欧州連合代表部、大阪大学学術情報庫、大本教、外務省、春日大社、カトリック中央協議会、カトリック東京大司教区、木曽町観光協会、京都市、京都自殺・自死相談センター事務局ブログ、京都大学iPS細胞研究所、共同通信社、宮内庁、経済産業省、建仁寺、公安調査庁、幸福実現党、幸福の科学、幸福の科学学園、幸福の科学学園関西中学校・高等学校、幸福の科学出版、高野山真言宗総本山金剛峯寺、国立国会図書館、心の相談室、国際宗教研究所・宗教情報リサーチセンター、在日ネパール国大使館、在ハンガリー日本国大使館、在ブルネイ日本国大使館、サーチナ、ザ・リバティWeb、ジェトロ・アジア経済研究所、時事通信社、下ヨシ子オフィシャルサイト、宗教者災害救援ネットワーク、浄土宗、浄土真宗本願寺派、浄土宗総本山知恩院、新華社通信、新京報、真宗大谷派、真宗佛光寺派本山佛光寺、神社本庁、新日本宗教団体連合会、真如苑、新文化通信社、人民網日本語版、スポニチSponichi Annex、諏訪マタニティークリニック、生長の家、全日本仏教会、創価学会、曹洞宗、曹洞宗近畿管区教化センター、タス通信、ダライ・ラマ法王日本代表部事務所、中央社フォーカス台湾、中央通訊社、中央日報日本語版、TBS、テレビ朝日、天台宗、天台宗 青蓮院門跡、天台宗東北大本山関山中尊寺、天理教、ドイツ大使館、東京ヴェルディ、東京外国語大学・日本語で読む世界のメディア（TUFSmedia@TUFS）、東京電力、東京国立博物館、東京都、東京文化財研究所、統計数理研究所、唐招提寺、東北大学大学院文学研究科 実践宗教学寄附講座、トーハン、ナショナル・ジオグラフィック・チャンネル、奈良国立博物館、奈良まほろば館、日本出版者協議会、日蓮宗、日蓮宗新聞社、日蓮宗角田山妙光寺、日蓮宗総本山身延山久遠寺、日刊サイゾー、日経トレンディネット、日本動物葬儀霊園協会、日本文化興隆財団、花巻市、東本願寺出版部、ひかりの輪、彼岸寺、佛教大学、ブルガリア月報、文化庁、Hokke.TV、曼荼羅山寂庵、みんなの経済新聞ネットワーク、モーニング、文部科学省、やや日刊カルト新聞、有道会、淀川キリスト教病院、臨黄ネット、臨済宗大本山妙心寺、臨床仏教研究所、立正佼成会、龍谷大学、龍安寺、了法寺、Amazon.co.jp、AP通信、J-CASTニュース、JTBコーポレートセールス、アチーブメント株式会社、NCC日本キリスト教協議会、NewSphere、NHK放送文化研究所、NTT DATA、Sankei Biz

関西テレビ「ぶったま！」、新華社、大紀元時報、TBS「ブロードキャスター」、テレビ朝日「やじうまプラス」、舞台&TBSドラマ『ぶっせん』、NHKニュース

ABC News, Agence France-Presse (AFP), AFPBB News, Agenzia Nazionale Stampa Associata (ANSA), Al Arabiya, Al-Hayat, Aljazeera, Al-Mastry al-Youm, Arab News, Asia Infonet, Asia News, Associated Press (AP), Asian Wall Street Journal, Australian Associated Press (AAP), AFP BB News, BBC News, Bloomberg, Bernama, Bigotry Monitor, Catholic News Agency, Catholic News Service, China Daily, Chiristian Journalist Conference (CJC), Chiristian News Wire, Christian Science Monitor, Christian Telegraph, Christian Today, Cable News Network (CNN), China Aid Association, Compass Direct News, Daily Mail, Daily News Agency, Daily NK, Daily Telegraph, Deutsche Presse Agentur (DPA), Deutsche Welle, Die Welt, Documentation Information Catholiques Internationales, Ecumenical News International, EFE, Egyptian Gazette, Eurasia Review, Express India, Ferghana News Agency, Financial Times, Forum 18, FOX News, Gazeta Wyborcza, Globo, Guardian, Hayateno, Hindu, Indo-Asian News Service (IANS), Interfax, International Herald Tribune, iran Japanese Radio, Israel Antiquities Authority, Khaleej Times, Korea Herald, Le Figaro, L'Osservatore Romano, Maariv, Middle East Online, National, NNA ASIA, New Straits Times, Newsweek, newsclip, News24, NEWSru.com, New York Times, Observer, O Estado de S.Paulo, Organizaion of the Islamic Conference, OVNI, Overseas Office Republic of China, Pakistan Today, Pew Forum on Religion & Public Life, Press Trust of India, Radio Vatikan, Record China, Religion News Blog, Republica, Reuters, RIA Novosti, Saudi Gazette, Searchina, Siberian Times, South China Morning Post, Telegraph, Tehran Times, TIME Magazine, Times of Malta, The Australian, The Daily Yomiuri, The Dallas Morning News, The Guardian, The Himalayan Times, The Huffington Post, The Japan Times, The LOCAL de, The News International, The Sunday Times, The Sydney Morning Herald, The Times, The Times of India, Unions of Catholic Asian News, Unions of Councils for Jews in the Former Soviet Union (UCSJ), United Nations Human Rights, United News of India, United States Conference of Catholic Bishops, Universal Music Classics and Jazz, USA Today, Vatikan News, Voice of America (VOA), Voice of India, Voice of Russia, Wall Street Journal, Washington Post, Washington Times, WBIR, Weekly Indonesia, World Net Daily (WND), World Wide Religious News (WWRN), Worthy News, Y Net News, Yediot Aharonot, Marie Haspeslagh, The Belgian Burqa-Ban: Unveiled from a Human Right Perspective, (University of Ghent, 2011)

ニコラウス・アーノンクール	指揮者・チェロ奏者	96
冨田勲	作曲家・編曲家	84
モハメド・アリ	元プロボクサー	74
アルビン・トフラー	未来学者	87
アッバス・キアロスタミ	映画監督	76
永六輔	タレント・随筆家・放送作家・作詞家	83
桐山靖雄	宗教家・阿含宗開祖	95
加藤九祚	人類学者・国立民族学博物館名誉教授	94
シモン・ペレス	政治家	93
アンジェイ・ワイダ	映画監督	90
ラーマ9世（プーミポン・アドゥンラヤデート）	チャクリー王朝第9代タイ国王	88
三笠宮崇仁親王	皇族・歴史学者・昭和天皇の弟	100
フィデル・カストロ	革命家・元キューバ最高指導者	90
渡辺和子	教育者・ノートルダム清心学園理事長	89

2017

名前	肩書	享年
岡田節人	発生生物学者	89
三浦朱門	作家・元文化庁長官	91
谷口ジロー	漫画家	69
ディック・ブルーナ	絵本作家	89
船村徹	作曲家	84
チャック・ベリー	歌手	90
大岡信	詩人	86
渡部昇一	英語学者・評論家	86
大田昌秀	元沖縄県知事	92
ヘルムート・コール	政治家・元ドイツ連邦首相	87
小林麻央	アナウンサー・キャスター・11代目市川海老蔵の妻	34
シモーヌ・ヴェイユ	弁護士・政治家	89
劉暁波	著作家・ノーベル平和賞受賞者	61
ジョージ・A・ロメロ	映画監督	77
日野原重明	医師・医学博士	105
羽田孜	政治家・元首相	82
中村雄二郎	哲学者	91
ヒュー・ヘフナー	実業家・雑誌『PLAYBOY』の創刊者	91
遠藤賢司	歌手	70
毛利子来	小児科医	87
篠沢秀夫	フランス文学者	84

やなせたかし	漫画家・絵本作家	94
ネルソン・マンデラ	政治家・ 南アフリカ 共和国大統領	95
ミハイル・ チモフェエヴィチ・ カラシニコフ	銃器設計者	95
大滝詠一	歌手	65

2014

名前	肩書	享年
東伏見慈洽	青蓮院門跡名誉門主	103
坂東眞砂子	作家	55
まど・みちお	詩人	104
アラン・レネ	映画監督	91
井上洋治	カトリック司祭	86
ガブリエル・ ガルシア=マルケス	作家	87
渡辺淳一	作家・整形外科医	80
谺雄二	ハンセン病 原告団代表・詩人	82
木田元	哲学者	85
米倉斉加年	俳優・絵本作家	80
李香蘭（山口淑子）	歌手・女優・政治家	94
土井たか子	政治家	85
ヨーガン・レール	ファッションデザイナー	70
赤瀬川原平	芸術家・作家	77
高倉健	俳優	83
松本健一	評論家	68
菅原文太	俳優	81

2015

名前	肩書	享年
ウルリッヒ・ベック	社会学者	70
陳舜臣	作家	90
リヒャルト・フォン・ ヴァイツゼッカー	政治家・ 元ドイツ連邦大統領	94
松谷みよ子	児童文学作家	89
ギュンター・グラス	作家	87
長田弘	詩人	75
B.B.キング	ブルースギタリスト・ 歌手	89
西江雅之	人類学者・言語学者	77
沖浦和光	社会学者・民俗学者	88
鶴見俊輔	哲学者・評論家	93
阿川弘之	作家・評論家	94
原節子	女優	95
水木しげる	漫画家	93
野坂昭如	作家	85
ベネディクト・ アンダーソン	政治学者	79

2016

名前	肩書	享年
ピエール・ブーレーズ	作曲家・指揮者	90
デヴィッド・ボウイ	歌手・俳優	69
ウンベルト・エーコ	記号論哲学者・作家	84

2011

名前	肩書	享年
横澤彪	元テレビプロデューサー	73
田中好子	女優・歌手	55
大賀典雄	元ソニー名誉会長	81
サティヤ・サイ・ババ	宗教家	84
オサマ・ビン・ラディン	イスラム過激派テロリスト	54
原田芳雄	俳優	71
中村とうよう	音楽評論家・編集者	79
小松左京	作家	80
ワンガリ・マータイ	平和活動家	71
スティーブ・ジョブズ	実業家・アップル創業者	56
北杜夫	作家	84
立川談志	落語家	75
金正日	朝鮮民主主義人民共和国第2代最高指導者	70
森田芳光	映画監督	61
柳宗理	インダストリアル・デザイナー	96

2012

名前	肩書	享年
テオ・アンゲロプロス	映画監督	76
ジョン・ヒック	神学者・宗教哲学者	90
吉本隆明	思想家・詩人	87
邱永漢	実業家・作家	88
ディートリヒ・フィッシャー＝ディースカウ	バリトン歌手	86
新藤兼人	映画監督・脚本家	100
レイ・ブラッドベリ	作家	91
原田正純	医師・水俣病研究者	77
上山春平	哲学者	91
ニール・アームストロング	宇宙飛行士	82
今道友信	美学者・哲学者	89
丸谷才一	英文学者・作家	87
若松孝二	映画監督・映画プロデューサー	76
18代目中村勘三郎	歌舞伎役者	57
小沢昭一	俳優・俳人・作家	83
リタ・レーヴィ＝モンタルチーニ	神経学者	103

2013

名前	肩書	享年
大島渚	映画監督	80
安岡章太郎	作家	92
江副浩正	リクルート創業者	76
高野悦子	岩波ホール総支配人	83
片倉もとこ	文化人類学者	75
山口昌男	文化人類学者	81
三國連太郎	俳優	90
吉田昌郎	福島第一原発所長	58
谷川健一	民俗学者	92
山崎豊子	作家	89

小川国夫	作家	80
吉野裕子	民俗学者	91
ターシャ・テューダー	絵本画家・園芸家	92
宮迫千鶴	エッセイスト・画家	60
ライアル・ワトソン	植物学者・動物学者・生物学者	69
赤塚不二夫	漫画家	72
アリクサーンドル・イサーイェヴィチュ・ソルジェニーツィン	作家	89
寺内大吉	作家・元浄土宗宗務総長	86
脇本平也	宗教学者	87
廣瀬量平	作曲家	78
加藤周一	文芸評論家	89

2009

名前	肩書	享年
ジェームズ・グレアム・バラード	作家・市民運動家	78
忌野清志郎	歌手	58
栗本薫	作家・評論家	56
三沢光晴	プロレスラー	46
マイケル・ジャクソン	歌手・エンターテイナー	50
ピナ・バウシュ	コンテンポラリー・ダンスの振付家	68
川喜田二郎	地理学者・文化人類学者	89
平岡正明	評論家	68
古橋廣之進	元水泳選手・スポーツ指導者	80
大原麗子	女優	62
竹内敏晴	演出家	84
加藤和彦	歌手・音楽プロデューサー	62
クロード・レヴィ＝ストロース	思想家	100
日高敏隆	動物行動学者	79
平山郁夫	日本画家	78

2010

名前	肩書	享年
エリック・ロメール	映画監督	89
浅川マキ	歌手	67
ロバート・B・パーカー	作家	77
J・D・サリンジャー	作家	91
立松和平	作家	62
石井米雄	歴史学者・タイ研究者	80
井上ひさし	作家・劇作家	75
多田富雄	免疫学者	76
横山勝也	尺八奏者	75
大野一雄	舞踏家	103
梅棹忠夫	生態学者・民族学者	90
つかこうへい	劇作家・演出家	62
森毅	数学者・評論家	82
今敏	アニメーター・映画監督	46
若乃花幹士（初代）	大相撲力士・第45代横綱	82
小室直樹	社会学者・評論家	77
榊莫山	書家	84

貴ノ花利彰（二子山満）	大相撲力士・元大関	55
塚本邦雄	歌人	84
長新太	絵本作家	77
小倉昌男	元ヤマト運輸会長	80
串田孫一	哲学者・随筆家	89
杉浦日向子	漫画家・江戸風俗研究家	46
中内功	ダイエー創業者	83
後藤田正晴	政治家	91
ピーター・ドラッカー	経営学者	95

2006

名前	肩書	享年
ナム・ジュン・パイク	美術家	73
伊福部昭	作曲家	91
茨木のり子	詩人	79
スタニスワフ・レム	作家	84
萱野茂	アイヌ初の国会議員	79
今村昌平	映画監督	79
鶴見和子	社会学者	88
吉村昭	作家	79
阿部謹也	歴史学者	71
米澤嘉博	コミックマーケット（コミケ）生みの親	53
白川静	漢字研究の第一人者	96
クリフォード・ギアツ	文化人類学者	80
ミルトン・フリードマン	経済学者・ノーベル経済学賞受賞者	94
坂村真民	詩人	97
サッダーム・フセイン	政治家	69

2007

名前	肩書	享年
アーサー・シュレジンジャー	歴史家・ジョン・F・ケネディ大統領の補佐官	89
植木等	歌手・俳優	80
ムスティスラフ・L・ロストロポーヴィチ	チェロ奏者	80
宮沢喜一	政治家・元首相	87
宮本顕治	元日本共産党委員長	98
河合隼雄	心理学者	79
カール・ゴッチ	元プロレスラー	82
イングマール・ベルイマン	舞台演出家・映画監督	89
阿久悠	作詞家・作家	70
エドワード・G・サイデンステッカー	日本学者	86
小田実	作家・市民運動家	75
瀬島龍三	元日本陸軍参謀・伊藤忠商事元会長	95
高山辰雄	日本画家	95
濱尾文郎	カトリック教会の枢機卿	77

2008

名前	肩書	享年
アーサー・C・クラーク	作家	90
草森紳一	著述家	70

5代目柳家小さん	落語家	87
スティーヴン・ジェイ・グールド	生物学者	60
ニキ・ド・サンファル	画家・彫刻家	71
山本直純	作曲家	69
山本夏彦	随筆家	87
坂本多加雄	政治学者	52
江上波夫	考古学者	96
高円宮憲仁親王	皇族	47
家永三郎	歴史学者	89

2003

名前	肩書	享年
深作欣二	映画監督	72
秋山庄太郎	写真家	82
宮脇俊三	編集者・作家	76
黒岩重吾	作家	79
天本英世	俳優	77
宜保愛子	霊能者	71
イリヤ・プリゴジン	化学者・物理学者	86
キャサリン・ヘプバーン	女優	96
ボブ・ホープ	俳優・コメディアン	100
レニ・リーフェンシュタール	女優・映画監督	101
エドワード・サイード	文学研究者・文芸評論家	67
エリア・カザン	映画監督	67
宋美齢	蔣介石夫人	106?
ジョージ川口	ジャズドラマー	76
白井義男	元プロボクサー	80

2004

名前	肩書	享年
ヘルムート・ニュートン	写真家	83
網野善彦	歴史学者	76
4代目井上八千代	日本舞踊家	98
加山又造	日本画家	76
横山光輝	漫画家	69
竹内均	地球物理学者	83
金田一春彦	国語学者	91
ロナルド・レーガン	政治家・元米大統領	93
レイ・チャールズ	歌手	73
マーロン・ブランド	俳優	80
中島らも	作家	52
林健太郎	歴史学者	91
種村季弘	独文学者・評論家	71
水上勉	作家	85
ジャック・デリダ	思想家	74

2005

名前	肩書	享年
趙紫陽	政治家	85
中尊寺ゆつこ	漫画家	42
丹下健三	建築家	91
ヨハネ・パウロ2世	ローマ教皇	84
高田渡	歌手	56
ポール・リクール	思想家	92

盛田昭夫	ソニー創業者の一人	78
アマリア・ロドリゲス	歌手	79
嘉手苅林昌	沖縄民謡の歌手	79
中村元	インド哲学者・仏教学者	86
三浦綾子	作家	77

2000

名前	肩書	享年
丸木俊	洋画家	87
フリードリヒ・グルダ	ピアニスト・作曲家	69
フリーデンスライヒ・フンデルトヴァッサー	芸術家・画家・建築家	71
田中小実昌	作家	74
永井道雄	教育社会学者・元文部大臣	77
武谷三男	理論物理学者	88
中田喜直	作曲家	76
ジャン＝ピエール・ランパル	フルート奏者	78
香淳皇后	昭和天皇の皇后・今上天皇の実母	97
竹下登	政治家・元首相	76
滝沢修	俳優・演出家	93
宇都宮徳馬	政治家	93
植田正治	写真家	87
小倉遊亀	日本画家	105
徳間康快	実業家・映画プロデューサー	78
浪越徳治郎	指圧療法創始者	94
高木仁三郎	物理学者	62

2001

名前	肩書	享年
ウィリアム・ヒューレット	ヒューレット・パッカード社創業者	87
バルテュス	画家	92
奈良本辰也	歴史家	87
6代目中村歌右衛門	歌舞伎役者	84
三波春夫	歌手	77
ジュゼッペ・シノーポリ	指揮者・作曲家	54
團伊玖磨	作曲家	77
山田風太郎	作家	79
アイザック・スターン	ヴァイオリニスト	81
古今亭志ん朝	落語家	63
ジョージ・ハリスン	歌手・元ビートルズメンバー	58
加藤シヅエ	女性活動家・政治家	104
ジャック・マイヨール	フリーダイバー	74

2002

名前	肩書	享年
田中一光	グラフィックデザイナー	71
半村良	作家	68
古山高麗雄	作家	81
ビリー・ワイルダー	映画監督	94
トール・ヘイエルダール	人類学者・探検家	87
ルー・テーズ	元プロレスラー	86

1997

名前	肩書	享年
藤沢周平	作家	69
大森荘蔵	哲学者	75
池田満寿夫	画家・作家	63
嶋中鵬二	中央公論社元社長	74
湯木貞一	料亭「吉兆」創業者	95
黛敏郎	作曲家	68
住井すゑ	作家	95
勝新太郎	俳優	65
小平邦彦	数学者	82
マザー・テレサ	修道女・カトリック教会の聖人	87
会田雄次	歴史学者	81
ロイ・リキテンスタイン	画家	73
伊丹十三	映画監督・俳優・エッセイスト	64
三船敏郎	俳優	77
星新一	作家	71

1998

名前	肩書	享年
福井謙一	化学者	79
石ノ森章太郎	漫画家	60
林屋辰三郎	歴史学者・文化史家	83
須賀敦子	随筆家	69
野口三千三	野口体操の創始者	83
神島二郎	政治学者・日本政治思想史家	79
ポル・ポト	政治家	69
カルロス・カスタネダ	作家・人類学者	73?
フランク・シナトラ	歌手・俳優・エンターテイナー	82
高田好胤	薬師寺元管主	74
堀田善衛	作家	80
黒澤明	映画監督	88
ブルーノ・ムナーリ	美術家・グラフィックデザイナー	90
淀川長治	映画解説者	89
白洲正子	随筆家	88

1999

名前	肩書	享年
山口五郎	尺八奏者	65
ジャイアント馬場	プロレスラー	61
久野収	哲学者	88
糸川英夫	工学者・ペンシルロケットの開発者	86
スタンリー・キューブリック	映画監督	70
2代目桂枝雀	落語家	59
清水公照	華厳宗の僧侶・元東大寺別当	88
東山魁夷	画家	90
谷岡ヤスジ	漫画家	56
正田英三郎	実業家・美智子皇后の実父	95
淡谷のり子	歌手	92

物故者一覧

私たち人間は、この世に生きている人たちとともに生きているだけではなく、
すでにこの世を去った死者たちの記憶とともに生きていくものです。
1995年から2017年まで、毎年数多くの人が逝去していきました。
その中から、広い意味での宗教と多少なりとも関わりを持つ人たちのお名前を
ここにとどめておきます。

1995

名前	肩書	享年
下村寅太郎	哲学者・科学史家	92
谷川雁	詩人・評論家	71
古井喜実	政治家	92
前畑秀子	元水泳選手	80
五味川純平	作家	78
西岡常一	宮大工	86
テレサ・テン	歌手	42
宮崎市定	東洋史学者	93
福田赳夫	政治家・元首相	90
笹川良一	右翼運動家・元日本船舶振興会会長	96
ミッキー・マントル	元メジャーリーガー	63
ミヒャエル・エンデ	児童文学作家	65
丸木位里	日本画家	94
尹伊桑	作曲家	78
ジル・ドゥルーズ	哲学者	70
ルイ・マル	映画監督	63
エマニュエル・レヴィナス	哲学者	85

1996

名前	肩書	享年
岡本太郎	芸術家	84
フランソワ・ミッテラン	政治家・元仏大統領	79
横山やすし	漫才師	51
柴田南雄	作曲家・音楽評論家・音楽学者	79
司馬遼太郎	作家	72
武満徹	作曲家	65
マルグリット・デュラス	作家	81
高坂正堯	国際政治学者	62
ティモシー・リアリー	心理学者・幻覚剤による人格変容の研究者	75
渥美清	俳優	68
星野道夫	写真家・探検家	43
藤子・F・不二雄	漫画家	62
遠藤周作	作家	73
ローレンス・ヴァン・デル・ポスト	南アフリカ共和国の作家	90
カール・セーガン	天文学者	62

ま

み

む

め

も

や

ゆ

よ

ら

り

る

れ

ろ

わ

と

な

に

ね

の

は

ひ

ふ

へ

ほ

す

せ

そ

た

ち

つ

て

き

く

け

こ

さ

し

索引

『年表でわかる現代の社会と宗教』の編集・刊行にあたって

２００７年３月、『宗教と現代がわかる本２００７』の刊行にあたって、その意図を次のように書きました。

21世紀に入り、アメリカが主導するグローバリゼーションが経済はもとより、政治、文化、そして人々の心のありかたにまで大きな影響を及ぼしています。その中で、宗教原理主義者の先鋭化と、宗教間の対立・民族間の紛争が顕著になってきました。（中略）現代の日本人の宗教に対する意識は、狭義の宗教には無関心、組織としての教団には違和感を持ちながらも、広い意味での宗教文化、あるいは精神文化への関心は高まっているようです。（中略）私たちが心の中に抱く、精神的なもの・宗教的なるものへの関心にまともにこたえ、宗教についてさまざまなアプローチをしてオープンに語るための場を提供することが必要だと考え、この本を企画いたしました。

（以下略）

２００７年から２０１６年まで、年刊として合計10冊を刊行したこの本の後半には、日本と世界各地でその年に起きた、宗教と関わりを持つニュース・出来事・現象をピックアップして掲載してきました。蓄積した10年分のデータを振り返ってみると、社会の動き、出来事の流れが改めて浮き上がってきました。

そこで、この蓄積データをもとに再編集し、新たに１９９５年から２００５年までの11年プラス、２０１６年と２０１７年（9月末日まで）の合計13年分のデータを加え、23年分の年表を作成しました。１９９５年は、阪神淡路大震災、オウム真理教による地下鉄サリン事件など、その後の社会に大きな影響を及ぼすニュースが相次いだ年でもあり、この年表の起点の年としました。

年表の作成に当たっては、藤山みどりさんと佐藤壮広さんにご尽力いただきました。

この年表から、読者の方がそれぞれの読み解きをしていただければと思いますが、ひとつの読み方として、東京工業大学リベラルアーツ研究教育院の上田紀行、池上彰、弓山達也、中島岳志の皆様による座談会の一部を掲載いたしました。ご協力、ご支援いただきました多くの方々に厚く御礼申し上げます。

【責任編集】 渡邊直樹（わたなべ・なおき）
編集者、大正大学客員教授。東京大学文学部宗教学科卒業後、平凡社で「太陽」を編集。その後、「SPA！」「週刊アスキー」などを創刊、編集長を務める。大正大学表現学部教授、年鑑『宗教と現代がわかる本』責任編集者などを経て、現在は「地域人」編集長も兼務。

年表でわかる現代の社会と宗教
特別座談会 上田紀行・池上彰・弓山達也・中島岳志

発行日 ２０１８年１月17日 初版第１刷

責任編集 渡邊直樹
協力 宗教情報センター
編集協力 宗教情報センター（藤山みどり＋佐藤壮広）
デザイン （株）風日舎（森川由紀＋大西香織）
岡本デザイン室（岡本洋平＋島田美雪）
発行者 下中美都
発行所 株式会社平凡社
〒101-0051 東京都千代田区神田神保町3-29
電話03-3230-6584（編集）
03-3230-6573（営業）
振替00180-0-29639
ホームページ http://www.heibonsha.co.jp/
印刷 株式会社東京印書館
製本 大口製本印刷株式会社

ISBN978-4-582-70357-3 NDC分類番号162
B5判(25.7cm) 総ページ192
落丁・乱丁本のお取り替えは小社読者サービス係まで直接お送りください。（送料は小社負担）

『宗教と現代がわかる本』既刊のお知らせ

定価：本体 各1,600円（税別）

2007年版

論点 慰霊と追悼／宗教教育／皇位継承／生命倫理

対談 養老孟司×中沢新一
島田裕巳×伊東 乾

インタビュー 髙村 薫、小林よしのり、龍村 仁

イスラーム原理主義／アメリカのキリスト教右派／ロシア正教とユーラシア／パレスチナとイスラエル／宗教間対話／カルトと格差社会／細木数子のTV番組

2008年版

論点 宗教と医療のあいだ
宗教と医療はどのように手を結べばよいのか

対談 柳田邦男×島薗 進
末木文美士×柳 美里

インタビュー 小川洋子
荒木経惟

グラビア 日本にやって来た異国の宗教

「千の風になって」と葬儀／宗教と環境問題／オタクの聖地・秋葉原／ネット空間の中の宗教／日本の政治と宗教の30年

2009年版

特集 天皇と宮中祭祀
宮中祭祀、皇室神道について冷静でオープンな議論を

対談 島薗 進×原 武史
大谷光真×上田紀行

インタビュー 立花 隆、細江英公

現代中国の政治と宗教／サウジアラビアの聖と俗／秋葉原はグラウンド・ゼロになったのか／ユーチューブに見るアメリカ宗教事情／ブラジルの日系人の宗教

2010年版

特集 宗教と映像メディア
映画・テレビ・アニメ・ネットと宗教の関係

対談 野町和嘉×植島啓司

グラビア 聖地と祈り

インタビュー 想田和弘

人物ルポ 水木しげる

仏像ブーム／イスラーム金融とは何か／天皇・皇后結婚50周年の祈りと言葉／オバマ政権の宗教的側面

2011年版

特集 信仰と人間の生き方
人間の生き方を通して「信仰の力」を探る
柳 宗悦、神谷美恵子、石橋湛山、岸本英夫、松下幸之助、鈴木貫太郎、ダライ・ラマ ほか

対談 和田一夫×井上順孝

インタビュー 高橋惠子

グラビア 日本の聖域・霊域

「無縁社会」における死の問題／近代的親鸞像を超えて／SGI-USAの黒人ミュージシャン／観光資源化する宗教

2012年版

特集 大震災後の日本人の生き方

対談 島薗 進×中島岳志
脱原発の思想と宗教
上田紀行×清水康之
宗教の叡智をいまこそ生かせ

人物評伝 賀川豊彦

原発と科学者の責任／核という呪い／ドイツ緑の党と脱原発の動き／イスラームと民主主義／ルルドに行く